抗日战争时期
中国对外关系

CHINA'S FOREIGN RELATIONS DURING THE WAR
OF RESISTANCE AGAINST JAPANESE AGGRESSION

陶文钊　杨奎松　王建朗　著

中国社会科学出版社

图书在版编目（CIP）数据

抗日战争时期中国对外关系／陶文钊、杨奎松、王建朗著 . —北京：
中国社会科学出版社，2009.3（2015.8 重印）
ISBN 978 - 7 - 5004 - 7459 - 3

Ⅰ.①抗… Ⅱ.①陶… ②杨… ③王… Ⅲ.①中外关系—国际关系史—
研究—1937 ~ 1945 Ⅳ.①D829

中国版本图书馆 CIP 数据核字（2008）第 195440 号

出 版 人	赵剑英	
责任编辑	张 林	
责任校对	王 斐	
责任印制	戴 宽	

出　　版	中国社会科学出版社	
社　　址	北京鼓楼西大街甲 158 号	
邮　　编	100720	
网　　址	http：//www. csspw. cn	
发 行 部	010 - 84083685	
门 市 部	010 - 84029450	
经　　销	新华书店及其他书店	

印刷装订	三河市君旺印务有限公司	
版　　次	2009 年 3 月第 1 版	
印　　次	2015 年 8 月第 2 次印刷	

开　　本	710 × 1000　1/16	
印　　张	28.75	
字　　数	502 千字	
定　　价	98.00 元	

凡购买中国社会科学出版社图书，如有质量问题请与本社营销中心联系调换
电话：010 - 84083683

中国宣传抗日的招贴画，1937 年

重庆大轰炸，1940—1941 年

荷、英、中、澳四国大使（公使）等着会晤美国国务卿赫尔，1941 年 11 月 24 日

美国军舰西弗吉尼亚号与田纳西号在珍珠港事变中中弹起火，1941 年 12 月 8 日

宋子文与美国财政部部长摩根索签署五亿美元贷款协定，1942 年 1 月

苏联大使里特维诺夫、美国副总统华莱士、美国国务卿斯退汀纽斯和宋子文
在纪念《租借法》二周年的午餐会上，1943 年 3 月 11 日

蒋介石夫妇在开罗会议上，1943 年 11 月 22—26 日

毛泽东等与谢伟思合影，1944 年 9 月

毛泽东、朱德与鲍瑞德

美军驻延安观察组全体合影，1944 年

毛泽东接见赫尔利，1944 年 11 月于延安

史迪威与陈纳德

行进在雷多公路上的中国辎重部队，1944 年

三巨头在雅尔塔会议上，1945 年 2 月 4—11 日

日本使节来到密苏里号战列舰参加投降仪式，1945 年 8 月

庆祝抗战胜利重庆大游行

目　录

序　言

　　在中国近代史上，历时八年的抗日战争占有十分重要的地位，这是中华民族走向复兴的历史转折时期，是中国人民第一次取得战胜外国武装侵略的伟大胜利。抗战的胜利，无疑是全民族众志成城、共赴国难、前仆后继、浴血奋战的结果，也是与世界反法西斯各国人民的同情和支持分不开的；另一方面，中国抗战也极大地鼓舞和支持了各国人民的正义斗争，在整个反法西斯战争中占有重要地位。抗战与战时外交也有这种相辅相成的关系：战争是外交成功的基本保证，没有不屈不挠的抗战就没有外交的成就；同时，外交上的努力与成功也为坚持抗战提供了有力的支持。

　　战时中国的外交是抗日战争这部伟大史诗中的一个重要方面，有着十分丰富的内容，有许多辉煌的篇章。抗战之初，中国政府即通过各种途径，包括国联会议和九国公约会议，把中日冲突诉诸国际社会，争取各国的同情及有利害关系的国家的支持；中国利用与德国 20 世纪二三十年代建立起来的关系，使德国维持了半年多的中立；同时中国极力发展与苏联的关系，使苏联从 1938 年到 1941 年苏德战争爆发前成为中国军火的主要供应者，并派遣军事顾问和飞行员来华助战；中国也努力推动美、英（尤其是美国）政策发生积极转变，反对两国对日妥协的倾向，使两国逐步确立起制日援华政策，为以后的盟国关系奠定了基础。太平洋战争爆发后，中国在坚持抗战四年半之后，与美、英、苏一起领衔签署《联合国家宣言》；从 1942 年 10 月到 1943 年 1 月中国分别与美、英两国进行谈判，废除了领事裁判权等不平等条约所赋予两国的在华特权，以后又与别国签订了相关条约，一个世纪以来作为中国对外关系基础的不平等条约体系终于崩溃；1943 年 10 月中国代表签署了四大国《关于普遍安全的宣言》，奠定了未来联合国的初步基础；同年 12 月中、美、英三国联合签署的《开罗宣言》向全世界宣告，日本窃取于中国的领土，如东北、台湾、澎湖群岛都将归还中国，中国人民收复失地的神圣使命、中国的领土完整得到了庄严的国际保证；1944 年 9、10 月，中国代表参加了大国筹建联合国的敦巴顿橡树园会议；1945 年 4—6 月，中国与美、英、苏三大国一起发起了旧金山联合国制宪会议，成为联合国安全理事会常任理事国之一，中国在国际事务中发挥积极作用得到了长远的保障。

战时中国外交的成功是多种因素综合作用的结果，它既取决于中国本身的努力，也在很大程度上有赖于各国本身的需要和国际形势的发展。同时，由于中国毕竟还是一个弱国，就其综合国力而言与当时的其他三个大国不能同日而语，其他国家也还没有真正以平等态度对待中国，因此在战时外交中仍然留有不少不尽如人意之处。不论是成就还是欠缺，它们作为一种历史现象都有产生的背景和原因。这里只想就影响中国战时外交的若干主要因素做些简要的分析。

一

中国全民族的抗战是影响中国外交的最根本因素。

中国抗战爆发时的国际形势确实是相当险恶的：面对着德、意法西斯和日本军国主义的猖獗，欧洲弥漫着对法西斯的绥靖主义，美国沉浸在孤立主义和和平主义之中，西方大国都还没有完全摆脱大衰退的阴影。中国向国际社会大声疾呼，国际社会的反响却软弱无力。尽管如此，中华民族不畏强暴，在以国共合作为基础的抗日民族统一战线的旗帜下，与装备精良的日军进行拼死斗争。民族的巨人虽然伤痕累累，但毕竟坚韧不拔地坚持了下来，挫败了日本速战速决的企图，使不可一世的日本陷在对华战争的泥潭中，欲进不能，欲退不甘。

抗战之初，国际上对中国能否坚持抗战是没有信心的。许多外国观察家认为不出两三个月中国就要失败。苏联在向中国提供援助之前要中国同意订立互不侵犯条约，就是因为它担心，中国一旦投降，会跟日本一起反苏反共，用苏联的武器去打苏联。淞沪会战历时三个月，中国投入重大兵力，中国军队战败，损失惨重，首都南京也随之陷落。其时外界很少有人认为中国能够从失败中恢复过来。1938 年 10 月广州、武汉接连失守，中国抗战又到紧要关头。当时中美两国正在谈判桐油借款。消息传到美国，美国政府对中国是否有决心坚持抗战同样十分怀疑。但是中国抗战仍然经受住了这次严峻的考验。

　　如果把中国抗战与其他国家抵抗法西斯的情况做一对比，也就更能说明问题。1939 年 9 月德国法西斯挑起欧战后，欧洲国家的抵抗在德军的闪电战中纷纷瓦解，德军所向披靡。英法大军先是任随德国扫灭波兰，接着又在德国攻势下屡战屡溃，德军对西欧的作战仅用了 44 天，荷兰、比利时、卢森堡和法国相继沦亡，英军退守本岛。而中国却不惜付出巨大的民族牺牲，与日军进行顽强拼搏，往往一战即持续数月，如淞沪大战就坚持了三个月之久。太平洋战争初期，美、英军队在西太平洋和东南亚连连失利，英国自称为"不可攻破的堡垒"的新加坡竟也被日军偷袭成功，使丘吉尔也感到"不胜惊异""痛苦之至"。而同时，中国却取得第三次长沙作战的胜利，这是太平洋战争爆发后盟军的第一次重大军事胜利。在缅甸保卫战中，英军中弥漫着失败主义情绪，只想退守印度，无心认真作战，结果驻缅英军统帅也遭日军围困，中国军队及时前往援救，使包括英军统帅在内的数千英军和盟国人士逃脱了被俘的命运。中国人民正是凭着自己的英勇抵抗，才改变了从 1840 年鸦片战争以来屡遭欺凌的软弱形象，赢得了世界反法西斯各国的尊敬，赢得了自己应有的国际地位。可以断言，没有这种同仇敌忾、不屈不挠的战斗，外交上的成功是无从谈起的。

　　说到坚持抗战，又不能不指出，国民政府起来抵抗最初是迫不得已的，它起先的策略是"以战求和""以战促和"，即通过抵抗来打消日本的投机念头，使其知难而退，回到谈判桌旁。而通过秘密会谈解决中日冲突也一直是日本统治集团中部分人的主张，因此中日间的秘密接触便绵延不断。这些谈判表现了国民政府决策者的摇摆性和抗战不彻底性，但有的谈判也有某种策略上的考虑，如阻挠汪伪政府的出笼，拖延日本对伪政权的承认。甚至太平洋战争爆发后，国民政府有时也向盟国抱怨打不下去了，那多半只是对盟国的一种警告和威胁，目的是为了得到更多的财政和物资援助。对此是需要加以具体分析的，不可一概而论。

二

　　讲远一点，中国战时大国地位的取得，是中国人民为挣脱殖民枷锁、争取自立于世界民族之林的长期斗争的结果。

　　历史是不能割裂的。战时中国外交是一个世纪以来中国对外关系的延续和发展。随着列强把不平等条约强加给中国，中国人民也就开始了摆脱不平等条约的羁绊，在国际关系中寻求自己应有地位的斗争。这是一个痛苦的过程，是中华民族觉醒的漫长过程。几代人经过反复的思考与斗争，其间有成功也有挫折，且挫折多于成功。大体可以说，第一次世界大战结束是一个转折点。中国在巴黎和会上拒签对德和约是在外交上结束了以往"始争终让"的行为模式，结束了不断的割地、赔款、丧失利权，开始了缓慢而艰难的收回利权的过程。以孙中山为首的国民党人和中国共产党人都为废除不平等条约进行了不懈的斗争，在20世纪20年代大革命期间中国也在收回权利方面取得若干实际进展。南京国民政府成立后，实现了关税自主，并开始与美、英等国谈判废除治外法权问题，这个谈判为九一八事变所打断。此后一段时间，国民政府为了争取国际社会对中国反对日本侵略的同情，也为了利用日本与美、英之间的矛盾，没有再提出废约问题。但中国人民的英勇抗战改变了中国的国际形象，使全世界对中国都刮目相看；反映旧时国家关系的不平等条约与战时中国与美、英的盟国关系又格格不入，中美、中英修约便成为历史的必然。修约是从法理上承认了中国国际地位的改变。因此可以说，在中国近代外交史上，抗日战争时期堪称收获季节，以前一个世纪不屈不挠的斗争则是辛勤的耕耘。中国人民长期的反帝爱国斗争在这一时期得到了应有的报偿。

三

　　抗战期间中国政府制定并贯彻了务实的外交政策，谨慎处理与各国的关系，力求多寻友国，减少敌国，搁置分歧，求同存异，使国际环境于中国有利。

　　抗战之前的十年中，德国在华利益发展迅速，尤其是在中国30年代建立军事工业和使军队现代化的努力中，德国作用超过各国。中国政府利用这种关系，竭力使德国政府对中日战争保持中立，在战争的头半年中，两国贸易往来照旧，中国对日作战军火的80％左右来自德国；德国军事顾问留驻中国。当德国改变对华政策时，中方一再向德方交涉，力求延缓这种改变，不要给中国抗战带来太突然、太大的伤害。德国政策逆转后，国民政府并没有明显表现出亲英仇德的姿态，而是小心翼翼地维持与德国的经贸关系，此后一段时间内仍从德国获得军火供应。

　　苏联是各大国中唯一与中国和日本都接壤的国家，它的动向对中日双方产生直接的影响。中苏两国是社会制度和意识形态都不同的国家。中国政府看到美、英一时不会向中国提供援助，遂确定了联苏制日的战略，并把对苏外交作为初期外交的重点，中苏两国形成了共同对抗日本的阵线，在抗战的头两年多中，苏联是给予中国实际援助最多的国家。即便日苏订立中立条约之后，中国也尽可能维持与苏联的关系，以获取苏联的武器装备。

　　法国本身受到法西斯德国的直接威胁，在欧洲被捆住了手脚，无暇顾及东方事态，已经谈不上什么远东政策。但在日本封锁了中国沿海港口后，印度支那成为中国对外贸易和接受外援的重要通道之一（其余是香港、滇缅公路，最主要的自然还是从苏联中亚到中国西北的运输线）。为了讨好日本，法国于1939年9月宣布禁止任何物资从印支出口，使中国的过境运输发生困难。中国政府一再与之交涉，才使法国答应假道运输一切如旧，实际不予留难。

　　美、英在东方都有重大利益，但英国受欧洲事态的牵制在远东已处于一种虚弱地位；美国是远东华盛顿体系的倡导者，是列强在远东的首席发言人，而且国力强盛，国民政府在1938年就确定了对列强外交以美为主的方针。在争取美国舆论同情、推动美国修改中立法、争取美国财政援助、推动中、美、英等国军事合作等方面下的功夫最大，中国还请美国敦促英国勿对日本妥协。

　　国民政府以美为主的外交方针收到了成效，美国成为援助中国抗日的主要国家。但国民政府却把这一方针绝对化了，变成了对美国深深的依赖，反映了一种长期处于半殖民地状态的弱国政府的心态：总要有一个靠山。它认准了美国的实力及将在国际事务中发挥的作用，不断表示，在战争中，在和平会议上，在战后世界事务中，中国都将追随美国的领导，唯美国马首是瞻。国民政府领导集团无论在战争中还是在战后，无论在国际事务中还是维持国内统治地位，都深深有赖于美国的扶植和支持，而大战末期和战后，美国在中国内部事务中的卷入之深是中国一个多世纪对外关系中没有先例的。

国民政府的弱国外交还表现在这两件大事上：在中英新约谈判中，在新界问题上对英国让步；按照《雅尔塔协定》的框架，与苏联签订中苏条约。这也反映了当时一个现实：中国还不是一个与其他三大国同一水平上的大国，中国虽已取得大国地位，但还没有取得强国地位。

四

一个国家外交政策的根本出发点，是最大限度地维护和争取本民族的利益。在抗战期间，外国与中国的关系或亲或疏，或友或敌，无不以这些国家自身的民族利益为转移。

德国在中国抗战之初采取中立立场，自然不是出于对中国的同情，而是因为：一、德国在第一次世界大战后经过十几年的苦心经营在中国重建了利益，它不甘心就此放弃这种利益，也不甘心它的地位被苏联取而代之；二、中德贸易有很强的互补性，中国的农矿产品是德国所迫切需要的；三、德国认为日本侵华与反共产国际协定的规定是背道而驰的，这将驱使中国与苏联接近，不利于世界范围内的反共产国际大战略。但毕竟德日两国在瓜分世界成就霸业这个根本问题上具有共同利益，中德关系的逆转是必然的。

苏联支持中国抗战从根本上说也是出于本民族的利益。中苏两国有共同的安全利益，日本侵略中国，使苏联有唇亡齿寒之感。日本一直妄想"北进"侵犯苏联，也进行了两次"火力侦察"，苏联对日本的企图了如指掌。苏联援华就是要让中国牵制日本，使日本陷在中国战场而无暇"北进"，斯大林也曾坦率地说，中国既是在打自己的仗，也是在打俄国的仗。而苏联的援助也是有一定限度的，那就是不超过日本可以容忍的范围。超过这个限度，把日本惹恼了，就又不符合苏联利益了。所以，国民政府要求苏联直接出兵自然是奢望。1940 年下半年情况又有了变化。日本这时已决心改行"南进"方针；苏联已察觉到德国即将进攻，为了消除来自东方的威胁，便开始与日本进行磋商，结果于 1941 年 4 月达成中立条约，苏日两国为了各自的利益互相妥协，直接的受害者则是中国。苏联对中国新疆的政策也是以直接的民族利益为根据的。

美、英两国的对华政策也莫不受其本国利益的支配。美、英两国都是在西太平洋和东亚有重大利益的国家，而日本却公然反对门户开放政策，宣称要建立"东亚新秩序"，并自命为这种"新秩序"的领袖，毫不掩饰要把英、美利益扫地出门的野心。美、英两国的有识之士逐渐领悟到，中国既是在为自己而战，也是在为他们而战，只有日本的失败才能把美、英从危及他们在远东的地位的灾难中解救出来，因此不能眼看中国的牺牲而无动于衷；他们进而认识到，面对日本的侵略，声明和宣言已无济于事，唯一有效的是物质的抵抗，两国这才开始迈出了制日援华的步伐。确定了这个方针后，它们便常常在中国抗战可能发生动摇时宣布制日援华措施：美国宣布废除美日商约，是在日英《有田—克莱琪协定》签字后两天（1939 年 7 月 26 日）；宣布华锡借款，正是汪伪傀儡政权出笼之时（1940 年 3 月）；日本派兵进驻印支（1940 年 9 月 23 日）后两天，美国宣布了钨砂借款的消息，并对日本彻底禁运废钢铁；罗斯福赶在日汪《基本关系条约》和《中日满共同宣言》发表当天（1940 年 11 月 30 日）发表财政援华声明，英国政府也采取类似行动。这些措施都表示，它们对中国抗战与本国利益的关系看得越来越清楚，也越来越重视了。

在修约和中国大国地位问题上，美、英两国的不同态度也是它们不同利益的反映。英国决策者念念不忘战后恢复其殖民帝国，恢复其在远东的利益。他们同意与中国修约是很勉强的，而且认为，如果美、英放弃同样多的在华特权，实际上英国损失的利益比美国大，因为战前英国在华的实业利益大于除日本外的任何大国。因此英国在修约时力图保留若干特权，如经营商业的最惠国待遇、沿海贸易与内河航行权、购置不动产权，并在这些问题上与中国进行了反复的交涉。更不要说它坚持对香港的殖民统治了。

美国不顾英国和苏联的不满和反对，努力提高中国的国际地位，拔高蒋介石作为中国领袖的形象，同样是出于自身利益的需要。美国决策者意识到战后世界将会有一个大的变化，老的殖民帝国将寿终正寝，大国之间划分势力范围将是不可避免的，战后世界将在这些大国合作基础上建立起新的秩序，而美国应当是这种世界新秩序的领导者。在亚洲，美国旨在建立"美国主导下的和平"，希望把中国包括在美国势力范围之内，成为美国在这里的主要合作伙伴，发挥重要的稳定作用。这是罗斯福对华政策的重要出发点，因此提高中国的地位也就是美国的本身利益所在。

抗战末期美国对华政策的转变，也是美国从自身利益出发确定政策的一个典型例子。抗战期间，美国为了使中国的抗日力量不至于因中国内耗而削弱，采取扶蒋容共抗日的政策，但美国决策者对国共关系是很担心的。一则，中共在抗战中得到的大发展使它已经有实力与国民党进行权力角逐；二则，国共两党抗战时期勉强得以维持关系，但毕竟两党之间矛盾太深，一旦日本侵略这个压倒一切的因素消失，民族统一战线的基础丧失，两党之间的内战是随时可能爆发的；三则，国共两党的内战极可能把美国和苏联都牵扯进去，两大国将不得不分别支持内战的一方，这样不但使美国决策者以中国作为亚洲主要稳定因素的希望落空，而且会使在大国合作基础之上建立起来的新世界秩序受到威胁。因此美国决策者希望国共双方在战时就携起手来。但国共双方的立场却没有妥协的余地，这样美国就必须作出抉择。既然美国决策者已经对国民政府领导集团作出了巨大投资，并对它寄予很高的期望，它也就只能支持国民政府，而不能支持中共，尽管这不是它最佳的选择。

五

从抗战时期的中国对外关系中还可以看出外交与内政的密切关系。

两个互相平行的政权的存在是抗战时期中国内政的一个主要特点。抗日民族统一战线建立后，与国民政府对立的苏维埃政府是取消了，但中共领导的各抗日根据地的政权只是名义上隶属于国民政府，它们实际上仍然是独立的。国共两党实现了第二次合作，但国共之间又摩擦不断。以战时外交的情况看，合作无疑有利于外交的开展，分裂对外交则是一种制约。

国共合作使中国容易得到国际上的援助。正是由于实现了第二次国共合作，苏联可以在抗战前期把意识形态的考虑搁在一边，放手地援助国民政府。这种援助是给予中央政府的，但它是用来抗日的，因此与中共的利益也是一致的。中共也明白表示，中共不反对美国援助国民政府，只要这种援助是于抗日有利的。

　　分裂制约外交的一个例子是战争末期中苏条约谈判。诚然，这个条约是以《雅尔塔协定》为蓝本的，国民政府签订条约有被迫的一面；但国民政府也有自己的动机，其中之一就是通过让与苏联权益，换取苏联在国共之争中支持国民政府，孤立中共。苏联看准了国民政府有求于它，谈判中态度强硬。它作出了苏联的道义支持和物资援助（尤其是军需品）完全供给中国中央政府即国民政府的承诺，与国民政府达成一桩有予有取的交易。至于以后如何执行，那就是另一码事了。

　　内政影响外交，外交反过来也影响内政。

　　外国影响有利国共合作的显著例子是各国对皖南事变的态度。皖南事变后，美、英、苏表示了对事变的关注，希望国共团结抗日，不发生内部分裂，罗斯福的特使还专门带来了总统口信。某种程度上是在国外压力下，蒋介石表示中国决无发生内部冲突危险，中共问题是一政治问题。此后美国继续关注国共联合抗日的问题。美国驻华外交人员和史迪威都一再表示对中国内部团结的关注，甚至建议撤销对陕北中共根据地的围困，调被围八路军上抗日前线。这些表态对于维护抗日民族统一战线都有一定的作用。

　　不利于国共合作的外国影响主要是国民政府领导集团与美国在太平洋战争期间建立起来的特殊关系，及由此产生的美国在抗战末期对华政策的转变。对这种特殊关系，中共自然看得一清二楚。这既是一个可以利用又是一个令人担忧的因素。美国如果施加影响，要求战后中国朝着和平、民主的方向发展，这种影响便对中共有利；而反过来，由于美国离不开国民政府，因此如果国民政府决心打内战，决心削弱乃至消灭中共，美国予以支持，那么形势对于中共又将变得十分不利。中共在重庆建立代表团，这使它有可能与美国官方人士（外交官和军事人员）进行接触。中共代表在这方面表现了极大的主动性和积极性，并取得了相当的成效，许多美国外交官和军事人员都对中共有颇好的印象。1944 年 7 月美军观察组派驻延安更是中共争取美国同情的一个成果。但如上所说，抗战末期美国对华政策的转变是由美国自身利益决定的，美国片面支持国民党的政策无疑只是扩大而不是缩小了国共之间的分裂。

　　中国人民伟大抗日战争胜利 60 多年了。这场使中国获得新生的战争已经作为光辉的篇章记载在我们的史册上，但作为历史研究的课题，这是个值得长久发掘的富矿。这一时期对外关系的历史画面之丰富多彩也是中国近代史上仅见的。同时，我们还看到历史与现实之间的诸多联系。60多年前联合国的成立是反法西斯战争胜利的结果，中国作为五个常任理事国之一的地位是那时取得的；当时未能解决的香港问题终于在 1997 年得到彻底解决；这场 60 多年前的战争还给我们遗留下种种问题。外交与战争不同，这里没有硝烟和枪炮声，但这是战争期间的外交，外交上取得的任何胜利和进展都是以普通民众和军人的奋斗和牺牲为依托的。从这个意义上说，本书也是笔者对抗日战争中牺牲的先烈和受难同胞的一个纪念。

引　言

　　在席卷资本主义世界的经济危机中，历史进入了动荡不安的 20 世纪 30 年代。日本军国主义首先在远东拉开了武力侵略的序幕。1931 年 9 月 18 日，日本关东军一手制造了柳条湖炸路事件，随即以此为借口进攻沈阳。数月之内，日本便侵占了东北三省，以赤裸裸的武力把中国东北置于其刺刀统治之下。

　　日本此举是对远东华盛顿体系的猛烈冲击。它向列强表明，日本已决心破坏这一体系，背弃门户开放、机会均等的原则，把中国作为它独占的殖民地。九一八事变发出了要用武力重新瓜分世界的信号。对于日本的这一公然挑战行为，国际社会没有作出强有力的反应，基本上是以无可奈何的心情默认了日本的侵略。美国发布了一个不承认主义的原则声明，国际联盟通过了一个没有约束力的日本撤兵劝告案，这些远不足以制止日本的侵略，而日本则以悍然退出国联作为回答。九一八事变标志着远东地区华盛顿体系崩溃的开始。它还表明，西方列强既没有实力也没有坚强的意志来维护这一体系。

　　这以后，日本不断向华北地区进行新的侵略扩张，并于 1934 年 4 月发表了针对西方列强的"天羽声明"。日本声称它与中国有特殊关系，在东亚负有特殊责任，维护东亚的和平及秩序是日本单独的责任，无须他国干涉，并扬言如果他国暗助中国，日本不能置之不理。这一声明公开暴露了日本要独霸中国和东亚而不容其他列强插手的野心。为了取得与英美相抗衡的力量，日本急于摆脱《华盛顿裁军条约》对于日本海军的限制，该条约规定英、美、日海军所拥有的战舰吨位比例为5∶5∶3。日本希望能放手发展其海军力量。1934 年底，日本正式宣布废除《华盛顿海军裁军条约》。1936 年 1 月，日本宣布退出伦敦裁军会议。

在日本于东方发难的同时，德国和意大利在西方向凡尔赛体系频频发起冲击。德国提出建设欧洲新秩序的口号以否定凡尔赛体系。对凡尔赛体系和华盛顿体系的冲击，在客观上形成了对现存世界秩序进行挑战的互相呼应的局面。同时，德意日在主观上也意识到，它们之间的进一步配合将有利于各自在东西方的扩张。1936 年 11 月，日德签订《反共产国际协定》，在反共的旗帜下结成伙伴关系。意大利于次年加入。

东西方法西斯的兴起与接近，促成了世界政治结构的另一变化，这就是以防范德意日为主要目的的其他大国的日益靠拢。作为现存世界秩序主要设计者和维护者的英美法之间的合作进一步加强。苏联与资本主义国家之间的关系也得到改善。1933 年，一直对苏联持敌视态度的美国终于与苏联建立外交关系。1934 年，苏联加入国际联盟。在东方，为了限制日益扩张的日本势力，英美法开始加强与中国政府的关系，协助中国从事增强国力的建设活动。但是西方国家这时都忙于克服经济危机对本国带来的灾难，它们对东方事态的关注是极其有限的。苏联对日本的扩张怀有高度的警惕，它在不断增强其远东军备的同时，迈开了与中国改善国家关系的步伐。

这就是中日战争爆发前的远东及国际形势：一方面，日本在中国的扩张引起了国际社会的反应，这一反应对中国是有利的；另一方面，由于德意在西方的行动，英美等列强对日的反应能力又受到削弱。这两个因素，都对日后远东局势的发展产生重大影响。

日本贪得无厌的侵略也迫使中国政府的对日政策产生了变化。很长一段时期以来，国民党政府坚持"攘外必先安内"的方针，对日本的侵略只是进行了有限的抵抗，而在总体上奉行的是"忍让求和"的政策，先后与日本达成了"塘沽协定""何梅协议""秦土协定"等妥协性协议。然而，这种妥协态度虽然平息了一时的事态，但它并不能满足日本军国主义日益增大的胃口，也激起了中国广大民众和爱国官兵的强烈不满。日本的步步紧逼已严重地威胁着国民政府对中国的有效统治，把它逐步逼到了退无可退的地步。国民政府开始在各方面做万不得已时起而抗战的准备。

在进行各种国防准备的同时，国民政府在外交领域也展开了积极的活动。面对日益严重的民族危机，中国政府企图借助英、美、苏的力量以制约日本，因而在外交上日益向其靠拢。国民政府暂缓推行它在 20 年代末

30 年代初所倡导的以修订不平等条约为主要内容的"革命外交",注意加强与英美的联系。共同的需要,使中国与英美等国之间的关系日见密切。1933 年,中美达成数额为 5000 万美元的"棉麦贷款"协议。1935 年,英国协助中国整顿金融,实行"币制改革"。1936 年 5 月,中美缔结购售白银协定,以稳定中国法币。中国与苏联的关系也得以改善,两国于 1932 年恢复了外交关系,这以后,双方就有关两国及远东的安全问题多次进行秘密磋商。中德关系在这一时期也有长足发展,双方在军事及经济领域的联系尤为密切。中国政府进行的这些外交活动,为抗战爆发后世界各主要大国对中国的道义支持和物质支持打下了基础。

在对日方针上,国民政府给自己确定了不可再退让的最后界限。1935 年 11 月 15 日,蒋介石在国民党第五次全国代表大会上发表了重要讲话。蒋介石指出目前救国建国的唯一方针是"和平有和平之限度,牺牲有牺牲之决心,以抱定最后牺牲之决心,而为和平最大之努力,期达奠定国家民族复兴之目的",倘以忍耐而求和平无望,则应"下最后之决心"。[①] 对于这"最后关头"的具体限度,蒋介石于 1936 年 7 月作了明确说明:"中央对于外交所抱的最低限度就是保持领土主权的完整。任何国家要来侵害我们的领土主权,我们绝对不能容忍。我们绝对不订立任何侵害我们领土主权的协定,并绝对不容忍任何侵害我们领土主权的事实","说得明白些,假如有人强迫我们签订承认伪(满洲)国等损害领土主权的时候,就是我们不能容忍的时候,就是我们最后牺牲的时候。……从去年 11 月全国代表大会以后,我们遇有领土主权被人侵害,如果用尽政治外交方法而仍不能排除这个侵略,就是危害到我们国家民族之根本的生存,这就是我们不能容忍的时候。到这时候,我们一定作最后之牺牲"[②]。

然而,日本无视中国民众民族意识日益觉醒和中国政府再难退让这一现实,仍在做着征服中国的美梦,仍在继续进行着侵略中国的各种活动以及更大规模的侵略的准备。1937 年 3 月上旬,日本驻华武官喜多诚一少将、中国驻屯军参谋和知鹰二中佐、关东军参谋大桥熊雄少佐三人奉诏回东京参谋本部汇报中国的现地形势。作为日本在华三大力量的代表,他们的意见可以说反映了在华日军的普遍情绪。他们的报告认为:不论在表面

---

① 秦孝仪主编:《先总统蒋公思想言论总集》第 13 集,台北 1984 年版,第 522—523 页。
② 《先总统蒋公思想言论总集》第 14 集,第 38 页。

上还是在实际上，中国政府都正在坚决抗日的大方针下加强内部、充实军备、依靠欧美以及积极促进南京和华北的一元化。因此，"不论在任何场合，采取软弱政策的结果，只会使现地形势逐步恶化"。他们认为，用一般的手段已不可能调整好如此恶化的日华关系。从对苏战略考虑，他们主张用紧急手段来调整日华关系。其办法之一就是"在对苏行动之前，首先对华一击，挫伤蒋政权的基础"①。

关东军积极主张对华用兵。它在 1937 年 6 月 9 日关于对苏对华战略的一份意见书中提出："从准备对苏作战的观点来观察目前中国的形势，我们认为：如为武力所许，首先对南京政权加以一击，除去我背后的威胁，最为上策。"意见书认为，南京政府"对于日本所希望的调整邦交一事，丝毫没有作出反应的意思，如我方对它进而要求亲善，从它的民族性来看，反而会增长其排日侮日的态度"②。

华北是中日矛盾的聚焦点。它既是日本对华扩张的下一个目标，又是中国政府不可再退让的第一块阵地。日本加紧进行企图使华北脱离中国中央政府控制的各种活动，并不断向华北增派兵力。日本华北驻屯军从原来的 2200 多人激增到 6000 多人，扩编成第四混成旅团。驻屯军司令官亦升格为由天皇直接任命的"亲补职"，其地位与关东军司令官平级。日军还扩大在华北的驻兵区域，并频繁地进行军事演习，尤其是那些邻近中国军队驻地的演习，极具引发中日两军冲突的危险性，从而使华北局势更趋紧张。在日本毫无节制的扩张活动下，整个华北弥漫着一股随时可能爆发冲突的紧张气氛。

---

① 中共中央党校中共党史资料室：《卢沟桥事变和平津抗战（资料选编）》，北京 1986 年版，第 8 页。

② 秦郁彦：《日中战争史》，东京 1961 年版，第 333 页。

第 一 章

争取国际社会的支持

第一节 从华北交涉到淞沪抗战

卢沟桥位于北平西南，是北平通往南方的一个重要交通要点，平汉、津浦等铁路干线皆经过于此，其战略地位不言而喻。1937 年 7 月 7 日深夜至 8 日凌晨，日本华北驻屯军第一联队第三大队第八中队在卢沟桥地区进行非法夜间演习，声称一士兵失踪和受到中国军队的非法射击，要求进入中国军队驻守的宛平县城搜查，在遭到拒绝后，悍然向宛平县城发动攻击。驻守该城的中国陆军第二十九军第三十七师第二一九团所部官兵奋起抵抗，由此爆发了日后载入史册的"卢沟桥事变"。

卢沟桥事件本系一地方冲突事件，但日本军队蓄意扩大事态。无理要求中国军队撤出宛平县城，并于 7 月 9 日、10 日多次向中国军队发起挑衅性的进攻。7 月 11 日，日本政府发表声明，颠倒是非，声称华北事变"完全是中国方面有计划的武装抗日"，因此，"为维护东亚和平，最重要的是中国方面对非法行为，特别是排日侮日行为表示道歉，并为今后不发生这样的行为取得适当的保证"。显然，日本的要求已经超出了对事件本身的解决，而志在谋取对华北更广泛的控制权。为此，日本政府"决定采取必要的措施，立即增兵华北"①。

中国政府对卢沟桥事件予以高度重视。事件发生时，蒋介石等中央政要正在庐山举办暑期训练团。7 月 8 日，蒋介石闻讯后即预做应战准备。

---

① 日本外务省编：《日本外交年表及主要文书（1840—1945）》，下册，东京 1955 年版，文书第 366 页。

他命令二十九军固守宛平城，并作全体动员，以备事态扩大，同时命令有关部队北上增援。7 月 11 日，蒋介石致电北平市市长秦德纯、天津市市长张自忠、河北省主席冯治安等分掌地方大权的第二十九军将领，指出："我军非有积极决战之充分准备，与示以必死之决心，则必不能和平了结。"①

尽管中国政府在做应战准备，但对日本意欲何为，对卢沟桥事件这一地方冲突是否一定会引发中日间的大规模战争，此时尚未能作出明确的判断。蒋介石在 7 月 8 日的日记中写道："倭寇在卢沟桥挑衅矣！彼将乘我准备未完之时使我屈服乎？或故与宋哲元为难，使华北独立乎？"② 这表明，蒋介石此时对日本人意在讹诈还是意在真刀实枪地大干尚未得出结论。因此，南京政府确定了一个做两手准备的应变方针："应战而不求战。"南京政府给宋哲元的指示是"不挑战必抗战"，如其因环境关系，"认为需要忍耐以求和平时，只可在不丧失领土主权原则之下，与彼方谈判，以求缓兵。但仍需作全般之准备"③。同时，中国政府公开宣示其对卢事解决的最低立场。7 月 11 日，国民政府立法院院长孙科在上海对记者发表谈话时表示：卢沟桥事件有扩大可能，中央绝不容再失寸土④。

通过卢沟桥事件而确立日本在华北的统治地位是日本处理这一事件的直接目标。为此，日本在两个层面上同时展开了活动。其一，在对中国中央政府的外交上，日本打出了所谓"现地交涉"的旗号，拒绝与南京方面交涉；其二，在华北对中国地方当局威胁利诱，力图取得对华北的实际控制权。7 月 8 日，日本政府提出了处理卢沟桥事件的方针，内称："不扩大事态，通过现地交涉迅速解决"。7 月 11 日，日本外务省训令其驻华使馆："日本政府准备迅速在现地解决卢沟桥事件，所以希望南京政府不要妨害对于时局的紧急处理。"⑤ 当日，日本大使馆参事日高信六郎会见

---

① 中国国民党中央委员会党史委员会编，秦孝仪主编：《中华民国重要史料初编——对日抗战时期》第二编，《作战经过》，二，台北 1981 年版，第 31—32、39 页。该书以下简称《作战经过》。

② 古屋奎二著，台湾《中央日报》译印：《蒋总统秘录》，第十一册，台北 1977 年版，第 11 页。

③ 中国第二历史档案馆编：《抗日战争正面战场》上，江苏古籍出版社 1987 年版，第 210 页。

④ 《卢沟桥事变和平津抗战（资料选编）》，第 6 页。

⑤ 上村伸一：《日本外交史》，第 20 卷，东京 1973 年版，第 64、126 页。

中国外交部部长王宠惠，转达了日本政府的这一要求。

所谓"现地交涉"，其含义绝不止限于字面上所理解的在现场就地谈判解决这一冲突。在这一特定场合下，它反映日本图谋在谈判中撇开中国中央政府，而由日本驻军与华北地方当局商讨事件的解决办法，即以现地交涉排斥中央交涉。日本此举目的有二：一是以此突出华北的特殊性，削弱中央政府对华北的控制；二是便于他们从对华北地方当局的讹诈中得到更多的好处，因为日军驻兵华北，直接构成威胁，且华北当局一些负责人的态度当时明显较中央政府软弱，日本希望从他们那里得到中国中央政府所难以给予的东西。

因此，中日间有关卢事的交涉实际上是在两个不同的层面上进行着。一是在中央一级，即中国外交部与日本外务省及其驻华使馆之间，这是中国政府所期望的，但日本显然对与中国中央政府的交涉不感兴趣，中国政府所提出的各种建议屡屡为日本所拒绝；二是在地方一级，即在华北地方当局与日本华北驻屯军之间，这是日方所期望的。日方曾多次要求中国中央政府不要妨碍华北地方的谈判。实质性的交涉是在华北地方进行的。南京政府在坚持中央交涉的同时，密切关注并力图指导华北谈判的进行，防止华北当局陷入日本的阴谋之中。

在华北，日军在与地方当局的交涉中竭尽胁迫之能事。日方提出了道歉、惩办有关责任者、撤退中国军队、取缔排日活动及反共四项条件。7月11日，张自忠、张允荣代表华北地方当局与日方代表松井久太郎、和知鹰二签订了关于卢沟桥事件的"现地协定"。其内容大致如下：

　　一、第二十九军代表声明向日军表示道歉、处分有关责任者，并负责防止今后不再发生此类事件。
　　二、中国军队不在接近丰台日本驻屯军的宛平县城和龙王庙周围驻军，改由保安队维持治安。
　　三、鉴于本事件多胚胎于蓝衣社和其他抗日团体的指导，今后要对此类团体彻底取缔①。

日本仍不满足于华北地方当局作出的这一让步。7月14日，日方向

---

① 《日本外交史》，第20卷，第68页。

刚刚由山东乐陵回到天津的宋哲元提出了更进一步的要求，要中方从冀察撤出中央系机关，把中国军队撤出北平城外，而改由保安队担任警备①。宋哲元此时似乎对与日本达成妥协存有幻想。

根据以往中日交涉的经验，中国政府对日本惯于使用的离间分裂、威胁利诱等伎俩有所警惕，故而对于日本提出的"现地交涉"也作出了两方面的回应。首先，它在与日本外交机构的交涉中坚持事件的最后解决权在于中央，不给日本人以从中投机取巧的余地。中国外交部在7月11日的照会中指出："无论现地已经达成之协定，还是将来成立之任何谅解和协定，须经中央承认后才能生效。"② 7月12日，中国外交部发言人再次明确指出，"任何解决办法，未经中央政府核准，自属无效"③。同时，中国政府公开宣示其对卢事解决的最低立场。

另外，南京政府频频致电宋哲元、秦德纯等华北将领，说明中央应付卢事的方针，指示其在谈判中应持的立场，告诫其切勿妥协，不得丧失丝毫主权，不要上日本人的当。7月13日，蒋介石在致宋哲元电中详述了中央政府的看法。他认为此次卢沟桥事件难以和平解决，"无论我方允其任何条件，而其目的则在以冀察为不驻兵区域，与区内组织用人，皆须得其同意，造成第二冀东。若不做到此事，则彼必得寸进尺，决无已时"。蒋介石表示中央已下定决心，要全力抗战。他提醒宋哲元说，"此次胜败，全在兄与中央共同一致，无论和战，万勿单独进行，不稍与敌方各个击破之隙，则最后胜算必为我方所操"。7月17日，蒋介石再次致电宋哲元和秦德纯，提醒他们勿为日本所欺④。

同时，中国政府还企图诉诸国际社会的压力。7月16日，中国政府向九国公约签字国政府送交了有关中日冲突的备忘录，批驳了日本"现地解决"的主张。该备忘录明确指出："中国方面现仍准备谈判任何种荣誉之协定，惟中国国民政府对于谈判解决之基本条件，不得不加以密切控制，盖恐吓地方当局，促成华北分裂，原本为日本军人惯用策略，而为世

---

① 《日中战争史》，第205—206页。
② 《日本外交史》，第20卷，第126页。
③ 中国第二历史档案馆馆藏档案，案卷号：七八七·890。
④ 《作战经过》，二，第43、53、55页。

人所熟知也。"①

卢沟桥事件后，由军委会参谋总长、军政部部长、训练总监等人组成的中国统帅部会议，自 7 月 11 日起每天就事态的发展进行会商，决定中方的应对策略。在 7 月 14 日的会议上，军委会办公厅主任徐永昌提出，我方现在准备不足，如与日本开战，难操胜算。倘若日方果真如其宣传，不欲使事态扩大，则我方似应抓住其意向，表示可以妥协。因此，中央最好给宋哲元确定一个妥协标准，以便其与日本商谈。但训练总监唐生智认为此议不妥，他指出，宋现在已在中央许可范围之外从事妥协活动，"如中央再给以和平妥协之意图，则前途将不可问"。他建议"目前中央宜表示强硬，而任宋哲元之妥协运动之进行，如结果不超出中央期望之外，则中央可追认之，否则，中央仍予以否认。"② 看来，南京政府是采纳了唐生智的这一策略。这就是：一方面给宋哲元打气，要求其做好应战的军事准备；另一方面，也不完全禁止宋哲元在华北为谋求事件的解决而作出一定的妥协和让步，而中央则视其让步程度，予以默认或否认。无论怎样，中央须保留最后决定权。

7 月 17 日，蒋介石于庐山发表关于中日问题的谈话。谈话宣称，中国已经临近无可退让的"最后关头"，"如果卢沟桥可以受人压迫占领，那么我们百年故都、北方政治文化的中心与军事重镇的北平就要变成沈阳第二！今日的北平果若变成昔日的沈阳，今日的冀察亦将变成昔日的东三省。北平若可变成沈阳，南京又何尝不可变成北平！所以卢沟桥事件的推演是关系国家整个的问题"。蒋介石在表示到了最后关头"只有牺牲，只有抗战"的决心的同时，还表明了中国力求避免战争的愿望。他声称，"我们的态度只是应战，而不是求战"，"在和平根本绝望之前一秒钟，我们还是希望和平的，希望由和平的外交办法求得卢事的解决"。

卢沟桥地区的重要战略地位不容中国政府再作以往那样的妥协。为了不使日本当局再存此幻想，谈话阐述了中国政府对于卢事解决的最低立场，指出任何解决方案不得违背以下四点：一、任何解决不得侵害中国主权与领土完整；二、冀察行政组织不容任何不合法之改变；三、中央政府

---

① 中国国民党中央委员会党史委员会编，秦孝仪主编：《革命文献》第 106 辑，《卢沟桥事变史料》，上册，第 254 页。

② 《抗日战争正面战场》，上册，第 215 页。

所派之地方官吏，如冀察政务委员会委员长宋哲元等，不得任人要求撤换；四、第二十九军现在所驻地区不能受任何的约束①。庐山谈话是卢事以来中国政府对于这一事件的判断、态度和基本立场的最完整的表述。它也为华北的谈判立场定下了一个大体的框架。

南京政府外交部曾多次向日方提议，双方停止军事调动，将军队撤回原地，但日本拒绝与中国中央政府进行交涉。7 月 17 日，日本驻华使馆参事日高信六郎向中国政府外交部递交照会，指责中国政府妨碍冀察当局与日本和解，要求中国政府立即停止一切挑战言行，并不得妨碍华北地方当局实行业已达成的解决条件。日高还声称，只要中国政府将外交权交予冀察自行交涉，而冀察当局能忠实履行它所签订的条约，事件即可和平解决②。

同日，日本还向南京政府发出威胁。日本驻华陆军武官喜多诚一来到中国军政部，递交了一份书面文件，内称，如中国政府派兵北上及派飞机北上，"则日本将有适当处置，以资应付，因此而引起之事端，应由中国方面负其责任"③。

但中国政府仍然努力争取在中央级外交机关进行交涉。7 月 19 日，中国外交部在致日方的备忘录中再次提议，双方约定一具体日期，届时双方停止军事调动，并将已派出的武装队伍撤回原地。备忘录表示，中国政府愿经外交途径与日本政府立即商谈，使事件获得适当解决，"倘有地方性质，可就地解决者亦必经我中央政府之许可"。备忘录还表示："我国政府极愿尽各种方法以维持东亚之和平。故凡国际公法或国际条约对于处理国际纠纷所公认之任何和平方法，如两国直接交涉、斡旋、调解、公断等，我国政府无不乐于接受。"中国政府并请英国政府帮助转达中方的撤兵建议④。

同日，中国军政部部长何应钦在会见喜多诚一时也表示，如日本能将新增之军队撤退，中国方面亦可考虑采取同样之行动。他指出，事态扩大与否，将取决于日本而不是中国。

---

① 《先总统蒋公思想言论尽集》，第 14 卷，第 582—585 页。

② 台湾"中华民国外交问题研究会"编：《中日外交史料丛编》第四编，《卢沟桥事变前后的中日外交关系》，台北 1964 年版，第 203 页。

③ 《抗日战争正面战场》，上册，第 219 页。

④ 《卢沟桥事变前后的中日外交关系》，第 203 页。

卢沟桥事件发生时，中国驻日大使许世英已在国内病休数月。许世英因年高多病，曾屡上辞呈。但卢事发生后，为加强中日两国国家级外交机关之间的交涉，许世英毅然打消辞意，奉命东渡返任。7月18日，许世英临行前发表谈话称，"目前中日局势确极严重，但外交人员系以和平解决为职志，本人返任，实抱有一种宏愿，冀能本诸'正义诚意'四字，对于两大民族目前之危机，双方努力消弭于无形"①。7月19日，许世英在赴日船上对日本记者发表谈话，声明中国政府对于卢事的解决方针是：一、不扩大事件，二、以外交交涉解决事件。

但日本断然拒绝与中国外交部交涉。日本外务次官崛内谦介对转达中国政府意见的英国驻日代办道滋（James Dodds）声称，卢沟桥事件是日本与华北地方当局之间的事情，日本目前正致力于地方解决，它不接受南京政府的这一提议。7月20日，日本外务省发表声明，辩称"冀察政务委员会乃有别于其他地方政权的大规模特殊政治形态"，南京政府"主张我方和冀察政权对话，必须经其承认，完全是故意为圆满解决事件设置新的障碍。目前事态恶化的原因，在于南京政府一面阻碍现地协定，一面不断调中央军北上"。声明并威胁说，如果南京政府不幡然醒悟，解决时局将完全无望②。

在华北，日本威胁讹诈地方当局的活动正在加紧进行。日本不满足于华北当局所作的让步。它逼迫华北当局接受更为苛刻的条件，如罢免所谓排日要员、撤除在冀察的中央系统各机关等。宋哲元在日本的威胁面前期望以有限度的妥协来维持华北岌岌可危的和平。在日方的压力下，7月19日，第二十九军代表与日本驻屯军代表签订了包含上述内容的"细则协定"。

南京政府不安地注视着日本与华北地方当局之间的谈判。它坚决反对"现地解决"的阴谋，坚持中央政府的核准权。同时，南京政府也准备作出一些让步以求得事件的妥协性解决。7月23日，南京政府的中枢要员讨论了宋哲元报送来的7月11日的现地协定。尽管会议对华北地方当局让步过多有所不满，但为了消除日本人所谓"中央妨碍地方解决"的借

---

① 中国第二历史档案馆馆藏档案，案卷号：七八七·889。
② 日本防卫厅防卫研究所战史室著：《中国事变陆军作战史》，田琪之译，第一卷，第一分册，中华书局1977年版，第185—186页。

口，以示中央和地方的一致，也为了避免谈判破裂，中央政府复电宋哲元，表示"中央对此次事件，自始即愿与兄同负责任。战则全战，和则全和，而在不损害领土主权范围之内，自无定须求战、不愿言和之理。所拟三条倘兄已签字，中央当可同意与兄共负其责"。中央同时希望宋哲元向日方声明：一、第三十八师撤离宛平县应为临时性的；二、对于共产党的镇压及其他排日团体的取缔应由中国方面自行决定，"不由彼方任意要求为限"。而要求得事件真正结束，日方亦应撤退其新增派的部队①。

　　这里，中国政府实际上已经修正了自己的立场，已从"庐山谈话"四条件的最低立场上后退，因为 7 月 11 日协议的一些内容是与四条件相违的，承认这一协议显示了南京政府尚愿妥协的意向。而且，南京政府这时已经得知华北地方当局又于 7 月 19 日签订了对日让步更多的"细则协定"，但宋哲元并未呈报这一协定，南京政府也就佯作不知，未予追究。蒋介石在其 7 月 23 日的日记中记载了他对这一问题的想法。他写道："明轩只报告十一日与倭方所协商之三条，而对十九日所订'细则'尚讳莫如深，似以不加深究为宜，使其能负责也。"② 由此可以看出，南京政府是准备让宋哲元在前台作些妥协的，它所一直坚持拥有的中央决定权实际上是以现地解决的方案为基础。如果日本的欲求不太过分的话，卢沟桥事件是有可能以中国方面的部分退让而告解决的。

　　然而，日本方面无节制的扩张欲望最终粉碎了"现地解决"的希望。此时，无论是在日本文官政府内，还是在军方，都存在着强大的反对外交解决的势力。他们主张"惩罚中国军队，铲除华北纠纷的根源"，而不以外务省所标榜的"现地解决"为满足③。再加上驻华日军蓄意制造事端，扩大冲突，谈判解决的希望遂成泡影。

　　在日本内部，出于对苏战略的考虑，其时在对华战略上也确实存在着所谓扩大派和不扩大派之争。但前者人多势众，占有绝对优势。这些扩大派主张以武力压服中国，认为只要对中国作一次沉重的打击，便可以瓦解中国的抵抗。陆相杉山元就曾向天皇保证，可以在一个月内结束中国的战争。一些强硬派认为，卢沟桥事件的发生为日本施展其对华谋略提供了极

①　《作战经过》，二，第 61—62 页。
②　《蒋总统秘录》，第十一册，第 26 页。
③　《中国事变陆军作战史》，第一卷，第一分册，第 177 页。

好的时机，"多年悬案的中国问题，如今才是解决的极好机会。所以，没有必要进行当地谈判，如已达成协定，也予以撕毁"①。他们认为"若处以温和态度，势将助长其抗日气势，给今后对华政策带来障碍，因此，需要给予沉重一击"，"若我方采取强硬态度和暗示，那么中国方面一定会屈服"。他们主张以武力解决卢事，一举夺得对华北的控制权②。

早在 7 月 10 日，日本陆军部就作出了派兵决定。11 日夜，日本陆、海、空军各兵种都获得命令，紧急动员起来。同日，日本陆军省任命陆军教育总监本部部长香月清司为华北驻屯军司令官，取代病危的田代皖一郎指挥华北军事。日本加紧向华北增派兵力，至 7 月 16 日，日军入关部队已达 5 个师团，拥兵 10 万之众，完成了对平津的战略包围。此后，日军便频频在平津一带挑起战事，多次轰炸中国列车，炮轰宛平县城、长辛店。

日本陆续向华北大举增兵，它所表现出来的意欲借此控制华北的意图使宋哲元等人产生了疑虑。南京政府向华北派出的特使、军委会参谋次长熊斌亦于 23 日晚由保定抵达北平，向宋说明了此次中央政府的抵抗决心，指出日军必将发动大规模进攻，希望宋提高警惕。宋哲元的态度开始发生变化，他下令停止原已与日方议定的第三十七师的撤退，并令第一三二师第二十七旅进入北平担任城防。

7 月 25 日，"廊坊事件"爆发。廊坊为平津间之交通枢纽，战略地位十分重要。日军攻占廊坊后，便切断了平津之间的交通。随着廊坊事件的发生，宋哲元更加明白了局部妥协的无望。

26 日，宋哲元对前去华北的外交部特派员孙丹林表示："战事恐不能免，外交大计仍应由中央主持，"表明了华北当局再无与日本妥协的幻想③。26 日晚，"广安门事件"发生。宋哲元在致何应钦电中报告了广安门冲突，认为"似此情形（日方）颇有预定计划，大战势所难免"，并报告说，他已命令所属各部"即日准备应战"。7 月 27 日，中国外交部发言人发表重要谈话，指出两旬以来中方已为和平尽最大努力，今后事态发展

---

① 今井武夫：《今井武夫回忆录》，天津政协编译委员会译，中国文史出版社 1987 年版，第 32 页。

② 《卢沟桥事变和平津抗战（资料选编）》，第 21 页。

③ 《卢沟桥事变前后的中日外交关系》，第 202 页。

的一切责任应由日方负责①。

"广安门事件"后，冲突空前升级，日军悍然在华北发起全面进攻。第二十九军准备不足，仓促应战，在日军的优势兵力和火力的攻击之下，二十九军伤亡惨重。30 日，北平和天津均告陷落。

由此，卢沟桥事件发展成为中日两国之间的战争，所谓"现地解决"就此夭折。日本以武力威胁华北当局、在排除中国中央政府的情况下分裂华北的图谋彻底破产。北平失守后，蒋介石发表谈话，声明现在已到"最后关头"，中国政府不能坐视日本在华北为所欲为。他指出"政府有保卫领土主权与人民之责，惟有发动整个之计划，领导全国一致奋斗，为捍卫国家而牺牲到底，此后决无局部解决之可能"。7 月 31 日，蒋介石发表《告抗战全体将士书》，宣称现在"和平绝望"，"只有抗战到底，举国一致，不惜牺牲来和倭寇死拼，以驱逐倭寇，复兴民族"②。

8 月 7 日，中国国防会议开会讨论战和大计。蒋介石、国民党中央政治委员会主席汪精卫、国民政府主席林森以及阎锡山、刘湘等中央及地方军政大员出席了会议。蒋介石批驳了一些人鼓吹在冀察作让步以求和谈解决的想法。针对有人主张将东北与冀察明白地划个疆界使日本不再肆意侵略的说法，蒋介石表示："划定疆界可以，如果能以长城为界，长城以内的资源，日本不得有丝毫侵占之行为，这我敢做。可以以长城为疆界。要知道日本是没有信义的，它就是要中国的国防地位扫地，以达到他为所欲为的野心。所以我想，如果认为局部的解决就可以永久平安无事，是绝不可能，绝对做不到的。"汪精卫在发言中认为："目前中国的形势，已到最后关头，只有以战求存，绝无苟安的可能。"林森亦认为："只有抗战，予打击者以打击，才能谈生存。"阎锡山、刘湘等地方实力派也表示："愿在政府领导下，作不顾一切地为民族求生存而战。"最后，会议以起立方式进行表决，即如果决意抗战便起立表示。结果，与会者"不约而同，起立作决心抗战之表示"③。至此，中国政府的抗战决心似已下定。

平津的陷落并未能使中国政府像以往那样屈服。于是，日本方面有人认为，要彻底解决问题，仅仅在远离中央的华北地区采取行动，仅仅打击

①　中国第二历史档案馆馆藏档案，案卷号：七八七·7202，889。

②　《作战经过》，二，第 75、86—88 页。

③　中国第二历史档案馆馆藏档案，案卷号：七八七·2431。

非中央军系的第二十九军是达不到目标的。上海是中国最重要的工业、金融和对外贸易中心，在经济、军事及政治上均具有重要的战略地位，必须在这样的要害地区对国民党的直系军队予以打击，才能产生预期的效果。驻守上海地区的日本第三舰队司令官长谷川清中将的想法很具代表性。他认为"要想以武力打开日中关系的现状，仅仅惩罚华北的第二十九军是不够的"，"除了使中国的中央势力屈服以外，别无他途"。因此，日军必须控制上海和南京地区。长谷川要求增兵上海，对中国军队予以突然袭击①。

中国驻日大使许世英根据其在日所闻所见，看出了日方欲扩大战争的意图。8月上旬，中国外交部曾电令许世英与日本外相广田弘毅进行商谈，许世英回电提出异议。他报告说，日本人正在积极扩充军备，所谓不扩大只是"对内欺君民，对外欺国际之口号"而已，本月中旬以后日军必大举攻华。他认为日本历来是"口号与手段，莫不相反"，"邀请商议，仍是要我履行各种协议，并增加新协定。若为其口号所迷惑，则协定必无已时"。许世英主张"与其以协定招致重重束缚，终胜必亡，何如一举而脱于枷锁。最后胜败之时，再负兴衰之责，天下后世，庶可相谅"②。

中国政府意识到战争的扩大不可避免，决心奋起抵抗。其时，日军在上海驻有海军陆战队4000余人，海军第三舰队的舰艇也常驻上海。而中国军队受1932年"一·二八"事件后所达成的《淞沪停战协定》的限制，不得驻防于上海市区及周围地区，在上海市内担任守备任务的只有警察总队和保安部队两个团。为防止日军发动突然袭击，或在必要时发起先发制人的攻击，中国政府于8月上旬秘密调遣京沪警备司令张治中所部第八十七、八十八两师推进到吴县、常熟、无锡一带。

8月上旬，上海不断发生日军士兵及日本浪人的挑衅事件。9日下午，日本海军陆战队中尉大山勇夫偕一士兵乘车强闯虹桥机场进行侦察，拒不听从守卫该机场的中国保安队士兵的劝阻，双方发生冲突，大山勇夫二人被中国士兵击毙。以这一事件为借口，日方乘机提出要中国政府从上海市撤出保安部队，并拆除停战协定地区内军事设施的无理要求，同时，长谷川下令驻扎在日本本土的第三舰队的机动部队迅速驰援上海。8月12日

---

① 《日本外交史》，第20卷，第622页。

② 《卢沟桥事变前后的中日外交关系》，第272—273页。

夜，日本首、外、陆、海四相会议，通过了向上海派遣陆军部队的方针，日本军令部向第三舰队司令官发出了放手行动的指示。

为了缓和上海的紧张局势，中日之间进行了一些外交交涉，但均毫无结果。列强也不愿其在华利益的集中地区发生武装冲突，曾出面调解。8月11日，英、美、法、意四国驻华大使联合发出通告，要求不要把战争扩大到上海。12日，由英、美、法、意、德、中、日各国委员所组成的停战协定共同委员会召开会议，讨论解决目前上海危机的办法，但也毫无结果。8月13日，中日军队发生冲突，淞沪会战终于爆发。

8月14日，新组成的中国国防最高会议举行第一次会议，决定自卫抗战。同日，国民政府发表《自卫抗战声明书》，宣布"中国为日本无止境之侵略所逼迫，兹不得不实行自卫，抵抗暴力"。声明在列举了九一八事件，尤其是七七事变以来日本对中国的种种侵略行径后，郑重声明"中国之领土主权，已横受日本之侵略；国际盟约，九国公约，非战公约，已为日本所破坏无余。此等条约，其最大目的，在维持正义与和平。中国以责任所在，自应尽其能力，以维护其领土主权及维护上述各种条约尊严。中国决不放弃领土之任何部分，遇有侵略，惟有实行天赋之自卫权以应之"①。

8月15日，日本政府发表声明，称"中国方面如此轻侮帝国，非法暴戾已极……为了惩罚中国军队之暴戾，促使南京政府觉醒，于今不得不采取断然措施"。这一声明实际上是日本发动侵略的公开宣言。8月17日，日本内阁会议作出决议，决定"放弃以前采取的不扩大方针，筹划战时形势下所需要的各种对策"②。

第二节　国际社会的最初调停

中国是一个具有半殖民地特征的大国，这一特征决定了中国在国际关

---

① 复旦大学历史系编：《中国近代对外关系史资料选辑》，下卷，第二分册，上海人民出版社1977年版，第13—14页。

② 日本防卫厅防卫研究所战史室：《中国事变陆军作战史》，齐福霖译，第一卷，第二分册，中华书局1981年版，第5页。

系中的地位以及中国外交的特殊性。作为半殖民地，列强在中国分别据有
重大权益，这种关系错综复杂，牵一发而动全身，某一强国的异军突起，
必将以其他列强的权益的削弱为代价；作为大国，它无论是在经济意义上
还是在战略意义上，在远东都占有重要的地位。因此，中日之间的冲突乃
至战争，其影响必定不止局限于中日两国，它必将引起世界各大国的
反应。

中国政府意识到，在中国据有重大利益的西方列强必不赞成日本扩大
侵华。因此，它在对日交涉的同时，力求引起国际社会对卢事的关注，敦
促列强出面讲话，企图借列强之力迫使日本作出让步。南京政府的这一想
法，在7月12日蒋介石给宋哲元的密电中就已有明确的表述。该电称，
"平津国际关系复杂，如我能抗战到底，只要不允签任何条件，则在华北
有权利之各国，必不能坐视不理，而且有关各国外交，皆已有把握"①。

中国不断向国际社会发出呼吁，表明中国的和平立场，期望能引起列
强对中日冲突的关注。7月11日，中国外交部就卢沟桥事件发表声明，
公开表明"中国国策，对外在于维护和平，对内在于生产建设，举凡中
日间一切悬案，均愿本平等互惠之精神，以外交方式谋和平解决"②。7月
13日，正在美国访问的中国行政院副院长孔祥熙在纽约向美国记者发表
谈话。他指出："日军所造成之华北异状，不仅为中日两国政府之烦恼问
题，且亦为世界和平之危机！又不只损害两国之关系，且亦将破坏各关系
国之利益；星火不灭，足以燎原，如火如荼之侵略，苟不加以制止，势将
蔓延及各国。"孔祥熙呼吁各关系国协力改变此种局势③。

7月16日，中国政府向九国公约各签字国政府送交备忘录，通报卢
沟桥事件的真相，谴责日本在华北的行为"实属破坏九国公约所规定之
中国领土主权完整，倘任其发生，则足以在亚洲及全世界产生重大后
果"，要求各国政府对此予以注意。中国政府同时声明："中国方面现仍
准备谈判任何种荣誉之协定"④。

列强对中日冲突的反应最初是比较谨慎的。无论是被中国政府寄予厚

---

① 《作战经过》，二，第43页。
② 《革命文献》，第106辑，上册，第250页。
③ 《卢沟桥事变和平津抗战（资料选编）》，第3页。
④ 《革命文献》，第106辑，上册，第254页。

望的英、美、法，还是被视为日本反共伙伴的德国和意大利，都不急于表明立场，它们大都抱着审慎的观望态度。

英国外交部认为，现在难以搞清事件的真相，明辨责任所在。因此，7月12日，外交部官员在回答议员的质询时，表明英国的现时政策是"在我们有更确切的情报之前，最好我们什么都不说"①。

美国政府对中国指责日本挑衅的声明也持怀疑态度。7月10日，美国国务院远东司司长亨培克（Stanley K. Hornbeck）等人在华盛顿会见了正在美国访问的孔祥熙。亨培克表示，最近几年来中国在建设方面取得了相当的成就，"对于中国来说，继续这一进程，把它的注意力和精力都集中在重建的努力上，而不是与外国政府发生冲突不是很明智吗？"②

虽然英美政府对于卢沟桥事件的发生有着相似的看法，都认为并非是日军蓄意挑起事件，但在如何对待事件的发展上，它们表现出不同的态度。作为老牌殖民帝国，英国在华享有最大的权益。如果在中国发生战争，英国的损失在列强中也将是最大的。因此，英国政府对卢事的发展较为关切。英国外交大臣艾登（Anthony Eden）认为，虽然事件并非由日方挑起，但日本很可能扩大事态，利用这个机会来加强它们在华北的地位。外务次官贾德干（Alexander Cadogan）也表示，"日本人现地解决的保证，不禁使我想起六年前的往事，我对他们难以持有太大的信心"③。英国政府决定暂停筹划已久的英日修好谈判，以作为对日本的警告。7月12日，艾登对日本驻英大使吉田茂表示，"如果现在北平周围的局面继续下去甚或恶化，英国政府认为这样的会谈是难以进行的"④。7月21日，艾登进一步公开声明，只要华北局势继续下去，英日关于改善关系的谈判就不会举行。

美国的态度显然不如英国积极。孤立主义的思潮此时正在美国盛行。

---

① M. N. 麦德里考特、道格拉斯·达金编：《英国外交文件，1919—1939》（M. N. Medlicott and Douglas Dakin, eds.: *Documents on Britain Foreign Policy, 1919—1939*），第 2 辑第 21 卷，伦敦 1984 年版，第 150 页。

② 美国国务院编：《美国外交文件》（The U. S. Department Of States: *Foreign Relations Of the United States*），1937 年第 3 卷，华盛顿 1954 年版，第 134 页。

③ 布雷德福特·李：《英国与中日战争，1937—1939》（Bradford A. Lee: *Britain and the Sino - Japanese War*），斯坦福 1973 年版，第 26 页。

④ 《英国外交文件》，第 2 辑第 21 卷，第 154 页。

美国人普遍认为，美国参加第一次世界大战是个错误，是政府的非中立政策把美国推向战争的。他们认为美国有得天独厚的两洋保护，世界上其他国家间发生的纠纷与美国关系不大，美国无须卷入。这种孤立主义的思潮对美国政府的外交政策有着不可忽视的制约作用。此时，美国政府不想因中国而卷入冲突，它奉行一种避免采取任何行动的观望政策。7 月 12 日，美国国务院在其新闻发布稿中不分侵略和被侵略之别而笼统地声称："中日之间的武装冲突，对和平事业及世界进步将是一个沉重打击。"在与中日两国外交官员的谈话中，美国始终坚持同等劝告的原则，要求"双方都应有所克制"①。

　　7 月 12 日，中国外交部致电美国国务院，询问美国是否可以为中日调停做些什么。但是，美国却担心它的主动行动会引起日本的反感。亨培克认为，在目前这个时刻，美国政府可能采取的任何有关调停的步骤都是"不成熟的和不明智的，它将可能恶化而不是缓和局势"。他建议美国政府"不对中国或日本当局采取任何步骤，并不作任何公开评论"②。国务卿赫尔（Cordell Hull）也持有同样的见解，他担心"一项调解的意图只会激怒日本政府，并给予其机会以告诉日本人民，西方列强正试图干预他们所谓日本在华的自卫权利"。于是，美国拒绝了中国的调停要求③。

　　美国既不愿采取任何实际行动，以免得罪日本，又不愿看到日本在中国肆意妄为。因此，它热心于发表道义原则上的声明，要求中日双方都遵守国际社会所认可的准则，以维护中国的正常经济生活秩序。7 月 16 日，赫尔向包括中、日在内的白里安—凯洛格非战公约各签字国政府发出声明。声明认为，目前在世界若干地区存在着紧张局势，"表面看来，这仅仅牵涉到邻近的那些国家，但它归根结底必然会涉及整个世界。武装冲突已经发生或即将发生的形势，使所有国家的权利和利益都受到了或将会受到严重的影响"，美国自然也不例外。声明指出，"世界上的任何严重的敌对行为，无不以这样或那样的方式影响美国的利益、权利和义务"。为此，美国政府感到有必要阐明它对于它所深为关切的国际问题和国际形势

　　① 《美国外交文件》，1937 年第 3 卷，第 148、143 页。
　　② 同上书，第 144 页。
　　③ 科德尔·赫尔：《赫尔回忆录》（Cordell Hull：*The Mernoirs of Cordell Hull*），第 1 卷，纽约 1948 年版，第 535 页。

的立场。声明简要列举了美国希望能得到普遍遵守的国际准则，其主要内容有：在本国和国际上自我克制；在推行政策时不使用武力，不干涉他国内政；通过和平谈判和协商的途径，调整国际关系中的有关问题；信守国际协议；维护条约神圣不可侵犯的原则；贸易机会均等；等等①。

但美国这时并没有促使声明的原则付诸现实的行动计划。在声明发表后的一次新闻发布会上，有记者问赫尔，是否存在着援引九国公约的可能性。赫尔回答说，在远东局势混乱得让人无法弄清楚那里所发生的事情的时候，如果美国或其他国家以"赢家的地位"出场，谈论援引九国公约，这只会严重损坏和平解决的前景。既然如此，7月16日声明的效果便可想而知。正如赫尔在其回忆录中所说，"60个国家很快对这些原则给予充分支持。可笑的是，其中包括德国、意大利和日本"。但也有国家提出批评意见，如葡萄牙就认为这是"用含糊的公式作为解决重大国际问题的旧习"②。

与日本签有反共产国际协定的德国，对中日冲突也表现出中立的姿态。7月14日，德国外交部长牛拉特（Constantin F. Neurath）分别会见了日本驻德大使武者小路和中国驻德大使程天放。牛拉特表示，"德国政府觉中日间有此冲突，深为不幸，甚盼能和平解决，否则非世界之福"。当程天放询问，如果冲突扩大，德国将持何种立场时，牛拉特向程天放保证，"德政府对双方都很友好，必然采不偏不倚的中立政策……德国决不致帮助日本来压制中国"③。

由于德日签有共同反共的条约，中国政府对这一条约是否会为日本所利用仍难以释怀。因此，德国数次就这一条约的适用性向中方作出解释。7月16日，德国外交部政治司长魏泽克（Ernst Weizsäcker）在与中国使馆参赞谭伯羽的谈话中声明，德日条约纯粹为防共性质，其作用在精神方面，和中日纠纷绝不发生任何联系。在表示中立态度的同时，德国还伸出触角，探求中日妥协的可能性，但由于日本的拒绝，旋即中止。

与西方列强比较起来，苏联对卢沟桥事件的判断则要敏锐得多，它立

① 《美国外交文件·日本卷（1931—1934）》，上册，第326页。
② 《赫尔回忆录》，第1卷，第536页。
③ 《卢沟桥事变前后的中日外交关系》，第504页；程天放：《使德回忆录》，台北1979年版，第198—199页。

即意识到这是日本的侵略行动。7月11日，苏《真理报》发表了一篇题为《卢沟桥事件》的评论。评论指出，"日本军阀企图在华北进行一次新的挑衅"，"日本军阀企图消灭南京政府在华北日益扩大的影响，并强迫华北当局接受日本的要求，以便使南京政府承认这一新的既成事实"①。

7月16日，苏联驻华大使鲍格莫洛夫（Д. В. Богомолов）致电苏联外交部，比较准确地评估了目前的局势及发展趋势。他推测，如果日本人的目的只限于取得一些经济利益，并改善战略地位，中国政府会作出让步；但如果日本人要援殷汝耕之例，马上建立冀察自治区，并调集大批日军，中国就只好背水一战，奋起抵抗②。

7月22日，苏联官方通讯社塔斯社转发的《消息报》的一篇评论进一步指出，日本之志绝不仅限于华北。它认为华北事件是"日帝国主义经长期周密布置的征服中国第二阶段计划之初步"，种种迹象表明日本还将侵入华中和华南。文章还批评了西方列强的消极态度，指出"形势如此，而仍企图邀得日方军阀之承诺，使其业已开始的扩张计划局部化，尚有何用？"③ 苏联除了在舆论上给中国以道义支持外，还积极谋求国际社会的集体行动，并就援华问题开始与中国政府进行秘密商谈。

卢沟桥事件发生后，中国曾一再向英、美、法等国政府提出要求，希望它们帮助促成中日间的和解。法国政府对此表示了比较积极的态度，它指示其驻华和驻日使馆，准备配合其驻在国的英国大使，共同向驻在国提出和解的建议，法国并将此意通知了英国政府。英国政府决定同时向中日双方提出停止冲突的建议，并表示英国愿意在中日谈判中提供它力所能及的帮助。英国希望出现几个大国共同居间调停中日冲突的局面。艾登指示英国驻美大使林赛（Ronald Lindsay）询问美国国务卿赫尔，美方是否愿意采取合作行动。

但美国政府不愿与英法采取联合行动。7月14日，美国国务院答复说，美国完全同意英国关于促成中日和平解决的想法，但美国愿意采取的是"平行的而不是完全一致的"行动。它认为这样的合作将比联合行动

① 安徽大学苏联问题研究所、四川省中共党史研究会编译：《苏联〈真理报〉有关中国革命的文献资料选编》，第三辑（1937.7—1949）四川省社会科学出版社1988年版，第25页。

② 苏联外交部编：《苏联外交文件》（Документы внешний политики СССР），第20卷，莫斯科1976年版，第384—386页。

③ 《革命文献》，第106辑，第337—338页。

更加有效，更不致事与愿违①。由于美国持如此态度，英美法之间采取联合行动的第一次计划遂告吹。

7月19日，中国政府公开发表了蒋介石于17日所作的庐山讲话。该谈话表示，卢沟桥事件是否会扩大为中日战争，将完全取决于日本方面的态度。这是若干年来中国政府所发表的第一次态度比较坚定的讲话。列强注意到了这一信息，认为中国政府已决心进行军事抵抗。鉴于中日间的事态日趋严重，英国政府决定再次寻求美国的合作。7月20日，艾登致电林赛大使，令其尽快向赫尔陈述远东局势的严重性，要求美国与英国一起对中日政府进行交涉，促使其停止调动所有部队，并接受美英提出的旨在结束现存对峙局面的建议。同日，艾登会见了美国驻英大使宾厄姆（Robert Bingham），表示"我们愿意与美国政府在它所愿意采取的任何步骤上进行合作"。他解释说，英国不想单独采取进一步的行动，因为英国驻日大使馆发来的电报表明，在日本人中已经形成了英国政府比美国政府更为关切中国局势的印象，产生这种印象是英国所不愿看到的②。

但美国国务院认为，日本军方已经控制了文官政府，现在什么东西也阻挡不了他们。英美的联合行动只能使局面更加恶化。美国国务院在7月21日给英国的一份备忘录中答复说："我们认为我们两国政府在平行路线上所采取的行动是真正合作性的。两国政府在继续共同努力以改变敌对状态时，应各自以自己的方式再度敦促日本和中国政府认识维护和平的重要性。"③同时，美国通知英国，赫尔已在华盛顿会见了日本和中国驻美大使，要求中日两国政府作有效的克制。于是，英国第二次要求联合行动的提议又告搁浅。

随着时间的推移，日本的侵略意图越来越明显，原先曾强调中国有战斗意图的英国驻华大使许阁森（H. M. Knatchbull - Hugessen），现在也开始改变他的观点，认为中国政府是愿意与日本谈判的，但它不想听由日本人摧毁它在华北的统治，而且国内舆论也不允许它向日本屈服。问题的关键在日本，日本军方正在扩大事态，日本坚持"现地解决"就是要夺取冀察的控制权，而这必然要引起中日间的战争。美国驻华武官史迪威

---

① 《英国外交文件》，第2辑第21卷，第158页。

② 同上书，第180页。

③ 同上书，第184页。

（Joseph W. Stilwell）的报告这时也传到了美国国内。史迪威警告说，日本的目标是要占领天津、京山铁路并控制北平，"现在日本将要完成其大陆计划的另一步的可能性非常巨大"①。

在这同时，中国政府不断向英美提出调解的要求。7月21日，蒋介石会见许阁森，要求许阁森转告英国政府，说明中国方面希望和平解决，"现在局势只有英、美从中设法，或可变为和缓，东亚和平亦可维持"。24日，蒋介石再次会见许阁森，表示宋哲元将军所签订的三项条件是中国政府对日本所作的最后让步，"经此退让后，日本再在华北或敝国其他领土内掀起事变，则其居心侵略，违背信义，不仅敝国所不能忍受，即世界任何主持公道维护正义之国家，亦不能坐视"。蒋介石指出日本正在增兵，事态将进一步扩大，日本人必将提出强硬苛刻的最后通牒，中国必然不能接受此种要求，由此势必酿成战争。他要求英国政府与美国政府共同行动，采取防止战争爆发的措施②。

7月25日，蒋介石会见了美国驻华大使詹森（Nelson T. Johnson）。蒋介石询问美国政府为何不与英国联合劝告日本，詹森答称，美国政府的政策，不得不受国会态度与中立法的支配。他表示英美不能联合行动，但愿意采取单独和平行的行动。蒋介石告诉詹森，现在中国的让步"已到最后限度，若日方再以其他要求向我威逼，我方决难接受，唯有出于一战"，"现在应请美国政府与英国协商，警告日本，预阻其再向中国提出任何要求。否则局势危急，战祸必不能免"。蒋介石并指出，美国作为九国公约之发起国，无论是在法律上还是在道义上都有协助制止日本之义务③。

7月28日，英国内阁会议讨论远东问题。首相张伯伦认为，英美的联合行动将比平行行动更有效果，即使战争降临，仍值得一试。同日下午，艾登会见宾厄姆，指出华北局势正急剧恶化，英美共同行动的时机已经到来，要求美国再次考虑英国的建议。

这一次，美国接受了英国的建议，同意由格鲁和道滋在东京分别向日

---

① 鲍尔·凯萨瑞斯编：《美国军事情报部门的报告，中国，1911—1941》（Paull Kesaris ed.：*United States Military Intelligence Reports*，China，1911－1941），缩微胶卷第2卷，0673号。

② 《卢沟桥事变前后的中日外交关系》，第473—474页；《先总统蒋公思想言论总集》，第38卷，第75页。

③ 《卢沟桥事变前后的中日外交关系》，第423—424页。

本政府作非正式的提议。然而，日本婉言拒绝了英美的提议。日本外相广田弘毅声称，日本正在与中国进行有关谈判的接触。英美对此亦无可奈何。

就这样，在冲突爆发后的一个月中，英国的三次联合行动的提议均无结果。不难看出，美国对于远东冲突的反应明显比英国消极。这与1931年九一八事变时恰好相反。那时，美国树起"不承认主义"的旗帜走在前面，但英国却不予积极配合，致使美国人对此一直耿耿于怀。美英态度的差别从格鲁的日记中也可明显地感觉出来。格鲁颇有几分快意地评论说："幽默家对1931年与1937年之间的形势彻底颠倒过来会感到幽默。那时是我们站在台前，而英国人却不愿追随……现在，本政府正在非常聪明地玩牌，或捏牌不放"，"据我及我们这里所有的人看来，日本政府真诚地赞赏我国自此次冲突开始以来的态度和行动"，"只要广田有机会写信给我，他总是加上一句赞赏美国人（在目前的冲突期间）坚持对日友好态度的话"①。

中国政府对美国的无所作为多次表示不满，敦促美国政府对远东冲突采取更为积极的态度。7月16日，中国外交部次长徐谟会见了美国驻华使馆参赞裴克（W. Peck）。徐谟指出，在当前的冲突中，美国政府的态度不如英国积极。发生在远东的重大冲突一定会产生严重的世界反响，美国很难避开它。他询问裴克，对美国来说，致力于消除这样一种冲突是否真的不如主张孤立更为明智？

蒋介石在8月下旬转交给罗斯福的一封信函中更直接地抱怨说，"对于美国未与英国合作，努力防止目前能够通过对日本和中国的联合交涉予以防止的危机，我深感失望。中国和世界将铭记1931年西蒙（John Simon）在东北问题上未能与美国合作，而现在英国人将铭记美国的不合作。美国不应丧失它在世界上作为国际正义支持者的威望，如果它继续推行史汀生（Henry L·Stimson）政策，目前的冲突将不会扩展到包括美国在内的其他国家"。蒋介石表示，"我并不想让美国卷入战争，但我盼望它能维持其在太平洋的地位及该地区的和平。现在采取行动，还不太迟，

---

① 多萝西·博格：《美国与1933—1938年间的远东危机》（Dorothy Borg: *The United States and The Far Eastern Crisis of 1933—1938*），剑桥1964年版，第294—295页。

我相信美国能为永久和平作出公正的解决"①。

中国政府对英国的比较积极的态度予以肯定，并寄予一定的希望。8月上旬，中国外交部长王宠惠和苏联驻华大使鲍格莫洛夫的一次谈话即反映了中国政府的一些想法。王宠惠在谈及列强对中日冲突态度时评论说："美国持完全不干预态度，拒绝任何集体行动；英国在设法阻止日本进一步侵华，英国已对日声明，两国之间暂时停止任何谈判。中国政府相信，英国会尽可能让日本对中国的侵略不超过'一定的界限'。"②确实，英国对于中日冲突的反应要比美国积极些，但英国的行动也是有"一定的界限"的，它决不会超出这个界限去采取有效的强硬行动。因此，当日本一意孤行，决意不理睬英国时，英国也只得无可奈何地作壁上观。不久，事态的发展便证明了这一点。

8月13日，上海燃起了战火。上海是中国现代经济的中心，也是英美等列强在华利益最为集中的地方。上海的战争不仅将使中日间的矛盾更加激化，而且会大大损害英美在华利益。因此，英美积极寻求调解上海的冲突。冲突发生当天，英、美等五国驻沪领事提出了第一个调停计划，提议日本撤回它们派往上海的增援部队，只留下一支警备队保护侨民。同时，中国也把正规军撤至战前的驻地，把保安队撤至公共租界两英里之外，在撤防地区只留下警察。日本拒绝了这一建议，声称其军队需要在上海保卫它的两万侨民。

8月18日，英国再次向中日双方提出撤兵建议，并表示如果日本同意将日本侨民的保护委托外国当局，如果其他大国愿意共同参加，英国政府准备承担这一责任。日本再次拒绝了英国的建议。19日，日外务次官崛内谦介会见英驻日代办道滋，递交了日本的拒绝复文，声称"日本侨民之生命财产，濒于万分危险……帝国政府对于此等多数侨民自有加以保护之重大职责，而不便以其责任委诸外国"③。

8月20日，英外交部训令道滋向日本指出拒绝接受调停的后果："日本政府必须意识到英国的舆论以及整个世界舆论已必然地把上海事件的发展主要归咎于日本在那里的行动。因此，英国政府认为，日本政府尤其应

<hr>

① 《美国外交文件》，1937年第3卷，第460—461页。
② 《苏联外交文件》，第20卷，第436—437页。
③ 《卢沟桥事变前后的中日外交关系》，第513—514页。

义不容辞地协助采取结束这一对他国人民具有潜在灾难的事态的行动。"①
然而，日本政府依然拒绝英国的建议，继续扩大其战争行动。对此，英国
人颇感愤怒，但又无可奈何。正如驻华英军总司令李特（Charles Little）
所悲叹："这对白种人来说是一种耻辱。白种人尤其是英国人苦心经营建
立了这座美好的城市，它是远东的一颗明珠。但他们现在却没有力量阻止
日本人破坏它或利用它。"②

　　对于中日战争的扩大，美国的反应是重申"七一六声明"的原则。
美国国务院在 8 月 23 日发表的声明中再次强调了"七一六声明"原则的
普遍意义。这种声明对日本政府自然不会产生什么影响。声明以对中日的
等距离立场表示，"我们不想评判争端的是非，我们呼吁各方不要诉诸战
争"，"从当前的远东争端一开始起，我们就努力劝告中日双方政府，重
要的是避免军事行动，维持和平"。声明唯一有意义的也许是它隐约包含
的"和平不可分割"的观点，这是一个尚未为当时世界的政治家们所真
正认识的国际关系命题。只有美国及其他各国政府深刻地意识到这一点，
它们才会在远东采取积极的行动。历史证明，这一认识过程是缓慢的。8
月 23 日的声明是其中的一级阶梯。声明指出："世界上任何一个地方产
生对立的威胁，或者存在严重的对立，总是关系到所有国家"，"当前太
平洋地区的局势与本国政府有着重大关系，它远远超出仅仅保护美国侨民
和利益的直接问题"。声明主张"各方按照那些不仅我国人民而且世界上
大多数民族都确认的支配国际关系的原则，解决他们之间的分歧"③。

第三节　中国争取国联的支持

　　中日冲突升级为全面战争之后，日本政府企图竭力缩小中日战争的国
际影响，它把这场战争解释为只关系到中日两国的事，坚决排斥第三国的
参与，而鼓吹中日间的直接交涉。这一伎俩与此前所鼓吹的"现地交涉"
如出一辙，手段依旧，只不过是应用范围扩大了一些而已，其目的在于阻

---

① 《英国外交文件》，第 2 辑第 21 卷，第 258 页。
② 《英国与中日战争》，第 39 页。
③ 《美国外交文件》，日本卷（1931—1941），上册，第 355—356 页。

止国际社会的干预而任由它以在中国战场上的军事胜利来勒索中国政府。

与此针锋相对,中国政府则竭力强调中日战争对远东和国际安全的重大影响,希望把列强引进中日问题的交涉中,借列强之力压迫日本,以获得一种条件不致过分苛刻的结局。中国政府认为,"目前的中日纠纷,如得各国参加,来谋得解决,即令我国不能无所迁就,仍是于我有利。反之,如坠日本计中,实行两国直接交涉,虽是成功,亦是失败"。中国政府对在没有列强参与的情况下,日本能否尊重中日双方直接交涉所达成的协议也极为怀疑,认为"日本背信无义,目无公理,如由两国直接交涉,毫无其他保证,无论条件如何,其结果必使中国国家生命陷于随时随地可被消灭之危险,永无独立自由之机会"①。

因此,促成事件的"国际化",即让中日冲突引起国际社会的关注,使国际社会来参与中日冲突的解决,成了中国政府所追求的目标。为此,中国努力求助于有关国际条约组织,意图在国际讲坛上揭露日本对中国的侵略,唤起世界各国对中国的同情,并力图以国际条约来保护自己。

中国政府所诉求的第一个国际组织便是国际联盟。中国是国联创始会员国之一。《国联盟约》第十一条规定:"凡任何战争或战争之威胁,不论其直接影响联盟任何一会员国与否,皆为有关联盟全体之事。联盟须采取适当有效之措施以保持各国间之和平。"该条规定,当事会员国有权要求召集国联行政院会议,以促其履行盟约所规定之义务②。

7月14日,中国驻英大使郭泰祺奉命向英国政府提出中国向国联申诉问题。但贾德干认为,这样做不会产生什么结果,由于日本已不是国联成员国,中国政府只能引用盟约第十七条,但在日本政府的反对下很难应用这一条③。艾登也对郭泰祺表示,他不大赞成中国援用盟约第十七条。他说,在阿比西尼亚(今埃塞俄比亚,下同)危机时甚至使用了制裁,但都未起作用,在目前情况下,就更难奏效。英外交部远东司司长奥德(Charles Orde)在8月22日的一份备忘录中指出,目前与日本开战的危险是非常现实的,"我们从1931至1933年的经历知道,当日本受到威胁

---

① 《先总统蒋公思想言论总集》,第14卷,第648页,第38卷,第10页。

② 世界知识出版社编印:《国际条约集,1917—1923》,1961年版,第270页。

③ 盟约第十七条规定:"若一联盟会员国与一非联盟会员国或两国均非联盟会员遇有争议,应邀请非联盟会员之一个或数国承受联盟会员国之义务,俾按照行政院所认为正当之条件,以解决争议。"见《国际条约集,1917—1923》,第273页。

时，它会变得更为鲁莽"①。因此，他反对在国联对日本采取制裁措施。

法国政府也不赞成中国向国联申诉。7月中旬，中国驻法大使顾维钧向法国外交部部长德尔博斯（Y. Delbos）提议国联应采取联合行动。但德尔博斯回答说，目前肯定不能指望从日内瓦得到什么具体东西。他以九一八事变和意大利侵略阿比西尼亚为例，说它们都曾经提交国联讨论，但国联的反应很令人失望。有这些先例，如果现在把中日问题也提交国联，那将是白费力气，国联根本谈不上制裁。

对于国联的软弱，中国自九一八事变以来已早有体会，但在目前的危局中，任何一点可借力的希望都是要极力争取的。这一思想明显反映在8月26日中央政治委员会致国防最高会议的一封信函中。该函分析说："国际联盟近年来虽失去盟约上之有力地位，然既未正式解散，会员国之盟约责任依然存在，我国若诉诸国联，纵然不能得其实力上之援助，则至少亦可得国际舆论上之同情，而舆论上之同情在国际战争上，往往发生不可思议之助力"，"在战争期间，国际间之助力无论如何微小，均有一顾价值，而况国际联盟会员六十余国，其心理上之同情与精神上之援助，其力量亦正不可忽视"②。

因此，中国政府决定尽可能地利用国联这一国际讲坛。8月30日，中国向国联秘书处递交了一份照会。照会指责日本的侵略系有预定计划，并已违反了现行的各种国际条约，如国联盟约、1927年非战公约及九国公约等。中国要求秘书处将中国的照会通知国联远东咨询委员会成员③。8月31日，蒋介石在对路透社记者发表的谈话中公开声称，国际社会对中日之间不宣而战的战争，很有必要进行干涉。这种国际干涉，不只是为了中国的安全，也是为了谋求国际整体安全。

同时，中国继续与有关大国商讨正式向国联提出申诉的时间、步骤和适用条款问题。国联盟约第十六、十七条规定了对侵略国的制裁，中国准备援引这两个条款提出申诉。但列强不赞成中国这样做。9月8日，贾德干与英国外交部的一些法学专家对郭泰祺说，如引用第十六、十七条，则

---

① 威廉·R. 路易斯：《英国远东战略》（William R. Louis: *British Strategy in the Far East, 1919—1939*），伦敦1971年版，第242页。

② 《卢沟桥事变前后的中日外交关系》，第348页。

③ 田体仁等编：《全民抗战汇集》，上海中华书局1937年版，第84—85页。

表示中国与各会员国正式承认中日已进入战争状态。这样，"恐一则使日本实行其交战团体权利，封锁香港，检查第三国商船，二则使美政府不能不施行其中立法案"①。

9月11日，顾维钧会见国联秘书长爱维诺（Joseph Avenol，法国人），继续讨论中国向国联的申诉问题。顾维钧要求国联对日本的侵略行动予以制裁。爱维诺回答说，在目前情况下，制裁是无论如何也办不到的。国联过去对意大利入侵阿比西尼亚制裁的失败，使得过去那些曾经赞成实施制裁的国家，现在也反对制裁，大多数会员国对"制裁"一词畏之如虎。爱维诺所说并非虚言。情况对中国确实不利。一年多前，由于对意制裁未起作用（主要是执行得不彻底），英国和许多欧洲小国就主张取消有关对侵略国实行制裁的盟约第十六条。这以后，国联开了许多会，要进行修改盟约的工作，主要是取消制裁的规定，但始终未得出具体结果。

显然，在不少国家有着取消第十六条的要求的情况下，中国在这时提出制裁要求是难以成功的。在制裁明显无望的形势下，顾维钧改而提出，中国虽无意坚持制裁，但要求国联宣布日本是侵略者，因为一个反对侵略者的正义宣言对中国也是有利的。

9月12日，中国代表团首席代表顾维钧正式向国联秘书长递交了中国政府的申诉书，指出日本正以其陆海空军全力进攻中国，侵犯了中国领土完整与政治独立。中国为国联会员国，根据盟约第十条和第十一条，此种事件实已关系到国联全体成员国，因此，国联应受理此案。申诉书"请求适用国联会章第十条、第十一条及第十七条，并向国联行政院诉请对于上述各条所规定之情势，建议适宜及必要之办法，采取适宜及必要之行动"②。

同日，出席国联大会的中国代表团向报界发表声明，揭露日本军队在中国的侵略行为和野蛮的战争罪行，指出日本的侵略不只威胁着中国，也危及世界的和平。声明指出："日本不仅威胁中国作为一个独立国家的生存，而且使外国在中国的租界及其利益受到威胁。日本违反其庄严签署的国际条约，疯狂推行占领中国的政策，并梦想在亚洲和太平洋建立其霸权统治"，"远东危机现在有了世界意义。日本的侵略不仅威胁着中国的独

---

① 《卢沟桥事变前后的中日外交关系》，第427页。

② 《全民抗战汇集》，第91页。

立和领土完整，而且也威胁着全世界"。声明呼吁说，"作为一个由多数爱好和平国家参加的大型集体组织，国联应当制定和采取迅速而有效的措施，制止日本对中国的侵略，以维护神圣的国际义务。中国政府和中国人民并且希望，忠于和平事业与主持国际正义的美利坚合众国支持国联就这一问题所采取的行动，以此来帮助反击侵略并恢复远东的和平"①。

9月13日，国联大会开幕。次日，国联行政院宣布了中国的申诉，并将它列入议程。

这时，英法方面仍然力劝中国不要诉诸盟约第十七条。9月15日，在艾登、德尔博斯、爱维诺与顾维钧的会谈中，他们一致建议中国政府不要坚持援引第十七条，因为这样势必引向采用第十六条，而在目前情况下制裁是毫无希望的。他们还声称，援引第十七条是要以存在战争状态为先决条件的。英法认为，最要紧的是获得美国的合作，它们对中国代表说，"美国政府的合作具有极大的重要性"。鉴于美国不是国联成员，它不可能参加国联行政院会议，英法便提议把问题提交到有美国观察员出席的远东咨询委员会上去讨论，从而把美国也拉入国联的讨论中来。它们认为"与行政院比较起来，美国将更易于与远东咨询委员会合作"②。

列强还希望中国不要提出要国联宣布日本是侵略者的要求。9月15日，顾维钧对国联秘书处政治部主任维吉埃（法国人）说，国联有必要宣布日本是对中国的侵略者，并采取必要的措施，阻止日本获得武器和借款，而使中国更容易取得这种援助。维吉埃对这一要求表示疑虑。他认为如果正式宣布侵略，就可能被视为确认战争状态的存在，美国就可以以此为借口而实施中立法，这对中国是不利的，而且，一旦宣布日本的行为为侵略，将会引起各国代表的担心，怕中国会据此进一步要求国联采取制裁措施。另一方面，如果中国正式提出宣布日本为侵略者的要求，而未获大会通过，则会产生对中国的不利影响。因此，中国倒不如不去追求这一空洞的决议，而去着眼于获得具体的援助③。

由于日本的缺席（日本不是国联会员国，且很可能拒绝国联会议的

<hr />

①　《苏联〈真理报〉有关中国革命的文献资料选编》，第三辑，第199—200页。

②　《英国的远东战略》，第322页。

③　中国社会科学院近代史研究所译：《顾维钧回忆录》，第二分册，中华书局1985年版，第486—487页。

邀请），为了所谓"公正"起见，英法最初企图把中国排斥于咨询委员会之外。这遭到了中国方面的强烈反对。中国代表指出，国联盟约中没有任何可以排除中国参加远东咨询委员会会议的条文，中国作为行政院成员国，对于问题的审议一直是可以随意参加的，它无论如何也应在该委员会中有一席之地。日本退出国联是它自己选择的，因此而取消中国在咨询委员会上的发言权是不公正的，如果这样，中国宁可把问题交回行政院审议，要求按第十七条程序行事。

9月16日，国联行政院正式指派远东咨询委员会调查中日冲突问题。秘书长将此事通知了委员会的全体成员国和美国，并向中国、日本、德国和澳大利亚发出邀请。结果，美国同意按1933年议定的条件，作为不参加投票的观察员出席会议。日本和德国拒绝了邀请，日本给国联秘书长的答复重申只有中日直接交涉才能真正解决问题："关于本事件之解决，本帝国政府前已屡次声明，现仍坚信，凡涉中日两国之问题，其公正、持平以及切乎实际之解决办法，当能由两国自行求得之"，"对于国际联合会之政治活动，本帝国政府现无改变其从来行动路线之理，故对于咨询委员会此次邀请，歉难予以接受"[1]。

正在国联开会期间，日本于9月下旬的最初几天对中国南京和广州的非军事目标地区公然进行了大规模轰炸，激起世界舆论的强烈反对。英、美、法、苏以及德、意政府都向日本的这一野蛮行为提出了抗议。中国代表团决定利用这一事件，为要求宣布日本为侵略者和对日本实行石油禁运打开道路。9月24日，蒋介石在南京答外国记者问时再次强调：中国抗战，不仅在中国之存亡，亦为九国公约、国联盟约伸张正义。他要求各签字国应遵守其义务，援助中国。他特别指出，美国为华盛顿会议的召集者，"九国公约的订立，胥属美国之力，故其责任尤为重大"[2]。

面对日本的肆无忌惮，英法也想做出适当的反应。9月25日，秘书长为英法准备了一份关于中日局势的备忘录，该备忘录显然是经过英法双方协商后才拟就的。其计划采取的主要行动有：宣布不承认由日本武力所造成的任何变动；拒绝承认中日纠纷只是这两个国家之间的问题，坚持认为，从和平的利益来看，它也是关系到国联和其他国家的问题；出于人道

---

① 中国第二历史档案馆馆藏档案，案卷号：十八·3428。
② 《先总统蒋公思想言论总集》，第38卷，第79页。

主义考虑给中国以援助；声明保留在将来适当的情况下进行调解和采取类似措施的可能。当天晚上，英国代表团向报界发表声明，表示英国将支持中国，英国拟免除中国在当年度的应付债务款项，并将向中国提供救济捐款①。

9月27日，在举行第一次咨询委员会之前，中国代表顾维钧、郭泰祺、胡世泽与法国代表德尔博斯、英国代表埃利奥特（Walter Elliot）、克兰伯恩（Cranborne）及国联秘书长爱维诺再次进行磋商。顾维钧提出，中国政府要求咨询委员会依据国联盟约第十条和第十一条，宣布日本的行为为侵略。同时，应对日本诉诸战争的办法进行谴责。中国政府还希望咨询委员会促成国联成员国禁止向日本提供贷款、军火以及像煤、铁、毛、棉之类的原料，禁止向日本出口石油，以及组织对中国的医疗援助。英法不愿中国提出任何类似制裁的要求，它们竭力劝说中国不要在会上提出这些具体措施。德尔博斯认为中国"虽然没有援引第十六条，但实际上是在要求制裁"。埃利奥特进一步断定，如果顾维钧提出具体的制裁要求，"这将是一个巨大的错误"。克兰伯恩认为，"国联在阿比西尼亚问题上所得到的教训是，如果没有以全部力量去支持的决心，实施制裁是毫无用处的"。在目前的政治环境下，他非常怀疑国联能否走得像中国政府所期望的那样远②。

为了更灵活地推进和加快有关工作，咨询委员会又酝酿组成小组委员会。10月1日，咨询委员会决定由英、法、苏、澳、比、荷及中国等13国组成小组委员会，授权它审查和探讨有关问题，并向咨询委员会提供可供讨论的主导意见。

此后，小组委员会便开始了起草准备提交国联大会通过的报告书的工作。在小组委员会的讨论中，英国代表提出了召开九国公约签字国会议来讨论远东冲突的建议。顾维钧形容这个建议"像从天而降的炸弹，这个意想不到的显然是将责任推卸给美国的巧妙手段，一时惊呆了所有在场的人"③。会议接受了英国的这一建议。

10月5日，小组委员会提出决议草案，并获远东咨询委员会通过。

---

① 《顾维钧回忆录》，第二分册，第496—497页。
② 《英国外交文件》，第2辑第21卷，第351—352页。
③ 《顾维钧回忆录》，第二分册，第506页。

10 月 6 日，国联大会通过了由咨询委员会提交的决议。

决议由两个报告书组成。第一报告书指责日本违反条约义务。指出："对日本以陆海空军对中国实行军事行动一节，不得不认为与引起冲突之事件殊不相称……上述行动不能根据现行合法约章或职权认为有理由，且系违反日本在九国公约及巴黎非战公约下所负之义务。"第二报告书驳斥了日本人所声称的中日争端只能由两国自行解决，第三国不能介入的说法，认为"目前中国之局势，不只关系冲突之两国，且对于一切国家均有若干关系，许多国家与其人民皆已直接蒙受其影响……故国联有依照盟约及条约下之义务，以谋迅速恢复远东和平之职责与权利"。

决议对中国的抗战表示了一定程度的同情和支持。决议声明："大会对于中国予以精神上之援助，并建议国联会员国应避免采取一切结果足以减少中国抵抗之能力，致增加中国在现时冲突中之困难之行动。"决议建议国联会员国"应考虑各国能单独协助中国至何种程度"。会议还决定提议召开九国公约签字国会议来讨论中日冲突①。

国联会议给了中国以道义上的支持，但中国争取物资援助或制裁日本的目标均未达到，国联把采取实质性的具体行动的问题推给了九国公约会议。其实，会议产生这样的结果也是不奇怪的。因为在整个国联会议的过程中，各大国都不想给自己负上采取实际行动的义务，不肯抛头露面，走在别人前面，唯恐招来日本的怨恨。它们总是希望把别人推到前面。美国并非国联成员，但英法两国都观望着美国的态度，希望得到美国明确的事先承诺，而美国则坚守不做任何事先承诺的立场，不肯越雷池半步。如赫尔给国联秘书长的一份照会就明确地表示了美国愿意合作但不愿意承担义务或作事先承诺的立场。该照会声称："在本政府被告知国联希望该委员会履行何种职能之前，不可能说出本政府在多大的程度上能够同它有效地合作"，美国"不可能承担那些国联各国由其成员国资格而衍生的责任……它对国联向它提出的明确建议，准备予以认真的考虑。但是，对于以假设的名义提出的政策与计划，它不准备表明其立场"②。

如此，一方说先有承诺才敢行动，另一方说先有行动才可作判断才能有支持，互为条件，互相推卸，从而形成了一个解不开的循环结。可想而

---

① 《卢沟桥事变前后的中日外交关系》，第 359—362 页。
② 《美国外交文件》，1937 年第 4 卷，第 24 页。

知，这样的会议自然不会取得什么突破性的进展，尽管中国代表在会议上疾呼援华制日，但并不能影响会议的进程。顾维钧曾力图在将要提交国联大会通过的报告中加上希望国联成员国以"物资供应及金融措施援助中国"的字句，但未被采纳。同时，会议还拒绝对日本的侵略行为使用"侵略"的字样。

日本政府深知西方列强的弱点，断定它们不会形成反对日本的统一战线，因而敢于与国联持公然对抗的立场。在国联报告书通过之后，日本政府于 10 月 9 日发表了反驳声明。声明颠倒是非，指责中国顽固地实行排日抗日，企图把日本的权益排除出中国，并称中国系有计划地挑起冲突，日军在中国的行动只不过是在进行自卫，以消除中国对日挑衅行为的根源，使其抛弃排日抗日政策，在两国之间真诚合作，以实现东亚的和平。声明称国际联盟和美国"全然不理解本次事变的真相和帝国的真意"，对此表示甚为遗憾①。

当然，就对国际舆论的影响来说，国联会议还是发生了一些积极作用的。顾维钧认为，会议"虽然没有达到我们期望的目标，但是公众舆论要比大会初开幕时我们所预料的好"②。国联会议还为今后中国要求国际援助打下了基础。在国联大会闭幕的次日，中国代表团致电外交部，建议应当利用国联赞成给予中国援助的决议，对中国的需要和外国可能的供应，作出具体计划或明确要求。

第四节　九国公约会议无所作为

当召开九国公约会议的建议提出之时，人们对该会普遍存在着一定程度的希望。之所以要召开这一会议，无非是要把美国拉到讨论远东问题的前台，因为美国是九国公约的发起国。实际上，英国的提议也反映了当时许多国家的普遍想法。法国一直认为，没有世界最强国家——美国的参与，远东问题是无法解决的。澳大利亚的代表在大会发言中曾提出过召开太平洋国家会议，以便让在东亚有直接重大利益的非国联成员国参加的建

---

① 《日本外交史》，第 20 卷，第 172—173 页。
② 《顾维钧回忆录》，第二分册，第 509 页。

议。苏联代表也曾在会议期间对中方代表表示，希望能召开太平洋国家会议以加强国际联盟的行动。因此，可以说召开九国公约会议是众望所归。

在国联会议没有取得中方所预期的进展后，中国政府期望九国公约会议能有所作为。美国的态度似乎也给人们带来了某种希望。10 月 5 日，美国总统罗斯福在芝加哥发表了著名的"防疫隔离"演说，措辞颇为强硬。罗斯福指出：目前"国际上毫无法纪的瘟疫正在蔓延"，有的国家正违反庄严的条约，侵犯那些对其从未造成任何危害的国家的领土。这些无法无天的人，对世界和平与每一个国家的幸福和安全形成了威胁。罗斯福认为，不论是否正式宣战，战争都是一种传染病，它能够危及那些远离战争发源地的国家和人民。当侵害人们身体的瘟疫开始蔓延时，整个社会会确认并参与对病人实行检疫，以防止疾病蔓延。因此，当出现战争瘟疫时，"最为重要的是，所有爱好和平的国家必须坚持表达和平的愿望，以使那些图谋破坏彼此间协定和他国权利的国家停止其作为"[1]。

10 月 6 日，即在国联决议通过的当天，美国国务院也发表声明说："美国政府鉴于远东事态的发展，不得不得出结论说，日本在华之行动，与国和国之间的关系不符，也有违九国公约、凯洛格—白里安公约的条款"，表示"本国政府所得结论与国联大会之结论相符合"[2]。就连艾登也被美国的这一姿态所鼓舞。他在 10 月 6 日的内阁会议上说，召开九国公约会议，是目前能够采取的最好步骤，它将给美国最充分的机会去提供他们能提供的任何合作。在罗斯福总统的演说发表之后，美国政府几乎不能拒绝这个建议。

但实际上，这时无论是美国还是英国都不想走到制裁这一步，尽管它们内部对于这一问题时有争议，不时出现一些比较积极的意见，但决策人物的意见是不主张制裁的。

英国首相张伯伦就极力反对卷入中日冲突。他在内阁会议上说道，"想象不出在欧洲形势如此严重的时候，还有什么比在此时向日本寻衅更带有自杀性质。如果我国卷入远东冲突，那么独裁国家就可能抵抗不住在

---

① 黄德禄等选编：《一九一七—一九三九年的美国》，商务印书馆 1990 年版，第 148—152 页。

② 《美国外交文件》，日本卷（1931—1941），上册，第 397 页。

东欧或在西班牙采取行动的诱惑"①。他认为布鲁塞尔会议将一无所成，只是浪费时间。英国在布鲁塞尔"将要得到的主要教训是在获得美国有效合作方面的困难"②。

在美国，尽管中国的抵抗侵略已经赢得了一般民众的同情，但道义同情和出手支持毕竟是两码事，这两者之间还有一段漫长的道路。正如10月4日的一份民意调查所显示，接受调查的人中有59%表示同情中国，但这其中又有63%的人表示，对中国的同情并不足以使他们不买日货③。可见，这时美国的民意尚处于同情但又不愿挺身而出的阶段。

这时，孤立主义的实力仍很强大。在罗斯福的"隔离演说"发表之后，孤立主义者便指责罗斯福是在鼓动战争，攻击罗斯福是战争贩子，反对的声势颇为浩大。六大和平组织宣布总统企图把美国引上战争道路，联合发起一场征集2500万人签名的运动，要求"避免使美国卷入战争"。有的众议员提议弹劾总统。罗斯福对他的一位朋友说："你一心想领着人民朝前走，可是回过头来朝身后一看，没有一个人跟你走，这真可怕啊。"④ 于是，罗斯福很快从他芝加哥演说的立场上后退。他降低调门对记者说，制裁是个"可怕的字眼""应该扔到窗外去"，他声称他"压根就没有提议制裁"。10月12日，罗斯福在炉边谈话中告诉美国人民，九国公约会议的目标仅仅是通过协商来寻求解决远东冲突的方案⑤。

美国驻日大使格鲁也提醒政府应谨慎行事。他在给赫尔的电报中说道："任何斡旋或集体调停的建议，不管其措辞如何谨慎，能为日本政府接受，这是难以置信的，因为日本人将发现其中暗含一种外国压力的因素"，"为了不关闭这种终将发生的调停之门，布鲁塞尔会议应避免对有关中日冲突的责任和起源再表示任何意见，而且它应该严格遵守试图以协商促进和平的委托……最终调停成功的机会将与奉行的公正程度成正比地

①　约翰·科斯特洛：《太平洋战争》，王伟等译，东方出版社1985年版，第66页。
②　安东尼·艾登：《艾登回忆录——面对独裁者》，武雄等译，商务印书馆1977年版，第60页。
③　《美国与1933—1938年间的远东危机》，第637页。
④　巴巴拉·塔奇曼：《史迪威与美国在华经验》，陆增平译，商务印书馆1985年版，第245页。
⑤　《美国与1933—1938年间的远东危机》，第283—284页；《赫尔回忆录》，第1卷，第551页。

增加"①。

日本政府对罗斯福的演说颇感不安而前来探询。10 月 7 日，日本驻美大使斋藤博奉命拜访赫尔，询问美国是否在考虑采取新的方针。赫尔回答说，"我们目前不考虑采取任何特别的步骤；我们将继续遵循我们以往所遵循的方针和政策"②。

美国国务院的决策者们经过一番争论后，对美国出席布鲁塞尔会议的指导原则作出了如下的规定：

问：美国是否愿意从事制裁？
答：到现在为止，会议的范围与目的只要求以协议来结束冲突。
问：美国能否同意任何会侵犯到中国领土完整或九国公约原则的解决方式？
答：不能。③

罗斯福也向出席布鲁塞尔会议的美国代表戴维斯（Norman Davis）发出指令，要求戴维斯务必记住，美国不想被推到第一线，成为未来行动的领导者或倡导者，它不想成为英国风筝上的尾巴。10 月 28 日，出席九国公约会议的中国代表顾维钧在巴黎与戴维斯会晤。顾维钧力劝美国带头对日本实施禁运政策。但戴维斯认为，除非以军事实力为后盾，否则禁运和经济制裁是不起作用的。日本的物资储备充足，在制裁的情况下也可以支持一段较长的时间。戴维斯还表示，在此各国正试图进行调停之时，又讨论其他方案是不合理也不适宜的，同时进行调停和采取积极援助敌对行动的措施是自相矛盾的。

在布鲁塞尔会议尚未开始之时，种种迹象已经显示这一会议将注定要失败。对此，前往布鲁塞尔参加会议的苏联外交部部长李维诺夫（М. М. Литвинов）对这一会议的结果也颇为悲观，他对中国代表郭泰祺说，此次会议只不过是"重演伦敦不干涉委员会故事，别无结果"。鉴于

---

① 《美国外交文件》，1937 年第 4 卷，第 124—125 页。
② 《美国外交文件》日本卷（1931—1941），上册，第 398 页。
③ 《美国与 1933—1938 年间的远东危机》，第 405 页。

此，他称"此来仅系作客，即委员会亦不拟加入"①。

中国方面对此亦有所估计。国防参议员傅斯年曾预言："此会议成功之可能固远不如其失败之可能为大；然必吾国尽力图助其成事，方可于失败后不负责任，而留为下一步国际助我之张本。"② 10月19日，中国政府特派顾维钧、郭泰祺和钱泰组成出席该会的中国代表团。10月24日，中国外交部致电中国代表团，指示了政府对于布鲁塞尔会议的应付方针。该电第一条便指出："依照目前形势，会议无成功希望，此层我方须认识清楚。"但同时该电又要求代表团对各国代表态度须极度和缓，并须表现出中方希望会议获得成功，争取在九国公约的精神下解决问题的愿望，使各国认识到会议的失败责任应由日本担负，而切不可由于中方态度的强硬致使各国责备中国。该电说明了中国之所以如此应付九国公约会议的真正原因，明确告诉代表团"我方应付会议之目的在使各国于会议失败后对日采取制裁办法"。外交部还指望从苏联那儿得到无法从英美那儿得到的东西，要求代表团应设法促使英美赞成并鼓励苏联以武力对日③。

这时，在淞沪战场上，中国军队败象已露。从军事角度看，应立即主动作有组织有层次的后撤，以免出现全面崩溃、一退而不可收的危险后果。但为了配合九国公约会议，蒋介石决定在这个列强利益最为集中的中国最大的工商城市再死拼一段时间，以期引起列强的同情甚至干预，至少也可使它们不会觉得中国的势力太弱而失去援华信心。蒋介石在10月22日致各战区司令及全军将士的电中说："世界各国之同情，亦随我奋勇坚决的抗战而日益普遍。……当此比京九国公约会议即将举行之际，敌必倾全力，以期获得军事上的胜利，而转移国际之形势，我全体将士尤当特别努力，加倍奋励，使敌人速战速决之企图，不能侥幸以逞。且当于此时机表示我精神力量，以增加国际地位与友邦同情。"④ 李宗仁曾明确指出，蒋介石的意图是"在上海和敌人的主力火拼一番，不特可以转变西人一向轻华之心，且可以引起欧美国家居间调停，甚或武装干涉"⑤。

布鲁塞尔会议向九国公约签字国（包括英、美、法、意、中、日等

① 《卢沟桥事变前后的中日外交关系》，第393页。
② 吴相湘：《第二次中日战争史》，上册，台北1973年版，第422页。
③ 中国第二历史档案馆藏档案，案卷号：十八·1289。
④ 《作战经过》，第1卷，第55页。
⑤ 广西政协文史资料研究委员会编：《李宗仁回忆录》，下册，南宁1980年版，第702页。

国）和在远东有重大利益的苏联、德国等共 21 国发出了邀请书。日本和德国拒绝参加这一会议。日本在致各国政府的照会中辩称："此次会议显系出于根据国联会议而召集者，而国联既下有关日本帝国名誉之断案，且对帝国复采非友谊的决议，不得不使帝国认为此次会议难期由关系国举行充分而无隔阂之交涉，以使中日事变导于根据事实之公正妥当的解决"，而且，"由对于东亚利害关系不同，甚至毫无利害关系之各国开会解决，其必反使事态益趋纠纷，而有碍正常之收拾"①。

11 月 3 日，九国公约签字国会议在布鲁塞尔开幕。英美法代表相继在大会上作基调发言。戴维斯指出，中日战争不特使中日受损，世界各国都感受其害。因此，与会各国应设法寻找双方可以接受的基于条约的公正条件。艾登则强调，战争易于传染，即使是局部战争，也与全世界有关。他表示愿以最大的合作来求和平的实现。德尔博斯指出，与会各国应积极工作，此不仅为对于人类的义务，亦为维持和平及公平的义务，如意存自私不加努力，反有被牵入旋涡的危险。

意大利代表马柯迪的发言明显倾向于日本。马柯迪声称，这次会议不能用强制的方法，亦不能进行谴责。会议的目的不在于调查争端起点，因为这往往不易判明。他鼓吹会议的目的在于邀请中日双方直接交涉，此后之事各国即不必过问。

苏联代表李维诺夫的发言表现出比较积极的态度。李维诺夫批评以往的国际会议往往忘了它的成立目的，为获一时苟安，不断对侵略者让步，结果，新侵略事件不断发生，新会议也不断召集。再加上各国间意见不一，就更给侵略者造成机会。李维诺夫还提醒会议不可掉入侵略者的和平陷阱。这种和平一方面对侵略者说："放心好了，抢来的都是你的"，一方面对受害者说："爱你的侵略者，不要与邪恶对抗"②。他希望"此项会议不蹈覆辙，得有结果，立成一公正之和平，不可因求会议之成功，牺牲被侵略者"③。

此后，会议开始进行两方面的磋商。一是协商成立由少数几个国家组

---

① 《卢沟桥事变前后的中日外交关系》，第 383 页。

② "中华文化复兴运动推行委员会"主编：《中国近现代史论集》，第 26 集上册，台北 1985 年版，第 481 页。

③ 《卢沟桥事变前后的中日外交关系》，第 395 页。

成的小组委员会，以便更有效、更迅速地研讨远东冲突问题，承担调停任务。戴维斯提议由美、英及东道主比利时组成这一小组委员会。但遭到意大利反对，它主张由中日直接谈判。法国和苏联则对该小组的构成提出异议。于是，组织小组委员会的计划只好取消。

同时，会议还在忙于起草对日本拒绝参会的书面复信，并决定再次向日本发出邀请。但是，日本在 11 月 12 日再次拒绝了邀请。日本答称："日本既迫不得已而采取目前之自卫行动，则此项行动自不在九国公约范围之内"，"日本政府深信以集体机构，如比京会议所为之干涉，徒刺激两国之民情，而使有关各方引为圆满之解决更不易得"①。

为了对抗和破坏九国公约会议，日本在 10 月下旬即开始促请德国出面调停中日战争，以此排斥他国的干预。对此中国政府亦有所察觉，并未作出积极响应，而仍把主要注意力放在九国公约会议方面。11 月 5 日，蒋介石对传递信息的德国驻华大使陶德曼（Oskar Trautman）表示，中国现在不能正式承认收到日本的要求，因为中国现在正是九国公约会议各国关注的对象，各国"有意要在九国公约会议的基础上觅取和平"②。同日，蒋介石在国防会议上明确地阐述了中国此际应当奉行的外交政策。他说道，"我们一贯的外交政策，是什么呢？就是中日问题的解决，应该使各国参加，以打破日本侵略中国、独霸远东，排斥第三国干涉的阴谋"③。

英美也风闻陶德曼调停之事，它们不赞成中国接受德国的调停。11 月 6 日，戴维斯就此事询问顾维钧和程天放，程天放予以否认。戴维斯复问中国是否愿意接受德国单独调停，程天放答称，此事未受政府训令，不能正式答复，但个人意见认为，任何调停应有先决条件，即须恢复七七事变以前的状态。戴维斯进而建议，若德国以后再提及调停，中国政府可以说这件事关系到九国公约各国，非仅中日两国之间的事④。

11 月 7 日，蒋介石在答记者问时，否认当时流传的有在九国公约会议之外进行调停的说法。他声明："中国立场始终为尊重九国公约及国际

---

① 《卢沟桥事变前后的中日外交关系》，第 387 页。、

② 雷蒙·J. 桑塔格等编：《德国外交文件，1918—1945》（Raymond J. Sontag and others eds.：*Documents on Germany Foreign Policy*，1918—1945），第 4 辑第 1 卷，伦敦 1949 年版，第 780—781 页。

③ 《先总统蒋公思想言论总集》，第 14 卷，第 648 页。

④ 《卢沟桥事变前后的中日外交关系》，第 396—397 页。

一切条约。中国除竭诚与合法集团努力合作以外，决无单独行动之理。中国最重信义，断不自行违反一贯之立场。"①

11月8日，中国外交部就调停一事致电顾维钧，表示："我方唯一途径只求由此会议获得适当解决。日本于此时使用离间手段，自在意中。而德国亦未尝不欲利用时机以调人自居，借以抬高其在远东之地位。德大使已频频微露其意。"外交部指示代表团"可斟酌情形，密商英、美二国。如有关于调停具体计划，不妨于会外与德国随时商洽；必要时并可请德国与英美等国向日本斡旋。如此既可打破日本之离间计划，而以集体力量图谋解决之政策，亦可始终贯彻"②。

在等待日本复函期间，英美代表频频在会外活动，协调双方的行动，探讨可能的行动方式。戴维斯向艾登透露，"总统对远东的前景大为不安，他认为大不列颠可能被迫撤出那里的阵地，结果美国有朝一日也许不得不单枪匹马地与大大加强了的日本太平洋力量打交道。现在正是这种可怕的前景使总统力求制止事态的继续恶化"。戴维斯声称，如果会议失败，"不能排除美国将采取进一步行动"③。戴维斯和亨培克一再向艾登表明，会议可能失败，但世界舆论尤其是美国舆论可以从中得到教育。他们不知道美国下一步会采取什么步骤，但希望会议能在教育公众方面发挥作用，使他们能获得公众更有力的支持。

关于可能采取的行动，戴维斯说美国不会采取别的制裁行动，但可以"不买日本货"。他认为英美共购买日本出口货的75%，这一制裁是一定会起作用的。但艾登怀疑这一措施的有效性。他指出这种特别措施曾被用来对付意大利，1935年国联会员国所占意大利出口贸易的比例数字也是这么多，但制裁并未取得显著效果。艾登提醒戴维斯，制裁不外两种：有效制裁和无效制裁。搞无效制裁，只会惹人动火而没有实效，搞有效制裁，就必须看到要冒战争的风险。他认为英美对此应有足够的认识，并应有共同承担风险的意愿，不论风险多大，都应坚持到底。

中国政府期望在列强出面斡旋下进行中日间的谈判。11月12日，外交部指示中国代表团："倘各国已正式或非正式促令日本仿照华盛顿会议

---

① 《先总统蒋公思想言论总集》，第38卷，第101页。
② 《第二次中日战争史》，上册，第423—424页。
③ 《艾登回忆录》，下册，第961—962页。

解决山东问题办法，与中国直接谈判，同时受有关关系国之协助，则我方可不反对。至停战问题，倘各国向中日提议双方先行停战，中国亦可同意。"①

日本拒绝会议的再次邀请，表现出它丝毫不肯让步的态度，这使英美法代表大为不满，并促使其态度转向强硬。在 11 月 13 日的会议上，戴维斯、艾登和德尔博斯一致反驳了日本有权侵入中国反对共产党的荒谬理论。他们指出，各国内政制度有自由选择之权，他国不能强行干涉，充当"意识形态的十字军"。中国代表亦就此强调指出，日本政府已以它最近的答复在各国代表面前关上了调停与和解之门。因此，中国吁请各国停止对日本提供战争物资及信贷，并对中国提供援助。英美代表准备采取某些行动。戴维斯要求美国政府拒绝向日本提供贷款，不承认日本的征服，并要求艾登保证英国在这一方面给予合作。艾登对此作出积极的反应。

同时，会议开始起草批驳日本第二次拒绝声明的宣言。该稿由亨培克起草，经英、法代表团修改，于 11 月 15 日获大会通过。宣言批驳了日本所鼓吹的中日战争仅仅是中日两国之间的事情的观点，指出："这场冲突实际上涉及 1922 年华盛顿九国公约和 1928 年巴黎非战公约的全体签字国，实际上也涉及到国际大家庭的所有成员"，它"使国际交通中断，国际贸易受阻，给各国人民带来一种恐怖感和愤慨，使整个世界感到不安和忧虑"。针对日本要用武力"使中国放弃现行政策"的企图，宣言指出："在法律上根本不存在任何国家动用武装力量去干涉他国内政的根据。"

宣言对日本主张的中日两国单独解决的公正性表示怀疑，认为"如果听任他们自己解决，没有任何理由可以相信中日两国会在不久的将来达成给该两国间的和平、其他国家的权益保障以及远东的政治和经济的稳定带来希望的协议"，"恰恰相反，倒有一切理由相信，如果这个问题完全留待中日单独解决，则武装冲突及随之而来的生命财产的毁灭、混乱不安、动荡不定、苦难、不和、仇恨和整个世界的不安宁，将永无止境"。宣言最后宣称，对于日本"固执与其他所有签字国相反的见解"，"各国代表不得不考虑其共同态度"②。

宣言通过后，会议决定休会一周以便各国代表有机会与本国政府商讨

---

① 《卢沟桥事变前后的中日外交关系》，第 407 页。
② 《美国外交文件》日本卷（1931—1941），上册，第 410—412 页。

下一步的行动。中国政府对这一宣言比较满意，命令中国代表团向美英代表团转达中国政府对他们的同情和协助态度的赞赏。

然而，出于战略利益、实际力量、国内舆论等方面的考虑，英美政府此时尚未想迈出由道义支持到行动支持这一步。戴维斯希望采取某些行动的积极想法，未能获得美国国务院的同意。在宣言通过之前，赫尔就泼了一盆冷水。他致电戴维斯，声称目前采纳不承认政策的决议的时机尚未成熟，而戴维斯所建议的反对政府及私人对日借款的宣言也超出了会议的范围。数小时后，赫尔又致电戴维斯，表示他对布鲁塞尔气氛的不安。他说："来自布鲁塞尔的新闻报道，尤其是过去几天的，予人一种印象，其他与会国家愿意并热心采取对日施加压力的方法，只要美国也肯这么做。这些报道的语气似乎在说，美国应单独对决定此次会议的态度负责……我也请你注意布鲁塞尔会议开会的目的。请你注意对日施加压力方法的问题是在会议范围之外的。"① 副国务卿韦尔斯（Sumner Welles）则声称戴维斯在布鲁塞尔已经走得太远了。宣言通过之后，美国国内对戴维斯的批评之声甚高，孤立主义势力在国会和舆论界发出了"召回戴维斯"的强烈呼声。

一直以不安的目光注视着布鲁塞尔会议进程的日本政府在会外对美国政府施加压力。会议决议中"共同态度"一词，在日本传为"联合行动"，这引起了日本人的某种担心。11 月 16 日，日本外相广田弘毅会见了美国驻日大使格鲁。广田认为，"联合行动"之意，似乎是实行某种制裁，"这种行动不仅无助于停止战争，而且只会使中国人得到鼓励，从而无限期地延长战争"。广田声称根据他们得来的消息，美国正在布鲁塞尔会议上起着积极的领导作用。广田并含有威胁性地说道，这些消息不久将会出现在日本的报刊上，它将会产生"很坏的影响"，日本的民众将会认为美国应负反日的主要责任②。

英国决策集团也不赞成采取积极行动。英国参谋部 11 月 12 日的一份重要报告指出，英国不具备同时抵抗德、意、日的能力。因此，从国防角度来看，英国应该努力"减少我们的潜在敌人的数目，获得潜在盟友的

---

① 《美国外交文件》，1937 年第 4 卷，第 181、197 页。
② 约瑟夫·格鲁：《使日十年》，蒋相泽译，商务印书馆 1983 年版，第 228—229 页。

支持"，这一工作的重要性"怎样估计也不会过高"①。张伯伦赞成这种少树敌的观点。

在来自国内的压力下，布鲁塞尔会议代表的态度又趋向消极。中国代表曾奉命拜访英美代表，对他们的支持表示感谢。对此，美国代表似乎颇感不安。亨培克希望中国代表不要在外面宣扬美国是中国最好的朋友，以免给美国人民带来一种印象，说美国代表团在会议中处处带头，并且负起了全部重担。戴维斯也认为这一点很重要，并声称事实上英国的表现也一直是非常之好的。美国代表团的这番苦心，充分反映了当时美国舆论的压力。美国人害怕被卷入战争，当时还不准备采取坚定的立场。

在休会期间的另一次拜访中，顾维钧向亨培克提出，事至如今，会议应考虑采取援助中国削弱日本的措施。但是，亨培克表示，九国公约仅仅规定在缔约国之间交换意见，当缔约一方仍不停止公约所禁止的行为时，公约并未规定任何强制措施，它没有为签字国规定采取措施的义务，各国采取措施只是出于自愿，而不是公约义务。他指出，美国人同情中国，但现在他们还不愿冒战争的风险。戴维斯则更直率地对中国代表钱泰说，"（国联）盟约有制裁办法，尚且不能执行，九国公约无制裁办法，中国岂可奢望"②。

中国代表还与苏联代表、副外交人民委员波将金（В. Потёмкин）进行了长谈，提出了苏联在蒙古和东北边境地区举行军事演习的建议。苏方提出其他大国的保证问题，认为如果苏联以军事演习这样的实际行动支持了中国，而无第三者保证援助的话，那就等于要求苏联去冒独自面对日本的危险。

11月22日，布鲁塞尔会议复会。在会前磋商中，中国代表向英美代表提出，会议应采取助华制日的有效办法，如提供军事物资，英美法联合进行军事演习等。但英美代表声称，如各国明显助华，恐反促成日本实行封锁，使中国现有的物资援助亦不可续得，且这一办法难望在大会通过。顾维钧又提出，可以在九国公约会议之外由英、美、法、苏、荷、比等国举行圆桌会议，就对华援助问题达成一项总的谅解。但美国代表反对共同商讨，主张中国与各国单独交涉。亨培克说，如果美国得知戴维斯先生参

① 《英国与中日战争》，第80页。
② 中国第二历史档案馆编：《民国档案》，1989年第2期，第39页。

加援助中国的会议的话，他首先将会得到华盛顿将他召回的电报。

11 月 24 日，与会国举行最后一次会议，再次通过了一项宣言。该宣言除了重申 11 月 15 日宣言的原则外别无新意。宣言声称"九国公约所载各项原则，乃系维护世界和平促进有秩序的国家生活与国际生活所必须加以尊重之基本原则"，它向中日双方建议，"停止战争，并改取和平程序"。会议还宣布，"为使与会各国政府得有充分时间以交换意见，并庚续觅求和平方式起见，认为暂时延会实乃贤明之举"①。至此，九国公约会议实际上无限期暂停。中国代表对会议结果深表失望。顾维钧在闭幕会上对会议所采取的软弱态度提出严重抗议。

与国联会议一样，布鲁塞尔会议并没有解决任何实际问题。无论是在向中国提供物质援助还是在对日实施制裁方面，都没有取得中国政府所期望的实质性的进展。因此，会议的结果不仅招致了中国方面的批评，也引起了英美内部一些人士的批评。但国联会议和布鲁塞尔会议还是有积极意义的。不难看出，这两次会议的报告书或宣言都是对日本持批评态度的。它使世界更清楚地了解了中日冲突的真相，使世界舆论更多地倾向于中国。这打破了国际上从前对中日冲突"绝对中立"的状态，中国在国际讲坛上赢得了正义的一票。会议使中日问题的解决"国际化"，挫败了日本企图"直接交涉"的图谋，使这一问题成为国际社会所共同关注的一个中心问题。而且，道义上的援助必将为以后的物资援助打下基础。中国参谋本部早在 7 月下旬所拟的一份《国防外交政策提案》对这一情况就曾有所预计。该提案在逐个分析了与远东问题有关的英、美、法、苏、德、意等国与中日交往的历史及现状后指出，中国在国际上的处境实较日方优越。但要认为欧美各国在中日冲突中对我将有积极援助，则亦未免奢望，因为各国在远东均无生死关系之利害，且各有其他牵制问题。目前我国所能期望于各友邦者，不外乎精神援助、经济援助及军事上的牵制力量。该提案并具体指出，"精神援助虽似空洞，但对于我敌人方面，随时有变为经济制裁之可能"。国联和九国公约会议的积极结果正是为这种转变准备了不可或缺的条件②。

---

① 外交学院编：《中国外交史资料选辑》，第 3 册，北京 1958 年版，第 138—140 页。
② 中国第二历史档案馆馆藏档案，案卷号：七八七·2041。

第 二 章

联合苏联与争取德国中立

　　远东华盛顿体系中，有两个大国被排除在外，直到 30 年代中期它们在远东秩序中仍未取得与英美同等的位置，它们就是苏联与德国。苏联作为当时世界上唯一的共产党领导的社会主义国家，受到以英美为主导的国际社会的排斥，同时苏联本身对东西方的资本主义国家也一直怀着警惕的目光，不愿因轻举妄动而陷入纠纷之中。因此，它在国际讲坛上的发言权远不如英美重要，也不那么引人注目。德国作为第一次世界大战的战败国，理所当然地被排斥于华盛顿会议之外，其在远东的殖民地和权益被悉数剥夺。到了 30 年代中期，尽管德国实力大增，其部分势力又回到了远东，但它在远东问题上的发言权仍是很有限的。

　　中国争取国际援助的活动并不仅仅局限于英美法这样希望维持旧秩序稳定的国家，它还竭力争取被排除于旧秩序之外、内心也希望建立新秩序的苏联和德国的支持。对于前者，它从国家安全利益上找到了共同点，形成了共同对抗日本的阵线；对于后者，尽管在全球战略利益上互相背离，但仍尽量延迟其与潜在战略盟友日本的靠拢进程。

　　由此出现的一个有趣现象是，恰恰是这两个最初被排斥于华盛顿体系之外，如今在远东秩序中也不占主流地位的国家，在抗战的最初阶段，给了中国最为实际的援助。

第一节　中苏订立《互不侵犯条约》

　　苏联是诸强中唯一与中国和日本领土相邻的国家。中日战争的发展对于它的国家安全有着直接的影响。如果中国被征服，一个强大的可使用中国巨大的人力和物力资源的日本将对它构成重大威胁。因此，它对中日冲突的关心之切自然非其他大国所能相比。另一方面，苏联的举动对中日双方也将发生最为直接的影响，无论是援助也罢，威慑也罢，它都处于最方便最直接的地位。因此，苏联对于中日战争的立场便显得尤为重要。

中苏两国在意识形态上有着巨大分歧，但在对付具有强烈扩张性的日本这一问题上，中苏有着共同的利益。就苏联的国家利益来说，它不希望看到日本过于强大，在中日两方中，抑强扶弱自然是它的上策。因此，援助中国对抗日本便成为苏联远东政策的一个基本出发点。另一方面，中国对利用苏联制约日本也寄予较大的希望，这不仅是基于对苏联战略利益的判断，还因为在各大国中唯有苏联拥有在东亚迅速干预的力量，苏联在其远东地区驻有强大的陆军和空军。因此，在中苏关系的发展中，意识形态的考虑（尽管这种考虑并不限于纯意识领域，而与当时的中国政治有着极大的关系）便逐步让位于对国家安全利益的考虑。联苏制日成为中国政府的一个重要战略。

早在战争爆发前两年，中苏之间就已经开始了订立有关中苏条约的商讨。1935 年秋，国民党中央执行委员陈立夫曾与苏联驻华大使鲍格莫洛夫讨论过一旦中日战争爆发时苏联如何对华援助的问题。陈立夫提出了订立中苏互助条约的建议，但鲍格莫洛夫认为这一条约"太危险"，未接受这一建议①。不久，蒋介石在与鲍格莫洛夫的谈话中也表示了愿与苏联签订一个军事协定的意向。蒋介石声称他愿以"中国军队总司令"的身份，与苏联订立"有实质性的真正促进中苏亲密关系并能保障远东和平的协定"②。1936 年 10 月，蒋廷黻出使苏联，他在莫斯科与苏方要员讨论了互助条约和互不侵犯条约的问题。苏方对互助条约反应冷淡，但表示愿与中国签订互不侵犯条约。

随着欧洲和远东时局的日趋紧张，苏联希望借重中国以牵制日本。鉴于其本身的国际处境以及它所面临的东西线作战的危险，苏联在欧洲鼓吹集体安全原则的同时，在东方也努力推行集体安全的方针。1937 年 3 月 10 日，苏联外交人民委员李维诺夫在记者招待会上重新提起苏联在 1933

①　高龙江：《中苏关系，1937—1945》（John W. Garver：*Chinese—Soviet Relations*，1937—1945），纽约 1988 年版，第 18 页。

②　《苏联外交文件》，第 18 卷，第 538 页。

年曾经提出过的订立太平洋地区公约的主张。

1937年4月，刚从莫斯科接受了新使命而返华赴任的鲍格莫洛夫，频繁地与孔祥熙、陈立夫、蒋介石等中国要人会见，转达了苏联政府请中国发起太平洋地区公约谈判的建议，并希望开始进行中苏互不侵犯条约的磋商。4月12日，鲍格莫洛夫与中国外交部部长王宠惠详细地进行了有关中苏在远东协调行动问题的会谈。鲍格莫洛夫提出了一个依次分为三个步骤的共同防御外患的计划：一、以中国政府名义邀请太平洋有关各国（包括英、美、法国）召开一国际会议，商定集体互助协定，苏联将协助向各国疏通，使他们能共同接受中国的提议；二、若第一项未能实现时，中苏商讨订立互不侵犯协定；三、中苏订立互助协定①。

鲍格莫洛夫建议立即开始苏中互不侵犯条约的谈判。他声称签署这一条约不仅会给中国带来具体好处，而且"必定会为进一步加强苏中关系创造一个有利的气氛，并在很大程度上有助于未来可能就互助条约进行的谈判"。鲍格莫洛夫并表示，"我国政府无论如何也闹不明白，究竟为什么中国政府对这一问题持否定态度？"但中方对苏联的动机持有疑虑，担心与苏联缔约将会影响英美对中国的援助，引起德国的不满，并刺激尚处于和平状态的中日关系，因而对苏联的提议未作积极响应。中方一时看不清苏联这一提议的利弊究竟如何，只觉它"关系我国存亡至深且巨，我国似不宜轻易拒绝，亦不宜仓促赞成"②。

抗战爆发前夕，中国行政院秘书长翁文灏以参加一国际学术会议为名访苏。李维诺夫在与翁文灏会见时再次提出签订互不侵犯条约问题。李维诺夫明确指出，蒋介石政府与苏联的关系本来是很坏的，现在从头做起，建立交情，应当立即订立互不侵犯条约。他表示苏联根本不会侵略别国，订立互不侵犯条约就是表明中国可得苏联帮助的意思。实行帮助的办法是订立中苏易货合同，这样苏联便可以向中国提供一部分设备。翁文灏将苏方要求如实向南京最高当局作了报告，但仍未引起积极的反应③。这样，直到七七事变时，中苏对于以上条约的交涉仍处于不定状态，没有什么

---

① 中国国民党中央委员会党史委员会编，秦孝仪主编：《中华民国重要史料初编——对日抗战时期》第三编，《战时外交》，二，台北1981年版，第325页。该书以下简称《战时外交》。

② 《战时外交》，二，第326页；《苏联外交文件》，第20卷，第167—168页。

③ 全国政协文史资料委员会编：《文史资料选辑》，第一辑，第65页。

进展。

卢沟桥事件发生后的次日，蒋介石立召立法院院长孙科和外交部部长王宠惠到庐山。蒋对他们说，如果事态扩大，可能会演变成一场全面战争。在这场全面战争中，"最关键的因素"是与苏联达成协议，由苏联供应军事装备并缔结一个中苏互助条约①。次日，孙科与王宠惠立即赶赴上海，与鲍格莫洛夫就此事进行商谈。

中国政府草拟了一份中苏互助条约的草案，其条文规定："中华民国或苏联远东领土有被第三国直接或间接侵犯之恐怖或危险时，两国应即商定办法，以实行国际联合会盟约第十六之规定"，一旦发生这种侵犯，"两国即彼此予以军事及其他援助"。为防止出现中国政府所害怕出现的另一种情况，草案还提出，"一方军队为实行上列两款之义务起见，经双方同意而调至他方领土内，若他方请求调回应即调回"②。

然而，苏联此时不愿与中国讨论互助条约。鲍格莫洛夫对孙科与王宠惠说，缔结互助条约的目的在于以其威慑力量防止战争的爆发。如果在九一八事变之后不久就签订这样的条约，那么，日本的侵略是有可能被制止的。但如今战争已经开始了，再缔结这种条约已为时过晚。他坦率地说，如果现在苏联与中国签订这样的互助条约，即意味着苏联必须参战，日本就很可能进攻苏联，但苏联现在尚未做好与日本作战的准备。因此，以互助条约去刺激日本人来进攻是不明智的。鲍格莫洛夫提议中苏签订一个互不侵犯条约。

但中国政府对缔结互不侵犯条约不感兴趣。为了促使苏联政府同意签订互助条约，中国要员不断向苏方强调日本对苏联也具有重大的也许是更大的威胁。陈立夫在7月19日与鲍格莫洛夫的谈话中声称，"中国是日本进攻的首当其冲的目标，而苏联则是第二个"③。蒋介石也向苏联驻华武官指出，从日本方面来看，根本的问题不是中国问题，而是苏联问题。

但鲍格莫洛夫认为，"不管日本政客们的准则如何，他们在作出实际决策时都必须依据实际的想法。一方面，他们不可能不考虑我国红军的强大威力，另一方面，他们也会考虑到华北诸省几乎未有防卫的状况"。他

---

① 孙科：《中苏关系》，中华书局1946年版，第16页。

② 《战时外交》，二，第327页。

③ 同上书，第392页。

认为日本不会铤而走险去与苏联打一场吉凶未卜的战争，而会去夺取能轻易取得的华北资源。鲍格莫洛夫觉得中国政府正在"把赌注固定地押在日苏战争上"，这是中方对互不侵犯条约持消极态度的原因，也是其对外政策的失误所在。于是，鲍格莫洛夫向中方反驳了日本将会进攻苏联的看法，声称"我们完全相信，日本不可能对苏单独开战，因为现在苏联在军事方面已经比日本强大，日本人现在也明白这一点，他们只有考虑到苏联在西方也将被卷入战争时，才会制订进攻苏联的计划"。他表示，苏联"只能根据自己的力量制订我国的整个政策"①。

苏联外交部反对与中方进行互助条约的谈判。李维诺夫在给鲍格莫洛夫的电报中指出，"与过去相比，目前更加不宜签订互助条约，因为这样的条约会意味着我们立即对日宣战"。苏方多次明确拒绝中方签订互助条约的要求。鲍格莫洛夫先后对王宠惠、徐谟和蒋介石宣称："苏联政府认为，当前关于互助条约的任何谈判都是不合时宜的。"②

苏联仍然希望缔结太平洋地区公约或中苏互不侵犯条约。但中方多次表示，中方难以承担发起太平洋公约的任务，因为日本肯定不会同意参加缔结这一公约的谈判，即使它同意参加，由于公约通常是以维持地区现状为目标，日本便会提出要人们承认已经存在的伪满洲国等要求。此外，中苏以外的其他国家对太平洋公约不会很感兴趣，因为它们只是在中苏被打败后才会受到威胁。

于是，苏联只得把重点放在签订互不侵犯条约上。鲍格莫洛夫对中方强调说，"苏联政府认为这个问题具有特别重要的意义。如果需要有其他一些意义深远的协定，那就更有必要立即就互不侵犯条约开始谈判"。其时，中苏之间正在就军事物资的援助问题进行商谈，于是，鲍格莫洛夫向苏联外交部提议，在同意向中国提供军事物资之前，"应立即坚持签署一项互不侵犯条约，为此可提出一个理由，说我们必须得到保证，使我们的武器不被用来对付我们"③。

苏联之所以坚持要签订互不侵犯条约，实际上反映了苏联对中国仍存疑心，担心中国经不起日本的硬打软拉而倒向日本，与日本缔结对苏联不

----

① 《苏联外交文件》，第20卷，第388—390、392—394页。
② 同上书，第430、436页。
③ 《苏联外交文件》，第20卷，第392—394页。

利的反共协定。签订互不侵犯条约就是要得到中国不与日本合伙反共反苏的保证。然而，奇怪的是，中国政府并不愿意签订互不侵犯条约，它要么就要求订立互助条约，要么就连互不侵犯条约也不签订。中国政府的这种两个极端的态度看似矛盾，但它恰好说明，中国政府不想在得不到苏联重大支持的情况下给外界造成亲苏的印象，因而影响它与其他列强的外交。这时，英美等国对苏仍存顾忌之心，而德意与苏联的敌对则是公开的。所以，中国政府不愿轻易地迈出这一步。但是，如果苏联同意签订互助条约，公开帮助中国打日本，中国政府则可不顾忌任何影响问题，毕竟目前这有关生死存亡的抗战压倒一切。

当然，中国政府中也有人主张积极地大胆地推行联苏政策，立法院院长孙科便是一个代表。他在7月下旬发表谈话时指出，法国为欧战的战胜国，它还在竭力寻找朋友，"中国为弱国，当然更须朋友，决不能因怕得罪敌人，而不敢觅取友邦，自陷孤立"。现在与远东政局有关系者为英、美、苏三大国。英美为海军国，它绝不会运用其海军以参加大陆战争。而"苏联为远东唯一大国，且为陆军国家"，"故中国唯一可找之朋友为苏联"①。但是，持孙科这种看法的人在国民政府中毕竟只是少数，他们无法对中国的对苏政策产生决定性的影响。

中国政府反对把签订互不侵犯条约作为获得军事物资的先决条件。7月26日，国民党中央执行委员张冲会见鲍格莫洛夫，转达蒋介石的意见说，目前中日战争已势不可免，任何政治问题的解决都需耗费许多时间，因此应该把军事物资供应问题与一切政治问题分开来单独解决。考虑到华北事态的迅速恶化，鲍格莫洛夫接受了中国政府关于单独解决军事供货问题的想法。他向苏联外交部建议改变他原来的提议。他觉得"更妥善的办法是不把军事供货问题同互不侵犯条约搅在一起，而从商务方面入手解决这个问题"。但苏联外交部驳回了鲍格莫洛夫的新建议。7月31日苏外交部在给鲍格莫洛夫的特急电报中指出："提供军事物资务必以首先签署互不侵犯条约为先决条件。"②

南京政府对苏联的这一坚定立场颇感无奈。它甚至想求诸列强来推动苏联援华。中国选中了列强中与苏联关系相对来说比较缓和的法国。7月

---

① 《卢沟桥事变与平津抗战（资料选编）》，第92页。
② 《苏联外交文件》，第20卷，第405、430页。

27 日，蒋介石在与法国驻华大使那齐亚（Paul E. Naggiar）的谈话中带有
夸张地说："苏俄在此次事件后态度非常冷淡，殊出乎常理常情之外，敝
国一般人士原来希望联俄者，现甚失望！对于苏俄非常不满。"蒋介石问
那齐亚："有何办法，能促使苏俄政府态度之转趋积极否？"[①] 7 月 30 日，
中国驻法大使顾维钧在会见法方要人时也提出，希望法国政府作为中间
人，代为探询莫斯科刈与中国缔结军事同盟的态度。他认为，"法国实际
上是俄国的盟国，可以运用法国的影响，帮助促进南京与莫斯科的相互了
解"[②]。然而，法国是否如中方所愿，积极活动以促成苏联援华，则无从
知道。

　　8 月 2 日，蒋介石与鲍格莫洛夫进行了一次关键性的会谈，着重讨论
了互不侵犯条约问题。蒋介石声明他不能同意把军事供货和这一条约用任
何形式联系起来。他表示如果互不侵犯条约中不含有招致侵犯中国主权的
内容，他原则上同意签约。但如果把这一条约作为中国为军事援助协定而
付出的报酬，那他是绝不会同意的。鲍格莫洛夫不同意所谓"报酬"之
说，他认为互不侵犯条约的实质在于双方承担互不进攻的义务，十分清
楚，不进攻另一方这个义务绝不能被说成是为某事物而付出的报酬。他希
望中国政府理解苏联的处境："我们如果不能以互不侵犯条约的形式作为
起码的保证，不致让中国用我们的武器打我们，那我们是不能向中国提供
武器的。"对此，蒋介石向苏联保证，中国绝不会进攻苏联。他还另有深
意地说，日本正是要与中国结成反苏军事同盟，为此日本愿意作出很大的
让步，但是中国政府断然拒绝了日本的要求，且以后任何时候也绝不会同
意这个要求。

　　双方还讨论了签署互不侵犯条约的时间问题。蒋介石希望能先签军事
供货协定，可待互不侵犯条约签订后再履行供货协定。但鲍格莫洛夫主张
至少两个条约应同时签署。蒋介石声称这将使他很为难，因为这使得互不
侵犯条约看起来就像是对于军事供货协定所付的报酬。鲍格莫洛夫坚持先
签互不侵犯条约[③]。

　　这以后，中苏之间又进行了多次磋商。尽管中苏在战略上有着互相依

---

①　《先总统蒋公思想言论总集》，第 8 卷，第 88 页。

②　《顾维钧回忆录》，第二分册，第 430 页。

③　《苏联外交文件》，第 20 卷，第 437—440 页。

存的关系，但就此时的局势而言，中国对苏联支持的需求则更为迫切些。中国急需获得苏联的军事物资。因此，磋商的结果自然是中方作出了让步，双方商定于 8 月 21 日先行签订互不侵犯条约。

然而，在条约签订的当天又发生了一点波折。中国外交部次长徐谟突然通知鲍格莫洛夫说，中国政府坚持同时签署互不侵犯条约和军事供货协定。鲍格莫洛夫当即要徐谟转告蒋介石，"这将会在莫斯科造成极不愉快的印象，并把整个事情拖延下去"。这一天内，鲍格莫洛夫几次会见孙科，直率地说："中国政府似乎是在玩火，我根本不明白中国政府对我们有什么要求：是要飞机抗日，抑或只不过是要一个目的不明的书面担保？"晚上，蒋介石会见了鲍格莫洛夫，解释说是徐谟个人的误会把两个条约联在一起。蒋介石同意立即签约。事后，鲍格莫洛夫急电苏联外交部，他认为这说明亲日派在最后时刻对蒋介石施加了强大压力以拖延条约的签署。他希望尽快把军事物资运抵中国，以加强抗日派的地位①。

《中苏互不侵犯条约》如期签署。该条约规定：

> 两方约定不得单独或联合其他一国或多数国家，对于彼此为任何侵略。……倘两缔约国之一方，受一个或数个第三国侵略时，彼缔约国约定在冲突全部期间内，对于该第三国不得直接或间接予以任何协助，并不得为任何行动或签定任何协定，致该侵略国得用以施行不利于受侵略之缔约国②。

此外，双方还有一口头约定，苏联承诺它不与日本缔结互不侵犯条约，中国承诺不与第三国签订共同防共协定③。

中苏互不侵犯条约正式公布的时间是 8 月 30 日。为了不致引起列强的猜疑和日本的敌视，8 月 29 日，苏联外交部分别致电苏联驻英、美、法、德、意、日等国大使，其主旨是说明这一条约并没有在现时针对某一国的含义。该电所说明的几点是：（1）签订这一条约的谈判已进行了一年以上；（2）谈判的拖延是中方受内政和外交的某些因素的影响而引起

① 《苏联外交文件》，第 20 卷，第 472—473 页。
② 《战时外交》，二，第 328 页。
③ 《蒋总统秘录》，第十一册，第 74 页。

的；（3）近来中国人民对苏同情急趋高涨，远东局势变化引起中国与苏联增进友好关系的愿望；（4）签订这一条约是苏联在一贯的和平政策的道路上迈出的新的一步[①]。

中国政府也担心引起国际间的误解，从而疏远英美等西方国家。因此，在条约公布前，中国政府事先通告列强驻华使节，并向他们保证条约的目的在于实现中苏邻邦的和睦相处，别无他意。中国政府声明此条约"没有秘密协定"，并表示"中国愿意与任何国家签订同样的条约。本条约并不意味着中国改行容共政策，中国的政策依然不变"。中国驻日大使许世英奉命向日本外相作了类似的解释，并特意声明，根据1924年中苏条约所确定的禁止在中国进行共产主义宣传的各项规定继续有效。许世英还表示，如果日本愿意，中国也准备与日本签署互不侵犯条约[②]。

中国政府在公布中苏互不侵犯条约时，还以外交部发言人发表谈话的形式，公开申述了中国方面的立场。谈话解释说："此项条约内容极为简单，纯系消极性质，即以不侵略及不协助侵略国为维持和平之方法。约文简赅而宗旨正大，实为非战公约及其他维持和平条约之一种有力的补充文件。世界各国在最近十年间，缔结不侵犯条约者不知凡几，即双方所抱主义迥然不同之国，亦多有缔结此约者，中苏两国签订之不侵犯条约，与各国缔结者并无异致。"[③]

尽管中苏订立这一条约的用意不一，但由于个中内幕并不为外人所知，这一条约还是对外部世界产生了积极的影响。在当时的特殊条件下，在各主要大国都在力图表明自己的中立立场时，苏联单独声明不与战争中的一方为敌，以条约形式表明它与中国的非敌对立场，这对抗战中的中国军民在精神上是一大声援。孙科认为这一协定"有着十分重大的意义，一方面表明了苏联对我的友好态度，对于我们在艰苦奋斗中的人民自是一种精神上的鼓励；另一方面无疑坦白地告诉日本侵略者，他们对这种不义的举动是绝不同情的"[④]。中国国内舆论普遍对这一条约持欢迎态度。可以说，外界对于中苏互不侵犯条约的这种理解一直持续了半个世纪之久。

① 《苏联外交文件》，第20卷，第481—482页。
② 《日本外交史》，第20卷，第163页。
③ 密勒氏评论报编印：《中国的抗战》，第一集，1939年版，第305页。
④ 《中苏关系》，第35页。

人们从常识出发，一般皆认为这一条约是苏联应中国政府的要求而签订的。殊不知恰恰相反，是苏联政府强烈要求签订这一条约。然而，就其效果而言，不可否认，这一条约对中国是有利的。

中苏条约的签订对日本是一个打击。9 月 1 日，日本外相广田对美国驻日大使格鲁表示，苏联和中国选定这个时刻和在这个局势下缔结条约，令人十分不满[①]。日本还怀疑这一条约另有秘密条款，其内容传说有：(1) 在有第三国入侵内蒙古和外蒙古时，中苏进行军事合作；(2) 苏联将向中国提供武器、弹药及其他军事物资，派遣军事顾问；(3) 中国接纳共产党参加政府，并不与任何第三国订立反共协定[②]。不管传说是真是假，日本人心中总是留下了疑问。后来广田曾对格鲁说，他感到自从中苏协定成立后，中国政府的对日态度转向强硬。

第二节　苏联提供军事援助

30 年代，苏联虽然居于世界大国之列，但由于其独特的社会主义制度，其他西方大国曾长期地反对和孤立它，阻碍其介入国际事务，同时它本身也对参与国际活动持有高度的警惕。这两个因素便使得苏联在国际事务中的发言权与其国力颇不相称。考虑到苏联在国际政治舞台上的特殊处境、它在国际组织中的地位、它对其他国家的影响力都远不如英美的状况，抗战初期，中国对苏活动的重点并不放在敦请其出面调停或参加联合行动等国际外交活动方面，而是放在争取苏联的实实在在的物资援助上。

增强中国的抵抗能力，也符合苏联的战略利益。因此，抗战初期，在向中国提供军事物资方面，苏联表现出相当积极的态度，其热心程度远非英美所能相比。随着互不侵犯条约的签订，军事供货的障碍终告消除。8 月 27 日，中苏达成协议，苏联同意向中国提供价值一亿法币的军事物资，其详细条约留待以后在莫斯科签署。由此，中国开始从苏联源源不断地获得军事物资。

由于军工基础薄弱，中国自己不能制造飞机。仅有的由意大利援建的

---

① 《美国外交文件》日本卷（1931—1941），上册，第 360 页。
② 《美国军事情报部门的报告，中国，1911—1941》，第 13 卷，0456 号。

南昌飞机修配厂所装配出来的意大利飞机质量低劣，不适应战斗需要。陈纳德（Claire L. Chennault）称意大利的斐亚特战斗机"在战斗中是一种害人的陷阱"，而它的萨伏亚—马奈蒂式轰炸机"则完全是废物"，根本不能用于作战，中国人只好把它当做运输机使用。这样，当抗战开始时，中国空军实际可用于作战的飞机只有 91 架①。抗战初期，在与日本空军的作战中，中国空军又遭受了很大损失。因此，获取作战飞机是中国最迫切的要求。

1937 年 8 月下旬，中国政府即派航空委员会处长沈德燮出使苏联，商洽飞机采购事宜，要求苏联提供 200 架驱逐机和 100 架重型轰炸机。为了进一步争取苏联的援助，并主持获取具体项目的军事物资的申请和交接事宜，1937 年 9 月，中国政府派遣军事委员会参谋次长杨杰和国民党中央执行委员张冲出使苏联。杨杰之行名义上为考察实业，实际上负有获取军援的重要使命。他频繁地与苏联要人会谈，并直接与蒋介石进行联系。

谈判进展顺利，据 9 月 4 日杨杰的一份报告，苏联此时已同意向中国提供包括轰炸机 62 架、驱逐机 163 架、坦克 82 辆、防坦克炮 200 门、高射炮一营在内的战争物资，总价高达一亿法币，其中飞机已谈定在 10 月底前务必启程运出②。11 月中，苏联援华的第一批飞机运抵兰州，此时正值中国军队在淞沪作战失败之际，中国空军损失惨重，能作战的飞机不过 12 架而已③。日本飞机在中国上空活动猖狂。苏联飞机的到来给中国空军带来了新的攻击力量，迅即有一部分飞机被投入南京保卫战中。

南京保卫战亦以中国军队的重创而告终。这时，经过半年的艰苦作战，中国的作战物资损耗甚巨。南京作战失败后，中国外交部部长王宠惠约见了苏联驻华代办梅拉美德（Меламед），表示"交战 6 个月后，中国现在正处于十字路口，中国政府应该解决下一步做什么的问题，因为没有外来援助，中国无力继续抗战。中国政府决意继续抗战，但是资金业已枯竭。中国政府随时面临着抗战能坚持到几时的问题"。王宠惠要求苏联紧急援助中国，他强调说，"一旦中国失败，日本就会把中国变成反苏基地，利用中国的一切资源、人力物力去打苏联"，"苏联为了自己的利益，

---

① 陈纳德：《陈纳德将军与中国》，陈香梅译，台湾传记文学出版社 1978 年版，第 40 页。
② 《战时外交》，二，第 465 页。
③ 《陈纳德将军与中国》，第 64 页。

不能也不应该眼看着中国失败"①。

1937 年年底，中国向苏联提出提供 20 个师的武器装备的要求。经过会商，苏联同意除步枪由中国自制外，苏联按每师重炮 4 门、野炮 8 门、防坦克炮 4 门、重机枪 15 挺、轻机枪 30 挺的配置，向中国提供 20 个师的装备。根据这项计划，中方共得到重炮 80 门（附炮弹 8 万发）、野炮 160 门（附炮弹 160 万发）、防坦克炮 80 门（附炮弹 12 万发）、重机枪 300 挺、轻机枪 600 挺（共附弹 1000 万发）②。

由于中国国力有限，一时难以支付向苏联订购的大批军用物资，中国希望从苏联获得财政贷款以作采购之用。1938 年 1 月，中国政府派立法院院长孙科为特使，率团前往苏联，以争取苏联的贷款。3 月 1 日，中苏订立第一次贷款协定，议由苏联向中国提供价值 5000 万美元的贷款，供中国向苏联购买各种物资，贷款年息为 3%。协定规定从 1938 年起，在以后 5 年内，中国每年向苏联偿还 1000 万美元，其偿还方式是向苏联提供各种农、矿产品③。实际上，这笔贷款从 1937 年 10 月即已开始动用，从那以后中国获得的苏联物资均被作价计入贷款之中。4 月初，顾维钧曾满意地对美国外交官员说，苏联在向中国提供武器装备方面"非常慷慨"④。

在具体交涉过程中，中苏双方总是免不了要有一些分歧和矛盾，但苏联当局一般总能从维持对日抗战的大局出发，予以化解。1938 年 3 月，苏方将 1937 年 10 月 24 日至 1938 年 2 月 14 日已经转交给中国驻苏代表的苏联军火分开甲、乙、丙三份账单。甲单为 30321164 美元，乙单为 8379294 美元，丙单为 9856979 美元。除甲单由借款合同相抵外，苏联要求中国以现金支付其余账单，尤其是丙单，它主要是运华军火的打包费、装配费、载卸费、运输费等，系由苏联政府垫款办理，且当时曾言明由中方以现金支付。因此，苏联要求中方"速予归垫，以清手续"⑤。

但中国方面希望以农矿产品作抵，还希望从苏联再获得一笔借款，以抵清前账，并续购新的军火。但苏方坚持索要现款，声称："苏联之军火

① 《苏联外交文件》，第 20 卷，第 654—655 页。

② 《战时外交》，二，第 472、475、488 页。

③ 王铁崖编：《中外旧约章汇编》，第三册，三联书店 1962 年版，第 1115—1117 页。

④ 《美国外交文件》，1938 年第 3 卷，第 136 页。

⑤ 《战时外交》，二，第 484 页。

资源亦感缺乏之品，常以现金向各国购买，中国当谅其困难，亦须给以若干现金，庶接济中国方不致有竭蹶之虞"。苏方还说明丙单款项当时系由国防部代垫，现须归还其他机关①。但中方表示实在无款可付。

付款问题相争不下，牵动了中苏最高当局。蒋介石在一份呈阅的电报中批示说，"决无现款可汇，如此则苏俄无异与我有意为难也"②。蒋介石决定直接诉诸斯大林。5月5日，他在给斯大林的电报中，先是对苏联的援助表示了一番感谢，随后即提出，"上次垫借之款，未能如期清还，实深歉愧，但请谅解，我国实无外汇现金可资拨付，倘稍有可能，不待贵方催询，早应全偿"，他希望苏联能同意中国以货物抵运，"庶不致影响外汇，而经济得以维持，战事亦可顺利进行"。考虑到中国的实际困难，斯大林和苏联国防人民委员伏罗希洛夫（К. Е. Ворошилов）于5月10日复电表示，"吾人完全理解中国金融财政之困难情况……因之，吾人对武器之偿价，并不要求中国付给现金和外币。然吾人愿得中国之商品，如茶、羊毛、生皮、锡、锑等等"③。这一争端遂告解决，中国以农、矿产品的现货偿还了苏方的丙单款项。

为了解决源源不断而来的军事物资的付款问题，孙科又开始与苏方商谈第二笔借款。1938年7月，中苏订立了第二笔信用贷款协定。贷款总额仍为5000万美元，年息与偿还方式与第一次相同。中方自1940年7月开始偿还，每年交付1000万美元，5年还清④。

第二次贷款协定订立后，中国正面临着即将到来的武汉大会战，急需补充大量的军事物资，中国遂向苏联提出紧急援助的要求，苏联尽力满足中国的这一需求。不久，中苏便签订了两项供货合同，合同规定，苏联将在1938年7月5日至1939年9月1日之间向中国提供16架轰炸机、174架战斗机、30架运输机、200门野炮、100门防坦克炮、2120挺各式轻重机枪、2000万发步枪子弹、510万发机枪子弹及若干飞机配件和发动机⑤。

1939年，中苏又开始商订一次更大规模的易货贷款。至5月中旬，

① 《战时外交》，二，第485—486页。

② 同上书，第493页。

③ 《民国档案》，1985年第1期，第46—47页。

④ 《中外旧约章汇编》，第三册，第1118—1121页。

⑤ 中国社会科学院近代史研究所编：《国外中国近代史研究》，第11期，第379页。

孙科已与苏方达成借款1.5亿美元的意向。但在即将订约之时，苏方突以消息外泄、"外交团均已哄传，实于苏联不便"为由，决定暂停这一交涉。中国方面不知真正原因何在，因而十分着急。蒋介石先是电令时在巴黎的杨杰速回莫斯科查明原因，随后又直接致电斯大林说："中所深知，并深信阁下仗义扶弱，决不因此区区关系，有所犹豫，而于中国抗御侵略之革命圣战，必能援助到底也。惟最近战事日激，武器消耗甚大，全国官兵急盼贵国之接济，如大旱之望云霓，实有迫不及待之势，务请阁下照前所允者，提早拨运，以济眉急。"①

经过紧急交涉后，苏联的疑虑解除。6月13日，中苏正式订立了第三次易货贷款协定。贷款金额为1.5亿美元，年息仍为3%。中方自1942年7月1日起开始偿还，每年交付1500万美元的物资，10年还清。偿还物资的品种大体与前两次相同②。

这样，在抗战前期，苏联共向中国提供了三次易货贷款，总数大约2.5亿美元。使用这些贷款购买苏联物资的具体程序是，苏方将中方所需要的一批军用物资交齐后，即结算累计用款，交由中方签具认购偿债书，以副本交中国财政部结账，作为对苏方贷款的动支。苏德战争爆发后，由于苏联本身对军事物资的巨大需求，它无法再向中国提供军事物资，第三次易货贷款的使用便告中断。第三次贷款实际只动用了不足一半，计73175810.36美元。加上第一、第二次易货贷款，整个抗战期间，中国共动用苏联贷款计173176810.36美元。除此而外，尚有一部分以现货抵付的，如前述丙单款项，即未计入苏联的易货贷款中。

据统计，从1937年9月至1941年6月苏德战争爆发，苏联共向中国提供飞机924架（其中轰炸机318架，驱逐机562架，教练机44架），坦克82辆，牵引车602辆，汽车1516辆，大炮1140门，轻重机枪9720挺，步枪5万支，子弹约1.8亿发，炸弹31600颗，炮弹约200万发以及其他一些军事物资③。当时苏联也在积极备战，它的军事装备确实并不宽

---

① 《战时外交》，二，第516页。

② 《中外旧约章汇编》，第三册，第1135—1139页。

③ 有关抗战期间苏联向中国提供的军事物资数量，由于档案资料的散失不全，无论是中方还是苏方，均有各种各样的统计数字。李嘉谷先生对此进行了较为详细的研究，认为苏联学者M. 斯拉德科夫斯基的统计结果比较可信。本书采纳了这一研究成果。参见李嘉谷《评苏联著作中有关苏联援华抗日军火物资的统计》，载《抗日战争研究》1994年第2期。

裕，对中国的出口意味着对自己军备的一定程度的牺牲。

　　苏联向中国所提供的军事装备有许多在苏军中都是属于第一流的。如 N–15、N–16 战斗机，都是当时世界上比较先进的战斗机，尤其是 N–16 战斗机，它是那时世界上最先进的战斗机之一，1933 年 12 月才研制成功，在 1937 年的西班牙战争中第一次投入使用。它在苏军前线一直使用到 1943 年夏。T–26 坦克，则是 30 年代苏军的主战坦克之一，曾用于西班牙内战和苏芬战争。在 1938 年春的台儿庄战役中，T–26 坦克发挥了重要作用。8 月，以苏联提供的装备为基础，中国成立了第一个机械化师，其 T–26 坦克支队在 1939 年的昆仑关战役中功不可没。

　　总之，苏联的军火供应对于改善中国军队的火力配备，增强中国军队的战斗力有着重大价值。它大大地削弱了日本军队在战争的最初几个月中所享有的火力优势。此外，苏联给中国提供的军事订货的价格也相当便宜。如苏联提供的飞机仅折合 3 万美元，这比当时国际市场的售价要低得多。对此，中方负责与苏联进行贷款谈判的孙科很满意。他曾高兴地对顾维钧说，他从苏联获得了一笔新的 1.6 亿卢布的贷款（即第二次贷款），由于苏联给中国订货所定的价格特别便宜，这笔贷款如按国际价格计算，实际上相当于 4 亿卢布。按此价格，装备一个中国师仅用中国货币 150 万元即可[①]。

　　中国方面对于苏联的援华态度给予了积极的评价。1938 年 9 月，一位中国驻苏外交官员曾对美国驻苏代办声称，中国在获取军事物资方面不再存在困难[②]。10 月，新由外交部次长调任驻德大使的陈介在给驻美大使胡适的信中也肯定说，"自抗战以来，苏联助我最力"，他希望中国与其他国家之间的外交不要有损中苏邦交[③]。中国政府对苏联政府多次致谢。1939 年 3 月 1 日，中国行政院院长孔祥熙致信苏联人民委员会主席莫洛托夫（В. М. Молотов），内称"自从中国开始武装抗日以来，贵国一直以贷款方式给予我国慷慨和珍贵的援助……使我们有可能削弱敌人的侵略势力和继续进行长期斗争。为此，中国政府和中国人民感激之至。我作为行政院长和财政部长，对于这一援助表示特别的感谢，因为它使我们财政

---

① 《中苏关系》，第 39 页。《顾维钧回忆录》，第三分册，第 136 页。
② 《美国外交文件》，1938 年第 3 卷，第 295 页。
③ 中国社会科学院近代史研究所所藏胡适档案，第 553 号。

的紧张状况根本好转"①。立法院院长孙科在 1944 年这样评价了苏联的援助："外援方面，自一九三七年七·七以后，直到一九四一年苏德战争以前，整整四年间，我们作战所需物资，大部分独赖苏联的援助。"②

抗战初期，在争取苏联的物资援助的同时，中国还再三提出了希望苏联出兵参战的要求。中国政府提出这一要求，并非完全是异想天开。实际上在相当长的一段时间内，苏联政府对这一问题从未予以明确的拒绝。也许是为了不使中国绝望，为了维持中国坚持抵抗的信心，苏联并不排斥在一定时候它将武装介入中日战争的可能。它总是一面婉拒中方的现时参战的要求，同时又给中国保留在将来可以争取实现的某种希望。

早在 1937 年 8 月，中国军事委员会副参谋总长白崇禧在与鲍格莫洛夫的谈话中就曾表示，尽管目前难以指望苏联干预中日战争，但希望在经过一段长期的战争之后，苏联能够起到类似美国在上一次世界大战中所起的作用。一个月后，中国驻苏大使蒋廷黻询问苏联外交部，苏联能否在现在给中国以武装支持。苏方表示，由于日本威胁着苏联，很可能将来苏联也要对日作战，"不过现在预言苏联将来的立场还为时过早，一切取决于国际形势"③。

杨杰出使苏联后，争取苏联出兵参战成为他的一项重要活动内容。11 月 1 日，杨杰奉命向苏联国防人民委员伏罗希洛夫元帅提出苏联的参战问题，询问如果中国决心抵抗到底，苏联是否有参战决心，并希望苏联坦率相告参战的时间④。

也许是为了鼓励中国坚持抗战的信心，苏联在表示它目前不可能直接参战的同时，也向中国发出了它有可能在将来采取军事行动的信息。11 月 11 日，斯大林会见了杨杰和张冲。斯大林表示，"若中国不利时，苏联可以向日开战"。但他又强调指出，目前苏联不宜对日开战，因为这样做只能促使日本人民向其政府靠拢，"日人民必以为苏联亦系分润中国之利益者，刺戟日本国民之反抗，激成日本全国民之动员，结果反助日本之团结"。而且，"若即时与日开战，必使中国失去世界同情之一半"，"故

① 《国外中国近代史研究》，第 11 期，第 379 页。
② 孙科：《我们唯一的路线》，载《苏中文化》，1944 年 7 月号。
③ 《苏联外交文件》，第 20 卷，第 481、520—521 页。
④ 《战时外交》，二，第 334 页。

苏联对日本之开战须等待时机之到来"。次日，伏罗希洛夫元帅对杨杰表示，确实如中国所说，苏联如果参战，一举可奠定东方和平的基础，"但苏联敌人甚多，东方开战，西方必接踵而起，东西兼顾恐无胜利把握"。因此，苏联正为应付这一局面作积极准备。伏罗希洛夫并说这种准备"已快了"。他还表示"如英、美海军能在太平洋上示威，则苏联亦可向东方迈进"。此后，伏罗希洛夫还曾对张冲表示，当中国抗战到了"生死关头"时，苏联将出兵参战，绝不坐视中国失败①。

12月上旬，中国首都南京危在旦夕。行政院副院长孔祥熙致电蒋廷黻，要他向苏联说明中苏有共同的利害关系，如中国失败，日本必将以中国的人力、物力去进攻苏联。因此，苏联如能即时动员，共同合作，中苏必得胜利。若仍迟疑不决，后果不堪设想。

苏联援华自有其战略考虑，它绝不能出于利他目的把自己卷入战争。面对着中国越来越迫切地要求苏联出兵参战，苏联不断地降低其应允参战的调门。12月，斯大林和伏罗希洛夫联名致电蒋介石，表示苏联目前不能对日出兵，声称如果这样做，恐怕会被认为是侵略行动，舆论将对苏联和中国不利。苏联提出了一个在当时不大可能实现的出兵条件，即"只有在九国公约国或其中主要一部分，允许共同应付日本侵略时，苏联就可以立即出兵"。来电还声称，只有最高苏维埃会议才能决定出兵事宜，而该会在近期内不会召开②。

南京陷落后，根据从前伏罗希洛夫曾对杨杰作过的如日本占领南京苏将出兵的允诺，中国再次要求苏联出兵。然而，苏联的答复是消极的。李维诺夫对蒋廷黻说，杨杰关于苏方曾允出兵的报告不确实，苏联并未作此允诺。

5月上旬，斯大林与孙科进行了一次前后长达6小时的谈话。斯大林表示他完全明白"中国既是为自己而战，也是为苏联而战"，"日本的最终目标是要占领远至贝加尔湖的整个西伯利亚"。他表示苏联将继续向中国提供军火、飞机等各种可能的帮助，但苏联将不在军事上卷入。斯大林担心，如果苏联对日宣战，德国可能进攻苏联。斯大林还认为，无论是英

---

① 《战时外交》，二，第335、337页。
② 同上书，第339—340页。

国还是美国都不会允许日本被苏联摧毁①。

1938 年 7 月，日军和苏军在张鼓峰地区发生激烈战斗。张鼓峰事件大大地鼓舞了中国对苏联参战的希望。有不少人认为，这是日苏战争开始的信号，甚至有人预言，到 9 月份日本在财政方面就会垮台，国民政府明年便可还都南京。但刚刚从苏联离任回国的蒋廷黻认为，苏联不可能参战，张鼓峰战斗只是边境事件而已。蒋介石同意蒋廷黻的见解。但他仍希望这一战斗能扩大开来，从而增加日苏间的对抗程度。蒋介石于 7 月 27 日致电杨杰，指示他劝说苏联官员不要在张鼓峰与日本妥协。

尽管随着时光的流逝，苏联参战的希望日益渺茫，但负责与苏方交涉的中国官员仍未放弃努力，他们仍在想方设法促使苏联参战。8 月初，孙科向蒋介石提出一份建议。他认为现在形势发生了对中国有利的变化。从前苏俄不允参战，系顾虑两点，"一虑我决心不足，战不力，彼若急参战，恐我或中途变计；二虑参战远东，将授德、意机缘，促成大战，自陷戎首"。而如今中国抗战已达一年之久，其决心已无可怀疑，又有英法合作，力图控制德意。这样，远东战事不一定会引起欧洲局势的波动。因此苏联现在对远东战事"必有决心"。

为促使苏联下定决心，孙科建议中国除应表示对日一致外，还应确立对苏友好善后方针，以示与苏联精诚合作之意。孙科提议中国应作出三方面的表示：一、中苏合作不限于战时，战争结束之后仍应互相提携，缔结永久盟好关系，在政治、经济、外交上采取一致行动，经济商务上互惠有无；二、在国内实现民族平等，人民参政，实行民权，扶助蒙、回、藏各族自治自决，成立自治邦。东北善后，亦基此原则与苏方协议解决；三、在经济方面采取平均地权、耕地农有、发展工业、建立国资等措施，实行民生。孙科指出，后两项虽为我内政，但因苏俄当局"心中未尝不怀疑我战胜后，有法西斯之危险，我若自动解除其疑虑，合作前途则更有把握"②。

孙科此电是中国促使苏联参战整个交涉过程中唯一涉及中国内政的电文，它表明为了获得苏联的合作，中国将进行有利于联苏的内政改革。如果说此前中国促使苏联参战的主要理由还是基于国家间的"唇亡齿寒"

① 《美国外交文件》，1938 年第 3 卷，第 65 页。
② 《战时外交》，二，第 408—409 页。

的说辞，那么这份电文则实际上是以战后中苏盟好，亦即有利于苏联在华利益作允。孙科的建议并非没有根据。苏联方面早在1937年11月就曾提出过希望中国的内政情况有所改变的想法。苏方表示，它对中国的抗日运动，仍是坚决的援助，不过中国的内政，总须按照民族革命的道路，实行彻底改变，苏联的援助，才更有力，更积极。但是，没有资料表明此时仍对苏联心存顾忌的蒋介石接受了孙科的提议。

中国对苏联参战的希望一直延续到武汉会战时期。9月30日，蒋介石召见苏联驻华大使，强烈要求苏联立即采取行动遏制日本。次日，蒋介石又致电杨杰，要求他向苏方说明，经历了15个月的中国抗战现在"已到最艰苦之严重关头，中国本身力量已完全发动，使用殆尽"。中国希望苏联趁目前欧局暂可望安定而不必有后顾之忧的时机，"予远东侵略者日本以教训，使他日德国亦无能为患"①。

然而，苏联还是没有同意参加对日作战。中国政府至此也终于明白，苏联实际上是不可能出兵的。实际上，中国的这一要求从一开始就是注定不可能实现的，它超过了苏联所掌握的援华限度。从根本上说，苏联援华的目的正在于遏制日本，使日本没有进攻苏联的余力，因此它是不会自己主动去轻启战端的。

但在拒绝全面地公开地参加对日战争的同时，苏联采取了一些不致引起苏日战争的局部的、暗中的军事介入行动。苏联以志愿队的名义有组织地向中国派出空军作战人员，投入中国的抗日战争。

抗战初期，年轻的中国空军还处于初创阶段，再加上战前空军训练方面的种种弊病，不少飞行员的驾驶技术不过关，甚至在驾驶飞机作正常飞行时还常常出事。在淞沪战役中，中国空军屡出差错，有时误炸租界繁华地段，有时误炸英国军舰和美国轮船。中国需要加强它的空中作战力量。1937年8月27日，蒋介石向鲍格莫洛夫提出了希望现在或稍晚一些时候"苏联政府将允许苏联飞行员以志愿身份加入中国军队"的要求②。

淞沪战役后，中国空军几乎全军覆没，日本空军牢固地控制了中国的天空。在中国急需获得空军作战人员之时，苏联果断地迈出了派遣空军志愿人员参战的一步。1937年11月，第一批苏联空军人员到达兰州。12月

---

① 《战时外交》，二，第343页。
② 《苏联外交文件》，第20卷，第480—481页。

1 日，苏军飞行员驾驶着 23 架战斗机和 20 架轰炸机抵达南京，并立即投入战斗。

苏联空军志愿队的到来，打击了当时极为嚣张的日本空军的气焰，给日本空军造成了很大损失，从而有力地支援了中国地面部队的抗战。

苏联志愿队实际上是由苏联空军的建制单位组成。它由原部队的苏联军官指挥，并带来了它自己的一整套后勤人员和设施。为了应付日本，不使苏日矛盾公开化，来华苏军官兵都脱下了军服，穿着平民服装。但实际上他们都保留着各自的军阶，一旦返回苏联后都会得到提升。

日本还是得知了苏联的这些伪装活动，并获得了一些直接证据。1938年 4 月 4 日，日本驻苏大使重光葵就此事向苏方提出抗议。苏联政府拒绝了日方的抗议。李维诺夫承认有志愿兵来华，但声称他们是以个人身份行事的，就像在中国军队中服务的其他西方国家公民一样，但日本政府从未就西方志愿人员提出任何抗议。他声称苏联政府不便干涉志愿人员的活动。李维诺夫并指出："照日本当局的说法，目前在中国没有战争，日本也根本没有同中国作战，日本仅仅把目前中国发生的事情看作某种程度上的偶然事件而已，那么，日本政府的要求则更令人无法理解。"①

次日，日本外务省情报部部长河相达夫发表声明，公开指责苏联除了向中国提供武器援助外，还"向中国派遣红军将士，直接参加中方作战"。河相达夫反驳了"志愿兵"之说，他声称苏联实际上处于一种近乎锁国的状态，苏联人不能自由出国，而且苏联的军事航空和民用航空事业都处于政府的控制之下，而今苏联军人加入中国军队作战，以"志愿兵"作解释是难以令人信服的。他认为，"苏联的对华援助是在苏联政府的直接命令和领导下进行的，这一事实毋庸置疑"②。苏联对日本的抗议不予理睬，照旧派遣志愿队员来华作战。

苏联来华飞行员一般每 6 个月便调换一批，每批有 200—300 人。整个抗战期间，苏联先后共派遣了 2000 名空军志愿队员来华作战。他们为中国的抗日事业作出了重大贡献，有 200 多名官兵为之献出了生命。

在承担作战任务的同时，苏联还在兰州开办大型的空军训练基地，在

---

① 维戈兹基等编：《外交史》，大连外语学院俄语系译，第 3 卷下册，三联书店 1979 年版，第 900 页。

② 《日本外交年表及主要文书（1840—1945）》，下册，第 388—389 页。

伊犁创办航空学校，由苏联军事专家担任教官，对中国飞行技术人员进行强化训练。据统计，到 1939 年夏，苏联已帮助中国空军训练出飞行员 1045 人、领航员 81 人、无线电发报员 198 人、航空技术人员 8354 人①。中国飞行员最初参加由苏飞行员驾驶的飞行和作战活动，随后便单机编入苏联飞行队组，与苏联飞行员一起作战，再以后才编入中国空军的建制单位。

1938 年 5 月，德国决定召回驻华军事顾问，孙科遂建议改聘苏联和法国军事顾问。蒋介石亦希望由此而笼络苏联，以便得到更多的援助。6 月 2 日，蒋介石致电杨杰，指示他要求苏联派一个能干的将军到中国来担任军事总顾问。于是，苏联改变了由其驻华武官兼任军事总顾问的做法，派出专任军事总顾问切列潘诺夫（А. I. Черепанов）。

1938 年中，随着苏联军事顾问的大批来华，苏联在中国建立了比较完整的军事顾问体系。在中央军事机关和战区司令长官部，在空军、坦克兵、炮兵、工程兵等军兵种，在陆军大学等军事院校，都建立了苏联军事顾问组。这些顾问均经过严格挑选，拥有丰富的作战经验和军事理论素养，他们对中国军队的战术训练、掌握现代化武器甚至在制订某些战略计划方面都作出了有益的贡献。

应该指出的是，在对中国的援助上，苏联始终注意把握一定的分寸，即一方面不能使中国的抵抗力量趋于崩溃，以始终保持中国对日本的牵制能力，另一方面又不能超过日本所能容忍的限度，防止日本孤注一掷对苏联发动进攻。苏联对援华武器种类的严格控制反映了它的这一考虑。苏联在向中国提供战斗机和轻、中型轰炸机方面颇为慷慨。这些飞机受航程限制，"防卫海岸则有余，攻击敌国境内则不足"。中国希望订购重型轰炸机，以作空袭日本本土之用。在 1937 年 9—10 月的谈判中，中国提出订购这类轰炸机 100 架，但苏联严格控制这类飞机的援华，交涉结果，苏联只同意向中国提供 6 架重型轰炸机②。

此外，苏联在对中国的援助过程中，有时还流露出过于维护自己的国家利益而轻视别国利益的大国强权倾向，从而不得不使人们对于苏联援华

---

① 杜宾斯基：《抗日战争时期的苏中关系》，译文见《国外近代中国史研究》，第 11 辑，第 393 页。

② 《民国档案》，1987 年第 3 期；《战时外交》，二，第 468 页。

的好感打一些折扣。蒋廷黻在 1937 年 11 月 24 日致胡适函中曾透露说："对于新疆问题，苏联当局明白地告诉我，俄不反对中国保存新疆，但决不让日本插足其中。如中国不能抗日，它将先动手。你看：我们的困难太多了！"[1] 不管苏联给了中国多少援助，这种强调自己的国家利益而无视中国主权的言论，听起来总是有些刺耳的。尤其对过去与苏联长期处于敌对状态的中国国民政府来说，这不能不增加它对苏联的戒心。

事实也确实如此。1938 年元旦时，中国正处于南京失陷后的危急时刻，亟待苏联提供援助，蒋介石还在这一天的日记中写道："国之祸患，有隐有急，倭祸急而易防，俄患隐而叵测"[2]。由此也可以理解，尽管苏联是抗战初期中国最积极的道义支持者和最大的物资援助国，但中苏关系却没有因此而发展成更加亲密的关系。除了意识形态等方面的原因之外，这不能不说是一个重要因素。

第三节　德国保持中立

中德关系在战前已有长足发展。由于中德贸易具有互补性，中国需要德国在经济和军事方面的技术和经验，德国扩充军火工业需要从中国进口其必不可少的钨、锑等稀有金属，中德关系的发展势头极为迅速。到 1936 年上半年时，德国对华出口额已超过英国和日本，仅次于美国。德国在中国的经济建设中开始扮演越来越重要的角色。1936 年，它帮助中国制订了一个雄心勃勃的《中国工业发展的三年计划》，这个计划的主要目标是在华中华南建立新的经济中心，以抵御日本的可能的入侵，并为未来中国工业的发展打下基础。为了帮助中国获得建设资金，中德于 1936 年签订了数额为一亿马克的易货贷款协定，其方式是在 5 年之内，中国每年可用 2000 万马克向德国购买军火和机器，而以向德国出口价值 1000 万马克的钨、锑、桐油等农矿产品作偿还，偿还期为 10 年[3]。这实际上等

---

[1]　中国社会科学院近代史研究所所藏胡适档案，第 655 号。

[2]　《蒋总统秘录》，第十一册，第 100 页。

[3]　柯伟林：《德国与中华民国》（William C. Kirby: *Germany and Republican China*），斯坦福 1984 年版，第 137 页。

于德国分期向中国提供 5000 万马克的贷款。由于不愿引起日本的注意，这一协定一直未对外公开。

中德关系中最为密切的合作是在军事领域。在中国 30 年代建立军事工业和使军队现代化的努力中，德国发挥了极为醒目的作用。它帮助中国扩建和新建了一批兵工厂，并先后派出了以前国防部部长赛克特（Hans von Seeckt）和前参谋总长法肯豪森（Alexander Falkenhausen）为团长的军事顾问团，协助中国进行军事改革和军事训练。到抗战爆发前，约有 30 万中国军队接受了德式训练和装备，整个中国军队都采用德式操典、训练和组织方法。中国的军火供应大部分也来自于德国。1936 年，中国从德国订购军火 6405 万马克，占德国出口军火的 28.8%，占中国自国外输入军火武器的 80%[①]。

这一时期中德关系的密切程度及合作之顺利，实超出一般人的想象。1936 年 11 月 27 日，中国外交部部长张群对德国驻华大使陶德曼说："德国迄今在同中国友好的国家中处于首位。"[②] 考虑到当时中国与英美的紧密联系，这样明确地把中德关系的友好程度置于中外关系之首位的评价，是非同寻常的。

中德关系的这一状况使德国在远东冲突中处于一种非常微妙的境地。一方面，维护中德关系的继续发展无疑符合其国家利益。随着德国在华利益的不断增长，它也不希望日本独占中国，使自己的在华利益被取而代之。因此，它不赞成日本大举侵华。但另一方面，德国在战略利益上与日本有较大的一致性，它在争霸欧洲乃至争霸世界的过程中需要得到日本在东方的协助。德日在 1936 年 11 月已订立了反共产国际协定，形成了一种非正式的盟友关系。因此，德国的远东战略就具有两个层次：第一，如果可以在中日的战与和之间选择，它将赞成和解；第二，如果必须在中日之间作出明确的舍弃选择，它将偏向日本。在演变趋势明朗之前，德国的上策是在中日间保持中立。

7 月 20 日，德国外交部在给其驻英、美、法、意、日、中、苏等国使馆的电报中表明了德国对中日冲突的立场。该电称："德国政府将在远

---

① 柯伟林：《德国与中华民国》（William C. Kirby: *Germany and Republican China*），斯坦福 1984 年版，第 221 页。

② 《德国外交文件》，第 3 辑第 6 卷，第 121—122 页。

东冲突中保持严格的中立"，"为了我们在远东的经济利益并考虑到我们的反共产国际政策，我们对事态的发展极为关注，并真诚地希望这一事件能早日得到和平解决。"德国外交部认为，"中日之间的决战将使苏联政府得利，它很乐意看到日本在其他地方受到牵制，并由于军事作战而受到削弱"，"苏联正在以各种方式煽动冲突，以转移日本对苏联的压力"①。

在这同时，德国还力图劝诱中国加入反共产国际协定，企图以此弥合中日间的冲突。7 月 22 日，德驻英大使里宾特洛甫（Joachim von Ribbentrop）在伦敦会见了正在访问欧洲各国的中国行政院副院长孔祥熙和中国驻英大使郭泰祺。里宾特洛甫力劝中国加入反共产国际协定。但中国显然不愿意追随日本，充当其反共协定中的小伙伴，并担心这样做将为日本提供在反共作战的借口下干涉中国内政的机会。因此，里宾特洛甫的这一建议未被接受。

中国政府希望德国能利用其有利地位对日本作一些劝告，而不希望出现德国因签有德日条约而站到日本一边的局面。1937 年 7 月 27 日，蒋介石约见德国驻华大使陶德曼，声称日本的行动正危害着东亚和平，他请德国以德日反共产国际协定签字国之地位，劝告日本停止在华行动。陶德曼答称："日本已申明不愿第三国干涉，故敝国虽欲调解，恐亦不能收效。"为打消中国对德日条约的担心，陶德曼表示德日两国外交仅限普通关系，反共产国际协定仅为防止各自国内第三国际之行动，且自签订该协定后，德日两方始终未有任何举动，该协定所规定成立的委员会亦未组织，故该协定实与现在中日形势无关。蒋介石又询问，若英、苏卷入，形成世界大战，德是否据约参战。陶德曼表示，这"与日德协定并无关系，盖此项协定之目的在防止共产党之活动，其中实无军事条款"②。

三天后，陶德曼告诉中国外交部次长徐谟，德政府认为陶德曼关于反共协定之说明"甚为适当"，"德政府认为不能以该协定为根据，请求日本停止在华行动。反之，日方亦不能以该协定为根据，请求德方为任何协助。但德政府业已再向日政府劝取和缓态度"③。

---

① 《德国外交文件》，第 4 辑第 1 卷，第 733—734 页。

② 《卢沟桥事变前后的中日外交关系》，第 459 页；《先总统蒋公思想言论总集》，第 38 卷，第 79 页。

③ 《卢沟桥事变前后的中日外交关系》，第 496 页。

　　7 月 28 日，德国外交部在给其驻日大使狄克逊（Herbert von Dirk-son）的电报中表明了它不赞成日本扩大侵华作战的观点。该电指出："日本企图将其在华行动解释为履行反共产国际协定而进行反共作战，这是故意曲解"，"协定的目标不是在第三国的领土上与布尔什维克主义作战。相反，我们认为日本的行动是与反共产国际协定背道而驰的，因为它将阻碍中国的团结统一，导致共产主义在中国的进一步蔓延，其最后结果将驱使中国投入苏联的怀抱"。该电认为，日本在中国的行动"对日本准备未来与俄国的可能的摊牌不会带来任何好处。日本在华北得到的地盘越多，它所激化的中国人对日本人的仇恨的结果将越多，并将长期延续下去。因此，日本人可能必须面临两线作战"。德国外交部明确地通知说："日本人没有任何理由期望我们赞同他们的举动。"①

　　日本曾一再声称它是在中国与共产主义作战，要求德国履行义务支持它。但陶德曼在给德外交部的报告中指出，这是日本人的宣传，"日本曾同样地以进行反共斗争的名义作为其建立冀东政权和进行绥远作战的理由，但实际上却毫不相干。这种宣传是日本人的陈词滥调，在远东没有任何人相信它"。相反，陶德曼认为，日本的行动恰恰推动了中国向共产主义的靠拢。他报告说，"中国完全可能正在被日本人的行为推向苏联的怀抱。在国内的政治战线上，中国政府停止了它对左翼力量的斗争。蒋介石长期以来一直反对与苏联签订协定，现在他不能再完全拒绝这一想法了"②。

　　国民政府意识到了德国的这一担心，它很注意利用反共这一点来取得德国的支持。程天放曾对牛拉特说，"日本侵略中国就是替共党制造机会，世界上真正反共的国家，应该出来阻止日本的侵略"③。国民政府向德国保证，它不会让共产主义在中国发展。孔祥熙在一封致希特勒的信函中暗示中国的制度更接近于德国的制度。他说，中国有一个"唯一的民族主义的执政党，一个强有力的领袖"，这样的国家决不会成为苏俄式的社会主义国家。而日本有一个"日益腐朽的议会制度，国内无产阶级力

---

　　① 《德国外交文件》，第 4 辑第 1 卷，第 742—743 页。

　　② 同上书，第 748 页。

　　③ 《使德回忆录》，第 210 页。

量日益增长，随时都有可能爆发革命"①。

国民政府还曾多次向德国表示，如果日本一定要灭亡中国，中国将倒向苏联。孔祥熙就曾明确地对德国人说，假如中日间的和谈不成功，中国将抗战到底，甚至使国家经济崩溃，使中国人民投入苏联的怀抱也在所不计。德国对中苏关系的改善和苏联对华援助的增加惴惴不安。他们感到"俄国对中国日益增加的援助很快将使我们面临抉择——是撒手离开中国，还是促使敌对行动停止？"德国不愿它的地位被苏联取而代之。②

中日战争扩大之后，德国仍决定尽可能保持中立的态度。8 月 16 日，希特勒在与牛拉特关于对华政策的谈话中指出，他"原则上坚持同日本进行合作的意见，但在目前的中日冲突中，德国仍须保持中立"。关于与中国所订合同物资的交货问题，希特勒指示，"只要中国方面用外汇购买或提供相应的原料，这些物资就应该继续出口，当然对外应尽量加以伪装"。同时，他又指示，"对中国方面对军事物资的新的订购要求，则尽可能地不予接受"③。9 月下旬，牛拉特会见中国驻德大使程天放时，表示了德国将继续中德合作现状的态度。牛拉特说他曾与总理"商议远东时局多次，决定仍严守中立，只须双方不正式宣战，德对于中国之经济合作办法必仍继续"。牛拉特表示，尽管日本曾对此事提出异议，但德国的态度"丝毫不变"。他还要求程天放保持这一绝对秘密，以免引起麻烦④。

其时，关于德国在中日战争中应持的立场，德国政府内明显存在着两种意见。一是以希特勒、戈林（Hermann Göring）及里宾特洛甫等纳粹或亲纳粹者为代表，持比较亲日的立场。一是以牛拉特、国防部部长白龙柏（Werner von Blomberg）、经济部部长沙赫特（Hjalmar Schacht）等人为代表的一些政府人士，他们主张持谨慎的中立立场。前者在纳粹党中占主导地位，他们控制着国家的最高权力，后者则多为职业外交家、职业军人和经济专家，他们多年来一直控制着政府重要部门的运行。希特勒的纳粹党势力此时尚未完全控制这些政府部门。因此，在抗日战争的最初阶段，实际主持德国对远东政策的是这些务实的政府官员。但希特勒也不时进行干

---

① 《民国档案》，1988 年第 1 期，第 95 页。
② 《德国外交文件》，第 4 辑第 1 卷，第 791 页。
③ 同上书，第 750 页。
④ 《卢沟桥事变前后的中日外交关系》，第 508 页；《使德回忆录》，第 210 页。

预，使德国政策不断从中立向亲日方向倾斜。

在日本宣称要退出反共产国际协定的威胁下，10月上旬，希特勒发出指示："在目前的中日冲突中，武装部队要避免采取可能以任何方式妨碍和阻止日本实现其目标的任何行动。"他决定"要对日本采取毫不含糊的态度"①。根据希特勒的指示，戈林发布了停止向中国出口战争物资的命令。但军方一些重要人士，如武装部队参谋长凯特尔上将（Wilhlm Keitel）、国防部部长白龙柏元帅等对此持有不同看法。经与军方和外交部磋商后，10月20日，戈林指示托马斯上校（George Thomas）"仍以目前的方式继续与中国的贸易"。随后，白龙柏向有关军事机关发出命令，许其"继续以迄今沿用的伪装方式与中国进行贸易"②。

此后，德货常常由第三国船只通过第三国港口转运。当日本获得有关情报而向德国提出抗议时，德外交部回答说，对于中立国船只运送外国武器，甚至德国私人船只运送德国出口武器之事，德国政府不承认有任何责任，因为远东"没有战争"，不存在禁止此类活动的法律。德外交部政治司司长魏泽克表示："不仅日本无权控制或质问德国武器输华，就连德国政府亦无权阻止私人对华军售。"牛拉特则强调，"德国武器输往中国，保持适当之限量。中德经济之发展，是基于纯粹商业基础，并非经由德日谈判所能解决"③。

在此方针指导下，德国继续维持对中国的军火供应。由于日军封锁中国沿海，中国进口的军火大部分途经香港转运。据估计，在战争爆发的前16个月中，平均每月有6万吨的军火经香港运入中国。其中，德国军火约占60%。根据德国资料，德国易货供应中国的作战物资，1936年为23748000马克，而1937年则增为82788600马克④。据一些史学家统计，在抗战的最初几个月，中国对日作战的军火有80%左右来自德国⑤。美国

---

① 《德国外交文件》，第4辑第1卷，第768—769页。

② 同上书，第772页。

③ 约翰·P. 福克斯：《德国与远东危机，1931—1938》（John P. Fox: *Germany and The Far Eastern Crisis, 1931—1938*），纽约1982年版，第247页；王正华：《抗战期间外国对华军事援助》，台北1987年版，第70页。

④ 《德国与远东危机》，第246页；《德国外交文件》，第4辑第1卷，第852—856、874—876页。

⑤ 参见吴相湘《第二次中日战争史》，上册，第456页；张水木：《对日抗战时期的中德关系》，载《中国近现代史论集》，第26编上册，第527—551页。

国务院的情报也表明，德国确实是中国进口军火的最大来源。据 1938 年 7 月 5 日美国国务院远东司制成的一份《中国输入军火备忘录》统计，自卢沟桥事变以来，各国输入中国的武器包括步枪、重炮、飞机、坦克、载重汽车、防空武器等，而德国军火无论是在数量上还是在品种上都占据第一位。其次为苏联①。应该说，在英美观望之际，在苏联大批援华物资到达之前，德国军火对于维持中国初期的抗战是起了一定的作用的。

在这同时，总数达 30 人之多的德国驻华军事顾问仍在继续活动②。对于这些人在中国前线的活动，当时外国通讯社有很多报道。美联社就曾报道说，有 5 名德国顾问在上海闸北协助中国军队作战。德国驻日大使狄克逊也向德外交部报告说，德国驻华军事总顾问法肯豪森及两名德国顾问确实在上海前线。

陶德曼在给外交部的报告中否认这些说法，他声称外电的有关报道是捏造的。但事实证明，陶德曼显然是在作掩饰。当时曾帮助中国空军工作的美国退役军官陈纳德后来在其回忆录中，曾有名有姓地记述了一位德国顾问"参与领导上海抗战，是蒋介石很重用的军事顾问，指挥着蒋介石的教导总队和空运中队"。陈纳德还曾与另一德国顾问设计在夜间空袭日军阵地③。

更有权威的证据是，德国军事总顾问法肯豪森后来在他的回忆录中也证实了这一情况。他回顾说，"我们系以个人身份为中国聘雇，无理由让我们的中国朋友们独自面对他们的命运。所以我派遣团员们去任何需要他们的地方，而那里通常都是前线"。法肯豪森曾在给军事委员会参事室主任朱家骅的一封信中表示，"我和我的部属皆认为在中国危急时刻为其服务是我们应尽的责任"④。法肯豪森等人积极参与了中国军事计划的制订，他们对华北、华东的作战以及日后对华北、东北甚至朝鲜西岸的空袭都提出过他们的设想和计划。德国顾问不只是在后方图上作业，他们还常常深入前线的战区指挥部参赞戎机。华北战争爆发后不久，法肯豪森便奔赴保定，淞沪战争中又多次前往淞沪前线。法肯豪森还参与了台儿庄战役的战

---

① 《美国外交文件》，1938 年第 3 卷，第 214 页。

② 《德国外交文件》，第 4 辑第 1 卷，第 854 页。

③ 《陈纳德将军与中国》，第 64 页。

④ 《蒋中正先生与现代中国学术讨论集》编辑委员会：《蒋中正先生与现代中国学术讨论集》第四册，台北 1986 年版，第 82 页。

略规划①。

1937 年 9 月，德国军事顾问和其他各类顾问计 71 人在各个方面积极活动着，这是一个公开的秘密。英国驻华人员的报告曾指出："德国提供了大量的武器弹药，远远超过其他任何国家。不仅如此，它们的军事顾问实际上正指挥着战争。"该报告认为，德国在军事上这样支持中国，有一个重要的政治原因，即防止中国依赖苏联的援助②。

日本对德国的远东政策非常不满，一再向德国提出抗议，强烈要求德国停止对华军火供应，并撤回驻华军事顾问。日本认为德国的行动"是对 1936 年秋德日条约继续存在的一个威胁"，并声称德如继续以军火支援中国，日本将不惜退出德日反共协定。然而德国的回答却是劝日本"不要言过其实"③。日本陆军次官曾对狄克逊表示："德国军事顾问在目前的紧张局势下协助中国的行动，严重地损害了日本军官们对德国的情感。尽管日本军队的指挥官无法在法律上对德国军事顾问提出反对，但德国的行为极大地危害了德日合作的政策，因为已经存在于一部分军官中的反对意见有扩展到整个军队中去的危险。"④ 面对中日冲突的日益扩大，德国方面也有人提出了召回军事顾问的主张。但陶德曼反对这一做法。他在 9 月 22 日致德国外交部电中指出："现在改变我们的政策是太迟了。如果我们召回顾问，这将引起严重的后果。"德国外交部拒绝了日方提出的撤出其驻华军事顾问的要求。他们表示："在目前情况下召回驻华军事顾问，即意味着与南京政府为敌，德国不考虑采取这一行动。"另一方面，德国政府也对驻华军事顾问的行动加以限制，命令他们不得参与中国前线的作战⑤。

德国还拒绝了日本要其在外交上与日本采取共同姿态的一些提议。9 月 22 日，日本驻德大使会见牛拉特，要求德国政府召回其驻华大使。牛拉特直率地予以拒绝。他说："我们没有撤回大使的惯例，即使日本的轰炸机把炸弹投到我们大使居住的不设防城市中。"⑥ 此外，日本还曾要求

---

① 刘馥：《中国现代军事史，1924—1979》，梅寅生译，台北 1986 年版，第 111 页。

② 《德国与远东危机》，第 244 页。

③ 《德国外交文件》，第 4 辑第 1 卷，第 744 页。

④ 同上书，第 740 页。

⑤ 同上书，第 743、761 页。

⑥ 同上书，第 760 页。

德国承认"满洲国",要求德国给予伪满驻德商务专员以外交官待遇,德国政府均未接受。牛拉特声称:"目前承认满洲国是不适当的,因为我们会因此而放弃我们至今在远东冲突中所持的立场。而公开偏袒日本。"①希特勒本人也对日本驻德大使说,现在还不可能正式承认"满洲国",因为这将导致与中国的贸易关系的中断,而给德国的原料供应带来严重的困难。但他同时也对日使允诺,德国将不断地对日本的这一要求进行考虑。

德国在这一时期的中立态度,给其他国家的驻华外交官也留下了鲜明的印象。美国驻华使馆武官处在他给国内的情报中报告说,德国对华态度不同于意大利,"德国的态度看上去是冷静的,经过周密考虑的,由对中国的友谊和真诚的感情所支配着,尽管它与日、意订有条约"。他们认为德国军事顾问尽管是以个人身份在华服务,但政府仍可召回,这些人"对于中国政府的价值是不容低估的"。他们还报告说,尽管德国与日本签有反共协定,但在中国人中很少听到对德国的怨言。相反,人们都认为德国是中国的老朋友②。

由于德国继续向中国提供大量军火,又由于德国军事顾问继续在中国尤其是在前线积极活动,日本有人把这场战争称为"德国战争"③。此语虽太过夸张,但它鲜明地反映了日本人对德国的不满。另一方面,中国政府对中德关系的继续发展则感到比较满意。1937 年 10 月 1 日,中国政府委托程天放大使向牛拉特颁赠了一等采玉勋章,以表彰他对发展中德关系所作出的努力。

实际上,处于两难境地的德国一直期望中日能坐到谈判桌旁,结束正日益扩大的战争。但日本对第三国调停一直持拒绝态度,德国亦觉无能为力。中国曾多次希望德国以日本的友好国家的身份出面调停,但德国均以时机不成熟、日本未必肯接受调解而婉拒。德国希望中国邀请英美出面来结束这一让德国感到为难的冲突。德方曾对中国驻德大使程天放表示,德国已对日本进行了劝说,但毫无结果,"德国在远东只有经济利益而无政治力量"。因此,"中国如需第三者出面干涉,以邀英美为宜"④。德国外

---

① 《德国外交文件》,第 4 辑第 1 卷,第 785—787 页。

② 《美国军事情报部门的报告,中国,1911—1941》,第 2 卷,0777、0756 号。

③ 《德国与远东危机》,第 447 页。

④ 《使德回忆录》,第 210 页。

长牛拉特甚至对美国驻德大使多德（W. Dodd）表示，如果英美能在远东促成和平，德国将支持它们。这表明德国对调解中日冲突持积极态度，它未采取行动只是在等待着一个适当的机会。

1937年10月下旬，在布鲁塞尔会议即将召开之前，日本曾发出欢迎德国调停的信息。德国欣然地接受了调停的使命。这一由德国居间的调停，从1937年11月持续到1938年1月，最后由于日本提出的条件过于苛刻而失败（详见第四章第一节）。但公允地说，德国在调停中的立场基本上是中立的，这与它这一时期对中日冲突的总的态度也是一致的。

在这一调停中，德国对中日双方都力陈和战利弊。一方面，它劝中国"不要不加考虑便拒绝日本的还算过得去的和平努力"，表明它们认为"中国就是尽最大的努力也不可能再把日本的军事胜利扭转过来"，"中国政府推迟议和的时间越久，中国国家解体的危险也就越大"。另一方面，德国也对日本施加影响。当狄克逊得知日方有意提高和谈条件时，他就告诫日本："如果蒋介石签订和约，这对于日本将是最好的解决办法，如果他被推翻或者他拒绝缔结和约，则将对日本极为不利。"德国不断向日本指出战争可能引起中国的布尔什维克化，要求日本有所节制。在调停即将失败之时，牛拉特再次对日本驻德大使东乡茂德重申："一场延长的战争同样会给日本带来危险。"①

第四节　中德关系的逆转

陶德曼调停失败后，德国就不得不面临着在中日战争中作出公开抉择的问题。在长期化的战争面前，它不可能长久地既忠实于盟友，又交好于中国。在中日之间选择何方，这是一个不容犹豫的问题。德国的远东战略更为需要的是日本而不是中国。因此，当中日和解的希望彻底断绝之后，德国远东政策的调整势在必行。

里宾特洛甫（希特勒在外交界的第一亲信，不久升任德外交部部长）在1938年2月2日的一份备忘录中系统地表明了德国的战略观。该备忘录的着眼点是如何阻止英法联盟，防止英国干预德国在欧洲的行动。里宾

---

① 《德国外交文件》，第4辑第1卷，第787、799、813页。

特洛甫认为德国应注意加强柏林—罗马—东京三角关系，"我们与朋友们的联盟越坚固，则英国，此外还有法国，不介入同德国有牵连的中欧冲突的可能性就越大"。他还指出，英国现在正致力于削弱这种关系，它"会在适当的时机竭尽全力重新建立和意大利、日本的友好关系，甚至准备付出极大的代价"。因此，德国必须"悄悄而坚决地建立起反对英国的同盟，即实际上加强我们同意大利、日本的友好关系。此外，要争取那些和我们利益直接或间接相一致的国家。……只有这样，不论将来有一天是达成协议还是陷入冲突，我们才能对付英国"①。

德国驻日大使狄克逊于 1 月 26 日也向德外交部提出了调整远东外交的报告。他认为中国的失败之日已为期不远，日本必然取得胜利。陶德曼调停的失败，标志着中日战争进入了一个新的阶段，日本将成为战争的胜利者，中国将投入苏联的怀抱。因此，尽管在中日冲突的第一阶段德国声明绝对中立是正确的，但现在形势已经发生了变化，德国现在面临的任务是根据已经变化了的形势作出决断。狄克逊担心德国如果继续现行的政策，将使德日关系受到破坏。他指出："我们必须考虑到，脾气很坏的日本也许会在一个不适当时机针对我们作出令人不快的决定。因此，我们必须处理好有关问题，尤其是最棘手的军事顾问和提供战争物资问题，及时地重新确定我们现在的地位。"他认为德国军事顾问继续驻华将影响德国的声誉。他提出撤回军事顾问、停止运送军事物资并承认"满洲国"的建议②。

希特勒也认为，只有日本才能够对付在亚洲的"布尔什维克主义"的危险，而中国无论是在力量上还是在道义上都不可能强大到足以抵抗这种威胁。这就是希特勒倾向日本的最根本的原因：惟强是重。谁的力量看起来最强大，能在东方牵制其他列强的力量，有助于他成就在西方的霸业，他就选择谁。

1938 年 2 月，希特勒对内阁进行重大改组，具有亲华倾向的主张在中日战争中持慎重中立态度的国防部部长白龙柏和外交部部长牛拉特相继去职。希特勒亲自执掌德国武装部队的最高指挥权，主张亲日的里宾特洛甫接掌外交部。德国对华政策随之发生转变。

---

① 《德国外交文件》，第 4 辑第 1 卷，第 162—168 页。
② 同上书，第 826—829 页。

承认"满洲国"的问题，提上了德国外交部的议事日程。有的人主张以此作交换，要日本在奥地利和捷克斯洛伐克等欧洲问题上表态支持德国，或要求日本确保德国在华北或"满洲国"的利益，或要求日本承认德国对其在第一次世界大战前所拥有的太平洋诸群岛殖民地的主权，并就日本的归还问题开始谈判。

陶德曼反对承认"满洲国"。他致电德国外交部指出，德国在中国具有广泛的利益，承认"满洲国"将引起中国对德国商品的抵制。中国现在正在为他们的生存而战，承认"满洲国"将被视为对日本的战争目的的赞许和支持。如果德国现在承认日本扶植起来的傀儡国家，中国人将永远不会忘记这一点。他还对德国将获得日本在经济利益上的回报表示怀疑，认为不应为这些尚无把握的事情牺牲基本的原则[1]。但是，德国决策人物拒绝陶德曼的意见。里宾特洛甫把陶德曼的报告压下不提。

2月20日，希特勒在国会发表演说，宣布承认"满洲国"，并正式承认日本宣扬的入侵中国是为了反共的观点。他声称"与布尔什维克的胜利比较起来，日本最大的胜利，对人类文明和世界和平的危害也要小得多"。希特勒认为日本是防止东亚赤化的中坚力量，是东亚安定的因素，公然承认了日本的侵略成果[2]。

中国驻德大使程天放在同日给蒋介石的报告中，指责德国"以突然手段承认伪国，其祖护日本不复顾全我国友谊之态度已昭然若揭"。他认为德国政府已决定采取亲日政策，此后不会再有变更的可能，"我国再事敷衍，恐亦无效果可言"。因此，他建议中国政府明令召回大使，以表示对德之不满，同时向德方提出严重抗议，并通知其他各国，以示中国态度之坚决[3]。但是中国政府由于希望继续得到德国的军火供应及不使其召回军事顾问，采取了一种基本上是委曲求全的态度，尽量不使事态扩大，只是由程天放在2月24日向德外交部送交一照会，对德国的这一做法表示抗议便作罢。

中国政府对德偏袒日本采取低姿态，用意在于指望能继续从德国得到军火。3月初，蒋介石还致电中国驻德商务专员谭伯羽，要他向德国再订

---

① 《德国与远东危机》，第302页。

② 《德国与远东危机》，第302页；《民国档案》，1989年第2期，第128页。

③ 《战时外交》，二，第679—680页。

购一批武器，包括迫击炮 300 门，炮弹 90 万发；手枪 2 万枝，子弹 4000 万发；高射炮 300—500 门，每门配弹 5000 发①。在中国政府的努力下，德国仍然对华提供一定数量的军火。2 月间，有 12 架德国的轰炸机和战斗机运抵香港。3 月中，又有一批价值 3000 多万马克（约合 1000 多万美元）的军火由德国船只运到香港。

然而，中国政府在具体问题上的忍让并不能阻止德国在总的战略上疏华亲日的步伐。3 月 3 日，德外交部次长魏泽克约见谭伯羽，称德国"决定为保持中立计，在中日两国纷争期间，不收两国军事学生"。他通知谭伯羽，德国将停止接受赴德深造的中国陆海军学生，已在德国就学和受训者，限于 8 月 31 日结束。4 月 27 日，魏泽克又向程天放表示了要召回其驻华军事顾问的意愿，他声称："德政府为对中日战争采取完全中立态度起见，觉得德国军事顾问此时在华服务，殊有偏袒一方之嫌疑，故甚愿其离开中国。"②

其时，德驻华外交官和军事顾问都不愿中断中德关系。陶德曼在 2、3 月份多次上书德国外交部，要求继续援华。他在 3 月 8 日的报告中对日本的可靠性提出怀疑，认为日本只是在利用德国。日本在华所实行的经济排外已经证实了这一点。日本一直不肯给德国以"最惠国待遇"，声称如果给了德国最惠国待遇，其他国家也会援例要求。陶德曼建议应继续向中国提供战争物资，以换取外汇，这样的活动可以通过私人商号来进行。他反对从中国撤出军事顾问。他指出如果这样做，它"在这里所产生的影响将是灾难性的，结果将是苏联顾问取而代之，那时，中国军队将成为一支苏联的军队"③。

德国军事顾问也不愿从中国撤出。他们认为，经淞沪及南京惨败而元气大伤的中国已经重新组织起军事力量。总顾问法肯豪森对中日战局持有比较乐观的看法，他认为中国完全可以抵抗日本。法肯豪森在 3 月上旬于武汉行营大礼堂所作的讲演中，阐述了在中国进行游击战和持久战的战略。他主张中国应在山西西部与山东南部控制若干兵力，利用游击战争袭击日军，以策应津浦、平汉方面，对日军进行首尾夹击。他认为持久战

---

① 《战时外交》，二，第 708—709 页。
② 同上书，第 681、684—685 页。
③ 《德国外交文件》，第 4 辑第 1 卷，第 844—850 页。

"在中日战争中颇可采用，以消耗敌人军力，待机反攻，歼灭日军"①。

4月30日，法肯豪森在给德国外交部的答复中陈述了撤回军事顾问的困难。法肯豪森声明，德国军事顾问是根据顾问个人与中国政府之间签订的合同而应聘的，他们的合同分别要到1939年或1940年才期满，单方面提出中止合同的要求将意味着违反合同，除了要在法律上负破坏合同的责任之外，还得损失钱财，得不到返程路费，并要为未满期限作出赔偿。这样，许多顾问"在中国将陷入困境，负着债务而没有回国的路费"。而这些人回国后也不一定能找到工作职位。因此，他要求"德国政府必须为顾问们作出保证，负担顾问及其家属以及秘书们的回国路费，补偿其家庭财产等方面的损失，以及由于中止合同所产生的任何其他损失"②。

5月13日，德国外交部复电陶德曼，指示其转告法肯豪森将军，"帝国政府期待军事顾问尽快遵照政府要求返回德国，并请法肯豪森将军将此令立即通知属于顾问团的退役军官，令其作好一切准备"。该电要求陶德曼及德国顾问向中方作以下说明："从这场冲突一开始，德国就感到有必要保持中立，因此，德国提出这一要求是正当的。随着冲突的继续（它已经具有战争的性质），原来的德国顾问继续在中国服务，是与中立的立场不相容的，它给世界造成了我们正积极地帮助中国人进行战争的印象。鉴于存在于两国之间的传统友谊，我们希望中国政府对于德国的这些完全合理的愿望予以应有的考虑。"该电许诺，德国政府准备支付回程路费，并对与此有关的所有损失给予适当的赔偿，同时又威胁说，"此间正在考虑针对有关顾问的严厉措施，以防止有人拒绝同意撤离"③。

陶德曼曾提出逐步撤离军事顾问的建议，但为德国外交部所否定。5月17日，里宾特洛甫在给陶德曼的电报中指出，"军事顾问逐步撤离的主张不予考虑。……有关军事顾问的立即撤离是元首的明确命令。我们期望军事顾问立即离开中国"。该电要陶德曼通知德国军事顾问，"任何不执行来自使馆的指示的行为，都将会给他们自己带来严重的后果"。此外，该电还要求陶德曼接电后，"敦促中国政府立即中止与德国军事顾问的合同。如果中国政府在中止合同上制造困难，你可以非正式地暗示，那

---

① 中国第二历史档案馆馆藏档案，案卷号：七八七·2558。

② 《德国外交文件》，第4辑第1卷，第856—857页。

③ 同上书，第861—862页。

样你是否能继续留在中国就很难说"①。

5月21日，陶德曼奉命会晤中国外交部部长王宠惠，称德国政府现已决定"绝对中立"，希望中国政府允许德国顾问解除契约回国。王宠惠当即表示，如果撤回德国顾问，"中国国民必将以为德国……将间接祖日而反对中国"，"德国顾问系以私人资格在华服务，他国国民亦有以私人资格在吾政府机关服务，该顾问与各该国政府，实无任何联系，自不至于涉及中立问题，望贵国政府再加考虑"。王宠惠还再次打出苏联这张牌，声称"如果中央政府岌岌可危，就会出现这样的危险：被驱往绝境的人民将会背离政府的意愿投入苏联的怀抱"②。

德国政府对中国政府施加压力。6月13日，里宾特洛甫指令陶德曼向中国政府声明：如果中国政府反对让德国顾问回国，德国将立即召回驻华大使。同时德国政府对其驻华顾问亦施加高压。6月21日，德外交部发出严令他们尽快离开中国的电报，要求"留华全体德籍军事顾问凡职务未停者一律立即停止，并尽速离华，必要时虽违反中国政府意旨，亦在所不惜"。德国外交部并警告说："顾问中如有违反此令者，即认为公然叛国，国内当即予以取消国籍及没收财产处分。"③

眼见德国召回顾问之趋势已无可挽回，中国政府作出最后的努力，要求挽留五至六名顾问一段时期，以让他们安排好以后的工作。但这一要求也遭到德方的拒绝。6月20日，里宾特洛甫再次来电，要求陶德曼向中国政府施加外交压力，令其向中方声明，中德关系能否继续，完全取决于德国军事顾问是否能全部离华。6月21日下午，陶德曼和法肯豪森在汉口约见中国外交部次长徐谟，奉命声明：如果6月23日以前中国政府对于全体德国顾问的立即离华不明确地表示同意，并担保这些顾问的离华，德国大使将被立即召回。

然而，中国方面并没有按照柏林的要求在23日前给予肯定的答复。6月24日，德外交部指令陶德曼将事务工作移交代办，立即返回德国。26日，陶德曼离华返德。至此，中国政府为挽留德国军事顾问已经尽了最大的努力，但德国政府召回其顾问的决心不可动摇。7月2日，中国政府为

① 《德国外交文件》，第4辑第1卷，第862页。

② 《战时外交》，二，第686页；《德国外交文件》，第4辑第1卷，第862页。

③ 《战时外交》，二，第687页。

德国顾问设宴饯行。7月5日，德国顾问乘专车前往香港①。

在日本的压力下，德国不得不停止与中国的军火交易。4月27日，戈林公布禁止向中国运送武器的通告。5月3日，希特勒在意大利访问期间，为加强与日、意的合作，就地密令国防部全面禁止军火输华。至此，德国半公开的对华军火供应宣告结束。

德国如此急速地调整其对华政策，其原因并不复杂。1939年1月，里宾特洛甫曾对一批德国将军说道，古老的中国已经昏睡过去，衰弱不堪，"很清楚，在对德国的未来具有决定意义的今后几年中，这个衰弱的中国是不可能突然间部署起一支用以对付苏联的强大的陆军或建立起一支无畏舰队。除了借助日本，德国别无选择的余地"②。德国对中国并不隐瞒它的这一动机。两年后，里宾特洛甫对中国驻德大使的一番解释明白无误地道出了德国当局的想法。他说，几年以前，英国即已蓄亡德之心，德国只得联合其他国家与之对抗，"以此与日本交谊增密"。他表示疏远中国乃事出无奈，"无如大势所趋，惟强是重，不得不侧重亲日，此在中国或引为不满，在德国实势逼使然"③。

尽管德国已公然偏向日本，但中国政府仍力图尽可能地维系已被大大地削弱了的中德关系，不使之过于恶化，以图继续秘密地得到一些德国的物资。中国驻德使馆商务专员谭伯羽曾在5月4日来电报告说，"德军火出口运输处密称，军火仍可照常起运，但避免日方侦探，以后运货不能用客船，均须改装货船"④。显然，该处此时尚未得知希特勒已下达了新的禁令。现在尽管情况有变，但中国政府仍期望能通过变通方法获得一些物资。5月13日，孔祥熙请示蒋介石，是否对德下令禁止军火输华一事提出抗议或正式质问，蒋介石在此件上批示："对德事暂作静观。"中国仍在争取从前业已成交的德国军火能启程运华⑤。

5月27日，托马斯对谭伯羽表示，中国已经订购的军火仍然可以秘密起运，但不能直接运往中国，须经另一国家转手，另外续订新的军火则

----

① 德国顾问似未全部撤出。到1940年时，仍有五名军事顾问在重庆工作。见《德国与中华民国》，第249页。

② 《德国与远东危机》，第253页。

③ 《战时外交》，二，第699页。

④ 同上书，第709页。

⑤ 同上书，第711页。

再无可能。这以后，仍有少量军火得以从德国运出。如原定 7 月初交付运华的一批军火，就假借芬兰订货的名义，秘密起运赴华。这批军火内有榴弹炮炮弹 6000 发，47 公分炮弹 18000 发，毛瑟枪 5000 支，枪弹 3700 万发①。

其时，中德之间的国家关系已无可挽回地趋向冷淡，但中国政府仍积极谋求维持两国间一定程度的经济联系。经过多次的秘密接触和谈判，1938 年 10 月 4 日，孔祥熙与德国合步楼公司（该公司此时实际上已成为德国所有在华厂商的监管机构）的代表佛德博士（Hellmuch Woidt）口头达成了一个暂定以一年为期的易货贷款合同，议定中国向德国提供矿产等原料，德国向中国提供一亿马克的贷款。双方还商定，从前孔祥熙在德时所订货物，一部分由合步楼公司予以保留（内包括军火），可以现款及以货易货办法运交②。关于这一协定，当时调任行政院政务处长的蒋廷黻曾告诉美国驻华使馆参赞裴克说，中德间的这次易货协定，比第一次更为自由，它可以与私人企业直接商谈购货事宜，而第一次易货协定的对象只能是德国政府及其所属企业③。然而，这一协议显然是与德国的总的国策相背离的，因此，它并未得到德国政府的批准，一亿马克贷款之说遂成泡影。

尽管这一协议未获批准，但不少德国军火及设备等仍通过香港运入中国。此事由合步楼驻港代表和中国军方设在香港的一家商号负责接洽。在他们的安排下，德货通过广东和海防运往广西和云南。里宾特洛甫得知这一消息后，曾下令停止对华运输。但德国经济部部长冯克（Walter Funk）表示反对。他声称，德国必须从中国获得它所需要的原料，因此必须恢复中德间的易货贸易。对此，里宾特洛甫亦感无可奈何，只得作出让步，同意继续对华输出军事物资，但要求这些军事装备只能以零部件的方式运出，待运抵中国后再行装配④。

这样，在中国政府的努力下，中德间以货易货的交易仍在断断续续地

---

① 《战时外交》，二，第 712 页。据《国际事务概览》载，广州失陷之后，滇越铁路所运输的物资中，有很大一部分是德国军火。见阿诺德·托因比《国际事务概览》（Arnold J. Toynbee: Survey of International Affairs），1938 年第 1 卷，伦敦 1941 年版，第 570 页。

② 《战时外交》，二，第 714 页；《德国与中华民国》，第 216 页。

③ 《美国外交文件》，1938 年第 3 卷，第 365 页。

④ 同上书，第 661 页。

进行着。据统计，1938 年德国从中国进口钨砂 8962.2 吨，超出了 1937年的进口量，占该年钨砂进口总量的 63%；进口桐油 7293 吨，共占该年进口总量的 99.7%。即使到 1939 年，德国从中国获得的钨砂在 1—8 月间也达到了 3700 吨，占同期进口量的 50%①。在这同时，德国的军火和武器等则通过易货形式不断流入中国的大后方。

1939 年 9 月，欧洲战争爆发，但中国政府仍力图维持中德经济关系。11 月 10 日，中国行政院副院长兼财政部部长孔祥熙会见了德国驻重庆的使馆参赞毕德（H. Bidder），再次向德方提出商定一个易货协定的提议。孔祥熙表示中国愿向德国提供它所急需的桐油，并声称，如果德国同意的话，他准备"保证今后 50 年的对德供给"②。孔还暗示，他甚至可以将准备提供给英国及其他国家的矿产品供给德国。孔祥熙要求德国须以武器弹药作交换，而不是以现金购买。

由于德国与英法已处于交战状态，受英法控制的缅甸和印度支那通道便对中德间的贸易加以禁止。其时，苏德订有互不侵犯条约，形成了某种事实上的协作关系，于是，苏联便成为中德间贸易联系的一个重要渠道。中国输往德国的物资，便假借苏联订货的名义，从两条途径通过苏联运往德国。一条线路是先由内地运到香港，再由苏联船只运至海参崴，然后穿越西伯利亚，通过苏联境内的铁路运往德国；另一条线路是通过陆路由新疆运往苏联的阿拉木图，再经由莫斯科运往德国。1939 年中，尽管德国对华贸易额有较大幅度的下降，但仍达到了 11020 万马克（其中有一小部分系输往沦陷区）。德国在中国的进口额中仍占有 12.64% 的份额，居于第三位③。

对于中德关系的维持和发展，国民政府内的一些人也表示了他们的担心。1939 年 11 月 24 日，资源委员会主任翁文灏就是否应向德国合步楼公司提供钨砂问题致函蒋介石和孔祥熙。翁文灏指出："目前英法方加紧对德经济封锁，我方此时如与德方实行易货，以重要矿产品运往德国，万一英法探悉……如果为难，深恐得不偿失，此有关我国整个对外方针，不

---

① 阿诺德·托因比等编：《大战与中立国》，上海电机厂职工大学译，上海译文出版社1981 年版，第 65—68 页。
② 《德国外交文件》，第 4 辑第 8 卷，第 397 页。
③ 《德国与中华民国》，第 248 页。

可不慎重考虑。"蒋介石自是不想得罪英法，但也不想就此断了与德国的关系。12月3日，蒋介石回电指示："自以暂缓为宜，但也不必拒绝，只言筹划可也。"①

德国从它称霸欧洲的战略出发，指望日本在亚洲牵制英法的力量。早在1938年1月，里宾特洛甫就曾向日本驻德武官大岛浩少将提出了缔结军事同盟这一问题。这以后，德国停止对华武器供应，撤回驻华军事顾问，从而扫除了结盟的最基本的障碍。随着德日间的日益靠拢，缔结军事同盟问题便理所当然地提上了双方的议事日程。

日本也希望通过强化它与德国和意大利的法西斯轴心，来牵制对中国的抗战持同情态度的英、美、苏等国。它希望能借助这一联盟的威力，阻止苏联卷入中日战争，"挫退其侵略东亚的企图"，"使英国放弃亲蒋援华政策"，"使美国至少保持中立态度，可能的话，诱使其倾向亲日"②。7月19日，日本五相会议讨论与德意的结盟问题。会议认为"帝国须迅速同德、意缔结协定，须进一步密切相互之间的结盟关系，加强各协定国对苏的威力与对英的牵制，这些步骤将有利于我对当前支那事变的迅速解决"③。

然而，德日两国缔结盟约的谈判并非一帆风顺。德日在盟约所针对的目标上存在着分歧。德国所提出的条约对象不只是苏联，它要求广泛地针对"第三国"即英、法、美等国。日本陆军方面主张接受德国的方案，但外务省担心会立即恶化与英、法、美的关系，并有可能卷入欧洲战争。8月26日，日本五相会议通过了外务省的修改方案，要求将条约的防卫对象只限定于苏联，并将缔约国自动参战的义务改为经过协商决定参战。此后，围绕着修正案的解释，日本外务省和陆军方面不断发生争执。外务省认为，只能以苏联一国为对象，而陆军方面认为主要对象是苏联，但不排除以"第三国"为对象。双方争执的最后结果是，11月11日，日本五相会议一致认定，"本协定主要是针对苏联的，如果英法等国站在苏联一边，他们就成为对象；反之，如果单单是英法，他们就不是对象。当然，

① 中国社会科学院近代史研究所编：《中华民国史资料丛稿》，《大事记》第25辑，中华书局1981年版，第145页。

② 信夫清三郎主编：《日本外交史》，天津社会科学院日本问题研究所译，下册，商务印书馆1980年版，第634页。

③ 角田顺编：《现代史资料》，第10卷，东京1964年版，第172页。

如果法国赤化了，那肯定要变成对象"①。

　　但德国对日本的这一立场仍不满意。为暂时解除东线的威胁，以专心对付英法，1939 年 8 月，德国突然撇开日本而与苏联订立了互不侵犯条约。德日谈判遂告中断。但 1940 年中，随着德国在欧洲战场的胜利，日本与德国结盟的热情大增，而德国也希望借助日本的力量牵制美国。于是，德日又开始紧锣密鼓地谈判缔结同盟。

　　中国政府对此事非常关注，曾多次劝告德国不要与日本结盟。1940 年 7 月 7 日，国民党中央组织部部长朱家骅致信德国武装部队统帅部总参谋长凯特尔，详细地表明了中国政府的看法。该信希望德国对远东方面予以"特别注意，从新认识"。针对德国对日本寄予的希望，该信着重指出日本的武力已不可信赖，"日本之陆军与中国作战之初，即失去防俄力量，海军虽无甚消耗，但因中国三年抗战之结果，及一般国力之减低，其实力之影响，亦匪浅显。况久战无功，陆军士气日见低落，影响于海军者亦不可忽略。故今日日本欲征服中国，已心余力绌，欲其与他国周旋，更非其国力所能负担也"。朱家骅并以战后德国在中国发展的前景来打动德方。他认为待欧洲战事和远东战事结束之后，"远东方面必有一番新的局面之来临。关系于贵国者，至为密切而重要。中国在远东拥有广大之土地与众多之人口，战事一了……利用地大物博，以发展各项建设，中国之需要借助贵国者，有非常人所能想象"，"而中国之复兴，在任何方面可有助于贵国者亦匪可想象"②。

　　但是，德国对英伦三岛空战的失利，使它更迫切地需要日本成为盟友，以牵制美国对英国的援助。德日间加紧了订立同盟条约的谈判。里宾特洛甫甚至曾劝说中国也加入这一同盟，但为中国政府所拒。1940 年 9 月 27 日，德意日终于签订了同盟协定。由于德国与日本已成盟友，中德关系更趋冷淡。

　　中德关系的最后破裂起因于德国承认汪伪政权。早在 1940 年 3 月汪伪政权成立之时，中国政府就曾照会各国驻华使馆，指出"所有构成伪组织之人员，不过为日本之奴隶"，"中国政府于此愿以极端郑重之态度，重申屡经发布之声明，即任何非法组织，如现在在南京成立者和中国他处

①　《现代史资料》，第 10 卷，第 189 页。
②　王聿钧、孙文成编：《朱家骅先生言论集》，台北 1977 年版，第 657—659 页。

所存在之其他伪组织，其任何行为当然无效。中国政府与人民绝对不予承认。中国政府深信世界自尊之国家，必能维护国际间之法律与正义，对中国境内之日本傀儡组织，决不予以法律上或事实上之承认。无论任何行为涉及任何方式之承认，既属违反国际公法与条约，自应视为对中国民族之最不友谊之行为，而承认者应负因是所发生结果之全责"①。此后，中国政府曾多次表明这一态度。

但这并不能阻止德日靠拢的步伐。1941年6月下旬，日本外相松冈会见德国驻日大使奥特（Eugen Ott），要求德国承认汪精卫政权，并在7月1日与意大利同时采取承认行动。德国驻华代办阿登堡（Felix Altenburg）提出反对意见。他在致外交部电中要求"不要满足日本人支持汪精卫的哀的美敦式的要求"。他认为考虑到苏俄在中国西部地区的影响的增强，并考虑到中国政府与中共之间继续存在的紧张关系，德苏战争的军事胜利会一举改变重庆和德国之间的关系，重庆将倾向于在全面解决中日冲突的方案问题上作出妥协。因此，"在德苏战争未有明确结果之前，在承认问题上不要采取任何决定性的步骤"②。但德国政府并未接受这一建议。6月27日，里宾特洛甫通知日本大使大岛浩，德国政府将于7月1日承认汪精卫政府。

中国政府作了最后的努力。6月28日，中国驻德大使陈介会见了魏泽克。陈介指出，中国政府得知日本政府正在柏林和罗马尽力促成对汪精卫政权的承认。他奉命重申中国外交部部长在1940年11月30日声明中表达的观点：中国政府将把对汪精卫的承认视为一个极不友好的行动，它将不得不断绝两国间的关系。魏泽克没有直接回答是否准备承认的问题，但他声称，中国政府采取何种措施，那是中国政府自己的事。那些企图把自己的前途与盎格鲁—撒克逊的前途系于一体的人，无论如何总是极不明智的③。

7月1日，德国如期承认了汪精卫政权。7月3日，陈介通知魏泽克，中国政府决定与德国断绝外交关系。

① 中国第二历史档案馆馆藏档案，案卷号，十八·1308。
② 《德国外交文件》，第4辑第13卷，第29—30页。
③ 同上书，第53—54页。

第 三 章

反对英美妥协与争取外援

第一节　从海关协定到有田一克莱琪协定

　　日本侵略中国的目的，就是要使中国在各方面都成为日本的附庸。这就不能不与早已在中国占有巨大权益的英美等西方列强产生矛盾。基于这一不可避免的事实，中国与英美等国形成了共同的战略利益，阻止日本侵略成为共同利益之所在。也正是基于这一判断，中国政府始终把英美作为对抗日本的天然潜在盟友，它尽力阻止英美的妥协活动，努力推动它们走上援华制日的道路。然而，这一过程是缓慢的。无论是利害程度还是实力状况此时都不允许英美与日本形成正面对抗。就前者言，日本对其在华利益的侵犯毕竟尚未危及英美自身的国家安全，未到须干戈相向的严重境地。就后者言，这一时期欧洲时局的动荡不安为日本起到了巨大的战略掩护作用，英法等国无法考虑分兵远东的任何计划。1938 年，德国和意大利正显示出越来越强烈的扩张意图。英法等国对欧洲局势忧心忡忡。法国外交部秘书长莱热（Alexis Léger）在 1938 年初对顾维钧所说的一番话典型地反映了这种情绪。莱热不安地说，欧洲能否在 1938 年内幸免于战争，现在还难以预料，欧洲的形势不允许英法对远东问题采取积极的态度①。英国军方曾对增派军队来远东一事进行过研讨，结果认为英国缺乏对付德、意、日三国联合的力量。如果英舰队来远东，意大利就会控制东地中海，就会处于把英国赶出埃及、巴勒斯坦和中东其他地方的有利地位。海军参谋长查特菲尔德（Ernle Chatfield）指出，如果英国"必须向远东派

---

① 《顾维钧回忆录》，第三分册，第 44 页。

遣用以对付日本舰队的足够的舰队，我们实际上无法在本土留下任何现代化的军舰以对付由相当新式的军舰组成的德国舰队和意大利舰队"①。

毫无疑问，西方列强所关注的重点应在欧洲。在实力有限，无法东西兼顾的情况下，列强在远东继续实行退却的政策，不断以妥协和让步来求取与日本的短暂相安。对于不断发生的各种排斥和打击其在华权益的行为，列强或忍气吞声地接受，或抗议和交涉一番后再予接受，没有任何坚定的反抗。

日本与列强关于日本占领区的中国海关税款的谈判，充分表现了日本咄咄逼人的攻势和列强的步步退让。由于英国占据了海关总税务司等大多数海关高级职务，有关中国海关问题的谈判主要是在英日之间进行的。

1937年11月，日军在攻占上海后，就要求江海关税务司援引天津海关前例，将一向由中国中央银行存放的江海关税款改存日本正金银行。其实，在天津海关税款的问题上，日本已经让中国及有关列强上过一次当。在使用武力威胁和空头允诺诱迫英籍税务司将天津和秦皇岛两海关的税款存入正金银行后，日本自食其言，不肯继续从该税款中按比例拨付由关税作担保的各种外债份额。上海是中国最大的通商口岸，江海关的税收占全国海关总税收的50%，其重要程度远非天津海关所能相比。为此，英国和日本展开了几近半年之久的讨价还价。

由于中日实际处于战争状态，海关所处地区亦已沦陷，日本处于随时可以以武力接管海关的地位，因此，日本曾试图避开与英方的谈判，它强调要把海关作为中国政府的下属机关来看待，这样，它便可以随时把海关作为敌国机关而加以占领，或可以直接对中国海关进行威胁讹诈。1937年11月28日，日本外相广田就曾对克莱琪说："日本政府认为，关于这个问题的任何正式协定都不能同各国商定，只能同中国政府的海关直接达成协议。"克莱琪赶紧指出："上海的海关官员现在已经不再和中国政府保持联系。他们除了他们自己以外并不能代表任何人。因此，同他们达成的任何协议，除非得到中国政府及（或）有关各国同意，只能认为是靠

---

① 《英国与中日战争》，第109页。

武力取得的。"① 克莱琪要求广田同意由日本驻上海总领事和英国驻华大使馆的财政顾问先就此事进行谈判。

在此前几天，日本驻沪总领事冈本季正已对江海关英籍税务司罗福德（L. H. Lawford）表示，由于上海现在正处于日军的控制之中，在上海的中国政府机关就应当由日本管理。冈本提出派日籍监视员到海关进行监督的要求，并威胁说，否则日本就要接管海关。12 月 30 日，冈本向英籍总税务司梅乐和（Frederick W. Maze）再次提出派日本监视员进驻海关的要求，声称"现时在日军占领区域内，不准任何中国政府机关独立行使职权，海关系中国政府机关之一"。对此，英方则强调中国海关的特殊性，"其所以有异于其他中国政府机关者，为因其具有国际性质"，海关的设置"既关系中外利益，复多根据中外条约的规定"。无论海关的设置还是税款问题，跟有关列强都有关系。因此，如要作重大变动，应于事先征求有关国家意见②。

1938 年 1 月 20 日，日方向罗福德提出新建议，要求他以江海关税务司名义在正金银行开立江海关税款账户，日方允诺他有权从上述账户中提取海关行政开支和该关应摊付的外债赔款。罗福德倾向于同意以日本的这一建议为谈判基础。但梅乐和意识到中国政府可能会表示反对，因为这将使"中国关税金库的钥匙掌握在日本人手里"。中国政府以往用以偿还内债和部分行政开支的税款，就会被日本控制，而且，由于日本控制了税款，"非经日本同意，中国就不能以关税为担保举借外债了"。尽管如此，从使外国债券持有人和海关经费得到保障出发，梅乐和仍认为可以以日本的建议为基础进行谈判，并决定将此事通报英、法、美政府，然后再在适当的时候与中国政府交涉③。

但英国外交部此时还不想作出太大的让步。1 月 30 日，英国驻华代办贺武（Robert G. Howe）在致梅乐和的信函中表明了政府方面的态度。该函强调，英国政府一向反对把江海关税款全部存入正金银行，因为江海关税款的绝大部分是用来偿付外债和赔款的，其中日本所占的比例比较

---

① 中国近代经济史资料丛刊编辑委员会主编：《帝国主义与中国海关资料丛编》之十：《1938 年英日关于中国海关的非法协定》（以下简称《非法协定》），中华书局 1983 年版，第 51—52 页。

② 《非法协定》，第 60、68 页。

③ 同上书，第 61—62 页。

小，因此日方要求将全部税款都存入日本银行非常不合理。英国政府希望借助其他列强的力量来共同对付日本，该函指出，"只同日本一国政府商定摊付外债赔款数额的办法是不能接受的，摊付数额应当由各主要关系国（包括日本）的代表与海关协商决定"①。

法国和美国也都作出响应的姿态。法国驻华大使那齐亚在2月1日致梅乐和的信中声称，"对于法国部分的外债和赔款，我要特别声明，如果日方坚持要把海关税收（包括法国应得的部分）存入日本银行，我将不得不要求把法国那一部分存入法国银行"。1月31日，美国驻日大使格鲁在给日本的照会中指出："美国政府对于保持海关完整和保全关税，极为关怀。美国政府一贯主张，日本当局不应采取或鼓励任何损害海关权力、分裂海关或使海关不能继续摊付外债赔款和支付行政经费的行动。"②

以法、美等国的反对为根据，2月2日，梅乐和在与冈本和日本驻华使馆参赞曾根益会谈时表示，将海关税款存入正金银行，不仅中国政府反对，即有关列强中之若干国家，亦反对将它们应摊得的部分款额存于该行。在这种情况下，海关总税务司难以与任何一国订立为其他有关各国所反对的任何协定。对此，日方发出威胁，声称："现在上海为日军占领区域，江海关税款自应按日方所指定之办法存放。换言之，被监视者应按照监视人之命令办事。"③

考虑到江海关所面临的实际危险，中国政府准备作出一定的让步。2月3日，中国政府提出三点意见：（1）由两家或两家以上的银行（包括正金银行）组成保管委员会共同保管沦陷区的全部关税，税款首先得用于支付海关各项经费；（2）从税款中支付以关税为担保的债款；（3）如有余款，在战事期间，由保管委员会负责保存。中方明确指出，"天津等地经验证明，税款存入正金银行等于送给日本人"④。

2月10日，英国外交部提出的新方案作出了一些让步。该案提议所有关税首先应存入汇丰银行，在扣除债款和海关行政开支后，如有余款将存入正金银行。英国的这一立场完全是从其自身利益考虑的，它们明白

① 《非法协定》，第63—65页。
② 同上书，第66、199页。
③ 同上书，第67—68页。
④ 同上书，第66页。

"这样安排的主要危险是（中国的）内债不能不停付，但是在现在情况下，我们不能更好地保证内债了"。英国外交部认为"假如偿付外债赔款有了保证，我们就无权干预关余的处理了"[①]。对中国利益的考虑完全被撇到了一边。

从1938年2月起，关于中国海关问题的谈判逐渐转移到东京进行，由克莱琪与日本外务省会商整个沦陷区的海关问题。由于把不愿轻易作出让步的中国政府完全排除在外，东京谈判进行得比较顺利，4月上旬便已初步商定了条件。虽然克莱琪曾经要求继续以海关税款支付中国的内债，但在遭到日本拒绝后不再坚持。中国政府对英国的妥协退让非常不满。

5月2日，英日以换文的形式订立了有关海关问题的协定。英国在日本的压力下放弃了将日本占领区的各海关税款存入中立银行的要求，同意以税务司名义存入各地正金银行，日方则允诺支付税款中应摊付的外债、赔款以及海关经费。同时英方还同意支付中国政府已从1937年9月宣布停付的日本部分庚子赔款[②]。

英日海关协定遭到中国方面的反对，中方尤其反对把自1937年11月上海沦陷以来已积存于汇丰银行的江海关税款拨交正金银行，而要求梅乐和将这一存款拨交中央银行。中国政府还坚持"停付日本部分庚子赔款，以免在中日战争期间用于对华侵略"[③]。于是，日本借口中方不执行海关协定，在夺得海关税款控制权后，拒绝交出各关应摊付的外债赔款。

尽管英国声称海关协定阻止了日本人强占海关的企图，并有助于保持中国在国外的债信，但它实际上在某种程度上认可了日本控制中国海关。英国在谈判中为了追求所谓的"海关完整"，为了继续获得由关税担保的外债和赔款，常常不顾中方的反对，在是否支付内债、转交江海关积存税款及停付日本部分庚子赔款等涉及中国利益的问题上对日让步。英国的这一行为表明了它在紧要关头有可能以牺牲他人的利益来绥靖侵略者的倾向。不久以后的欧洲慕尼黑协定正是这一倾向发展的必然结果，也是最淋漓尽致的表现。英日海关协定是英国在远东地区对日本明文作出的第一次重大让步。在日本直率蛮横的要求面前，大英帝国终于败下阵来。因而有

① 《非法协定》，第70—71页。
② 同上书，第98—99页。
③ 同上书，第126页。

史学家把它称为"大英帝国所蒙受的第一次耻辱"。

鉴于租界在中国的特殊地位，中国方面利用租界进行了一些抗日活动。以此为借口，日本图谋夺取其觊觎已久的租界的领导权。由于各地租界工部局的领导权主要掌握在英国人手中，因此，有关租界问题的交涉也主要是在英日之间进行的。1939 年中，日本在上海国际租界、鼓浪屿国际租界和天津英租界先后发难，其中尤以天津的冲突更具对抗性，也更具代表性。以英国为首的列强，在部分地区对日本的部分要求进行了抵制，但最终还是作出了让步。

1939 年 2 月 19 日至 22 日，伪维新政府外交部长陈箓及亲日的财界要人李国杰先后在上海租界被暗杀，另有两名日本军人亦在租界内受到袭击。日本决定利用这些事件夺取对上海租界的控制权。2 月 22 日下午，日本驻上海总领事携日本陆军及海军陆战队各一名将官会见了上海国际租界工部局总董，提出了五点要求，其核心为允许日本军警可随时随地在租界内采取行动。日方要求工部局允许日本宪兵和领事馆警察，"必要时可于任何时间在国际租界内的任何地点采取必要的措施，以保护日本国民和镇压恐怖主义"，日方提出"应立即在租界的重要地点对中国人进行搜查"。日方还要求加强巡捕房中日本巡捕的力量①。

工部局在与英美驻华大使及领事磋商之后，于 2 月 25 日的全体会议上通过了对日本人的答复，声称"工部局不能接受除了上海工部局巡捕房之外的任何警察机构在租界采取独立行动的任何提议"，但是，他们将继续欢迎日本宪兵和领事馆警察在侦查恐怖主义方面的合作②。

此后，日方与工部局进行了多次会谈。3 月 14 日，工部局发表公报，重申不允许工部局巡捕房以外的任何机构在国际租界采取独立行动，同时声明已与日本人达成如下共识：对由水路进入租界的中国人进行搜查，工部局巡捕房欢迎日本宪兵和领事馆警察的合作，但是，具体的搜查须由工部局巡捕房进行；准备对在刑事处的现行框架内设置一个综合科的提议予以同情的考虑，该科将由一位日本高级警官和几位经过挑选的日本下属组成；工部局巡捕房大体上准备给予日本当局审查因其提供情报而被捕的有

---

① 《英国外交文件》，第 3 辑第 8 卷，第 464—465 页。
② 同上书，第 471—472 页。

关犯人的便利。但是，工部局巡捕房保留根据事实依法断案的权力①。

日本对英国所作出的让步并不满意。5月3日，日本外务省向英美驻日大使提交了一份关于上海租界问题的备忘录，提出了修改土地章程及基于此章程而形成的租界行政管理体系，增加日本在工部局董事会中的名额的要求。该备忘录声称，其历史已非常久远的租界行政结构和管理制度，包含着许多不适合今日新形势的缺陷。土地章程就是一例，租界的行政管理正是建立在这一基础之上的。为了能使租界适应现已出现的局面，并能真正恰当地履行职责，只对租界的行政机器和这一机器的运转进行少量的改良和革新是不够的。考虑到有关日本投资的庞大数量，日本社团的声音在很多方面未能在工部局行政中得到充分而公平的表达，为了在租界的行政管理方面有可能获得日本方面的积极合作，为了确保行政机器的平稳运转，对于上述不能令人满意的现状进行合理的调整是绝对必要的②。

然而，英美政府的答复均拒绝了在目前修改上海土地章程及调整租界内的中国法院问题。英方提出的备忘录认为"现在情况仍不正常，英国政府认为目前就任何谈判中可能出现的问题达成对各方都公平合理的永久性决议几乎是不可能的。因此，英国政府认为目前不适宜讨论这一问题"③。

对此，日本又提出所谓"中国主权问题"，意图夺取对租界的控制权。5月24日，日本外务省发言人河相达夫向日本新闻界发表声明，声称在中国的外国租界自然应被视为处于中国的主权之下，这是一种虽然暂停行使但却没有丧失的主权。因此，这一主权理所当然地应像日本占领的中国其他地方一样置于日本的控制之下。日本占领区的反日活动完全可以被日本消灭，在这一点上，没有任何承认外国对外国租界的行政进行干预或干涉的余地④。

6月13日，克莱琪在致日本外相有田八郎的口头声明中指出，英国、日本及其他列强对国际租界都有着各种明文规定的权利和义务，任何政府都没有权利单方面地干涉这些租界的行政，"即使日本在其占领区接管了

① 《英国外交文件》，第3辑第8卷，第514—515页。
② 《英国外交文件》，第3辑第9卷，第49—51页。
③ 同上书，第89页。
④ 同上书，第108—109页。

中国的主权（英国并未承认这一点），这也不能使日本对在华外国租界和租借地拥有比中国人自己所拥有的更大的权力"。在这同时，美国和法国也向日本表示了大致相同的立场，日本对上海租界的企图暂未得逞①。

1939 年 5 月 11 日，亲日的厦门商会会长洪立勋在鼓浪屿被杀。日本随即派出海军陆战队 200 人在鼓浪屿登陆，进行搜捕。5 月 15 日，日本向鼓浪屿国际租界工部局提出了增加日本在工部局的领导成员及在租界禁止抗日活动的要求。日本驻厦门总领事要求由日本人担任租界工部局主任秘书、警长以及助理、译员等职务，工部局办事处及巡捕房应尽可能录用日本人，要求租界"对抗日活动实行严密控制"，并"允许日本领事馆警察在与鼓浪屿工部局巡捕合作的情况下对抗日反动分子进行搜捕"②。

中国政府对此事颇为关注，它认为日军出兵鼓浪屿是一种投石问路的举动，如不加以制止，日本将得寸进尺，此类出兵举动将会蔓延到其他各地的租界。5 月 16 日，中国外交部在致英国驻华大使卡尔（Archibald C. Kerr）的一份照会中表示了中国政府的"深切关注"，指出日军此举"无疑是一种试探性的行动，它将对上海和天津租界的未来产生重大影响"。中国政府要求英国政府对此予以高度重视。在这同时，中国驻英、美、法大使也奉命向各驻在国政府陈述了中国政府的这一看法③。

在英美的抗议之下，日军虽撤出了大部分兵力，但仍留 42 人于岛上。英美在要求日军尽撤无效后，遂各派出与日军数目相同（即 42 人）的部队登陆，其理由是租界系国际租界，因而登陆的力量也应是国际性的。稍后，法国也派出了同样数目的部队登陆。在英美法联手抵抗的情况下，工部局拒绝了日本意欲分享领导权的主要要求，不同意由日本人充任工部局主任秘书、警长，但同意控制租界内的反日活动，并允许日本领事馆警察参与工部局巡捕对抗日分子的搜捕。日本在鼓浪屿的行动未获预想的成功。鼓浪屿的对峙状况一直持续到欧战爆发。在英法军队撤出之后，美日部队继续留驻。10 月 17 日，工部局与日方达成在镇压恐怖分子的活动方面进行合作的协议。18 日，日美军队同时撤出鼓浪屿。

但是在华北，日本对天津英租界采取了更为强硬的立场，英国在日本

① 《英国外交文件》，第 3 辑第 9 卷，第 176—177 页。
② 同上书，第 70 页。
③ 同上书，第 78 页。

咄咄逼人的进攻下终于作出了不光彩的妥协。早在 1938 年，英国就开始在英租界内镇压抗日活动。9 月底，租界当局根据日方的建议，逮捕了一个名叫苏清武的中国游击队领导人。日方要求租界当局将苏交给日本人，但遭英方拒绝。9 月至 10 月间，英日双方围绕着是否交出苏清武的问题展开了多次交涉。英国驻日大使克莱琪和新上任的英国驻天津总领事贾米森（Edgar G. Jamieson）主张接受日本的要求，但驻华大使卡尔反对交出苏清武。英国外交部倾向于卡尔的意见①。

对此，日本天津当局作出强硬反应。1938 年 12 月 14 日，日本在进出英法租界的道路上围起栅栏，对来往的中国人进行搜查，而外国人通过则须持有通行证。1939 年 2 月初，日军曾短暂撤除路障，但不久又以英法不合作为由，在租界四周筑起路障和电网。3 月 16 日，日本进一步要求撤换工部局巡捕房中不受欢迎的人而任用日本人，并向日本交出所有的嫌疑犯。此后，英方稍作让步。在英方的建议下，工部局董事会任命了一名日本联络官和一名日本顾问。

但不久，英租界内的一桩新的命案又使英日矛盾激化，并由此而引发了天津租界危机。4 月 9 日，担任华北伪政权海关监督的汉奸程锡庚在天津英租界被暗杀。根据日本人的情报，四名嫌疑犯被工部局巡捕和日本宪兵逮捕。此后，围绕着是否交出这四名嫌疑犯的问题，英日之间展开了频繁的交涉。天津日军当局态度强硬，声称对暗杀临时政府要员的犯人予以庇护，就是对日军的间接敌对行为，是对"东亚新秩序"的挑战。英国外交官员内部也发生了争论。克莱琪和贾米森主张妥协，但卡尔反对接受日本的要求。

中国方面非常关注这一事态的发展，一再要求英方不要交出嫌疑犯。6 月 6 日，中国驻英大使郭泰祺会见了英国外交大臣哈里法克斯（Halifax），向其面交了蒋介石的信，信中提出关于这一问题的要求，并向英方作出承诺，保证以后"不会在英租界内再出现任何引起麻烦的事件"。哈里法克斯则提醒中国方面注意"形势非常危急"，日本当局已经发出威胁，如不采取措施控制租界内的抗日行动，他们将采取严厉行动。哈里法克斯指出："中国政府采取的任何可能使租界落入日本人手中的行动都是不明智的，因为人所共知，外国租界是日本在中国推行其经济计划的最大

---

① 《英国外交文件》，第 3 辑第 8 卷，第 560 页。

障碍。"郭泰祺表示将尽力向中国政府说明英方的这一观点①。

天津日军发出威胁,要求租界当局必须在 6 月 7 日之前作出明确答复,如到时不作答复,将视为拒绝交出。此后,英方曾提议由英日及一个中立国(美国)组成调查委员会,对四名嫌疑犯是否有罪进行调查,但遭日本拒绝。6 月 13 日,天津日军发言人发表谈话,声称即将对英租界的封锁是"因为英国人拒绝交出四个嫌疑犯",但"这还只是问题的一个方面",现在,箭已离弦,只交出这四个人已不能解决问题,"除非英国租界当局的态度发生根本的转变,即与日本在建立东方'新秩序'中合作,放弃其亲蒋政策,日本军队绝不会罢休"。该发言人所列举的亲蒋政策包括:庇护抗日分子和共产党分子、反对联银券的流通、支持法币、默许非法分子使用无线电收发报机及允许使用抗日课本等。可见,日本是要以程锡庚事件为由头,借机压迫英国在一系列问题上对日妥协②。

6 月 14 日,日本正式封锁了天津的英法租界,并对出入租界的英国人进行人身侮辱。天津日军声称,如果英国不改变对日政策,同日本人合作,日军就不取消封锁。

天津事件的爆发,使英日关系陷入空前危机。在日本实行封锁的当天,英国内阁即召开紧急会议,商讨对策。外交大臣哈里法克斯提议,如果日本拒不让步,英国应考虑采取经济报复措施。英国外交部就天津事件公开发表声明,指出"英国方面不得不对日本提出的进一步要求采取非常严肃的立场,因为这些要求极大地损害了其他所有国家的在华条约权利",并表示如日本华北当局坚持其新要求,"将很快出现一个极其严重的局面,英国政府势必采取直接的积极措施以保护英国在华利益"③。

然而,英国参谋部对此表示反对。他们认为对日制裁可能会导致卷入与日本的公开冲突。他们从军事的角度强调指出,在目前面临欧洲危局的时刻,英国无力向远东派遣足够强大的军事力量。6 月 19 日及 20 日,英国内阁连续召开外交政策委员会会议,张伯伦对参谋部的意见表示支持。他重申他过去经常提出的反对对日制裁的观点:如果制裁无效,则毫无意义;如果制裁有效,则会引起被制裁国的报复而陷入冲突。他认为与日本

---

① 《英国外交文件》,第 3 辑第 9 卷,第 144 页。
② 同上书,第 169 页。
③ 同上书,第 194—195 页。

达成某种协议才是最好的出路。于是，外交政策委员会作出决定，要致力于寻求天津问题的和平解决。哈里法克斯遂致电克莱琪，表示"经过仔细的考虑之后，英国政府注意到采取报复行动的困难"。他指示克莱琪与日本人进行谈判①。

7月15日，克莱琪与有田八郎在东京开始正式谈判。有田有意扩大英日谈判的范围。他提出在解决具体问题之前，首先达成一项原则协议，即要求英国承认在中国存在着特殊的战争局面，日军不得不采取他们认为最合适的办法来应付中日冲突。克莱琪意识到日方所提出的东西已超出了英国原来的设想：第一，它所涉及的是整个中国而不只是天津地区；第二，这实际上是要求英国政府事先无条件地同意日军采取它认为有必要采取的任何措施。尽管如此，克莱琪还是主张对日妥协。英国政府担心谈判破裂，决定再作退让，在总体上满足日本的要求。

经过数次会谈，7月22日，英日在日本所提出的原则的基础上达成协议。7月24日，英日同时在伦敦和东京公布了协议全文。该协议宣称："英国政府充分认识到正处于大规模战争状态下的中国的实际局势，在此种局势继续存在之时英国知悉在华日军为保障其自身安全与维持其控制区内的公共秩序，应有其特殊需要，凡有妨碍日军或有利于其敌人的行为或因素，日军均不得不予以制止或消灭。英国政府无意鼓励任何妨害日军达到上述目的之行动。"②

"有田—克莱琪协议"的内容是笼统而模糊的。声明发表后，英日双方都各自发表符合自己利益的解释，其意旨相去甚远。双方都声称达成这种原则协议是己方外交的成功。日方认为它们通过这一协议获得了英国对日本在华行动权的认可。英方则认为，协议解决了租界当局所面临的困难，英方只是承认了目前存在于中国的现状而已，它并未因此而承担任何义务，并不需要去改变它过去的既定政策。7月31日，张伯伦在英下院声称，这并不表示英国将就此改变对华政策，英国不会在另一个国家的要求下改变其远东政策。哈里法克斯则向中国大使保证，此举绝不意味着英国支持日本对华侵略，亦不影响国联通过的与中国有关的决议。英国驻华大使也派员前往中国外交部解释，表示这一协议并不涉及英国政府政策的

---

① 《英国外交文件》，第3辑第9卷，第200页。
② 同上书，第313页。

改变。他提醒中国政府注意，这一协议也并未对英国政府加诸任何义务，使其必须放弃过去的政策①。

但无论英方作何解释，英方的声明在实际上是默认了日本对中国的侵略，违反了英国对中国和国联所承担的义务，是一次严重的妥协行为。日本首相平沼骐一郎就曾宣称，这一协议不仅将给重庆政府一大打击，而且将会成为解决中国事变的一个有利因素②。

对于英国政府的这一妥协行为，中国外交部于 7 月 26 日发表声明，指出中国政府对此"不能不引为失望"，"日军之对华侵略业经英国自身与其他国联会员国予以承认，而英国政府对于在华日军之所谓特殊需要竟声明知悉，是不能不深引为遗憾，英国政府又担任使在华英国当局及英国侨民明悉彼等应避免任何阻碍达到日本军队目的之行动或办法，尤堪讶异"③。7 月 31 日，中国大使郭泰祺在奉命向英方提出的备忘录中进一步指出，尽管英方对东京协议做了许多解释和澄清，但中国政府认为"该协议包含了性质笼统的一般陈述，这些陈述很容易有各种显然不利于中国权益的解释"。中国政府认为东京协议忽略了两个最重要的基本事实：第一，进行这些涉及中国领土、主权与利益的谈判没有邀请中国政府参加；第二，协议没有承认这样的基本事实，即日军在它作为侵略结果而占领的任何地方都不享有任何权利。日军的占领违反了全部国际法，是国际联盟正式谴责的侵略行径。备忘录要求英国政府在以后的谈判中不要作出任何不利于中国人民继续抵抗侵略的许诺，并要求其采取具体措施来援助中国④。

7 月 28 日，蒋介石在对《伦敦新闻纪事报》发表的谈话中，亦公开对这一协议提出批评。蒋介石认为日本军阀怀有统治亚洲的狂想，英国为保护其在华利益，即使作暂时的让步，"亦无异于以血肉喂猛虎"。蒋介石指出，"即使英国以百年来在华所有整个之利益，悉数让与日本，日本军阀亦断断不能停止其侵略的行动。除非英国放弃其在远东一切之所有……或者可以获得十年至二十年的相安。何况照现在所发表如此空泛而

---

① 《战时外交》，二，第 104 页。

② 阿诺德·托因比等编：《大战前夕，1939》下册，劳景素译，上海译文出版社 1984 年版，第 1101 页。

③ 重庆各报联合版，1939 年 7 月 26 日。

④ 《英国外交文件》，第 3 辑第 9 卷，第 374—375 页。

不可捉摸的协议，而谓即能真正妥协，其谁信之？"蒋介石还重申："任何协定如不得中国政府之承诺，无论在法律上、在事实上均丝毫不能生效。"①

"有田—克莱琪协定"签订之后，英日继续在天津就治安问题和经济问题进行具体谈判。英国在治安问题上作出让步，同意交出四名嫌疑犯，并在租界取缔抗日分子。但在经济问题上英国拒绝了日本的要求。因为中国法币正发生危机，如果英国禁止法币在英租界流通，将会加重法币危机，并有可能导致中国货币的崩溃。至于把中国政府的存银交给日本，由于此事必然会大大伤害中国政府，从而产生严重影响，英国政府一时也不愿就此向日本作出让步。这样，英日在经济问题上的谈判陷入僵局。8月20日，英日谈判宣告中断。

这一时期，美国的对日妥协主要表现在继续对日输出大量军事物资上。日本是一个资源短缺的国家，它的大部分战争物资都依赖于进口。在中日战争爆发之前，日美之间的进出口贸易在日本的外贸总量中就已占有相当大的份额。抗战爆发后，由于中日间并未正式宣战，在法律上美国未确认中日处于战争状态，当然也未确认日本在对中国进行侵略战争，因此，美国仍然维持着庞大的对日贸易。

中国政府曾积极展开活动，以求促成美国对部分物资尤其是军事物资实行禁运。然而，由于缺少前述的法律基础，在美国这样一个以法立国且孤立主义情绪甚为浓厚的国家，要想以法律手段来确定对日本的禁运，事实证明是非常困难的。中国政府逐渐也明白了这一点，便退而求其次，希望以非法律形式即政府劝阻的方式来达到限制对日输出军火的目的。1938年10月12日，中国外交部在给新任驻美大使胡适的电报中指示道："倘美国政府仍不能以法律形式单独禁运军火于日，我方切望美国政府再以切实劝告态度，令各商家停止以军用物品接济日本，尤以钢铁与煤油最关重要，勿令直接或间接输运日本。"②

除了与美国官方的外交接触外，中国方面还在美国积极展开了民间外交活动，以推动其舆论界和政界的转变。中国组织有关亲华人士在美国成

---

① 《战时外交》，二，第102—103页。

② 中国社会科学院近代史研究所编：《胡适任驻美大使期间往来电稿》，中华书局1978年版，第2页。

立了一个"美国不参与日本侵略委员会",美国前国务卿史汀生担任了该会的名誉会长。该委员会曾多次发起向政府和国会的请愿活动,要求停止向日本输出战争物资。胡适大使在从事正常外交交涉的同时,注意把相当多的精力用于争取舆论方面。他经常在各种场合发表演说,控诉日本的侵略罪行,以促成美国民情的转变。中国政府还派出国民参政会参政员张彭春等人赴美从事民间外交活动。

中国方面的所有这些活动,对于美国对日态度的逐渐转变无疑是产生了一定影响的,但在抗战的最初两年中,它并未能促成美国政府的政策转变,美国继续向日本提供着大量的物资,尤其是日本急需的军用物资。1937 年,美国对日输出额为 28858.5 美元,1938 年略有减少,为 23957.5 美元,其中一半以上为军需物资。[①]

第二节　英美对中国战略地位的重新思考

毫无疑问,听任日本在中国为所欲为不是英美等列强所心甘情愿的。随着时间的推移,列强对日本的最终目的、中国的战略地位以及它们自己在远东的前途的思考逐渐深入,认识逐渐明朗。从长远的战略利益出发,它们开始对无所作为而一切任其发展的中立政策提出怀疑。

早在 1937 年底,美国的一些外交家和军界人士就对日本在华行动的意图和恶果提出了令人震惊的警告,并由此开始对中国的战略地位进行认真的思考。美国驻华大使詹森认为,日本的目标在于消灭"西方在中国人中间的一切影响"。他要求美国政府采取坚决的对策,否则,前面将会有更多的麻烦。他指出"如果我们要得到尊重,我们就必须准备战斗"[②]。美国亚洲舰队司令亚内尔(Harry E. Yarnell)上将则指出,中国的命运事关亚洲的未来,如果允许日本征服中国,那就等于放弃亚洲大陆,放弃对太平洋的控制权。亚内尔认为中国是美国在亚洲的防御堡垒,是美国最重

---

① 杨生茂主编:《美国外交政策史,1775—1989》,人民出版社 1991 年版,第 376 页。

② 罗塞尔·D. 布海特:《詹森与美国对华政策,1925—1941》(Russell D. Buhite: *Nelson T. Johnson and American Policy toward China*, *1925 - 1941*),东兰辛 1968 年版,第 135 页;迈克尔·沙勒:《美国十字军在中国,1938—1945》,郭济祖译,商务印书馆 1982 年版,第 22 页。

要的盟友。他在 1938 年初的一份报告中警告说，只是由于中国的抗战挡住了日本军团，它们才没有向加利福尼亚进军。亚内尔主张美国应着手援助中国，"这不仅是为了那些高尚的道义和政治上的缘故，而且也为了有机会进行真正大规模的贸易，因为在这样的援助下形成的稳定局面会带来扩大的市场"。亚内尔警告说，如果美国不采取措施阻挡日本，"白种人在亚洲就不会有前途了"。亚内尔的这些报告曾在美国国务院、白宫班子以及军方高级官员中传阅①。

来自日本的消息报道，也证实了美国在远东的这些观察家们对日本的判断。日本政府和日本军方的一些人这时正不断地发出要把英美列强赶出中国的叫嚣。1938 年 1 月 4 日，日本内务大臣末次信政在对日本《改造》杂志记者的谈话中宣称："远东白色人种的利益在日本面前应当自行让位。中国、满洲国和日本应当建立政治上、经济上和思想上的联盟……我坚信，黄色人种将获得上帝预先准备授予它的一切，白色人种的霸权即将结束。"1 月下旬，日本同盟社发表了荒木贞夫将军的一篇文章，该文章公然声称，"将来我们会遇到比日中战争和日俄战争更大的困难，但是，通过这些困难，我们将在东方然后在全世界扩大帝国的权力和制度"。这些直言不讳的刺耳言论无疑有助于加深美国人对日本的认识②。

日本扩建海军的行动进一步加深了美国的警戒之心。有情报表明，日本正在加紧建造大型海军舰只，其规模超过了 1936 年达成的限制海军军备条约。1938 年 2 月 5 日，美国驻日大使格鲁奉命询问日本是否愿意保证到 1943 年 1 月 1 日为止不再建造任何突破伦敦公约限制的舰只。他表示，如果日本不提供这样的保证，我们将认为日本正在建造突破这些限制的舰只，"在那种情况下，我们将保留行动的完全自由"③。在这前后，英法政府也向日本提出了内容相近的照会。然而，日本外相广田在 2 月 12 日的答复中，并没有给予美国所要求的保证。于是，在与英法商量后，美国政府也宣布了它将不受条约限制的立场。

在美国对日本的野心及中国抗日的现实的和潜在的战略意义逐渐认识的同时，与之同等重要的另一个变化是，它对中国的抵抗能力的认识也发

---

① 《美国十字军在中国，1938—1945》，第 23 页。
② 《苏联〈真理报〉有关中国革命的文献资料选编》，第三辑，第 401 页。
③ 《赫尔回忆录》，第 1 卷，第 568 页。

生了转变。中国的抗日战争度过了南京失陷后出现的危机而继续坚持下去，这为美国对中国的重新认识提供了现实的基础。在中日战争刚开始时，许多外国观察家皆对中国持悲观态度，以为最多两三个月，中国就要失败。然而战争的发展并未如这些人所料。尽管中国在战争初期遭受了重大损失，但中国军民的顽强抵抗毕竟打破了日本速战速决的构想，迫使日本陷入持久消耗战中。

1938 年春夏，美国在华军事观察人员陆续向国内发回的消息，开始显示出对中国军队战斗力和战争发展状况评价的某种变化。担任罗斯福总统特别信使的卡尔逊（Evans F. Carlson）在 3 月 31 日的报告中，表示了他对中国军队的比较乐观的看法。他在报告的结论部分指出："中国军队正飞快地得到改善。中国士兵仍然优于日本士兵，但军官需要参谋业务和指挥方面的训练，他们现在正得到这种训练。"卡尔逊认为，中国只要能获得外国的贷款和战争物资，能维持对日统一战线并平息那些不惜一切代价的主和派，中国就能够继续抵抗①。

美国驻华使馆武官处向美国军方所发回的许多报告也认为战争已处于长期态势，日本不可能迅速战胜中国，中国现时也无力收回失地。武官处在 1938 年 5 月的一份报告中评论说："现在中国人似乎在所有的战线上都成功地抑制住了日本人，这不仅是由于中国人已经极大地改进了他们的战术，更因为日本人的扩展已经到了这一点上——他们不能发起一个足以摧毁抵抗的沉重打击，而中国以他们巨大的人力优势能经受得住日本的进攻。"他们相信"日本苍蝇最终会使它自己缠在中国人的粘蝇纸上"②。

影响美国对华战略考虑的另一个重要因素是德国在欧洲的积极扩张和日、德、意的靠拢。1938 年 3 月，德国吞并了奥地利，随后又向捷克提出领土要求，表现出一种危险的侵略倾向。在德国调整对华政策后，德日加快了靠拢的进程，并开始了订立军事同盟的初期谈判。这样，在罗斯福政府对世界局势的考虑中，日本和德国被作为东西方的敌人而联系起来，美国开始以新的眼光来看待日本在远东的行为，日本不只是一个地区性的不稳定因素，而且与德国和意大利构成了一个对现存世界秩序的全球性威

---

① 唐纳德·施威编：《罗斯福与外交事务》（Donald B. Schewe ed.：*Franklin D. Roosevelt and Foreign Affairs*），第 2 集第 9 卷，纽约 1969 年版，第 290 页。

② 《美国军事情报部门的报告，中国，1911—1941》，第 10 卷，0694 号。

胁。从这一认识出发，中国的战略地位就显得更为重要。美国不再把中国仅仅视为一个侵略的受害者，一个为自身的存亡而战斗的国家，它成了美国借以遏制日本的一支重要力量。

在认识到援华抑日战略的必要性和可行性的基础上，美国远东政策的重点开始发生变化，由注重怎样才能最好地避免卷入冲突转向在避免冲突的前提下，怎样尽可能增强中国的抵抗能力。

美国政府的这一态度，首先在是否对中日战争适用中立法的问题上表现出来。"帕奈号"事件后①，美国的孤立主义势力担心美日在华冲突会导致美国卷入战争，因而要求对中日战争实施中立法。罗斯福政府在国会积极活动，反对通过这一提案。在 1938 年 4 月 20 日的白宫记者招待会上，罗斯福反驳了那种认为实施中立法就是中立的观点。他坦率地指出，在某种特殊情况下，僵硬地执行中立法，"也许意味着一种彻底的非中立"。他承认在中国实际上正进行着战争，每天有成百上千的人死去，但中日还没有断绝外交关系，那就不必把它称为战争。在解释美国政府为什么对现在正同时进行的西班牙战争和中日战争采取两种不同的对策，即只对前者实施中立法时，罗斯福坦率地说，两者情况不同，如对西班牙战争不实行禁运，将有利于佛朗哥（F. Franco），因为他控制着海洋，而"如果我宣布中立法适用于中日战争，它将会有利于日本而伤害中国。因而，它是不中立的"②。当时，中国正通过各种渠道在美采办战争所需物资。在罗斯福政府的努力下，在各界明智人士的支持下，孤立主义者对中日战争实施中立法的企图未获成功。

但是，由于中立法的存在及孤立主义势力的影响，罗斯福政府的活动颇受掣肘。在援华和制日两方面，美国最先迈开的是制日的步伐。这是因为这更容易找到直接的借口，由于日军在华犯有大量野蛮暴行，美国可以以人道主义为由对日本从美国的进口进行限制，这就避开了中立法问题。而援华则涉及对中日战争中的一方的倾向性，较易引起复杂的反应。罗斯福在 1938 年 2 月间会见中国驻美大使王正廷时就曾表示，美国政府的第一步办法在于制日，待时机成熟时，将采取第二步的援华办法。

────────────────

① 1937 年 12 月 13 日，日军飞机轰炸了长江中的英美军舰和民用船只，美艇"帕奈号"被炸沉，三艘油船被毁，史称"帕奈号"事件。

② 《罗斯福与外交事务》，第 2 集第 9 卷，第 440—441 页。

如前所述，基于战前美日贸易的规模，美国仍是这一时期日本最大的物资（包括军事物资）供应国。出于各种原因，在尽力避免引起日本的敌意和国内的孤立主义势力反对的情况下，美国政府不可能对日实行制裁。然而，在1938年夏季，事情开始发生了变化，美国政府终于迈开了限制日本的第一步。这一步是以谴责日本对中国平民的狂轰滥炸为突破口的。6月11日，赫尔在记者招待会上谴责了轰炸平民的行为，进而公开表明，美国政府"劝阻向那些用飞机来轰炸平民的地区出售美国飞机"①。7月1日国务院军品管制司司长格林（Joseph C. Green）向飞机制造商和出口商发出劝告信，表示"美国政府强烈反对向任何从事那种轰炸世界上任何地区的国家出售飞机或航空设备。因此，国务院将极不乐意签发任何授权直接地或间接地向那些正使用军队攻击平民百姓的国家出口任何飞机、航空武器、飞机引擎、飞机部件、航空设备附件或飞机炸弹的许可证"。格林还要求那些已与外商签约而难以中止契约的厂商，无论其是否已有许可证或是正准备申请许可证，都要向国务院通报其合同的内容②。

国务院的这一举动被称为"道义禁运"，它并不具有强制性。但是，政府的这一姿态毕竟具有较大的影响力，美国绝大部分厂家都采取了与政府合作的态度。副国务卿韦尔斯12月13日给罗斯福的一份报告表明，"道义禁运"取得了较大成功。下表为报告中所附1938年6月至10月美国向日本输出飞机及有关部件的情况。

月份	价值
6 月	1710490.00 美元
7 月	1125492.65 美元
8 月	179249.00 美元
9 月	78720.00 美元
10 月	7215.95 美元

① 《美国外交文件》，1938年第3卷，第236—237页。
② 《罗斯福与外交事务》，第2集第10卷，第290—291页。

韦尔斯报告说，6 月以来，国务院所签发的出口许可证"几乎为零"①。

罗斯福对这一状况并不满意，因为仍有个别厂家不执行"道义禁运"，如联合飞机公司就仍在与日本做大宗生意。罗斯福致函韦尔斯，要求他想办法进一步削减对日本的出口。韦尔斯决定在记者招待会上公布这家不执行"道义禁运"的飞机公司的名字，以期以强大的舆论压力迫使这家公司停止对日出口航空物资。这一招果然奏效，联合飞机公司后来也停止向日本出售航空器材。

比较起来，向中国提供经济援助则要显得困难些。抗战开始后的一年中，美国对中国的财政上的支持是通过购买中国白银的方式进行的。中国在实行币制改革后，白银退出流通领域，中国政府手中握有大量过剩白银，它急于在国际市场上售出以换取外汇，中国政府一再要求美国收购中国的白银。对美国政府来说，购买这些白银可以避开孤立主义者的反对，因为它不像提供贷款那样具有明显的援助性质。抗战以来，美国多次购买中国白银。据《中国与外援》一书所载各次购买情况，可将抗战第一年中的白银购售情况整理列表如下：

批次	数量（单位：万盎司）	
第一批	1937 年 7 月	6200
第二批	1937 年 11 月	5000
第三批	1937 年 12 月	5000
第四批	1938 年 2 月	5000
第五批	1938 年 4 月	5000
第六批	1938 年 7 月	5000

这样，在从 1937 年 7 月至 1938 年 7 月的一年时间内，美国共分六批购买了 31200 万盎司白银，其购买价略高于市场价，总价值达 13800 万美元。这些售银款项原曾规定不得用于购买军事物资，但实际上并未严格执

---

① 《罗斯福与外交事务》，第 2 集第 12 卷，第 300 页。

行，其中约有 4800 万美元被用于采购军事物资①。

至于以贷款形式向中国提供经济援助的交涉，却迟迟未有进展。早在 1938 年初，王正廷就曾向美国政府提出借款 5 亿美元的要求。但赫尔声称，任何借款都必须经过国会批准，而现在看不出国会有批准的可能，政府行政机构对此无能为力。由于美方在借款问题上过于谨慎和消极，迄至 1938 年夏，中美间的贷款交涉未有任何重大进展。7 月中旬，美国国务院还拒绝了一次英、法外交部希望三国同时宣布向中国提供借款的建议。赫尔在给美国驻英大使的指示电中表示，美国政府认为，联合行动和集体行动会激起日本人的反感，而有碍于目前中日冲突的解决。他认为，各国单个的尽可能不引人注目的援助将更为有利。赫尔同时通知说，美国政府正在考虑有关对中国的援助问题。

确实，美国国务院内这时正在就援华问题展开认真的讨论，出现了很有说服力的要求援华的呼声。远东司官员范宣德（John C. Vincent）在 7 月 23 日所提出的备忘录很具有代表性，它曾在国务院官员中广泛传阅。该备忘录认为："中国的抵抗不致崩溃，不仅对中国而且对我们以及其他民主国家来说都是极为重要的。"根据这一认识，备忘录建议在不致卷入战争的限度内，美国"现在不应放过任何增强中国的抵抗意志和抵抗能力以阻止日本征服中国的企图的机会"。针对一些人一味害怕卷入中日冲突的想法，该备忘录指出，从长远来看，除非日本军国主义被击败，美国在远东的卷入也许是难以避免的。一旦日本控制中国，它不会在中国停住脚步。它将向南方发展，从而与美英等国发生冲突。因此，备忘录指出，"如果日本在中国的侵略成功，我们卷入的机会将显著地大于因我们现在向中国提供适当的援助而被卷入现时冲突中的机会"。作者的结论与流行的孤立主义观点截然不同：积极的对华援助反倒比袖手旁观更少卷入的可能②。

美国驻华人员也积极敦促美国政府采取行动。詹森大使在 1938 年 6 月给国务院的报告中提出，美国应在反对世界恶棍的斗争中挺身而出。詹

---

① 阿瑟·杨格：《中国与外援，1937—1945》（Arthur N. Young：*China and the Helping Hand*，1937—1945），哈佛大学出版社 1963 年版，第 62 页；《第二次中日战争史》，下册，第 709 页。

② 《美国外交文件》，1938 年第 3 卷，第 234—237 页。

森指出："民主世界正呼唤着一位领袖，他要能在法律和秩序的进程中清楚地以领袖的身份去思考，以领袖的语言去讲话，那就让他屹立在美国吧，如果他注定要在那里出现。"[1] 史迪威武官从美国国防的角度出发力主援助中国。他认为"我们以提供贷款和军事装备的形式帮助中国，对我们本国也是一种很好的防御措施，这比我们仅仅生产本国需要的国防装备要好得多。即使把生产本国防务装备费用中极小的一部分提供给中国，起的作用也会大得多"。史迪威认为美日之间的战争势不可免，中国将来必然是美国的盟友[2]。

在美国政府内，财政部部长摩根索（Henry Morgenthau，Jr.）对推动对华援助一事比较热心。7月26日，摩根索在赴欧期间向中国驻法大使顾维钧表示了提供贷款的可能性。他说：他两年前与中国签订白银协议时，与中国代表陈光甫合作得很愉快。如果中国现在派遣陈光甫到美国去，双方可以就一笔农产品信用贷款进行商讨。

顾维钧立即向国内报告了这一消息。中国政府对此非常重视，对谈判结果怀有极高期望。行政院院长孔祥熙在给陈光甫的指示中说道："此次战争胜负之决定在于财政，如能取得一项数目甚大之现金援助，即可改变局势。"孔祥熙乐观地提出了4亿美元的借款目标[3]。按照美方的安排，陈光甫于9月离华赴美。摩根索亲自负责财政部与陈光甫的谈判。他认为这是美国能够增强中国的抵抗能力的最后机会，因为中国的局势已经变得越来越危急。

财政部的这种积极行动受到了对贷款持谨慎态度的赫尔国务卿的反对，他认为这样可能会违反中立法，引起国内孤立主义势力的反对和日本的反感。面对来自国务院的反对意见，摩根索直接请求罗斯福总统的支持。1938年10月17日，摩根索致信罗斯福，批评那种"主张不做任何可能遭到侵略国家反对的事情的僵硬外交政策"使得他对于援助中国所作的努力归于无效。摩根索信中问道："有什么样的和平力量能比出现一个统一的中国更为伟大呢？"他指出，"若不提供实质性的经济援助，中国的抵抗运动不久就会瓦解"，而美国"只要承担略高于一艘战舰的价值

---

[1] 《詹森与美国对华政策》，第137页。

[2] 《史迪威与美国在华经验》，第265页。

[3] 《战时外交》，一，第238页。

的风险，我们就能带给中国人持续的生命力和战斗力。我们所能做的要比这多得多。通过我们的行动，我们就能推动世界各地民主力量反对侵略的斗争"①。摩根索不时向罗斯福报告谈判的进展情况，以期取得总统的支持。

在这同时，英国对华政策也经历了一个重新审视的过程。英国驻华大使卡尔不断向外交部发去电报，说他通过最近对华中地区的访问，对中国的抗战抱有信心。卡尔要求人们正视这一事实："在某种程度上，中国既是为他们自己而战，也是为我们而战，因为只有日本人的失败才能把我们从危及我们在远东地位的灾难中解救出来。"卡尔敦促英国政府迅速明确它的远东政策，他认为，估测形势并作出抉择的时刻已经到来：英国是充分重视在远东的地位，并为此作出坚决的努力以拯救它，还是准备任人摧毁这一地位。卡尔承认，明确对中国的支持"可能有点赌博的意味"，但他认为"这是一场具有很大的成功希望的赌博，而另一种选择却注定只会带来灾难"。

卡尔还从英国在中国的长远利益出发，指出现时对中国提供援助，使中国免遭日本的奴役，将使中国在战后的重建中坚定地站在英国一边，英国在这重建中将会发挥重要作用。针对有些人担心中国人一旦胜利，民族主义的排外浪潮将会吞没一切外国在华权益的想法，卡尔明智地指出："中国的胜利将会带来治外法权的废除和我们与这个国家关系的彻底重建。但我感到，不管怎么说，这些事是早就该做的，一个不再受任何掠夺性强国剥削的强大的独立的中国将为远东前途提供最有建设性的前景。"②

5月31日，外交大臣哈里法克斯向英国内阁提出了一份《关于中国请求援助的备忘录》。备忘录指出，当1937年年底中国军队在上海惨败之时，很少有人认为它能够从失败中恢复过来，那时考虑向中国提供任何较大规模的物资援助似乎都是不现实的。然而，中国军队已经惊人地恢复过来，我们所有的情报都显示，如果中国的财政局面和战争物资的供应能得以维持，他们无疑能够对日本人进行持久的有效的抵抗。而这种抵抗，是为所有的守法国家而战，当然也是为英国在远东的地位而战，"因为如果

①　《罗斯福与外交事务》，第2集第11卷，第390—392页。
②　《英国外交文件》，第2辑第21卷，第762—763页。

日本赢得战争，我们在那里的利益将注定要被消灭。……日本陆军和海军对中国大陆和南洋地区的欲望是无止境的。如果中国能顶住日本的侵略，英国和美国便能够进行有效的干预，并得以长久地保护它们在远东的地位"。备忘录警告说，"中国现在从外部得到的援助越少，战争就可能结束得越快，日本就更可能将它的计划付诸实现，英国在中国的利益被扫地出门的时刻就会更快地到来"。哈里法克斯的结论是："关于荣誉和自身利益的每一种考虑都敦促我们尽我们所能去帮助中国。花费一笔数额非常有限的金钱，我们也许可能因此而保存我们在远东的至关重要的利益。"[1]

　　但英国内阁中的其他一些要员尚未意识到援华的迫切性。财政大臣西蒙、首相张伯伦等人担心，崇尚武力的日本人会对英国援华作出强硬反应，这将导致狂热的仇英情绪的爆发。西蒙认为，当英国正面临着欧洲的危险状态时，采取援华行动很难说是一种明智的举动，"如果我们采取了提议中的步骤，而它并不能确保中国在一年内取得胜利，却引起日本人的连续不断的敌对行动，我们这不是极大地增加了在将来某个时候同时在欧洲和远东面对敌对行动的危险吗？我们的军事顾问一直敦促说，避免这种可能性应是我们的外交政策的一个主要目标"[2]。张伯伦也认为，"我们在远东的地位是非常脆弱的，如果我们遭受日本的武力攻击，在初期我们无论如何都无法进行防卫"。因此，在6—7月召开的多次内阁会议上，英政府都未能作出援华决定[3]。

　　但张伯伦并不完全反对向中国提供援助。7月26日，他在下院发表了一篇被人们认为是比较坚定的关于外交政策的讲话。他声称，"我们在中国也有我们的利益，我们不能眼看着它们的牺牲而无动于衷"[4]。他表示尽管英国现在不准备向中国提供贷款，但它将考虑其他的援华方式。

　　8月，英外交部再次要求政府的其他有关部门考虑对日本可能采取的经济措施。哈里法克斯认为，采取行动可能会伤害英国的某些利益，但他认为是值得牺牲一些东西来追求总体利益的。8月底，外交部设计了一个分四阶段对日制裁的方案：一、效仿日本人所为，在英国控制的地区给日

①　《英国外交文件》，第 2 辑第 21 卷，第 792—793 页。

②　同上书，第 810—812 页。

③　同上书，第 788—789 页。

④　《美国军事情报部门的报告，中国，1911—1941》，第 3 卷，0023 号。

本人制造麻烦；二、在不废约的情况下采取一些可能的经济报复措施；三、在有关殖民地废除英日商约；四、全面废除英日商约。但英内阁的其他要员仍主张持审慎态度①。

第三节　英美迈出援华制日第一步

在战场上的军事胜利和外交上的威胁得逞的不断刺激下，日本在中国对列强采取了咄咄逼人的攻势。在言论上，日本人公开表现出对列强的挑衅和蔑视态度。日本海军的一位将军在谈到新加坡和香港这两个英国在远东的重要基地时，就十分放肆地说，"根据日本空军目前的实力，要消灭这两个基地，对日本军队来说不过是像做早操一样"②。这位将领的言论虽然不能代表此时日本军方的决策意见，但却毫无疑问地反映了广泛存在于日本军人中的对英国的轻蔑和对夺取英国在远东的利益跃跃欲试的心情。

日本舆论还大肆发泄对九国公约及其主要发起者美国的不满。日本《外交时报》9 月号登载的一篇日本外交官的文章，反映了日本人对于美国的积怨。该文认为"抑制日本，强化中国，以保持东亚和平，为最近二十年来美国政府一贯之思想，且为其实际政策。世界大战以来，此政策即已发动，迄华盛顿会议，遂凝结为九国公约"。该文指责美国"继之破坏日英同盟，废弃日美兰辛—石井协定，退还山东，日本在中国大陆之优越地位悉被剥夺，使日本手足不能举"。因此，该文主张废弃九国公约③。

面对日本在中国对其权益的肆无忌惮的侵犯，美国决心作出反应。10月6日，美国驻日大使格鲁奉命向日本政府提交了一份照会。该照会列举了日本在中国侵犯其利益的种种行为，指责日本违反了国际条约所规定的在华门户开放原则，要求日本遵守条约，改正其错误行为。这是抗战爆发以来，美国对日本第一次强硬而系统的指责。

不久，中国战场上又发生了重大的变化。在华中，历时数月，双方动

---

① 《英国外交文件》，第 3 辑第 8 卷，第 50 页。
② 《苏联〈真理报〉有关中国革命的文献资料选编》，第三辑，第 395—396 页。
③ 《卢沟桥事变前后的中日外交关系》，第 531 页。

用兵力达百万人之众的武汉会战宣告结束，日本占领了武汉这一控平汉、粤汉、长江要道的战略要地和华中地区最大的工商业中心。在华南，日本经短促突击，未遇重大抵抗，便占领了广州，从而扼制了粤汉线南端，切断了经香港运入的外援物资通道。同月，在西方也发生了一件令世人瞩目的大事件。英国首相张伯伦、法国总理达拉第、德国总理希特勒和意大利首相墨索里尼这欧洲四巨头聚会慕尼黑，就欧洲和平问题尤其是捷克危机问题达成协议。英法在德国的软硬兼施下不惜以牺牲捷克人民的主权来谋取其想象中的欧洲和平。德国居然通过谈判取得了其垂涎已久的苏台德地区。可以认为，这是德国讹诈外交的一个巨大成功。

伴随着战场上的重大军事胜利，日本的外交也发生了重大变化。日本自以为已基本具备了控制中国的能力，因而对其外交方针也相应做出突破性的调整，公开对"门户开放"政策提出挑战。从前，在相当长的一段时期内，日本尽管在实际行动上早已否定了"门户开放"，但为了减少阻力，它在口头上一直表示尊重"门户开放"的原则。在军事胜利的鼓舞下，在德国取得慕尼黑外交成功的刺激下，日本在 11 月 3 日发表的第二次近卫声明中，提出了建立"东亚新秩序"的口号，也试图以软硬兼施的手法迫使西方国家在远东作出类似的重大让步。声明宣称："此种新秩序的建设，应以日、满、华三国合作，在政治、经济、文化等各方面建立连环互助的关系为根本，希望在东亚确立国际正义，实现共同防共、创造新文化，实现经济的结合。"这表明日本要在东亚建立以它为霸主的，由它实施紧密控制的一种新秩序。声明还颇含意味地要求各国"正确认识帝国的意图，适应远东的新形势"，并声称日本要"排除万难，为完成这一事业而迈进"。次日，日本外务省发言人在记者招待会上进一步声称，日本认为九国公约已经过时，尽管"有关废除的决定尚未作出"①。

11 月 8 日，日本外相有田八郎照会格鲁，答复美国政府在 10 月 6 日照会中对日本违反门户开放原则的种种指责。有田在复照中公然提出，"目前在东亚新形势继续发展的时候，企图……毫无变更地应用在这次事变前的形势下适用的观念和原则，并不能解决目前的问题"②。

日本报刊一时间充斥着对"东亚新秩序"的宣扬。与日本外务省关

① 《日本外交年表及主要文书（1840—1945）》，下册，第 401 页。
② 《美国外交文件，日本卷（1931—1941）》，上册，第 797 页。

系密切的《朝日新闻》连续发表文章，指责以英美为中心的东亚旧秩序。该报 12 月 7 日的一篇文章声称："九国公约所载之机会均等原则，旨在阻止中日成立密切的合作关系，而使中国永为西方列强之半殖民地市场，此约一方面干涉日本生存权，一方面阻止中国在其经济方面行使其行政主权。"该文强辩说："中日间特殊密切关系，乃生死问题。苟任何外国要求牺牲此种关系，则无异否认中日生存权。"稍后，《朝日新闻》的另一篇文章进一步表示了日本人建立新秩序的坚定决心："无论英美采取何种步骤，决不能压迫日本改变政策。此前之远东制度，以后已无存在之根据，一切旧的外交观念，如九国公约等，均应加以取消。……门户开放政策，及各国在华平权之原则，已成过去。"①

日本《国民日报》对"东亚新秩序"的注解十分露骨。该报扬言"'东亚新秩序'宣言，就是'东亚门罗主义'宣言，列强坚持保留其在华权益是错误的，他们希望恢复事变前的权益，纯属幻想，所谓门户开放原则和机会均等原则都必须加以修改"。有的报纸甚至公然宣称，现在摆在列强面前的问题已经不再是中国问题，而是一个"谁将是西太平洋的主人"的问题②。

12 月 8 日，有田八郎进一步对英美大使声称，"东亚新秩序的建设，是日、满、华合作，防止赤化威胁和主张国家的生存。新的事态，由于新政权的诞生和恢复自主权的正当要求，事实上已使把东亚变成各国半殖民地的九国公约等旧国际体制解体"③。12 月 19 日，有田八郎举行记者招待会，声称"日本天然资源缺乏，又没有大的国内市场"，只有建立"东亚新秩序"，实现"日、满、华合作"，才能满足日本对原料和市场的需求。有田宣布，"东亚以外的国家的经济活动，必须服从于因新秩序所属各国的国防和经济安全的需要而作出的一定的限制，并不得享有任何政治特权"④。

与此同时，日本当局加紧排挤外国在华势力。11 月下旬，英国舰船接连遭到轰炸和扣留。12 月，日本不顾英国抗议强行占领接管广州海关。

① 中国第二历史档案馆馆藏档案，案卷号：十八·167。
② 《国际事务概览》，1938 年第 1 卷，第 496—497 页。
③ 崛场一雄：《日本对华战争指导史》，王培南等译，军事科学出版社 1988 年版，第 210 页。
④ 《美国军事情报部门的报告，中国，1911—1941》，第 3 卷，0084 号。

同月，日本开始对天津英租界实行严格的交通检查。此外，英国在青岛、烟台两港的航运也被横加阻挠。

日本的一系列侵权行为及"东亚新秩序"的宣布，促使西方政治家们进一步看清了日本要独占中国的意图。英国驻华大使卡尔认为，"东亚新秩序"的宣布"将消除对日本人真实意图的所有疑问"，"毁灭指望通过与日本合作来保留我们在华利益的任何希望"。就连一向对日本存较多幻想的克莱琪也在其给外交部的电报中表示，他对日本的野心已不再怀疑，他认为日本的目的就是要消灭所有在华的外国商业①。亨培克力主对华提供援助，他在一份重要的备忘录中指出，日本是"掠夺成性的帝国主义"，"除非日本的进军被中国人或其他一些国家所制止，否则，美国和日本在国际舞台上面对面互相对抗的时刻就会到来"。他认为现在只靠发表声明和议论已无济于事，日本人的侵略"只能被物质的障碍和物质的压力所组成的抵抗力量所制止"②。

正是在这一背景下，罗斯福最终批准了对华贷款计划。为了避免被人们认作是给中国政府的政治性贷款，该计划采取了一些技术措施，议由中国在国内组织复兴商业公司，在纽约设立世界贸易公司，再由该公司与美国进出口银行订立贷款条约，从而使之在形式上成为中国的商业机构与美国银行间的商业借款契约。12月15日，美进出口银行公开宣布向世界贸易公司贷款2500万美元。借款合同于次年2月正式签订。这笔借款年息四厘半，期限为五年，由中国银行担保，复兴商业公司负责在五年内运送给世界贸易公司22万桶桐油，由后者在美国出售，售得价款的半数偿还借款本息。因此，该借款又被称为"桐油借款"③。

在"东亚新秩序"的刺激下，英国方面也在筹划比较积极的行动。卡尔大使指出："这样的时机已经到来，即向日本显示我们对它过去所给予的保证没有一点儿信任，它们关于东亚新秩序的计划不适于我们对事情的规划，我们将要支持中国人。"克莱琪也主张与美国共同进行反击。他敦促英外交部尽早与美国采取平行行动，以迫使日本不得实施它的新的对华政策。他认为，英美的经济行动将不会有与日本发生战争的风险，日本

---

① 《英国外交文件》，第3辑第8卷，第215、251—252页。
② 《美国外交文件》，1938年第3卷，第572—573页。
③ 《中外旧约章汇编》，第3册，第1128—1130页。

在经济上、政治上也面临许多困难。克莱琪指出："现在是自我到达日本以来采取这类行动的最有利的时机。"①

在这同时，中国方面也在不断对英国施加压力。中国政府要人频繁地与卡尔大使会谈，对英方政策表示不满，期望英国有所动作。11月6日，蒋介石约见卡尔，对日本占领广州后英国仍无所作为表示不满。蒋介石要求英国人对是否援华给予明确的回答。他说，英国人在中国正处在十字路口，如果英国向中国提供援助，中国人民将会长久铭记并会给予加倍的报答。反之，如果回答是否定的，他将不得不重新调整他的政策，并寻找其他朋友。蒋还威胁说，日本人正在渴求媾和，日本人的和平将使英国人一无所得。如果中国愿意在把英国人从远东排斥出去的政策上与日本联合起来的话，日本是会愿意放弃它在战争中所得到的东西的。他反问卡尔，如果日本人提出这个问题，中国该如何回答？卡尔将这一会谈向英国外交部作了报告，并表示他在许多方面同意蒋介石的看法②。

11月19日，王宠惠再晤卡尔，询问英政府对蒋介石谈话的答复。卡尔回答说，蒋所提问题事关重大，外交大臣不能答复，须经内阁会议讨论后才能决定。王宠惠提醒卡尔注意，近卫所谓建立新秩序，"实系指废弃远东各条约而言。在创新局面之下，各国在华权益当然不能存在"。他认为英国对此作出的反应不如美国。美国国务卿已经发表声明，舆论界也群起响应。而英仅由外务次官在答议员问中作出表示，无论是形式上还是措辞上都不如美国。王宠惠提醒说："须知英在华利益实较美国为大，英国如欲保全其在远东之地位，此时正应采取积极政策，免失时机。"卡尔表示他将向英国政府建议：（1）对华提供经济援助；（2）在英帝国内实行国际公法所容许的报复办法；（3）宣言维持九国公约及其他有关条约。在这次谈话中，王宠惠还声称，中国政府正考虑对日宣战，因为在目前形势下，此举对中国非常有利③。

对于卡尔的看法，外交大臣哈里法克斯颇为赞同。他在11月25日的一份备忘录中强调指出，中国已经发出威胁，要离开英国，转向俄国或日本，如果中国的抵抗崩溃，日本将会处在南下的有利位置。他积极推动英

---

① 《英国外交文件》，第2辑第8卷，第252、362页。

② 《英国外交文件》，第3辑第8卷，第216—219页。

③ 《战时外交》，二，第30页。

国政府采取援华措施。

英国政府的态度终于转趋积极，决定着手援助中国。12月6日，英国外务次官在上院宣称："英国政府无法赞成日本的这种态度"，"英国政府不承认以单方面的行动所造成的对条约所确定的秩序的任何变动"，并表示英国"准备采取一切可能的措施来保护英国的利益"①。12月19日，即在美国宣布桐油贷款后的第四天，英国宣布给中国贷款50万英镑购买卡车，用于新开通的具有重要战略意义的滇缅公路的运输。次年3月15日，中英正式签订了这笔贷款合同。3月18日，英国又宣布向中国提供500万英镑的平准基金贷款，以稳定中国的法币价值②。

英美贷款数额有限，但作为战时英美向中国所提供的第一笔贷款，它标志着英美援华的开始，对于中国军民的士气具有鼓舞作用。中国驻美大使胡适认为，桐油贷款有救命及维持体力的作用，它是心脏衰弱时的一针强心剂。他指出："此款成于我国力量倒霉之时，其富于政治意义至显。"③中国参加谈判的有关人员把它视为美国介入中日战争的开始。在给孔祥熙的一封机密信中，一位中方谈判者乐观地估计"这笔2500万元仅是开始……将来可望有大笔贷款源源而来……这是一笔政治性的贷款……美国已经明确地投身进来，不能打退堂鼓了。同情我国的华府当局尚有两年任期，也可能六年。现在我们的政治前途更加光明了"④。

中国舆论界也是一片欢呼之声。国内各报纷纷发表社论，指出英美先后宣布向中国提供贷款，"这实在是远东外交史上一件划时代的大事"，"是国际形势向有利于中国抗战方面转变的开端"，"这不仅增加了中国战时经济的力量，将更给予中国人民精神上以莫大的兴奋，使其追求'最后的胜利'格外努力，并加强自信的勇气"，"中国的抗战形势，当亦随着国际转变的新形势，而得着最后的胜利，于此也略露其征兆了"⑤。

12月24日，中国行政院院长孔祥熙在答记者问时，对于英美贷款的意义也予以了高度评价。他认为，"此项贷款，虽系商业性质，但不无政治之含义。日本向来以为目前世界纠纷正繁，英美决无暇顾及远东之事，

① 《英国外交文件》，第3辑第8卷，第303—304页。
② 《中外旧约章汇编》，第3册，第1131—1135页。
③ 《胡适任驻美大使期间往来电稿》，第8页。
④ 《美国十字军在中国，1938—1945》，第32页。
⑤ 中国第二历史档案馆藏档案，案卷号：十八·167。

是以肆无忌惮。今英美贷款给予中国，即所以明白表示支持中国抗战之决心。此举实为日本意料所不及，而无异予以当头一棒也"①。蒋介石亦为此专门给胡适和陈光甫发去慰问电，内称："借款成功，全国兴奋，从此抗战精神必益坚强，民族前途实利赖之。"②

中国还利用这一有利时机，积极推动国际社会对"东亚新秩序"的外交反击。12 月 11 日，中国外交部部长王宠惠发表谈话，指出九国公约并无时限，"此即表示该约所包含尊重中国之主权独立领土与行政之完整，及维持门户开放或在华商业均等两大原则，实为列强对华实践所当忠实遵守之永久原则焉。换言之，该约之用意，在促成太平洋区域之永久秩序与和平，决不能由任何一国加以合法之废止。况日方所称东亚之新秩序，乃完全由于日本违反九国公约所造成者，故欲因违反条约之举动塑造成之事实，而修正或废止该约，此种主张，绝对不能容许"。12 月 21 日，中国外交部发言人公开驳斥有田八郎的讲话，指出英美贷款日本无权反对，九国公约日本无权改变。所谓树立东亚经济集团，无非独霸东亚垄断利益③。

12 月 30 日，格鲁向有田八郎递交了美国政府的照会。照会批驳了日本所谓"形势已经发生变化"的说法，指出形势的改变"是由于日本的行动所致"，"美国政府不承认任何一个国家有必要或有理由在一个不属于它的主权范围的地区内规定一个新秩序的内容和条件，并自命为那里的掌权者和司命者"，美国"不能同意建立一个有第三国所策划，且为着该第三国的特殊目的而设立的政权，这个政权将会专横地剥夺美国久已拥有的机会均等和公平待遇的权利"，"美国政府和美国人民不能同意任何美国的权利和责任被任何别的国家的当局或代理人的专横行为所废止"④。

1939 年 1 月 14 日，英国政府正式照会日本政府，指责所谓"东亚新秩序"有违九国公约，"日本政府的意图是要建立一个由日本、中国和满洲所组成的三国联合体或三国集团，日本在其中将拥有绝对的权威，中国和满洲则处于从属地位"。照会强调指出，英国既不接受也不承认日本以

---

① 中国第二历史档案馆馆藏档案，案卷号：十八·167。
② 《胡适任驻美大使期间往来电稿》，第 5 页。
③ 中国第二历史档案馆馆藏档案，案卷号：十八·167。
④ 《美国外交文件，日本卷（1931—1941）》，上册，第 823—825 页。

武力在中国所造成的变动，表示"英国将坚守九国公约的原则，它不同意对该条约内容的任何单方面的修改"。1月19日，法国政府也向日本递交了不承认"东亚新秩序"的照会①。

中国方面高兴地注意到了英美态度的转变。中国中央通讯社称美国照会"义正辞严，毫不宽假，可谓中日战争以来第三国对日本最强硬之表示，亦可谓一年来美日在远东关系上之总清算也"②。驻美大使胡适认为，"远东问题，经美国倡导，英法均已追随。其方式同为维持九国公约各原则及其他条约之继续有效，并否认日本所谓新秩序"。他感到美国的照会"态度强硬坚决，为向来所未有"，他乐观地展望说，"故以后发展应较顺利，英美合作更无可疑"③。国内朝野人士也颇为振奋。1939年1月召开的国民党五届五中全会，讨论了当时的国际形势，大家"对于英美法之日趋积极感觉兴奋"④。蒋介石预言，不出两年，即在罗斯福总统任内，美国将会挺身而出，设法解决中日问题。

然而，英美对华贷款毕竟只是迈出了第一步，援华的道路是曲折而漫长的。围绕着美国中立法的修改问题所遇到的挫折便充分说明了这一点。中立法是美国援华的一个重要法律障碍。无论是中国政府还是美国政府，都希望对它作出某些重大修改。早在1938年3月，蒋介石就曾致函罗斯福，指出"某种法案原为应付两国间某种事态而设，乃于实施时与立法者初衷相反，在实际上竟助长侵略者而对被侵略者不予援助，未免有失公允"⑤。胡适使美后，促成美国修改中立法便成为他的重要任务之一。

为了能使美国政府对发生在远东和欧洲的冲突作出有力的反应，使其决策具有较大的活动余地，美国政府也希望取消中立法中的某些限制条款。1939年1月，罗斯福在与参议院军事委员会的议员们谈话时指出，德国、意大利和日本正共谋统治世界，美国不应再袖手旁观，他希望"通过海军、陆军和飞机阻止日本统治整个太平洋"。他表示，尽管美国采取一些行动会被认为是非中立，但"作为陆海军统帅和政府首脑，我

① 《英国外交文件》，第3辑第8卷，第403—404页。

② 《卢沟桥事变前后的中日外交关系》，第433页。

③ 中国社会科学院近代史研究所所藏胡适档案，第554号；《卢沟桥事变前后的中日外交关系》，第432页。

④ 《胡适任驻美大使期间往来电稿》，第10页。

⑤ 《卢沟桥事变前后的中日外交关系》，第463页。

将尽我所能阻止任何军火进入德国、意大利或日本……我将尽一切可能，通过向世界上大约40个或50个现在还保持独立的国家运送一切它们有能力支付的货物，以维护它们的独立。这就是美国的外交政策"①。3月，罗斯福又公开对记者表示，他认为在过去的三年中，中立法对和平事业并没有做出什么贡献。相反，它却同和平事业"背道而驰"②。

在国务院的敦促下，参议院外交委员会主席毕德门（Key Pittman）提出了一项中立法修正案。该案取消了武器禁运条款，而采用现购自运原则。但该案不作侵略者与被侵略者之区分，一律禁止交战国在美借款，因而对中国不利。中国驻美人员密切关注着即将到来的美国国会对中立法的讨论，他们积极展开活动，力图使美国会通过有利于中国的中立法修正案。在得知毕案的消息后，胡适专访毕德门，详细指出其提案中于中国不利的地方，希望其加以修改。同时，受中国政府资助的"不参加日本侵略委员会"也向毕德门提出了一份由该会邀集专家起草的中立法修正案，以供其参考。经中方人员的积极活动，毕德门修正了提案，使中立法仅限于正式宣战国，这样，中国便不受其限。

罗斯福甚至还希望完全废止中立法，因为他认为即使是毕德门的修正案也对中国人不利，中国缺乏现购自运的资金和货船。罗斯福在3月28日给赫尔和韦尔斯的信中写道："现购自运的办法用于大西洋将是十分正确的，而用于太平洋则是完全错误的。我越是考虑这个问题，我越是深信不疑，现存的中立法应该完全彻底地予以废止，而不需要搞别的法案去代替它。"③

从4月至7月，美国国会对中立法展开讨论。由于国会内的孤立主义势力仍很强大，毕德门的修正案竟然在其所在的外交委员会也未获通过。此后，经过罗斯福、赫尔等行政官员的积极活动，众议院外交委员会通过了该委员会代主席白鲁姆（Solomon Bloom）的修正案。该案取消了武器禁运，有关战争区域的范围则授权总统认定或取消。但在众院全体会议通过时，该案受到强烈反对，又附加了新的武器禁运条款方获通过。修正案

---

① 《罗斯福与外交事务》，第2集第13卷，第200—212页。

② 罗伯特·达莱克：《罗斯福与美国对外政策，1932—1945》上册，伊伟等译，商务印书馆1984年版，第261页。

③ 《罗斯福与美国对外政策，1932—1945》，上册，第263页。

规定禁运武器和弹药，但不禁运其他战争物资。然而，即使是这一修正案也未获参议院通过。参议院不顾行政当局的反对，决定将该案推延到来年国会召开之时再作审议。

就这样，有关中立法的修改问题，未能如中美政府所期望的那样取得任何进展。直至欧洲战争爆发之后，应罗斯福的要求，美国国会特别会议再次讨论修改中立法问题，才取消了军火禁运条款。当然，美国的主要着眼点是在欧洲，中立法主要是为便于援助英法的，但对中国来说，其条件也比旧中立法更为有利些。

在争取美国修改中立法的同时，中国政府还努力敦促美国对日实行贸易制裁。在日本进口的战争物资中，来自美国的物资占有相当大的份额。由于美国的对日出口物资（尤其是战争物资）实际上起着从物质上帮助日本维持侵华战争的作用，中国多次要求美国禁止向日本输出战争物资。1939 年 3 月，蒋介石致函罗斯福，要求美国"绝对禁运军用材料与器具与日本，尤以钢铁、煤油为最"，蒋还要求美国停止进口日本的重要物产①。

美国政府及国会内的一部分明智人士也在考虑限制对日贸易的办法。1939 年 1 月，范宣德致函亨培克，讨论了如何用经济手段支持外交政策的问题。他所列举的对日施加经济压力的手段包括：废除 1911 年订立的美日商约；拒绝给日本以财政援助；修改关税以限制日货进口；禁止向日本运输某些战争物资。他认为采取经济措施虽然不可能将日本赶出中国，但它可以"阻止日本在中国加强其地位，以免它从那里抽出足够的力量在其他地区进一步发动攻击，那将严重地侵害我们的利益，并可能使我们卷入战争"。范宣德分析说，现在施加经济压力不必担心日本人的经济报复，因为日本在经济方面的报复能力是有限的，也不必担心日本会对美国在华权益采取行动，因为这些权益一直并未得到尊重，至于对战争的担心，也是没有什么理由的，因为日本军事力量已被牵制在中国，在北方还有其潜在敌人俄国。范宣德提出："我们可以而且应当乘目前与日本发生冲突风险最小的机会，达到已提出的预期目标"，通过采取非军事的经济手段，"我们将毫无风险地以目前较小的代价去实现符合我国本身利益的

---

① 《卢沟桥事变前后的中日外交关系》，第 468 页。

目标"①。

美国驻华大使詹森在 1939 年 2 月底致函罗斯福，建议美国政府采取更积极的外交政策。他认为，"作为世界上最强大的国家，形势要求我们必须立即开始考虑我们将要承担的义务。如果我们现在不显示愤怒和实力，并向世界尤其是日本表明我们说到做到，那么，我们将会发现，我们将永远处于无能为力的被动状态"。詹森认为如果没有美国在经济上的支持，日本就不可能在中国得逞，他建议美国政府采取必要的措施，限制对日本的经济上的支持②。4 月间，毕德门在参议院提出一份决议草案，要求授权总统可决定在商业上对日本采取限制办法。

1939 年春夏，美国的民意测验也表明，绝大多数人赞成对日本实行武器禁运并抵制日货。6 月 16 日所公布的民意测验结果显示：同情中国者为 74%，同情日本者为 2%；赞同不买日货者 66%，反对者 34%；赞同对日禁运军用品者达 72%，反对者为 28%③。

1939 年 7 月，美国政府鉴于其在国会内修改中立法的努力未获成功，又考虑到英日"有田—克莱琪协定"的签订对于中国士气的影响，决心采取有力的行政措施，以表明美国政府对于远东危机的坚定态度，鼓舞中国人的抗日士气。美国政府决心对日本采取制裁行动，罗斯福选择了预先通知废除 1911 年订立的日美商约这一方式。此举将为美国日后对日本经济制裁的出台铺平道路，同时，也向日本发出明确的信息，如果它一意孤行，半年后它将失去美国重要物资的供应。

7 月 26 日，赫尔通知日本驻美大使，声称："在最近几年中，美国政府一直在审查美国与外国签订的商业和通航的有效条约……在这一调查过程中，美国政府认为，美国和日本于 1911 年 2 月 21 日在华盛顿签订的商业和通航条约中的某些条款需要重新考虑"，据此，赫尔要求中止这一条约，根据该约所规定的程序，宣布该约将自即日起 6 个月后失效。次日，日本外务省发言人发表声明，表示由于美国政府突然采取这一步骤，且所提理由又非常简略，日本"很难理解美国政府这一行动背后的真正动机"，因为美国政府提出的理由可以作为修改该约的理由，但"它完全不

---

① 《美国外交文件》，1939 年第 3 卷，第 483—485 页。

② 同上书，第 512—514 页。

③ 《中日外交史料丛编》第五编：《抗日战争期间的封锁与禁运》，第 204 页。

能充分解释为什么美国政府必须以如此仓促的方式通知废除该条约"。其实，日本人自然明白美国的意图，该发言人称，"美国政府目前的行动恰好发生在英日对话正在进展之时，很容易被一般地理解为具有政治意义"①。

日美商约的废除，消除了对日禁运的法律障碍，是走向禁运的重要一步。中国方面对此深感振奋。中国中央社评论说，"我国朝野对于罗斯福总统采取此种断然措置，莫不钦佩其高迈之认识与果敢之决心，日寇在过去两年间所受打击，以此次为最重大，其将成为致命之打击，盖有充分之可能性"。外交部部长王宠惠7月29日对外国记者发表谈话时，称赞"美国素以富于正义观念著称"，表示"中国对于美国人民，尤素有坚决不摇之信仰"。他认为"该约之宣告废止，实可视为美国愿意维持其太平洋区域之地位与威望之一种表现"②。7月31日，蒋介石约见了詹森大使，称美日商约的废除是"总统和国务卿的伟大而辉煌的举动"，在英日"有田—克莱琪协定"达成之时，美国采取的这一行动，"减轻了中国自卷入冲突以来所面临的极严峻的危机"，中国人民将不会忘记美国的这一重要行动③。

第四节   战时外交方针的调整与苦撑待变

如何争取国际社会的援助，始终是中国政府的外交主题。中国政府密切注视着国际形势，展开有针对性的外交，以期国际形势发生有利于中国的转变。

1938年初，尽管中国政府对国际社会的反应颇为失望，但它又认为，国际形势是迟早会发生变化的，日本与列强冲突是一定会发生的。蒋介石在对形势作分析时指出："虽然与它（指日本）冲突得最厉害的英、美、法、俄各国，目前都还没有参加战争，与我们共同一致来打日本，但这不

---

① 李巨廉等编：《第二次世界大战起源历史文件资料集》，华东师范大学出版社1985年版，第766—767页。

② 重庆各报联合版，1939年7月29日。

③ 《美国外交文件》，1939年第3卷，第562—563页。

是国际不动，而是时机不到。"他认为，中国的抗战会使日本"时刻陷在危险的深渊。一有失利，或一旦他的弱点暴露出来，各国就会毫不迟疑地加以打击"①。中国政府的这一期待心理和坚持战略，后被驻美大使胡适以"苦撑待变"四个字概括而著称。

4月，国民党召开临时全国代表大会，会议通过了旨在指导整个抗日战争的纲领性文件《抗战救国纲领》。《纲领》规定了国民政府的五大外交原则：一、本独立自主之精神，联合世界上同情我国之国家和民族，为世界之和平与正义共同奋斗；二、对于国际和平机构，及保障国际和平之公约，尽力维护，并充实其权威；三、联合一切反对日本帝国主义侵略之势力，制止日本侵略，树立并保障东亚之永久和平；四、对于世界各国现存之友谊，当益求增进，以扩大对我之同情；五、否认及取消日本在中国领土内以武力造成之一切的政治组织，及其对内对外之行为②。

这五大原则的核心内容是"外求友，少树敌"，其着眼点正如外交部部长王宠惠所说：对于国际形势，详加考察，对于国际变化，深切注意，多寻友国，减少敌国，其国家与我利害相同者，当与之为友，其国家利害相反者，当使之不至与我为敌。

中国竭力向国际社会宣传和平不可分割、局部侵略将危及整个人类的思想。1938年2月21日，蒋介石在致世界反侵略和平大会的电文中指出："盖中国作战，不独求民族之解放，不独求领土之完整，实亦为全世界各国之共同安全而战也。日本践踏条约如粪土。既保证邻国疆土之完整于先，乃食言兴师任意侵略于后，其毁灭信义，若不加以膺惩，则世界此后所遭逢之浩劫，恐将为人类历史所罕见。"③

国民党临时全国代表大会在它的《宣言》中向国际社会发出忠告说，"世界和平不可分割，一部分之利害，即全体之利害，故每一国家谋世界之安全，即所以谋自国之安全，不可不相与戮力，以至于保障和平，制裁侵略，俾东亚已发之战祸，终于遏止，而世界正在酝酿中之危机，亦予以消弭，此则不惟中国实孚其益，世界和平胥系于此矣"④。7月7日，中国

---

① 《先总统蒋公思想言论总集》，第15卷，第11页。

② 荣孟源主编：《中国国民党历次全国代表大会及中央全会资料》，下册，光明日报出版社1985年版，第468页。

③ 《先总统蒋公思想言论总集》，第37卷，第169—170页。

④ 《中国国民党历次全国代表大会及中央全会资料》，下册，第466页。

政府在抗战一周年之际发表《告世界友邦书》，进一步明确指出："和平为不可分，孤立为不能有"，"日本侵略一日不制止，远东及世界和平即一日不能够维持"①。

在对整个国际社会进行一般性呼吁的同时，中国积极展开了对有关国家的重点外交。在当时的形势下，列强对于远东局势的影响力决不是等同的。基于对各主要国家的整体实力、国际处境及抗战以来对于中日战争的态度的比较分析，中国外交活动的侧重点开始发生变化，从而导致了中国外交方针的一个重大的历史性的调整：对美外交取代对英外交，居于中国外交的首要地位。

自晚清开关以来，英国长期以列强的带头人身份出现在中国。随着英美实力地位的消长，这一状况在战前已经开始发生变化，但英国仍然具有举足轻重的影响。日本也把英国视为阻碍它侵吞中国的头号敌人来对付，甚至声称解决中日问题的地点不是在南京，而是在伦敦。美国驻日大使格鲁曾指出，日本"打仗的目的之一，虽未明说，实际上是要取代英国在中国的势力"②。

但实际上英国的国力及欧洲时局的牵制已使英国在远东处于一种虚弱状态，它已没有能力再高居列强的首席。中日战争的爆发把英国在远东的虚弱一下子暴露了出来。平心而论，对于日本的侵犯，英国不是不想回击，而是力不从心，它不具备同时应付欧亚两洲危险事态的实力。若干次的交涉活动都表明，没有美国的积极参与，英国不肯也不能有所作为。英法多次直言不讳地承认美国在远东的影响举足轻重。美国被推上了列强在远东的首席发言人的地位，一举跃居英国之前。

中国政府清楚地意识到了这一变化，自抗战以来已日益重视对美外交，并在 1938 年中逐步完成了这一转变，最终确立了以对美外交为首要重点的外交方针。1938 年 1 月 1 日，蒋介石在给罗斯福的一封信函中，深切表示中国乃至世界各国都对美国寄予厚望。他说："此次远东大难之应付，各国均盼望美国之合作，诚以美国政府对于共谋国际和平与安全，向已公认为各国之前驱。"③ 6 月，在对有可能对远东发生影响的英、美、

---

① 《先总统蒋公思想言论总集》，第 30 卷，第 276 页。

② 《使日十年》，第 248 页。

③ 《先总统蒋公思想言论总集》，第 37 卷，第 167 页。

俄等大国作了一番比较分析后，蒋介石得出结论：惟有美国可能有所作为。他感到"英国老谋深算，说之匪易。俄国自有国策，求援无效。惟美为民主舆论之国，较易引起义侠之感。且罗斯福总统确有解决远东整个问题之怀抱。如舆论所向，国会赞同，则罗总统必能有所作为"。鉴于此，蒋介石明确地提出了对于列强的方针："对英美应有积极信赖之方案提出"，"应运用英美之力，以解决中日问题"，"对俄应与之联络"，"对德应不即不离"①。

1938 年 9 月，行政院院长孔祥熙在致新任驻美大使胡适的电文中明确地指出了美国在列强中的领头地位。孔叮嘱说："此次使美，国家前途利赖实深，列强唯美马首是瞻，举足轻重，动关全局，与我关系尤切。" 10 月 1 日，中国外交部在给胡适的指示电中，列举了中国政府的若干对美方针，其中之一是"欧战发生，英或倾向于与日妥协，且必需求美国援助，我应与美成立谅解，请美严促英国勿与日本妥协，增我抗日之困难"②。这表明，中国政府对于英美的观感已经有了明确的区别，它企图借助美国的力量来限制英国可能的妥协，这时中国对列强的外交中已经形成了以美国为主的格局。

当然，中国政府也明白，现在期望美国以强力对抗日本尚非其时。正如胡适 1938 年 10 月 20 日的一份电报所指出的："美国舆论必定不容许美国领袖去支持一不公正的和平；而美国以实力主持强制的公正与和平的机会，今日尚非其时。"他认为美国等国实际上都不希望中国与日本妥协言和，在这种形势下，"中国惟有等待时势演变"③。蒋介石在 1939 年 1 月也指出，"持久抗战，自会促进国际盟约、九国公约的联合使用……国际形势一定会依着我们抗战与否而发生转变"④。中国政府实行的正是这一战略，坚持抗战，以等待国际形势的有利变化。它期待着由于日本的不断挑衅，美英等国将走上制日的道路。

1939 年 2 月，日军在海南岛登陆。日本报纸得意地声称，日军此举，切断了新加坡和香港之间的航路，从而使香港作为一个英国海军基地而存

---

① 张其昀：《党史概要》，第 3 册，台北 1979 年版，第 973—974 页。

② 《胡适任驻美大使期间往来电稿》，第 1 页。

③ 吴相湘：《民国百人传》，第 1 册，台湾传记文学出版社 1971 年版，第 178—179 页。

④ 《蒋中正先生与现代中国学术讨论集》，第二册，第 522 页。

在的意义"全部丧失了"。它们还威胁说，如果英国"不及时改变态度"，它将"再受到一次打击而无法恢复过来"①。

中国政府认为，日本的这一举动是一个重要的转折点，蒋介石称之为"太平洋上之九一八"。2月21日，蒋介石在对外国记者谈话时预言："如任其盘踞，吾料不及八月，其设计中之海空军根据地即可初步完成，于是太平洋上之形势必将突然大变。"为引起英美当局的注意，蒋介石声称日军此举的主要目标在英美而不在中国，它"对于我国抗战并无多大影响，因中日战争之胜败，必取决于大陆上之军事行动。一岛之占领与否，根本无关紧要……此为开战以来，对英、法、美之最大威胁，此后战局必将急转而下，倭寇狂妄，盖已决心与世界开战矣"②。

日军果然志在南进。1939年3月，日本提出对南太平洋大片领土的要求。4月，日本宣布统辖中国南海诸岛。其南进意图十分明显。日本的这一狂妄野心对于促进中国与英美等列强的互相靠拢是有利的。利用日本所造成的这一机会，中国政府在不断向英法美指出日本意在南进的同时，开始提出与英、法、美进行军事合作的要求。

2月，中国政府向英方提出以义勇军援助中国抗战以维护东亚共同利益的要求。但英方表示，英国目前注视之重点在欧洲，对于远东问题，只能用外交方式阻止日本的越轨行为，采取军事行动的时机尚未到来③。

鉴于如欧洲发生战争，日军有可能乘机侵占法属印度支那，3月，正在法国的驻苏大使杨杰奉命与法方协商在远东进行军事联防的问题。同时，国民政府两广外交特派员与法国驻远东特务机关负责人频繁接触，商洽中法军事合作的具体计划，这一计划得到了印度支那总督的同意。其主要内容有：（1）中国向法国及印度支那提供劳工；（2）法国向中国提供军火、机器与材料；（3）修筑铁路，加强运输能力；（4）中国参谋部与印支参谋部成立协定，以取得双方军队的合作，采取共同的防御步骤。中方还拟定了中法军事协定的九条原则④。

考虑到美国的行动须受中立法的束缚，中国把要求军事合作的重点放

---

① 洪育沂：《1931—1939年国际关系简史》，三联书店1980年版，第197页。
② 《先总统蒋公思想言论总集》，第38卷，第119页。
③ 《战时外交》，二，第31页。
④ 同上书，第785—790页。

在英法身上。4月4日，中国政府提出了一个中、英、法军事合作的计划草案，并决定在提交英法的同时，要求美国积极从旁予以协助，以促成英法同意合作。该方案的要点如下。一、中、英、法之军事及经济合作，应于适当时期，邀请苏联参与，并通知美国，请其作平行行动，以期对敌采取一致步骤，共同维持在远东之权益。二、参与对日作战各国，不得单独与敌停战或议和。三、在军事方面中国允许尽量供应兵力、人力及物力，其他各国允许尽量调遣海空军至远东，为共同之作战。其详细计划及实施办法，由参与各国各派军事全权代表一人，商议决定，分别执行。四、在经济方面，参与各国，允许尽量共同维持各该国法币及商务，并共同对敌实施制裁①。4月14日，中国驻美大使馆在给美国国务院的备忘录中通报了这一计划，表示"中国政府殷切地希望在形势需要时，美国政府发挥其巨大的影响来帮助实现远东地区的这项国际合作"②。

对于中方这一提议，法国外交部向顾维钧表示，他们认为中法英合作时机已经成熟，可以进行。但这一次希望能得到美国的合作，否则难有成效。英国方面则直率地表示，目前远东局势尚未到需要认真研究中国建议的阶段。其时，欧洲风声紧急，德国于3月吞并捷克，加剧了欧洲的紧张局势。英法在此时是不可能再在远东承担任何重大的军事义务的。中国吁请军事合作的要求未能获得预期结果。

作为欧洲国家，列强的首要关注点理所当然是在欧洲，欧洲时局的变化直接影响着它们对远东战争的立场和关注程度。中国政府当然明白这一点。从期待强援早日到来的角度出发，它也密切注视着欧洲时局的发展。1939年8月24日，欧洲发生了令人意想不到的大事件，一向给人以势不两立印象的苏联和德国签订了互不侵犯条约，整个欧洲和世界为之震惊。面对这一团迷雾，中国政府起初尚不能判定此举对中国是祸是福、是利是害，因而决定采取静观态度。蒋介石在他8月25日的日记中表现了这种心态。他感叹"国际形势，瞬息万变"，认为中国应付现时的国际形势之道，应是"以正义与真理为主，而以策略与权宜为辅"，只有这样，才可

---

① 《胡适任驻美大使期间往来电稿》，第15页。
② 《美国外交文件》，1939年第3卷，第525页。

做到无论国际形势发生如何变化，"一切皆可操之在我"①。

稍作静观之后，蒋介石认为，苏德条约的订立，于中国有利。他在8月27日致各省军政长官电文中称"苏德此举，已使暴敌依违失据，在精神上受到莫大之打击，其所标榜之反共国策已粉碎而无余"，"近日敌国朝野焦闷，舆论彷徨，充分表示其技穷路绝，计无复之"。蒋介石认为："此实于我抗战全局最为有利之一点。"②确实，苏德条约的签订对日本是一个突如其来的打击，日本一时不知所措。8月26日，日本向德国提出抗议，指责德国违反了防共协定的密约，对日本背信弃义。日本首相平沼愤愤地说："因德俄互不侵犯条约之签订，帝国外交政策实处于被出卖的境地。"于是，日德缔结军事同盟的谈判就此搁浅。8月28日，日本平沼内阁留下了声称"欧洲的天地发生了复杂离奇的新形势"的声明而宣告总辞职③。

蒋介石在对目前的国际形势表示乐观的同时，也表现了他对于形势变幻不定所持的谨慎态度。他认为"迄今为止，可谓已达吾人目标之大半"，"目前一切变迁，其主要趋向，既与吾人在抗战开始时之预期相符合，即以后国际演变，亦必于我国之抗战有利"。但他又指出，国际形势"变化飘忽，不可预知，吾人对于目前有利之形势，应格外戒慎，格外奋发，不可因乐观而稍有怠忽"④。

9月1日，德国进攻波兰，英、法因此对德宣战，欧洲战争随之爆发。欧战的爆发，正是国民政府所期望发生的事。所谓"苦撑待变"，就是期待国际矛盾发生有利于中国的激变，使中国得到强有力的盟友。欧战的爆发，使中国朝这一目标大大地靠近了一步。对此，蒋介石颇为得意地说，在两年多前，他就预想将中国的抗战坚持到欧战，曾有人怀疑他的策略，现在这一预想终于实现。蒋介石似乎大松了一口气。他说："国人初以为中日战争，不能接续持久至欧战之时，今则已如所期，可说抗战最大

---

① 台湾"总统蒋公逝世三周年纪念集编辑委员会"编：《总统蒋公逝世三周年纪念集》，台湾近代中国社 1978 年版，第 25 页。

② 《先总统蒋公思想言论总集》，第 37 卷，第 194 页。

③ 赫伯特·菲斯：《通向珍珠港之路——美日战争的来临》，周颖如等译，商务印书馆 1983 年版，第 37 页。

④ 《先总统蒋公思想言论总集》，第 38 卷，第 124 页；第 37 卷，第 195—196 页。

之基本策略，已经达成。"① 中国政府的许多要人认为，英法与日本盟友德国之间的战争，将会加速世界阵营的分化组合，使英法与中国最快地靠拢到一起来。因此在国民政府中弥漫着一种乐观情绪。

中国政府为何对欧战的爆发如此欣喜呢？其原因就在于中国政府认为，战局的发展将会使中英等国结为一体，最后中国便可以借助外力一举解决中日战争。蒋介石毫不掩饰他等待世界战争的结果的策略。他坦率地说："我们抗战的目的，率直言之，就是要与欧洲战争——世界战争同时结束，亦即是说中日问题要与世界问题同时解决。"现在欧战已起，促进远东问题解决的中国抗战已与促进世界问题解决的欧洲战争，正在东亚西欧同时并进。因此，"今后我国之处世之道，反形简单，即对内建设根据地，对倭更作持久抗战到底，以待世界战争之结果而已"②。

欧战的发生，为中国提供了一个有利的外交态势，但同时也使中国政府产生了某些忧虑。一是担心英国以举国之力应付对德战争，从而完全断绝对中国的援助，二是担心陷于欧战的英国会对东方的日本采取妥协政策，甚至会使旧日的英日同盟复活。这样，欧战的爆发反而会使中国处于不利的境地。

为了争取有利因素的增长和阻止不利态势的发展，中国方面采取了互有关联的两个方面的行动。一是提议加强中、英、法合作。欧战一发生，中国政府就在考虑是否宣布参战的问题，并提出与英国进行广泛合作的建议。英国此时却是不愿因中国的参与而促使日本更快地倒向德国。因而，他们表示，中国政府当然可以对欧洲战争发表表态性的声明，但英国政府觉得这一声明不能改变任何现实。因为中国并无在欧洲帮助英法的条件，中国本身也不能从中得到什么益处。对于中国主动表示愿意提供人力和物力资源，英表示感谢，声称如其需要时，将很高兴地利用。但在目前，协商合作计划的时机尚未成熟，此事留待将来再作讨论。

在拒绝了中国政府的热心提议的同时，英国表示只要中国继续抗战，英国将不会改变其对于中日问题的态度，它仍将尽其可能援助中国，"但恐怕不能像过去那样供应中国那么多物资"。法国政府也认为，中国发表

---

① 《党史概要》，第 3 册，第 1143 页。
② 《先总统蒋公思想言论总集》，第 16 卷，第 477—478 页；《党史概要》，第 5 册，第 1759 页。

支持英法的宣言的时机尚未成熟。

二是努力阻止英日同盟的复活。苏德条约签订后，中国即担心英国为了在远东方面牵制苏联的力量，而对日本妥协，化敌为友，从而使英日同盟复活，并担心苏联亦出于同样的考虑，而争先与日本妥协。如在英苏间形成拉拢日本的竞赛，则将于中国极为不利。1939 年 8 月 26 日，中国外交部致电驻英大使，表示"倘欧战发动，日本利用时机拉拢英国，而以不助我抗战为条件，则英方是否迁就，抑或坚决拒绝而宁愿其远东利益之暂时被夺，殊为我方近日最关心之问题"[①]。

中国方面的担心并非杞人忧天。确实，欧洲局势不可避免地对英国的远东政策产生了于中国不利的影响。苏德条约签订之后，英国当局便立即意识到了形势的紧迫性，担心这一条约将使德国再无后顾之忧，从而加快其在欧洲扩张的步伐。英国的目标是尽可能地不使日本公然站到德国一边去，从而保持它在远东的巨大而又脆弱的殖民地利益。此外，出于对苏联立场的担忧，它还把安抚日本视为限制苏联在欧行动的一种手段，即让日本在东方牵制苏联，使苏在欧洲不能与德国一同行动。因此，英国不愿对日本采取严正的立场，而希望能够拢住日本，至少是暂时能拢住日本。

为了防止日本在欧战爆发时乘机在远东捞取英国的利益，英国有关方面主张抓紧时机与日本达成有关协议，改善英日关系。1938 年 8 月 27 日，英三军参谋长委员会下属的联合计划委员会的官员们提出的一份备忘录指出，很有必要与日本达成一个妥协性的协议，"尽管这个条约不可能产生使日本立即停止在中国的反英活动的效果，但可能会阻止日本人在欧洲形势进一步明朗之前从事任何重大的反英冒险活动"[②]。

欧战爆发后，日本新首相阿部信行于 9 月 4 日发表声明，声称日本将不介入欧洲战争，而将专注于中国事变，实际上是要加紧在中国对英美利益的排挤。9 月 5 日，日本向欧战各交战国驻日使节提出一份备忘录，要求它们从日本占领区撤出其军队。

英国外交部主张接受日本的要求，重新调整其远东政策以适应形势的变化。副外交大臣巴特勒（R. A. Butler）在 9 月 22 日的一份备忘录中甚至还从反苏的角度提出了改善英日关系恢复英日同盟的问题。该备忘录提

---

① 《卢沟桥事变前后的中日外交关系》，第 482—483 页。
② 徐蓝：《英国与中日战争，1931—1941》，北京师范大学出版社 1991 年版，第 316 页。

出，如果俄国变成英国的仇敌，"重要的是我们应当把日本人拉到我们一边。因此，现在采取预备性的措施是明智的。俄国和日本必定继续为敌，而且由于我们在印度和东方的地位，重建英日同盟会对我们有利"。巴特勒主张撤出英国在天津的驻军①。9 月下旬，英国正式决定从日本人控制的长江中下游水域撤出它的五艘炮舰，在长江上游的三艘炮舰中，有两艘被搁置起来，只留一艘保持服役状态以便为其驻重庆使馆提供无线电联系。10 月 3 日，英法同时宣布自华北撤军。此外，港英政府还于 9 月 20日通知各中文报纸，今后只许称德国为敌人，不得称日本为敌人，亦不得用"某国"或"×国"暗指日本。

法国对日政策也表现出软化的迹象。对于这一点，法国官员并不讳言。9 月下旬，法国外交部秘书长莱热表示，法国希望接近日本，不让日本回到德国一边去。他对顾维钧说，法国政府很可能设法博得日本的好感，从而改善两国关系。但他又保证说，这不意味着要牺牲中国的重大利益。稍后，莱热又向顾维钧说明，法国现在并不想改变对华政策，只是无论做什么事，都要小心谨慎。法国不打算采取任何使日本可能认为是挑衅的行动。说得坦白一点，法国在欧洲被捆住了手脚，已经没有什么远东政策，也不可能有一个远东政策。莱热建议中国政府应该去说服尚未卷入战争的美国政府采取积极的政策，并表示法国将愿意追随美国在远东的行动。莱热还认为，在远东停止敌对行动恢复和平对各国都有好处。法国试图接近日本的目的之一，是为了改善两国关系，以便探讨公正解决中日冲突的可能性②。

在此方针下，法国避免采取任何可能刺激日本的行动。1939 年 9 月，法国政府决定召回驻华军事顾问团。其实，这个约半年前到达中国的顾问团并不代表官方，其成员都是通过签订个人合同而聘用的。法国方面还宣布，从 9 月 6 日下午 5 时起，禁止任何物资从印支出口，这就使得中国物资的印支过境运输发生相当困难。例如，有一批货物已运至临近广西的边境地区，但也由于这一命令而从火车上卸下。9 月 23 日，印度支那总督通知中国驻河内总领事，称他接奉巴黎政府训令，此后将禁止中国军火、汽车、汽油从印支过境，从即日起将停止中国上述物资的入境，已经在印

① 徐蓝：《英国与中日战争，1931—1941》，北京师范大学出版社 1991 年版，第 319 页。
② 《顾维钧回忆录》，第四分册，第 65—67 页。

支的存货要限日出清①。

其时，中国南方的另一条国际通道——新修的滇缅公路崎岖曲折，运输成本极高，每吨货物的运价通常是其货物本身价格的数倍，而经由印支运货要方便得多。在中国政府的一再要求和交涉下，法国政府同意尽可能在实际上给予方便。10 月，法国殖民部部长对在法国从事外交活动的中国国民党元老李石曾表示："假道一切如旧，实际决不留难，附带权称禁止，以免日本借口，致法境困难，望中国政府谅解。"②

面对二次大战爆发后所出现的新局面，蒋介石把目光转向美国。他认为"目前关键，英苏两国，同等重要，而美国力量更应重视"。8 月 29 日，蒋介石致电胡适大使，嘱其向罗斯福总统说明："关键仍在美国，如美能出面领导远东问题，为英苏作中介，使英、美、法、苏对远东问题能共同一致对日，则远东问题即可迎刃而解。否则迁延因循，可使英日同盟复活，则俄或将先与日妥协"。他警告"尤应严防英日同盟及东京会议之复活，否则九国公约必完全败弃，而远东形势将不可挽救矣"。因此，他要求美国劝告英国坚持立场③。

因欧战爆发，胡适急切之间难见美总统，遂托其友人密转。然而，美国国务院认为，所谓英日同盟的复活"绝不可能"。至于请美国出面为英苏作中介之事，美方回答说："美国政治限制甚严，决不能负联络三国之责，美国向来皆系独立行动。"胡适也认为现时英日同盟绝对不可能，因为"英国此时正依赖美国，若转而亲日或竟缔结同盟，必大失美国朝野同情，此英国所绝不敢为"。但重庆政府并未安心。外交部于 9 月 3 日再电胡适，称"英、法与日本妥协，非出臆断，乃有事实，此时若非美国预为警告，则英从（纵）日本攻俄，未始不可使英法与日本订互助条约，此策法国正在进行之中，且有事实也"，"若美国不作警告，则英、法不止与日妥协，而且安南、缅甸对我后方之惟一交通，亦将即先阻碍"④。

在要美国警告英法显见不可能后，中国复要求美对日有一坚决表示，

<hr />

① 《战时外交》，二，第 757—758 页。
② 同上书，第 762 页。
③ 《战时外交》，二，第 86—87 页。
④ 《战时外交》，一，第 87—88 页。

以防止英、法与日妥协。9月18日，蒋介石致电胡适，内称，"俄日停战协定订立后，继之必有互不侵犯条约之订立，而俄必促成日本之南进政策，一面或将劝我与日妥协，英、法不知其阴谋，犹思与日妥协，求保其远东权利，国际形势至危，若非美国有重要之表示与行动，则英、法在远东势必退缩，我国全处于孤立，而日本东亚新秩序即可实现"。蒋介石认为，"美政府在最近期内，对日如有一坚决之表示，或禁运日货等动作，以壮英、法之胆，勿使其与日妥协，方可挽此危局"[①]。

但是，美国人这时不可能作出什么重要表示。罗斯福此时正指望国会能修订中立法，他小心谨慎，唯恐任何行动会引起孤立主义者的反对，危及中立法的修订。美国官员只是在与英外交官的谈话中，表示了美国反对任何损害中国利益的解决办法的态度。同时，美国驻日大使格鲁10月19日在东京发表了令听众"发愣""震惊"的严厉讲话。他声称，对于日本在中国的做法和目的，"美国人民已愤慨到什么程度，你们当中有许多人很可能还不知道"，他有力地阐述了美国对一些重要问题的看法。格鲁在这篇讲话中一反他以往的温和态度，直率地、尖锐地批评日本政府所采取的政策[②]。

欧洲战争爆发之后，外电盛传苏联与日本开始商谈互不侵犯条约的消息，并称德国驻苏大使正从中牵线搭桥。中国政府对这一动向颇为关注，担心苏联会调整对华政策而对日妥协。孙科奉命与苏联当局交涉。苏方回答称：（1）苏联对欧洲战争当严守中立；（2）将始终如一地继续援助中国的抗战，决不因欧局的变化而有所影响；（3）对日本仍随时准备予以迎头痛击。苏联否认苏日正商订互不侵犯条约的传言，声称"绝无其事"[③]。

中国在寻求与英美等国合作的同时，仍注意维持与德国的关系，尽管中国曾向英法表示愿与其协同动作，但这只是出于引英法为强援的目的。实际上，中国并无与德为敌的意愿。在英法表示不需有一个明确的阵营划分之后，中国政府便没有必要表现出亲英仇德的姿态。它还必须在中德之间作精心周旋，以维持一定的军火供应。另一方面，德国也暂时无须与中

①　《战时外交》，一，第89页。

②　《使日十年》，第290—298页。

③　《胡适任驻美大使期间往来电稿》，第25页。

国为敌。由于日本对欧战态度模棱两可，未作站在德国一边的明确表态，德国便无须以此去迎合日本，同时，德国也希望从中国得到它所需要的物资。

德方并不想就此恶化中德关系，德外交部从传闻中得知有关中国将变更对德政策、蒋介石对政局即将发表宣言的消息，9月9日，德外交部次长在会晤陈介大使时表示"极望能增进"中德关系，他认为"战争当不至长久，战后经济上大有可为"。9月11日，中国驻德商务专员谭伯羽致电蒋介石，称"中德邦交法律上言之，原已转好。供给军械，系暗中秘密，或用中立国名义办理"，他建议"我国如无英方极优待条件，似可观望，无须急于表示！"因此，欧战爆发之后，中德间仍然进行着易货贸易①。

---

① 《战时外交》，二，第691页。

第 四 章

日本诱降与中日秘密接触

第一节　陶德曼调停

在中日两国军队在战场上厮杀的同时，中日间的秘密接触几乎从未停止过。如前所述，国民政府的抵抗是被日本逼到最后关头的迫不得已之举，不抵抗则无以生存。国民政府采取抵抗政策与它对日本的战略判断亦有很大关系。中国政府在抗战之初便认为，日本是在袭用过去的"不战而屈"和"速战速决"的战略，是在用"投机取巧"的方法，企图用微小的代价从中国获取重大的利益，因此，必须坚决抵抗。蒋介石在 7 月 31 日发布的《告全体将士书》反映了这一判断。他指出："倭寇向来利用投机取巧的方法，来夺取我们的土地，除非他们受到相当的打击，他们总不肯停止侵略的"，"倭寇只会投机取巧，不愿真正牺牲"，因此中国军民必须奋起抵抗，粉碎倭寇的阴谋①。

对于日本的这一"投机取巧"的战略以及中国的应对策略，蒋介石后来曾有不断的评述。他认为日本的"初意就想运用不战而屈的政略，唱出什么平津局部化，地方事件要求就地解决等外交原则，想继续因袭其占我东北四省、侵我冀东察北的故伎，恫吓威逼，诈伪欺骗，来安然占有平津"。他指出，日本人的心理是"以为我们必不能且不敢与日本作战"，"认为只要拿武力来威迫我们，就可以使我国屈服，好比他从前对袁世凯的办法一样"②。基于这样的认识和判断，中国政府决心不理会日本的武

① 《先总统蒋公思想言论总集》，第30卷，第218页。
② 同上书，第231页；第15卷，第193页。

力恫吓，对日本的侵略进行坚决的抵抗。

中国政府的应对策略可以概括地称为"以战求和"，即通过坚决的抵抗，使日本看到中国的坚定决心和难以轻取的实力，打消其投机念头，从而知难而退，重新坐到谈判桌上来。"以战求和"不仅基于对日本战略的判断，也是对以往经验的历史总结，是对以往外交方针的重大调整。过去，中国政府偏重于"以忍求和"，但日本的胃口永无止境，九一八事变以来的实践已经证明以妥协求和平此路不通，因此，以抵抗求和平便顺理成章地成为中国的战略。

"以战求和"的战略，可以说是既立足于战，又不放弃和，战、和两手并行，力图以战促和。战虽轰轰烈烈，但实迫于无奈，和虽时隐时现，但总是念念不忘。8月7日的国防会议上虽然决定了抗战大计，但会议仍未完全断绝和谈的希望，会议决定"在未正式宣战之前，与彼交涉仍不轻弃和平"①。

在日本方面，企图通过秘密会谈来最终解决中日冲突也一直是日本统治集团内一部分人所追求的目标。之所以如此，主要有两个原因：一是担心中日战争旷日持久，演变成日本难以应付的长期战争；二是企图趁日军在战场上取得军事胜利的有利时机，谋得对其有利的外交解决，将其侵略成果条约化、合法化。

平津失陷之后，日本方面便谋求发起一轮新的外交接触，其实质是以其掌握于手中的平津为筹码，要求中方答应给予他们多年来所梦寐以求的东西。7月31日，参谋本部作战部部长石原莞尔面奏天皇，认为现在"以外交手段结束战争为最善之策"②。天皇对此表示同意。

8月4日，日本外务省邀请曾任日本驻上海总领事，现任日本在华纺织联合会理事长的船津辰一郎回沪与中方接触，商谈停战条件。但当船津到达上海时，自7月上旬以来一直在华北的日本驻华大使川越茂也从青岛回到了上海。经俩人协商，对华接触工作遂改由川越茂接手，拟由川越茂与中国外交部亚洲司司长高宗武直接会谈。日本外务省在给川越茂的指示中表示，目前的事变实为改善中日两国关系的一个契机，日本希望通过对

---

① 中国第二历史档案馆馆藏档案，案卷号：七八七·2431。
② 《日本外交史》，第20卷，第103页。

华北第二十九军的扫荡，中国政府能够反省，由此而使"日华关系明朗化"①。

何谓"日华关系明朗化"？日本所希望的是怎样一种局面呢？日本政府在8月10日所提出的《日华国交全面调整案要纲》反映了日本的要求。在政治方面，日本要求：中国承认"满洲国"为今后讨论之议题；订立日华防共协定（尤其是非武装地带，应特别严厉地实行防共）；在冀察、内蒙和绥远，南京政府应容纳日本的"正当要求"，日本则允诺在这些地区也不排斥南京的势力；中国须严厉取缔全国的抗日排日运动（非武装地带的抗日排日，应特别严加取缔）。在经济方面，日本要求中国降低特定商品的关税率，意在有利于日货的倾销②。

次日，由日本外相、陆相和海相三要员在首相室所确定的《日华停战条件》，则更为具体地提出了日方的要求。在非武装地带内，中国军队不得驻扎，而由保安队维持治安。根据日本对非武装地带共同防共、取缔抗日的规定，这些地区实际上将处于日本的变相控制之下。关于中国中央政府在华北的权力行使问题，日本同意撤销在冀察的伪政权，让南京政府在冀察自由行使职权，但要求这一地区的行政首长，"希望选择能适合于日华和睦的有力人物"来担任。这实际上是要求应由顺从日本意志的人来充任华北地区的领导人③。

日本外务省将这两份文件都向川越茂发出。8月10日，川越茂与高宗武在上海会面。川越茂提出了基于上两份文件的日方条件。高宗武表示，他须向上级报告后再作答复。然而，两天后，淞沪战争爆发，这一由日本主动发起的日本与中国中央政府的第一次秘密接触遂不了了之。

淞沪战争的爆发，无论是从地域上还是从规模上来说，都使中日战争最终升级为全面战争。9月中旬，参谋次长多田骏预计日军将在10月中下旬在淞沪和华北战场上取得胜利，他认为"这将是媾和的最好时机，失去这个时机就会变成长期战争。所以从现在起，需要在外交方面展开秘密活动"④。因此，参谋本部展开了秘密活动，它指示日本驻德国的陆军

---

① 《第二次中日战争史》，上册，第379页。
② 《日本外交史》，第20卷，第105页。
③ 同上书，第108、110页。
④ 《中国事变陆军作战史》，第一卷，第二分册，第54页。

武官大岛浩去试探德国方面是否愿意出面调停中日战争。10月中，参谋本部又派马奈木敬信中佐与德国驻日武官奥特少将进行联系，二人并共赴上海，邀德国驻华大使陶德曼出面调停。

日本外务省也展开了活动。10月21日，日本外相广田弘毅会见德国驻日大使狄克逊，表示"日本随时准备和中国直接谈判，假如有一个和中国友善的国家，如德国、意大利，劝说南京政府觅取解决办法，日本是欢迎的"。10月28日，日本外务次官崛内再次对狄克逊表示，日本不赞成两个或两个以上的国家的联合调停，但如果德国能够推动中国政府来和谈，日本政府是欢迎的①。

日本之所以在这时频繁发出希望他国"调停"的信息，还有一重要的国际因素。其时，专门讨论中日冲突的九国公约签字国会议即将在布鲁塞尔召开。不管日本出席与否，日本都将处于不利的被告地位。日本如此急切地推出德国出面调停，企图与中国政府直接谈判，也是为了抵制和破坏布鲁塞尔会议，防止出现英美等列强联合干涉的局面。广田在10月21日与狄克逊的谈话中就曾表示，日本在原则上反对召开九国公约会议这样的广泛性的会议的想法，因为这种会议对于冲突的解决是有害的。

无论是参谋本部还是外务省，它们所伸出的触角都指向了德国。这无非是因为德国是所有大国中唯一与日本没有尖锐的利害冲突的国家。它既是日本的准盟国，又与中国保持着良好的关系。确实，德国也一直希望中日能达成妥协，平息战事。因此，在收到日本发出的欢迎德国出面调停的信息之后，德国外交部几乎没有什么犹豫便担当起了"递信员"的角色。10月29日，陶德曼会见中国外交部次长陈介，表示德国愿作中日之间的联系途径，并指出现在正是解决中日问题的时机。陈介以中国希望先知道日本所提条件作答。针对中国对即将召开的九国公约会议所寄予的期望，陶德曼指出该会议不会产生任何实际结果，奉劝中国不可抱有幻想。

这时，中国方面也正在考虑停战问题。至10月下旬，中国军队在南北两个战场上均处于不利状态，集中了31个师、13个旅在北线所进行的太原会战和集中了70万兵力在南线所进行的淞沪作战，其失败的征兆已很明显。面对国内军事的严重情况，10月25日，中国国防最高会议讨论了停战问题，从军事角度分析了它的可行性。会议讨论了停战对于中国军

---

① 《德国外交文件》，第4辑第1卷，第770、773页。

事的利弊，认为"停战对士气不利"，但同时又指出"目下现役部队略已使用完尽，此后补充者多系新募，未经训练，故战斗力益见低劣，故以适时停战为有利"；"械弹器材，被服粮秣之积储已用至半数，后续补充堪虞，故以适时停战为有利"。会议还认为，由于目前晋、鲁、沪方面作战成败尚未最后决出，"故在目前停战，外交形势尚不恶劣"。

会议还就停战对于中日双方的利害进行了分析和比较，认为敌我双方都会利用停战来进行调整补充，但对中国有利的因素更多一些。诸如："增筑防御工事及设备，于我有利，因我方为防御。组织民众及游击队，于我有利，因在我国土作战。增强各地防空组织与设备，于我有利，因我空军劣势，不能袭击敌国。整理后方交通，于我有利，因无空袭。军械弹药器材之输入，于我有利，因我方所购之弹药等，愈迟则到者愈多。"因而，国防最高会议的结论是："综观以上利害比较，停战或短期停战于我物质上均较有利。故在有利之条件下，自可接受。"①

10月30日，日本外务省发言人对外国记者发表谈话，他公开表示，假如中国直接提出和平建议，日本将不拒绝举行谈判。但德国外交部认为，"现在很难期望中国采取主动，而日本在达到了它的军事目标之后，是可以迈出第一步而不失面子的"②。

经过一番试探后，11月2日，广田外相会见狄克逊，正式提出日方的议和条件。该条件主要包括七个方面的内容：一、内蒙古自治，建立一个与外蒙古相似的自治政府；二、扩大华北非军事区，由中国警察和官吏维持秩序，中日如能缔结和约，则华北行政权交给南京政府，但要委派一亲日首长，如不能缔结和约，华北将建立新的行政机构；三、扩大上海非军事区；四、停止反日政策；五、共同防共；六、减低对日本货物的关税；七、尊重在华外侨权利③。

11月3日，德外交部电令陶德曼将日方条件转告中国。11月5日，陶德曼会见蒋介石，转告了日方条件。其时，布鲁塞尔会议刚刚开始，中国力争在英美列强的参与下解决中日问题，无意立即与日本直接谈判。对于日方的要求，蒋介石虽未明确拒绝，但表现出相当冷淡的态度。蒋介石

---

① 《中国近代对外关系史资料选辑》，下卷第二分册，第14—16页。
② 《德国外交文件》，第4辑第1卷，第775页。
③ 《日本外交史》，第20卷，第179—180页。

的回答主要表示了中国方面的三点意见：一、如果日本不愿意恢复战前状态，中国不能接受日本的任何要求；二、日本人现在执行的政策是错误的，假如日本继续作战，中国不会放下武器；三、中国现在不能正式承认收到日本的要求，因为中国现在正是布鲁塞尔与会各国关切的对象，各国"有意要在九国公约会议的基础上觅取和平"。利用日本及德国当局的反共心理，蒋介石还声称，如果中国政府被打垮了，"那么唯一的结果就是共产党势力将在中国占据优势"。这就意味着日本无法与中国议和，因为共产党是从不投降的。

蒋介石表现出对立即停止正在进行的军事行动更感兴趣。他向陶德曼提出："在敌对行动继续进行的时候，是不可能进行任何谈判的。"他表示，假如德国"向中国和日本提议停止敌对行动，作为恢复和平的最初步骤，中国愿意接受这一提议"①。关于中国政府接受调停的动机，顾维钧曾在布鲁塞尔对美国代表戴维斯解释说，中国政府之所以接受陶德曼调停，是因为考虑到中国军队需要一个喘息的时间巩固阵地，以阻挡日军机械化部队的进攻。从军事的观点来看，安排停止敌对行动是有必要的。

中国政府希望在九国公约会议与会国的参与下与日本谈判。中国政府在给出席此会的中国代表团的指示信中，提出了中国的基本议和条件。其主要原则是：一、东北问题至少按李顿报告书之建议加以解决；二、华北不容许任何傀儡组织或察绥特殊化，中国如能确保华北主权和行政权，则将在经济开发和资源供应方面作相当让步；三、上海恢复 8 月 13 日以前的原状，一切仍照原《上海停战协定》的规定办理，该协定所规定的区域不能格外扩大②。

陶德曼向德国外交部转告了中国政府的这一态度。陶德曼还报告说，中国的重要人士都反对与日本妥协，但他们愿意由英美出面调停，先订立停战协定。于是，德国的调停行动暂时中止。

但中国并未断然关闭与日本谈判的大门。11 月 19 日，行政院副院长孔祥熙在给山本的密电中，表示了愿在日本有所悔悟的情况下进行谈判的愿望。孔在该电中说道："倘日方不急悬崖勒马，必致两败俱伤，坐使渔人得利……现在日本已获相当面子，倘再事续进，则胜负无常，我方步步

---

① 《德国外交文件》，第 4 辑第 1 卷，第 780—781 页。
② 《第二次中日战争史》，上册，第 423 页。

为营拼死抗御，虽日军有犀利之武器，然以中国之大，若深入内地，何能立获胜利。"孔祥熙指出中日间长期战争将给日本带来灾难性后果的前景，他提醒说，中日战争"代价既巨，消耗必多。现在日本已处孤立，列强忌猜日甚，一旦有事恐无力应付"，"倘再不悔悟，恐不仅自耗防共之国力，且促使中国联共赤化，后患无穷。唇亡齿寒之意，甚望日本明达之士注意及之"①。

但在公开场合，中国政府的态度则显得较为坚决。11 月 20 日，国民政府发表迁都重庆宣言，指出日本"分兵西进，逼我首都，察其用意，无非欲挟其暴力，要我为城下之盟"，中国"为国家生命计，为民族人格计，为国防信义与世界和平计，皆已无屈服之余地，凡有血气，无不具宁为玉碎不为瓦全之决心"②。

布鲁塞尔会议未能实现中国期望列强联合调停的目标。日本觉得利用战场上的有利局面而由德国单独调停的机会再次到来。11 月 25 日，广田又向狄克逊表示希望德国出面调停。11 月 28 日，陶德曼奉命拜访孔祥熙和王宠惠，转述了日本的要求。

中国曾寄希望于九国公约会议伸张正义，结果大失所望。会议并未采取任何措施来制裁日本，而只是呼吁中日双方以克制态度来实现和平。这对国民政府的战和政策，不能不产生重大影响。布鲁塞尔会议之后，中国对陶德曼调停显示出较大的兴趣。中国军队在淞沪会战和太原会战中的失败，也迫使最高当局考虑利用停战喘息的问题。蒋介石本人此时显然已有意接受德国的调停。他在 1937 年 11 月 29 日的日记中写道："为缓兵之计，不得不如此耳。"③

中国政府曾向苏联通报了德国调停之事，征求其意见。1937 年 12 月初，苏联答复说，关于委员长与德国大使陶德曼的谈判，我们认为中国政府可采取下列态度："日本如撤回其入侵华中及华北之军队，并恢复卢沟桥事变以前的状态时，中国为和平利益计，不拒绝与日本实行和平谈判。""日本如果实行上述先提条件的时候，中国国民政府就允许谈判两

---

① 中国第二历史档案馆藏档案，见《中国现代政治史资料汇编》（油印本），第 3 辑，第 9 册。

② 国民政府：《外交部公报》，第 10 卷，第 7—12 号。

③ 《蒋总统秘录》，第 11 册，第 95 页。

国间一切问题"。同时，苏联政府对日本能否遵守停战协定以及德国调停的意图也表示了疑虑。对此，蒋介石在回电中答曰："对德调停之答复，正符鄙意，当不被敌所欺，请勿念。"①

12月2日，蒋介石召集高级军事将领会议，参加者有白崇禧、顾祝同、唐生智、徐永昌等人。会议听取了外交部次长徐谟关于此事的报告。各将领询问有无别的条件，是否限制中国的军备？徐谟回答说，德使称别无条件，只要中方答应即可停战。于是，各将领陆续表示同意就此条件进行谈判的态度。最后，蒋介石表示两点：（1）德国调停不应拒绝，如此尚不算是亡国条件。（2）华北政权要保存。

同日下午5点，蒋介石会见了陶德曼。这一次，蒋表现出了上次所没有的妥协态度。他询问日本的条件是否仍和原来的一样。表示中国愿意接受德国的调停，同意以日本先前提出的各点作为谈判的基础。但他同时表示，他不能接受"那种认为日本在这场战争中已经成为胜利者的看法"，中国愿以协调和谅解的精神，讨论日本的要求，但日本切不可以胜者自居，将所提条件视为最后通牒，"中国不能接受日本的最后通牒"。蒋介石还明确表示了中国政府的最低立场，即"华北的主权、完整和行政独立不得侵犯"②。

此时，日军兵锋已直指南京，如果谈判被视为败者的求和，无疑将会使停战条约成为城下之盟式的"降约"。因此，中国方面特别注意强调中国在谈判中的地位问题，这是战争双方的对等的谈判，而不是胜者和败者的谈判。12月5日，中国外交部次长徐谟再次对陶德曼强调指出："假如日本以向战败者任意规定和平条件的战胜者自居并且这样做的话，那将会对中国和日本之间真正和解的前途造成很大的损害。"他表示"大使提出来的各点可以作为商讨的基础，但它们在任何情况下都不应被认为是以最后通牒形式提出来的不可改变的要求"③。当然，当时情况下的中日谈判，在实质上不可能是平等的谈判。国民政府是准备作出妥协和让步的，这一点毫无疑问，但它又不愿使让步成为投降。对谈判中外交地位的关注，正是这一态度的反映。

---

① 《战时外交》，二，第339—340页。

② 《德国外交文件》，第4辑第1卷，第787—789页。

③ 同上书，第797页。

　　12 月 7 日，狄克逊将中国方面的意向转告广田外相，并询问中日谈判是否仍在原提条件基础上进行。这时，日方的态度已发生变化，广田表示需要征求军方的意见，因为他"怀疑能否在一个月前所提出的基础上进行谈判，那是在日本取得巨大的军事胜利之前所起草的"①。这时在中国战场上，日军对中国首都南京的攻击进展顺利，指日可下。广田表示，由于形势发生了变化，日本可能要扩大要求。

　　战场上的胜利，使日本军方的强硬派的势力更为壮大。强硬派对中国政府的谈判姿态很不满意。12 月 8 日，陆军首脑会议认为"还看不到蒋的反省态度，将来能否反省姑且不论，现在这样的态度是不能接受的"②。他们要求根据新形势重新研究以后的新条件。内相、预备役海军大将末次信政就曾在大本营与政府联席会议上声称，"除非把和平条件订得十分强硬，否则，我们的人民就会不满"。他认为南京政府已经陷入困境，"如果我们稍微放松作战，蒋政权显然会恢复元气，但如果我们再推它一把，它就倒了"。他反对对中国采取温和的态度，说这样会重振中国人的士气③。日本首相近卫也认为，此时不宜对中国显示宽宏大量。12 月 14 日，日本政府发表声明，声称："国民政府毫无反省之意，日本决心提携亲日政权，彻底惩罚抗日政权，从而根本上解决日华问题"④。

　　日本军政首脑经过多次讨论，于 12 月 21 日的内阁会议上正式议定了《为日华和平交涉致德国驻日大使的复文》及有关谈判条件的极密的具体解释。次日，广田据此约见狄克逊，提出了日方新的谈判条件：（1）中国应抛弃亲共反日反满政策，并与日本及"满洲国"合作，实行反共政策；（2）在必要的地区建立非军事区和特殊政权；（3）中、日、满缔结关于在经济上密切合作的协定；（4）中国偿付日本所要求的赔款⑤。

　　狄克逊对这四项条件的具体内容提出询问，广田对它的补充说明是：第一条意味着中国承认满洲国，并希望中国废止中苏条约或参加反共产国际条约；第二条指在华北和长江流域建立非军事区，在内蒙古建立特殊政权，华北政府将拥有广泛的权力，它不属于中央政府，但是在中国的主权

①　《德国外交文件》，第 4 辑第 1 卷，第 799 页。

②　《中国事变陆军作战史》第一卷，第二分册，第 136 页。

③　原田熊雄述：《西原寺公与政局》，第 6 卷，东京 1951 年版，第 187 页。

④　《中国事变陆军作战史》，第一卷，第二分册，第 142 页。

⑤　《日本外交年表及主要文书（1840—1945）》，下册，第 380 页。

之下；第三条指中日订立关税协定、一般贸易协定等；第四条即中国赔偿战费和日本财产损失费。广田要求德国暂不要让中国知悉他对这四项条件的补充说明。此外广田还向狄克逊表示，中国如接受条件，须派代表来日本，在一定的时期和指定的地点进行和谈。在和谈期间，日军将继续进行军事行动。只有到和约缔结时，才有停止军事行动的可能。同时，广田还声明，日本要求在年底前后获得中方的答复。从这些条件来看，日方此时已自居于受降者的地位。

对于日方的新要求，作为旁观者的狄克逊也感到太过分了。他指出这些条件"远远超过"原先的条件，"我认为中国政府是完全不可能接受这些条件的"。广田则表示，由于军事局势的改变和舆论的压力，现在不可能有其他方案。狄克逊认为日方所提要求答复的时间太短，希望延期到1月5、6日，广田表示同意①。

12月26日，陶德曼将日方的四项要求（不含具体解释）转告孔祥熙。由于这四项要求过于广泛和模糊，日本可以在这四条之下提出若干苛刻要求，即使是此时很想妥协的中国政府也不敢贸然接受这些条件。蒋介石在这一天的日记中写道："倭所提条件如此苛刻，决无接受余地。"② 次日，孔祥熙对陶德曼说，日本提出的是无所不包的条件，它犹如一张空白支票，日本也许需要十个特殊政权和十个非军事区，没有人能够接受这样的条件。

同日，中国外交部将上述日本条件电告中国驻外各使节，令其转告驻在国政府，以听取各国的意见。中国外交部在向苏联驻华大使通报情况时曾表示，"我国政府认为这些条件没有考虑余地"。英国外交大臣艾登在听了郭泰祺的通报后表示，这些条件是严酷的，甚至是残暴的，他完全赞成中国拒绝予以考虑的态度。法国外交部秘书长莱热向顾维钧指出，中国唯一正确的政策就是继续抵抗，并且拒绝同日本议和。他感到中国谈和平已经谈得太多，其实只要继续进行游击战，中国最后是能把日本拖垮的。如果目前向日本求和，就等于甘心投降，因为日本不愿意接受低于投降的条件③。

----

① 《德国外交文件》，第4辑第1卷，第802—804页。

② 《蒋总统秘录》，第十一册，第98页。

③ 《顾维钧回忆录》，第三分册，第30—32页。

同日，蒋介石召集汪精卫、孔祥熙、张群等要人到其寓所会谈，讨论应付办法。蒋介石表示，"国民革命在求中国之自由平等，决不能屈服于敌人与之订立各种不堪忍受之条件，以致我国家与民族永远受其束缚。只要我国政府不签字于任何不平等条约之上，则我国随时有收回国土、恢复主权之机也"。众人一致同意，对日本所提条件，一概不予理会。29日，蒋介石又对于右任等人表示，"倭寇所提条件，等于征服与灭亡我国，与其屈服而亡，不如战败而亡"①。

12月30日，狄克逊会见广田，告诉广田有必要对和平条件加以补充说明，并在谈判开始时实行局部停战。广田同意将22日指明不转达的内容以德国大使个人感觉的形式告诉中方。广田并再作补充说明，指出非军事区将包括内蒙古、华北及上海占领区的一部分；特殊政权指内蒙古自治政权、华北具有广泛权力的政府，上海也要建立一特殊政权；赔款范围则包括赔偿一部分战费、日本损失的财产和占领费用三项②。

同日，陶德曼奉命将广田对狄克逊的补充说明，作为德国驻日大使与日要人的"谈话印象"转告中国。但中国政府迟迟未作答复。1月5日，广田会见狄克逊，指责中国政府向列强透露日本所提的和谈条件，他表示"日本无法忍受中日和平谈判条件演变为国际性之探讨"，要求中国政府迅速作出答复③。

1月6日，近卫与陆相、海相、外相商谈，决定敦促中国政府，由内阁官房长官发表了要求中国政府早日答复的谈话。1月10日，陶德曼会见中国行政院副院长张群。张答复说，中国对日本的要求还正在研究中。12日，日本外务次官崛内谦介约见德国驻日参赞，要求中国政府立即答复，他声称如果到1月15日仍未有答复，日本将保留采取行动的自由。他并要求中国的答复须采取明确的态度。

在这段时间里，日本于1月11日召开了御前会议。日本首相、陆相、海相、外相、枢密院议长以及参谋本部和军令部的总长、次长等出席会议。会议议定了《处理中国事变的根本方针》，决定："如中国现中央政

---

① 台湾"中华民国史料研究中心"：《先总统蒋公有关论述与史料》，台北1979年版，第15页；《党史概要》，第3册，第970页。
② 《德国外交文件》，第4辑第1卷，第811—812页。
③ 台湾《传记文学》，第43卷第4期，第44页。

府反省醒悟过来诚意求和，则根据附件（甲）所开日华和谈条件进行交涉"，"如果中国现中央政府不来求和，则今后不以此政府为解决事变的对象，将扶助建立新的中国政权"①。

1月12日和13日，陶德曼三次约见王宠惠，催问中国政府的明确答复。王宠惠最后宣读了一份声明，内称："经过适当的考虑后，我们觉得，改变了的条件范围太广泛了。因此，中国政府希望知道这些新提出的条件的性质和内容，以便仔细研究，再作确切的决定。"1月14日，狄克逊将中国声明全文转交广田，广田对中国政府的不明确态度大为不满。他认为中国方面已经知道了作一个肯定或否定答复所需要的一切细节，现在作这样一个不置可否的声明，"简直是遁词"。广田觉得中国方面没有和平诚意，是在采取拖延战略。他把中国政府的答复提交给正在召开的内阁会议。内阁得出的结论是："再不能理睬这样的拖延政策，应按预定方针发表不以国民政府为对手的声明，采取下一步措施。"②

同日，新就任的中国行政院院长孔祥熙会见陶德曼，表示"中国仍然怀着与日本达成真正谅解的愿望"，孔希望能知道日方所提"基本条件"的性质和内容③。然而，在陶德曼将中国方面的口头声明记录转交于日方之前，日本已经通知德国停止交涉。

1月16日，近卫内阁发表政府声明，宣称"帝国政府今后不以国民政府为对手，而期望真正能与帝国合作的中国新政权的建立和发展"。两天后，日本政府再发表"补充声明"，声称"所谓'今后不以国民政府为对手'，较之否认该政府更为强硬"，"意在否认国民政府的同时，把它彻底抹杀"④。

1月18日，中国政府发表声明，指出"中国抗战之目的为求国家之生存，为维持国际条约之尊严。中国和平之愿望虽始终未变，中国政府于任何情况下，必竭全力以维持中国领土主权与行政之完整。任何恢复和平办法，如不以此原则为基础，绝非中国能承受"⑤。至此，被后世历史学

① 《日本外交年表及主要文书（1840—1945）》，下册，第385—386页。
② 《德国外交文件》，第4辑第1卷，第815、816页；《中国事变陆军作战史》，第一卷第二分册，第147—148页。
③ 《德国外交文件》，第4辑第1卷，第817页。
④ 《日本外交年表及主要文书（1840—1945）》，下册，第386—387页。
⑤ 《战时外交》，二，第670页。

家称为"陶德曼调停"的德国斡旋无果而终。

第二节　列强的调停企图与日蒋接触

日本政府虽发表了"不以国民政府为对手"的声明，但实际上，在1938 年中，围绕着和谈的各种活动仍在幕后继续进行。其中既有第三国的调停企图，也有中日两国间各种渠道的暗中接触。

自从中日战争爆发以来，意大利在远东虽无多少作为，但却表现出一种亲日姿态。在布鲁塞尔会议上，意大利代表不赞成对冲突的任何一方进行谴责，而主张由会议推动中日双方去直接谈判。1937 年 11 月，意大利正式加入德日防共协定。此前中国方面曾尽力加以劝阻，指出"日本侵华为正义所不容，日本以反共为名，缔结日德防共协定，实为偷天换日"，希望意大利"郑重考虑，作英智的抉择，以勿加入日德防共协定为是"。但意大利方面表示，"我反英法，日德亦反英法，利害一致，我不能不联合日德"，并称"假使中国亦反英法，我必与中国加强一切联系"①。这倒是实话，意大利就是从有利于自己在欧洲的战略利益出发，选择了在远东具有策应力量的日本作为其盟友。

除此而外，在 1937 年中，意大利对中日冲突似乎并没有过多的关注和介入。但是，在 1938 年上半年，即德国调停失败之后，意大利却异常地活跃起来，对在中日之间调停表现出很大的兴趣。意大利代表频频会见中方要人，劝说中国接受日本的条件，停止抵抗。意大利也许认为，遭到淞沪和南京战役的惨败，中国的抵抗力量已所剩无几，中国方面不会再坚持不作重大让步，到了收拾残局的阶段了。

1938 年 2 月，意大利驻华大使柯莱（G. Cora）拜访蒋介石。他声称，中国的抵抗是不可避免地要失败的，就像阿比西尼亚徒劳地抵抗意大利一样。它拖的时间越长，中国最后所能得到的东西就越少。他劝蒋介石与日本人合作，以尽其所能挽救中国②。

同月，柯莱在香港会见宋子文，传递了日本的议和条件。柯莱说，他

---

① 《第二次中日战争史》，上册，第 417 页。
② 《美国外交文件》，1938 年第 3 卷，第 105 页。

与去年 12 月时的德国大使不同，他只传递"他个人认为可以作为谈判的合理基础的条件"。柯莱接着便提出了他认为是"非常宽大"的那些条件，它包括承认"满洲国"、日本在华北驻军、日本在华北享有经济特权、上海设立中立区和赔款等问题。但这些条件实际上与中国政府所能接受的相去甚远。宋子文似乎对此毫无兴趣，他刚听到"赔款"这个词时，就反问柯莱说：哪一个国家将得到赔款？是不是日本向中国赔偿破坏南京和轰炸上海的损失？结果，这次会见不欢而散①。

1938 年春夏之间，柯莱来到武汉，仍有意调停中日战争。他认为汪精卫是主张议和的最适当的人选，因而特别注意对汪游说。他提出的两个先决条件是：（1）蒋介石辞职；（2）由汪精卫致信日本外相，声明战争停止后中国将放弃反日思想。这样，日本将会提出使中国容易接受的条件，然后撤兵。汪精卫对此事持有怀疑态度，事后将此事报告了蒋介石。后来，意大利驻华代办在会见汪精卫时又撤回了要蒋介石辞职的条件，只要求汪写封信给日本外务省。汪亦将此事报告了蒋介石。意大利在武汉的活动仍未取得成果。

英国外交部的一些官员也在考虑通过调解来结束中日冲突的问题。远东司官员普拉特（John Pratt）和布雷南（John Brenan）1938 年 1 月 5 日的两份备忘录讨论了能为中日双方或应迫使中日双方所接受的条件。普拉特指出，英国所提出的任何解决办法对日本来说应是"慷慨"的，对中国来说应是"公正"的。他认为英国在中国需要维护的重要利益包括中国的门户开放、香港的安全、海关行政的完整和不让日本控制上海。因此，他主张应由中国控制上海，但要吸收外国人参加市政府。为了换取日本在上海的让步，中国应在华北问题上作出让步。英国应让中国和日本自己去谈判解决华北五省的问题，劝告中国作出经济上的让步以换取日本人对中国在华北主权的承认。普拉特说，"把日本人赶到长城以外去不是我们的职责，即使我们有力量这样做"②。

关于华北和东北问题究竟如何处理，布雷南的备忘录则比普拉特的更明确些。他认为，"对于日本无可争议的军事力量和它要在东亚获取更强的经济和战略地位的坚定决心，不采取现实主义的态度是愚蠢的"。英国

---

① 《美国外交文件》，1938 年第 3 卷，第 110—111 页。
② 《英国与中日战争，1937—1939》，第 95—96 页。

必须意识到，在某种程度上华北的省份将不得不受"我们不能左右的力量"控制，但英国应敦促日本承认"中国本部主权、独立、领土和行政完整，撤走长城以南的全部日本军队"。为此，中国付出的代价是承认"满洲国"和在华北对日本作出经济上的让步①。

两个备忘录设想在英美联合进行海军示威向日本施加压力时提出，以迫使日本接受这一不能完全满足它的愿望的条件。然而，由于英美未能达成进行海军示威的共识，这两个备忘录遂被搁置一旁，但其中的一些主要观点被外务次官贾德干后来所提出的一个调停计划所采纳。

另外，日本对英国表现出的某种程度的友好姿态也刺激了英国的绥靖念头。2月3日，日本外相广田在日本国会的一个委员会的讲话中表示，日本希望维持与英国的传统友谊。次日，日本驻英大使吉田茂向艾登递交了广田的《关于英日关系的备忘录》。该备忘录称维持和发展英日间的最友好的关系"一直是日本政府最诚挚的愿望"。但是近来在中国所发生的一些不幸的误解似乎损害了两国间的亲密关系，日本政府对此"深感不安"，"急盼消除误解，为远东的和平而恢复英日间的合作关系"②。吉田茂在转交备忘录时还主动提出，希望英国政府出面调停，以结束远东的冲突。2月9日。张伯伦在内阁会议上要求艾登接受吉田茂的建议。2月14日，张伯伦再次表示，他"不希望人们有片刻认为绥靖日本的所有机会都已消失"，"有必要在这方面作出一些努力"③。然而，吉田茂的主动提议并未获得日本政府首肯。2月15日，吉田茂不得不通知艾登，日本政府并不打算接受英国的调停。

尽管英国外交部的官员对于吉田茂的提议、对于日本政府在中国的真正企图表示怀疑，但他们还是按照自己的想法提出了与美国共同调停的计划。1938年2月14日，贾德干提出了一份解决远东冲突的计划大纲，并以备忘录形式致函美国国务院政治顾问亨培克，提请美方考虑。贾德干认为，日本所要求的必然要比该计划所开列的多得多，因此如果没有英美两国的共同压力，日本恐怕是不会接受他所拟订的大纲条款的。他提议美国与英国采取平行行动，分别向日本表明，英美不再默许任何违背公约的行

---

① 《英国与中日战争，1937—1939》，第96—97页。
② 《英国外交文件》，第2辑第21卷，第686—688页。
③ 《英国与中日战争，1937—1939》，第102页。

为。同时向日本人表明，他们所提出的和平条件对日本人来说是公平的甚至是优厚的。

贾德干的备忘录花很大篇幅讨论了被认为是整个中日问题的关键的上海的行政管理问题。提议由中国政府统一对华界和租界的控制，但要吸收外国人包括日本人参加市政府。备忘录所设想的目标是使日本军队包括其他国家的驻华军队都从中国撤出。为此，也应促使中国方面满足日本的某些要求，如：停止排日教育，取消反日宣传，减低日货进口税，承认"满洲国"，并在华北给予日本以经济上的种种便利，其中包括允许日本从事采矿业和参与管理华北的铁路。贾德干认为，承认"满洲国"将会消除一个造成整个国际关系不稳定的刺激因素。4 月 11 日，英国再次向美国提出调停建议[①]。

4 月 13 日，亨培克复信贾德干，表示了美国对于这一问题的态度。他反对对日本作过大的让步，指出任何解决办法必须考虑到各国的权益和舆论。在目前情况下，中国也绝不会同意以损害自己为代价作有利于日本的安排。尤其是关于承认"满洲国"问题，美国不同意英方认为这将有助于消除国际关系中不稳定因素的看法。认为这种承认以及随后各国的承认，只能起到表面上的治标作用，但它在任何程度上都未解决中日苏之间冲突的深层原因。而且，这实际上只会鼓励日本人继续采用它们一直采用的办法，即以武力作为推行其政策的手段。亨培克认为谋求解决中日纠纷的时机尚未到来[②]。

4 月 14 日，美国国务院向英国驻美使馆发出备忘录，指出根据美国政府所掌握的情报，目前无论是中国政府还是日本政府都不可能接受能为双方所接受的和平条件，而且日本的舆论在目前也不可能接受英国和美国的共同调停，因为共同调停这一方式具有施加压力的含义[③]。由于美国对英国所提议的调停缺乏热情，这次企图以牺牲中国部分主权利益来平息远东战火的努力便胎死腹中。

这一时期，中国政府并未放弃通过谈判解决问题的想法，但又担心日本索价太高，中国为此而付出的代价太大。蒋介石在 3 月 22 日的日记中

---

① 《美国外交文件》，1938 年第 3 卷，第 89—93、139—140 页。
② 同上书，第 141—153 页。
③ 《美国外交文件》，日本卷（1931—1941），上册，第 464 页。

曾写道："世人只知战时痛苦，妄想速和，殊不知和后之痛苦，更甚于战时，而况为屈服不能得到平等之和平乎！"①　但是，这一担心并未完全打消国民政府领导人对中日和谈所抱的幻想。因此，国民政府在公开场合便表现出这样一种姿态：一、不放弃任何和平的希望；二、这一和平必须是公正的和平。这既给日本人发去了中方仍然希望和谈的信息，也表明了中方的让步将是有限度的。

1938年4月，中国国民党召开临时全国代表大会。大会宣言既声明"吾人之本愿在和平，吾人最终希望仍在和平"，同时又指出"惟吾人所谓和平，乃合于正义之和平。……若舍正义而言和平，非和平也，屈服而已"②。蒋介石在公开场合也表现出坚定立场，一再声称"吾人确信妥协与规避，决不能维持和平，如须确树永久和平之基础，则采用武力以击败侵略者，乃属必要之手段"，"中国方面之意见，以为苟非能将主权完全收回，绝不欢迎任何国家调停"③。但在暗中，中国方面正在向英美提出请其出面斡旋的要求。

7月24日，中国外交部长王宠惠走访美国驻华大使詹森，希望在日本政府承认其扶植的傀儡政权之前，美国政府与英国（可能的话还有德国）政府一起采取平行行动，在中日两国之间进行斡旋，以结束目前的冲突。王宠惠希望美方不要提及这是应中国的要求而进行斡旋的。王并进一步说，如果斡旋未达到目的，如果日本人在南京或其他地方建立新的傀儡政权并宣布承认，希望美国像在1915年对待"二十一条"那样作出保留声明，通告中国政府美国将不承认这样的政权，并继续拥有现存中美条约所规定的地位和权利④。

中国同时也向英方作了类似的提议。王宠惠提请英美出面斡旋显然不是自作主张，而是奉命而为。蒋介石对此完全知情。7月27日，蒋介石单独邀请詹森共进午餐，询问其对王宠惠提议的看法。詹森回答说，美国政府很愿意在适当的时候进行斡旋，以使中日冲突结束。但问题是不知这"适当时候"何时到来。

① 《先总统蒋公有关论述与史料》，第15页。
② 《中国国民党历次代表大会及中央全会资料》，下册，第464页。
③ 《先总统蒋公思想言论总集》，第38卷，第109—110页。
④ 《美国外交文件》，1938年第3卷，第238—239页。

同日，王宠惠在对外声明中公开表现了中国政府方面有意于政治解决的姿态。王宠惠称："日本不仅应停止战争行为，实应从现在之占领地域撤退，否则中国只有决心继续抗战，然对于希望和平一事决不让人后，惟和平须以平等与名誉为基础。"王宠惠希望一向主张门户开放机会均等的美国，能积极推动中日问题的解决①。

在日本决策层内，在是否与中国政府交涉的问题上也出现了分歧。日本政府于 1938 年 1 月 16 日已经发表了"不以国民政府为对手"的声明，但这一声明并不是一个深思熟虑的明智决定，它是在日本因攻占中国首都南京而弥漫着一股盲目乐观情绪，而中国国民政府又不愿接受日方提出的过于屈辱的条件的情况下作出的。这一声明代表的是日本强硬派的主张。无论是在作出这一决策的当时还是在这一声明发表之后，在日本政界和军界内部都有不少人对此持有不同看法。他们认为，这种顽固坚持要打倒中国中央政府树立傀儡政权的想法是要使日本付出巨大努力和代价的下策，因而要求修改这一政策。

在遭到多方反对的情况下，日本政府的立场出现了松动。5 月 26 日，日本近卫内阁改组，主张对华强硬的陆相杉山元和外相广田弘毅都离开了内阁。被一般人视为温和派和亲英派的宇垣一成出任外相。宇垣是反对近卫声明的，他在出任外相前提出来四个条件：（1）强化内阁，以求统一；（2）外交一元化；（3）开始与中国政府和平交涉；（4）必要时取消 1 月 16 日"不以国民政府为对手"的声明②。宇垣意图把被军方分割了的外交权真正收归外务省，强化外务省的权力，推行他所希望的外交方针。在近卫认可这四条件之后，宇垣才同意就职。

宇垣在就职后第一次会见外国记者时称，日本与英国有着传统的友谊，本人将尽力使之恢复，且拟使日英关系较此前更形亲密。宇垣并暗示将来中日两国终有讨论议和条件之可能。他声称，自 1 月 16 日日本发表政府声明后，大局尚未有变动。如果局势发生了重大变化，日本政府可能会重新考虑其态度。当有记者问及如有第三国出面调解，日政府是否愿意加以考虑时，宇垣并未断然拒绝，而是表示，日本首先要搞清楚调解动机

---

① 《卢沟桥事变前后的中日外交关系》，第 516—517 页。
② 《日本外交史》，第 20 卷，第 211 页。

的性质①。

　　日本参谋本部也希望对近卫声明进行修正。参谋本部战争指导班在 6 月向五相会议提出建议，要求"逐渐修正不以国民政府为对手的观点，并允许第三国的斡旋，以扩大有关处理对华战争的自由"②。

　　在中日双方高层都有意恢复接触的背景下，中日间的秘密接触通过多种渠道在暗中进行。这其中既有通过外交官员进行的具有官方性质的接触，也有通过民间人士进行的非官方的但具有强烈官方背景的接触。其中最主要的是以下三条路线：乔辅三—中村路线、贾存德—萱野路线、萧振瀛—和知路线，兹分别述之。

　　乔辅三与中村的接触渊源于中国国防最高会议秘书长张群以私人身份祝贺宇垣就任日本外相。张群在贺电中希望宇垣能实现其中日亲善的夙愿。贺电称："此次阁下就任外务大臣，实为极其重要之大事。为东亚而欢欣鼓舞。过去多次就东亚问题交换意见，余确信此次阁下定能将一向抱负付诸实现。"宇垣回电表示，"日华两国陷入如此不幸之形势，实令人遗憾。余昔日谈及之想法意见，今后定当竭尽最大的努力予以实现"③。宇垣并询问张群能否出面会谈。但后来宇垣又顾虑张群的亲日名声可能会把事情弄糟，遂又建议改请行政院长孔祥熙出面。中国方面对此表示同意。为安排此事，日本驻香港总领事中村丰一和孔祥熙的私人代表乔辅三奉命先期在香港举行会谈。

　　乔辅三与中村的谈判，从 6 月下旬一直持续到 9 月初。在谈判中，中方询问日本是否坚持以蒋介石下野作为和谈的条件。日方代表就此转询外务省。宇垣亲自起草复函。他对有关官员表示："最后的态度，是不以蒋介石下野为条件的，但鉴于日本国内的反蒋感情，不宜在开始就露出底牌。"他在复函中写道："日本国内对蒋氏反感相当强烈，是否以其下野为条件，目前不遽为决定，留待日后商量；至其他各点，则希与乔氏进行会谈。"④

　　关于和平条件，日方仍坚持 1937 年 12 月广田通过陶德曼所提出的第

　　①　中国第二历史档案馆馆藏档案，案卷号：十八·168。

　　②　《日本对华战争指导史》，第 151 页。

　　③　《宇垣日记》，第 2 卷，第 1245 页。本章采用郑基先生译文，见《档案与历史》，1989 年第 4 期。

　　④　《蒋总统秘录》，第十一册，第 178 页。

二次条件，即（1）承认满洲的独立；（2）华北、蒙疆作为特殊地带；（3）偿付赔款；（4）双方进行经济合作，共同开发资源；（5）日本在某些地区驻扎军队；（6）中国接受日本顾问或其他指导者①。

其时，日军已经展开了对武汉方向的作战行动，中国方面对立时停战表现出很大的兴趣。乔辅三表示，孔祥熙等人衷心希望和平，"特别希望马上中止战争行动"或"希望两军在协定成立时就地停战"。乔辅三并保证，中国方面将不会利用此种停战来加强其战斗力，例如，它将会停止军用品的输送和购买，停止在日本占领区的游击队的活动。乔表示希望能在汉口沦陷之前达成协议，"如果汉口沦陷，讲和就困难了"②。中方的这一要求未为日方所接受。

谈判中，中方还提出了日本扶植傀儡政权的问题，指出日本扶植华北临时政府和华中维新政府是不明智的行为，"这两个政府都没有真正的群众的支持，只是受日本的援助，维持占领区的局部治安而已。这两个政府实力怎样，日本最了解"③。其意在表明要解决中国问题，扶植任何傀儡政权都是无济于事的，唯一的办法是与重庆政府打交道。

双方在赔款、承认"满洲国"和华北特殊化问题上都进行了讨论。尽管中方愿意作出重大让步，但日本索价过高，双方仍无法达成协议。如关于赔款问题，中方表示"由于中国长期陷入战争，国家疲惫不堪，没有支付能力，希望将这一问题除外"④。但中村表示，中国方面把其保管的日人财产等破坏或沉入水中，日方要求赔偿乃理所当然。赔款的日期及条件可以另行商议，但赔款这一原则必须承认。

关于"满洲国"问题，中方表示它实际上已默认了"满洲国"，尊重那里事实上存在的局面。但鉴于这一问题在中国国内是一个很难处理的问题，希望日本取消要中国公开承认"满洲国"这一条，中国将以签订日、满、华三国条约而予以间接承认。但日方连这样的要求也不肯接受。

为了推动谈判的进展，双方商定由孔祥熙与宇垣直接面谈。日方提出台湾或长崎为会晤地点。孔祥熙表示同意，为避免乘客轮时碰上记者，孔

---

① 《宇垣日记》，第2卷，第1216—1217页。
② 寿充一编：《孔祥熙其人其事》，中国文史出版社1987年版，第135页。
③ 同上书，第134页。
④ 《宇垣日记》，第2卷，第1427页。

希望日本派军舰来接他。日外务省与海军省联系后，同意了这一要求。

中日之间还存在着一条通过所谓民间人士进行的非官方渠道，其主要人物如萱野长知、小川平吉等，他们既与日本政府有直接联系，又因早年赞助过孙中山领导的中国革命而与中国方面保持着一定的联系①。1938 年初，萱野长知的助手松本藏治在上海与孔祥熙的亲信贾存德接上关系。1938 年 5 月，萱野托贾存德带信给孔祥熙，声称中日交战犹如"其豆相煎"，如果孔祥熙出面解决"阋墙之争""化干戈为玉帛"的话，他愿意为之斡旋奔走。

孔祥熙复函致谢，声称如果萱野能以百年利益说动日本当局早悟犯华之非，他将呼应共襄此举。孔祥熙还开列了中方的和平条件：（1）中日双方立即同时停战；（2）日本尊重中国主权，声明撤兵；（3）中国原则上同意日方解决满蒙的要求，具体问题待商谈。这一条件显然具有牺牲中国对东北和蒙古地区的主权来谋取妥协的倾向。孔祥熙非常害怕这一秘密接触为外界所得知。他曾警告贾存德说："你回去以后和这些人来往要特别谨慎，若不小心，一旦泄露秘密，我不但要否认，还要通缉你。"②

6 月 9 日，萱野长知回日本向小川平吉汇报了此事，并先后会见了宇垣外相和近卫首相，进行磋商。6 月中旬，萱野返回上海。7 月上旬，贾存德与萱野转移到香港继续谈判。

后来，孔祥熙的另一亲信马伯援也加入了这一谈判。9 月上旬，马伯援与萱野在香港进行会谈。中方提出，希望首先由日本天皇下诏，声明停战和撤军，恢复 1937 年 7 月 7 日之前的原状，然后再商定孔祥熙与日本外相宇垣的会面地点和日期，解决中日纠纷，但日方对此反应冷淡。

无论是乔辅三—中村会谈，还是贾存德—萱野会谈，它们都面临着一个难以逾越的障碍。这时日本并未彻底放弃"不以国民政府为对手"的方针，它仍以国民政府的改组，主要是蒋介石的下台作为议和的先决条件。这是以蒋介石为首的国民政府所万难接受的。就连中村丰一后来也认识到这是对中国现实缺乏了解的想法。他对宇垣说，蒋介石在中国人心目中已是唯一的民族英雄，如果不和蒋介石交涉而想解决中国问题，实在是

①　萱野长知、小川平吉都曾是孙中山的友人。萱野加入过同盟会，曾任孙中山的副官长。小川在武昌起义时参与发起组织友邻会，援助中国革命，后曾任日本政府司法大臣、铁道大臣等职。
②　《文史资料选辑》，第 29 辑，第 68—70 页。

太不认识现实了。萱野也致电小川说："中国国内形势不允许蒋下野，蒋本人希望及早结束战争，但周围的状况决不允许如此，担心引起混乱，以后无法收拾。"①

孔祥熙深知蒋介石绝不会答应让其下台的先决条件，因此，他致电萱野，希望日方放宽条件，表示如果辞职对于缓和日本人的情绪是必要的话，他作为政府领导人愿意承担责任，以他辞去行政院长一职代替蒋介石下野。

除了孔祥熙所控制的这两条渠道外，还有一条由军政部长何应钦所掌握的渠道。1938 年 8 月间，何应钦的顾问雷嗣尚奉蒋介石、何应钦密谕去港活动。雷嗣尚通过其结拜兄弟萧振瀛的关系，第二天便与日人和知鹰二接上了联系。和知系日本政府派遣，专门从事对华诱降工作的。他当场表示愿意作和谈的沟通工作。后雷、萧先后飞回武汉，将和知之意向蒋、何作了报告。蒋介石亲拟一谈判原则，交萧振瀛带回。据抄录人后来回忆，蒋所拟订的条件内容大致是：

（1）双方军队同时下令停止冲突；

（2）在华日军分期撤退，约一年为限，全部撤尽，恢复七七事变以前的状况；

（3）日本承认中国领土主权的完整；

（4）中日合作，共同防共；

（5）满蒙地区，全部交还中国；

（6）双方对战时所受一切损失，互不赔偿②。

但据另一知情人回忆，萧振瀛曾对他说过，蒋介石"面授机宜"的条件是：只要日本退出华中、华南，华北恢复七七事变以前状况，并无要求归还东北等条件③。实际情况究竟如何，尚待考证。

不管怎么说，蒋介石参与了此事，提出了和平条件是没有疑义的。萧振瀛携带着蒋开列的条件再次赴港与和知接洽。和知答应将此条件转达日本当局。几天后，和知对萧振瀛说，日本政府正在考虑此原则条件，一旦

---

① 杨天石：《抗日战争前期日本"民间人士"和蒋介石集团的秘密谈判》，《历史研究》，1990 年第 1 期。

② 《文史资料选辑》，第一辑，第 65—66 页。

③ 同上书，第 86 页。

考虑成熟，双方应派全权代表进行会商，并称希望将由近卫和何应钦在福州进行会谈①。

这时，围绕着与中国的谈判，日本决策集团内部也正在进行政策争论，强硬派坚持把蒋介石下野作为不可更改的条件，而这实际上意味着不可能与中国现政权进行任何谈判。另一部分人则主张暂且避开蒋介石下野这一棘手问题。参谋本部战争指导班在 8 月 18 日的一份计划中指出，日本应该把握战争的真正目的，没有必要拘泥于蒋介石下野这样的具体问题从而使自己蒙受不利。从对苏战略考虑，他们认为，如果战争继续下去，日本就需要准备至少再打十年。这与经营"满洲国"比较起来，每年需要付出十倍的努力。在此期间，将至少会发生日苏之战。这样，中国的反日分子就会奋起行动。而且，"第三国正坐待我之消耗，难道我们竟能甘中其计吗？"他们认为这是日本的"自取灭亡之兆"。他们要求日本从兴百万之师而结果只在于惩罚蒋介石一人的迷误区中走出来，"暂时主动地对蒋介石的下野持以宽容态度"，以求一举解决中国事变②。

外交大臣宇垣是主张变更"不以国民政府为对手"的方针的。他之所以坚持蒋介石下野，只是一种策略，以此作为一种讨价还价的筹码。他准备以在这个问题上的让步来换取中方在赔款和承认"满洲国"问题上的让步。9 月上旬，日方稍作让步，放弃蒋介石先行下野的要求，同意蒋在"收拾时局"实现和平后下野，但须事先作出保证。但孔祥熙表示要蒋介石在事先作出保证，或用密约规定蒋在和平后下台是困难的。他保证事后中国将自动实行。于是，宇垣准备安排一次他与孔祥熙等人的会晤。

然而，强硬派的势力远比宇垣等人强大得多。当时，徐州会战刚刚结束，日本军队正积极准备进攻武汉。在日本上层，尤其是在军界，"讨伐中国论"广泛流行，寄强烈期望于武力解决。日本内阁中支持宇垣的意见只占少数。得到陆军在幕后支持的右翼团体喊出了"打倒宇垣"的口号。7 月 15 日，日内阁核心会议决定了扶植新的中国中央政权的方略。此外，日本政府还决定设立"对华院"作为统一指导对华方针的中央机关。日本陆军试图通过这一机构掌握对华政策的决定权。宇垣认为这有损

---

① 后因蒋、何迁往重庆及送交报告者飞机失事，联系一度曾中断。而日军侵入武汉后，对和议亦不热心，此项接触遂不了了之。

② 《日本对华战争指导史》，第 170—172 页。

于外务省的外交大权，实际是要"抽掉外交系统的中枢"①。他对此表示
坚决反对。9 月 29 日，宇垣提出辞呈，计划中的孔祥熙—宇垣会谈也随
之告吹。

第三节   汪精卫脱离抗战阵营

在中国政府中，除了待价而谈的主流派外，还存在着一个不惜一切代
价与日本妥协的派别，这就是以汪精卫为代表的主和派。汪精卫集团与日
本的最初接触始于蒋介石所知晓的对日活动，后来成为其汉奸集团成员的
时任外交部亚洲司司长高宗武和该司第一科科长董道宁与日本的接触在最
初阶段是得到蒋介石许可的。然而，蒋介石虽然也希望妥协，但他所同意
作出的让步是有一定限度的。而汪精卫等人却不计代价，他们对抗战的前
途完全悲观失望，再加上强烈的权力欲和日本的诱降，汪精卫等人便走上
了一条与蒋介石分道扬镳的道路。

1938 年 2 月间，经蒋介石特批，高宗武以收集日本情报为名去香港
活动，实则企图与日本有关方面建立联系。3 月中旬，高宗武在上海与于
1 月赴日的董道宁会面。董在日本期间曾会见了日本参谋本部次长多田
骏、参谋本部谋略课课长影佐祯昭等人，了解到日方虽然发表了近卫声
明，但"因为预感到事变似有意外延长的情况"，日方还是"确实希望从
速实现对华和平的"②。董道宁从日本返回时还带回了影佐祯昭给昔日日
本士官学校的老同学张群和何应钦的信。3 月底，高、董二人同回武汉，
将此信呈交蒋介石。

影佐的信虽空洞，但它表明了日方仍有一些人主张与中国谈判的意
向。对此，蒋介石也作出了他不反对谈判的表示。他要高宗武再去香港，
传话给日方，"我们并不反对和平"，但日方要求先反共再和平，是不可
能办到的，"只要停战，我们自然会反共的"③。4 月 16 日，高宗武再抵
香港，与日方的联系人西义显会面，转达了蒋介石提出的谈判基础。其主

---

① 信夫清三郎：《日本外交史》，下册，第 630 页。

② 《今井武夫回忆录》，第 69—70 页。

③ 黄美真、张云：《汪精卫集团叛国投敌记》，湖南人民出版社 1987 年版，第 54—58 页。

要内容为：东北与内蒙古的地位可留待他日协议；河北与察哈尔须绝对地交还中国；长城以南中国领土主权之确立与行政完整，日本须予尊重。蒋并提出应先行停战，然后以上述条件为基础，进入和平细目的交涉。

高宗武一再声称，该提案系蒋介石亲口所述。西义显尽管并不完全确信，但他认为具有一定的真实性。他赶回东京向参谋次长多田骏等人报告了高宗武的提案。但是，由于日军这时在中国战场上新败于台儿庄，正忙于为雪耻而调兵遣将。日本参谋本部将作战部部长、中国课课长等人抽调出来组成前指班，派往大陆。由于日本正倾其全力于徐州战役，他们对高宗武转述的条件没有作出什么反应。

5月底，高宗武返回汉口报告后，蒋介石不打算让高再去香港活动，而让他留在汉口。但周佛海积极鼓动高宗武前往东京。6月14日，高宗武在与西义显会谈后，产生了依靠所谓"第三势力"的构想。双方达成的备忘录称："鉴于日华两国内部事情，为仲介和平，计划第三势力之结合"，这个第三势力"对于互相交战之日华两势力须保持公正妥当之立场"①。显然，高宗武走上了撇开蒋介石而另择他人的道路。

高宗武于7月5日抵达日本。高在日本期间，与日本陆军大臣板垣、参谋次长多田骏等进行了会谈。日方坚持要求蒋介石下野，并表示了希望由汪精卫出马解决中日战争的意向。高宗武感到："日本现在不承认蒋政权，为了造成中日之间的和平，也许必须找蒋介石以外的人。而且不管怎样，除汪精卫之外，就不容易找到别人……为此，不如从政府外部掀起国民运动，由此造成蒋听从和平论的时机。"②　于是，高宗武在东京活动时竟自称他代表汪精卫等27名中央委员，希望迫使蒋介石暂时下野，以解决中日和平问题。

7月中下旬，日本五相会议连续开会，陆续作出了倒蒋立伪的一系列决定。7月12日，五相会议通过了《适应时局的对中国的谋略》，确定了"使敌人丧失作战能力，并推翻中国现中央政府，使蒋介石垮台"的方针，决定"起用中国第一流人物，削弱中国现中央政府和中国民众的抗战意识，同时酝酿建立巩固的新兴政权的趋势"③。

---

①　《汪精卫集团叛国投敌记》，第62页。

②　黄美真、张云编：《汪精卫集团投敌》，上海人民出版社1984年版，第254页。

③　《日本帝国主义对外侵略史料选编》，第269页。

7月15日，日本五相会议决定，如在攻克汉口之后，蒋介石政府仍没有分裂或改组时，则以现有的华北和华中的傀儡政权组成新的中央政府，如蒋政府分裂或改组而出现新的亲日政权时，则将其作为中央政府的组成部分，进而成立中央政府。

7月19—22日，五相会议讨论决定了《从内部指导中国政权的大纲》，提出了"从内部对中国政权进行指导"的方针，为此，在军事方面将"促使中国军队投降，加以笼络，使其归顺，并发挥其反蒋反共意识，支持新政权"，在政治外交方面，考虑组建"联合委员会或新中央政府"，在此之下，"在华北、华中、蒙疆等各地，各自组织适应其特殊性的地方政权，给予广泛的自治权，进行分治合作"①。

高宗武的日本之行，开辟了另起炉灶进行"和平运动"的道路。后高宗武旧病复发，遂由梅思平继续与日本密谈。从8月29日到9月4日，梅思平与松本重治在香港进行了五次会谈。汪精卫本人此时也许并不知道此事，但梅思平在谈判中已明确表示和平运动将以汪精卫为中心，并初步确定了汪精卫出马的条件和行动方案。10月22日，梅思平返回重庆，向周佛海、汪精卫等人汇报了会谈情况。汪精卫等人经多次会商，终于下定了分裂投日的决心。汪精卫并明确指定高宗武和梅思平为其全权代表，与日本代表进行会谈。

10月下旬，日军先后攻克了中国重镇广州和武汉，这对日本决心在中国扶植起一个新的全国性的傀儡政权起了推动作用。其时，日本决策层中弥漫着一种狂热而过于乐观的情绪。日军方对局势做了极为乐观的判断，认为"蒋介石政权已沦为地方政权"，今后的重要任务是"为即将诞生的新中国中央政权创造良好条件"②。日本政府11月3日所发表的声明也反映了这种情绪。该声明声称"帝国陆、海军已攻克广州、武汉三镇，平定了中国重要地区，国民政府已退为地方政权"。这一声明公开修正了第一次近卫声明"不以国民政府为对手"的方针，提出"即便是国民政府，只要放弃以往的政策，更换人事组织，取得新生的成果，参加新秩序的建设，我方并不拒之门外"③。这一声明并非空穴来风，而是实有所指。

---

① 《日本帝国主义对外侵略史料选编》，第207—210页。
② 日本防卫厅防卫研究所战史室：《大本营陆军部》，第1卷，东京1967年版，第573页。
③ 《日本外交年表及主要文书（1840—1945）》，下册，第401页。

这时，在暗地里，日汪之间的谈判正进入最后关头。

11 月上旬，日方代表影佐祯昭大佐、今井武夫中佐与汪精卫集团的代表高宗武和梅思平在上海重光堂举行了秘密会谈，结果在 11 月 20 日达成了出卖中国主权的"日华协议记录"，史称"重光堂密约"。汪精卫集团同意与日本缔结防共协定，承认日本军队驻扎中国，内蒙古地区作为防共特殊区域；承认满洲国；日华经济提携，承认日本的优先权；补偿日本在华侨民因战争造成的损失。日汪还达成了未正式签字的"日华秘密协议"，规定双方各自实施亲日、亲华的教育及政策；缔结针对苏联的军事同盟条约，日本在内蒙古及其他必要地区驻军，在战时实行共同作战①。

就这样，日本从汪精卫集团那里得到了蒋介石政权所不愿完全给予的东西。因此，日本决定扶植汪精卫集团，欲以汪取蒋而代之。会谈结束后，日本代表回东京报告会谈结果，很快便得到了日本最高当局的批准。他们还商定将以"日华协议记录"的内容作为近卫第三次对华声明主要内容予以发表。

实际上，这时"重光堂密约"已经不能满足日本人的胃口。军事胜利的刺激，使得日本的掠夺欲望不断地膨胀。11 月 30 日，日本御前会议通过了《调整日华新关系的方针》，其侵害中国主权的范围和程度都大大超过了"重光堂密约"。这表明重光堂会谈时，日方并没有亮出真正的底牌，其原因自是担心全盘端出可能会吓得尚未正式离开抗战阵营的汪精卫等人打退堂鼓。因此，日本采取了逐步诱汪上钩的策略。

《调整日华新关系的方针》的附件部分开列的具体要求有：中国承认满洲帝国；新中国的政权形式应根据分治合作原则加以策划，蒙疆为高度防共自治区域，上海、青岛、厦门为特别行政区；日本对新中央政府派遣少数顾问，在紧密结合地区或其他特定地区，在必要的机关内配备顾问；日华共同实行防共，为此，日本应在华北和蒙疆的主要地区驻扎必要的军队；缔结日华防共军事同盟；在华北和南京、上海、杭州三角地带的日本军队，在治安确立以前，应继续驻扎，在长江沿岸的特定地点、华南沿海的特定岛屿以及与此有关的地点，应驻扎若干舰艇部队，在长江和中国沿海，应拥有舰艇航行停泊的自由；日本对于驻兵地区内的铁路、航空、通讯以及主要港口、水路，应一概保留军事上要求权和监督权；日本对中国

① 《日本帝国主义对外侵略史料选编》，第 290—291 页。

的军队和警察的建设，以派遣顾问、供给武器等办法予以协助；对于华北、蒙疆地区资源的开发利用，提供特殊便利，在其他地区，关于特定资源的开发，提供必要的便利；合作建设新上海等①。

汪精卫等人虽有意签订卖身契，但此时尚不知其真正卖价。他们在暗中进行秘密活动的同时，在政府中、在社会上也公开主张和谈，大肆散布和谈言论，尤其是在中国军队退出武汉前后，主和之声一时颇盛。10月21日，汪精卫在对路透社记者发表谈话时公开声称："如日本提出议和条件，不妨害中国国家之生存，吾人可接受之，为讨论之基础"，"目前战事，非吾人所发动，吾人愿随时和平，不过须有不妨碍中国独立条件耳"②。在汪精卫集团所控制的报刊上，鼓吹"和平"的文章一时也纷纷出笼。时经济部长翁文灏在致驻美大使胡适的电报中曾通报说，目前"社会上望和人多，故某要员（指汪精卫）推动颇力"③。

然而，汪精卫等主和派未能在国民政府中占据主导地位，它既不占多数，又不拥有军政实权。汪精卫的主和活动只是进一步加深了蒋汪之间的裂痕。为了战和问题，蒋汪之间曾爆发了一场激烈的争吵。在既无法说服蒋介石又无法取代蒋介石的情况下，汪精卫最终走上了出走叛逃、另组政府的道路。

12月19日，汪精卫、周佛海经昆明出逃到河内。按照预先的计划，日本在得知汪出走的准确消息后，于12月22日发表政府声明，即第三次近卫声明。声明表示日本"愿和中国同感忧虑，具有卓识的人士合作，为建设东亚新秩序而迈进"。它重申了中日之间所谓善邻友好、共同防共、经济提携三原则，并扼要地阐述了这三原则的要点。所谓善邻友好，是要求中国"放弃抗日的愚蠢举动和对满洲国的成见"，"进而同满洲国建立完全正常的外交关系"；所谓共同防共，则要求"在特定的地点驻扎日军进行防共，并以内蒙地方为特殊防共地区"；所谓经济合作，乃要求"中国承认帝国臣民在中国内地有居住营业的自由"，"特别在华北和内蒙地区在资源的开发利用上积极向日本提供便利"④。

---

① 《日本帝国主义对外侵略史料选编》，第279—283页。
② 《申报》，1938年10月22日。
③ 《蒋中正先生与现代中国学术讨论集》，第2册，第510—111页。
④ 《日本帝国主义对外侵略史料选编》，第287页。

　　近卫声明理所当然地受到了中国政府的驳斥。12月26日，蒋介石发表声明，对近卫声明进行了详尽的分析和批驳，指出日本的目的"是要从政治、经济、文化各方面消灭中国民族性的独立存在，从政治、经济、文化各方面支配东亚"。也许是有意针对某些人意欲妥协的念头，蒋介石指出："事势已经明白显露到这个地步，如果我们还要想在虎颔之下，苟求余生，想以和平妥协的方法，求得独立平等的生存，那就无异于痴人说梦。精神一经屈服，就将万劫沉沦，锁链一经套上，万世不能解脱。"①

　　尽管已有蒋介石对近卫声明的痛斥发表在先，汪精卫还是按计划于12月29日发表了响应近卫声明的电报。然而，日本错误地高估了汪精卫集团所具有的势力和影响。他们曾相信，在汪精卫发表亲日声明后，云南、四川、广东等省的地方军队会陆续响应和支持汪精卫的行动。事实证明，日本犯了巨大的错误。汪的电报发表之后，其所获响应甚微。不仅日本方面原来估计将参加汪精卫"和平运动"的许多中央和地方军政要员未有任何起事迹象，就连原先汪派中的许多要人也未响应汪的声明，追随汪精卫者，实寥寥无几。近卫后来也不得不承认，"此为余等观察之错误"②。可以说，汪精卫的出场亮相是完全失败的一幕。汪精卫集团既无实力，又无人望，它不仅无助于日本解决中日战争问题，还给日后与蒋介石集团之间的秘密接触增添了一道障碍。

　　由于汪精卫出走河内，并未直接进入日本控制区，中日双方仍在对汪展开工作。此时日本正逢与汪打交道的近卫内阁倒台，日恐汪精卫产生疑虑而发生动摇，遂请汪系人员前往河内汪处，向其报告日本新内阁的政策，尤其是转交了陆相坂垣的鼓励性文件。另外，重庆方面仍然希望汪精卫能就此止步。除了各军政要员不断以私人身份函电相劝外，重庆政府还两度派遣原属汪派的中央委员谷正鼎去河内见汪。第一次系2月中旬，谷希望汪精卫打消原意返回重庆。但汪表示他与重庆当局对抗战政策问题已发生了不相容的歧见，不宜再在政府供职。他并不勉强重庆中枢迁就他的意见，也希望重庆今后不要勉强他的行止，如果中央坚持抗战，他将远走法国，待日后国家需要他时再回国效力，并希望中央能给予其出国的护

---

　　①　《中日外交史料丛编》，第5编，《日本制造伪组织与国联的制裁侵略》，台北1964年版，第497—507页。

　　②　《中国近代对外关系史资料选辑》下卷，第二分册，第96页。

照。谷正鼎于 3 月中旬再返河内，带来了汪所需要的出国护照及重庆政府给予的旅费，但却遭到了汪的拒绝。3 月 21 日，刺汪案发生，重庆特工人员误杀汪的心腹曾仲鸣，汪侥幸身免。

汪精卫感到其安全受到威胁，且如长久孤居河内，也无法展开其活动，遂决定离开河内。4 月 25 日，在日方人员的接应下，汪精卫离开河内，住进了上海租界，日汪之间的接触也由此而进入了一个新的阶段。此前，为避免给人以日本傀儡的印象，汪精卫等曾设想在日军未占领的地区建立政权，但是由于华南及西南各省的地方军队并未如汪精卫设想的那样来参加汪的"和平运动"，汪无法在日本占领区外立足，更谈不上组织脱离于日本和重庆的第三政权。进入上海后，汪便一心打算在日本的刺刀保护下建立自己的政府了。

出现这一局面，无论是在汪派人马还是在日本人中，都对建立汪政权一事产生了意见分歧。如高宗武就坚持应在日本占领区以外建立新政府，以免被人视为傀儡政府。高的这一主张未被大多数人所接受，且造成彼此关系疏远，这也是他日后脱离汪精卫集团的一个原因。在日本方面，则有一些人认为汪精卫缺乏基础和实力，难以成功，扶植它反而会有碍于与重庆方面的谈判。今井武夫就认为，如在日本占领区内的南京建立国民政府，恐怕将被中国民众视为傀儡政权，汪本人将被视为卖国贼，"重蹈北平临时政府王克敏和南京维新政府梁鸿志的覆辙"。这样，建立汪政权"究竟能否有助于解决事变，或者反而成为实现全面和平的障碍，都很难预料"。但此时日本陷于战争泥潭，已意识到单靠作战是找不到解决事变的途径的，在茫然无绪之中，汪精卫的出台给他们毕竟带来了一些希望，其心情正如今井所形容，"这即使不像在地狱里遇见佛那样，使人产生信任心，也像在渡口遇到渡船那样给人以安慰感"①。尽管汪精卫不如其意，但日本又不想扔下这块鸡肋。事已至此，只好退而求其次，指望在汪建立政府后，再想办法促使重庆政府改变抗战政策。5 月 31 日，汪精卫、周佛海一行赴日，与日本政府讨论建立新政府的问题。

1939 年 6 月 6 日，日本五相会议决定了《中国新中央政府树立方针》。这一方针反映出日本既希望借汪精卫集团推动中央傀儡政权的建立，又觉得汪精卫集团实力有限难以依靠，仍然寄希望重庆转变的心情。

---

① 《今井武夫回忆录》，第 103 页。

方针规定：新中央政府将由汪精卫、吴佩孚及重庆政府的觉悟分子组成，新政府的人员构成和成立时间应依据战争指导而定，尤其须具备必要的人的因素和基本实力，并决定如重庆政府放弃抗日容共政策，同意更动人事，同意根据《日华新关系调整国交方针》调整中日国交，可以容纳其加入新政府。

汪精卫在日本期间，遍访了日本政要及元老，与日方确定了建立新中央政府的步骤。日方同意其使用"国民政府"名称，采用"还都"南京方式建立新政权。成立时间预订在 1939 年内。在得到日方将予以支持的保证后，汪于 6 月中旬离开日本回国，先后在华北和上海会见了临时政府首脑王克敏和维新政府首脑梁鸿志，开始了筹建伪政府的准备工作。

汪精卫在东京时，曾向日方提出过一份"关于尊重中国主权独立之希望"的文件，提出为避免国民怀疑日本干涉中国内政，"中央政府中不设政治顾问及其他类似顾问的任何名义"，"中央政府各院部中的纯粹行政部门以不聘日本人为职员为宜"，省及特别市亦不设政治顾问及其他类似顾问的任何名义，"县政府及普通市政府是与人民直接接触的行政机关，尤不宜以任何名义任用日本人为职员"。在军事方面，汪精卫提出，在中央最高军事机关内设立顾问委员会，由日德意三国专家组成，但"各部队中不得以任何名义聘任日、德、意军事专家，以免监视或束缚中国军队之嫌"①。

10 月 30 日，日本兴亚院决定的《日本方面回答要旨》，实际上已全部拒绝了汪精卫的要求。日坚持不仅在科学技术、财政经济方面应聘日本专家为顾问，而在所谓"日华强度结合地带"的省市政府还得聘用日本政治顾问和职员，县政府及普通市政府，在特定地域内遇有特殊事态时，也可聘日本职员。在军事上，日本连聘请德意军事顾问也不赞同，主张只设日本军事顾问，而不应有第三国介入，且在特定地区的特定军队中亦须聘用日本军事专家。

11 月 1 日，以影佐祯昭少将为首的"梅机关"人员与周佛海等就所谓调整国交问题开始谈判。日本兴亚院为谈判提出了一系列的要纲、原则和谅解事项，其条件之苛刻，远远超过了在重光堂达成的"日华协议记录"。就连参加谈判的日方代表也认为太过分了，认为这个方案"露骨地

---

① 《第二次中日战争史》，上册，第 513 页。

暴露出帝国主义设想"①。汪精卫对日方的条件也感到非常吃惊，汪精卫本人一度甚至曾有停止谈判迁居出国的想法。

谈判的最后结果是汪精卫集团屈从了日本的要求。1939 年 12 月 30 日，汪精卫终于在曾被他称为自己的"卖身契"的密约上签了字。通过这一密约，日本获得了几十年来它所梦寐以求的东西，如在军事上拥有防共军驻屯权，治安驻屯权；驻屯区内所有铁道、航空、通信、主要港湾、水路的军事上要求权及监督权；日本军事顾问及教官在中国军队内的指导权；在经济上拥有全中国的航空支配权；开发利用国防特定资源的企业权；对于蒙疆经济的指导权和参与权；掌握华北铁道实权；华北无线电通信权及华北政务委员会内指导经济行政权。

表面看来，日本似乎在谈判中获得了成功，获得了它所要获得的东西。但其实不然，因为沦陷区已处于日本全面控制之下，日本已以武力掠取了以上这些权益，汪精卫两手空空，他所允诺的只是一张"空头支票"，而在实际上汪并不拥有开具这一支票的任何权力。说到底，日本要汪精卫签订这一条约，以把它的侵略成果合法化，只是自我安慰自欺欺人的一场闹剧而已。汪氏既已成傀儡，主仆条约又具有什么实际意义？对此，参与其事的日方代表倒是颇明其理。影佐曾感叹道："作为开展和平运动的招牌，有重大意义的秘密条约，实在消失了吸引力，没有味道，实在遗憾。"② 确实，这样做的结果只能使人们认清了日汪所谓"和平运动"的真面目。除了极少数死心塌地的汉奸之外，人们不会再对这一运动心存幻想。就连最初在汪精卫集团对日联系中扮演了重要角色的高宗武、陶希圣等至此也深感失望，终于脱离汪精卫集团，并将日汪密约公之于世，从而将日本的阴谋完全暴露于全中国人民面前。

日汪密约签订后，汪精卫政权的组建便进入紧锣密鼓的阶段。3 月 20 日，伪中央政治会议在南京召开。会议确定了汪氏政府的名称、国旗及各院部主要头目人选名单。决定僭用"国民政府"名称，以还都形式成立伪政府。国府主席仍由远在重庆的林森担任，由汪精卫代理。政府亦由五院组成，担任五院院长的分别是：行政院长汪精卫，立法院长陈公博，司法院长温宗尧、监察院长梁鸿志，考试院长王揖唐。就这样，南北的新老

① 《今井武夫回忆录》，第 111 页。
② 《汪精卫集团叛国投敌记》，第 268 页。

汉奸完成了合流分赃的最后程序。

3 月 30 日，汪伪在南京举行了"国民政府还都"仪式，傀儡政权终于粉墨登场。根据日汪密约，汪政府内成立了"最高军事顾问部"和"最高经济顾问部"。这两个顾问部实际上掌握着汪精卫政府的最高决策权。此外，汪府各部也都分别由有关日本顾问对口控制着。

但是，日本并未立即给予汪政府以正式的外交承认，它要求把以前的日汪密约条款以政府间条约的形式正式签订，以使其具有公开的合法效力，外交承认则与签约同时实现。4 月 26 日，日本前首相阿部信行率团到达南京，祝贺汪政府"还都"，但其最主要任务是与汪精卫政权协商签约。从 7 月 5 日至 8 月 31 日，日汪代表经过 16 次会议的讨论，终于以 1939 年日汪密约为蓝本，确定了所谓《中日基本关系条约》的最后文本。这一条约对中国的主权和利益作了空前的出卖。11 月 30 日，日汪举行条约签订仪式。同日，发表《日满华共同宣言》，声明三国间互相承认。至此，汪精卫政权在其成立八个月后终于获得了日本的正式承认。

汪精卫政权的成立是战时中日关系中的一件大事。从表面上看，是日本对中国抗日阵营的分裂取得了成功。中国政府内第二号人物离开了抗日大本营，倡导"和平运动"，并最终投入日本的怀抱，对中国的抗日力量确实起了削弱作用。然而，汪精卫最终成为傀儡，也就失去了他的意义和作用。尽管日本人与他订立了获取大量权益的条约，但其内心也明白，与汪精卫之流是无法解决中国问题的，真正的对手仍是在继续抗战的重庆国民政府。在组建汪政权的过程中，日本曾两次因与重庆的关系而暂停活动，便是明证。如 1940 年 3 月，日方因等待重庆政府对直接议和的答复，便推迟了原定"还都"典礼的进行日期。日本对汪伪的外交承认，在 1940 年 8 月底日汪就协定达成一致时，便已准备就绪，但因日本与重庆之间的"桐工作"及其后的"钱永铭路线"，日本还在等待着重庆政府的变化。直到对重庆政府基本绝望后，日本才于 11 月 30 日承认了汪精卫政权。可以说，不管日汪对此如何大肆粉饰宣扬，其实只是无可奈何的一步。

第四节　"桐工作"的最终失败

1939 年 9 月，欧洲战争爆发，这为中日间的接触提供了新的契机。无论是国际环境还是在中日内部，都由于这一突变而产生了新的变化，就国际环境而言，由于欧战爆发，列强的主要注意力自然更加集中于欧洲。为了全力解决欧洲问题，有关大国重新萌发了调停中日战争、使远东暂趋安定的念头。

美国试图从东北问题着手作一解决中日问题的试探。欧战爆发后不久，罗斯福在白宫约见胡适大使，提出了他关于调停中日冲突的设想。罗斯福说："我想为了和平而在中日两国之间进行斡旋。最困难的问题当然是中国东北，我现在有了一个新办法，我们曾与英国签订协定，由两国为了共同的利益而共管太平洋中的堪塘岛、恩布德里岛。我认为，为了中日两国的利益和安全，可以用同样的办法来解决东北问题"①。胡适对罗斯福把有 3300 万人口的东北与只有数十人的小岛作这样的类比感到很惊讶。此后，中美双方再未就这一建议进行任何讨论。显然，罗斯福的这一想法未能引起中国政府的关注，而美国方面也不想在这个问题上迫使中国作它所不愿做的让步。

处于战争中的英国政府担心德日重新接近或苏日间达成于其不利的妥协，因而希望尽快消除英日之间的分歧。他们认为，英日冲突的最直接原因是中日战争，如果中国与日本停战媾和，英日间的不和便可消除。因此，欧战初期，英国政府内不断有人提出促使中日和解的建议。外务次官巴特勒认为，努力促成中日两国通过谈判取得和解，是英国应该采取的上策。外交大臣哈里法克斯先后会见中日驻英大使，试探双方对于和谈的态度，以便见机而行。但中日双方的反应并不积极。于是，英国又谋求与美国一起行动。在 1939 年 11 月、12 月间，英国不断向美国国务院建议调停中日战争。然而，美国对此并不热心，它表示不能够也不愿意向中国政府施加任何压力，以迫使其同意签订使日本在中国享有特殊权益的和约，并希望英国不要对日本抱有幻想。

---

① 《民国百人传》，第 1 册，第 184—185 页。

法国政府也卷入了企图调停的行列。1939 年 9 月下旬，法国向中国提出了由蒋介石和汪精卫协议合组中国联邦政府的建议。法国认为，在日本的紧逼之下，英法最终将要交出他们在中国的权利。但他们不愿把这些权利交给日本或由其扶植的傀儡政权。因此，法国希望重庆政府能与汪精卫合作建立一个代表整个中国的政府，以便英法将权力移交给它。法国认为，这个政府还能更有效地与日本进行谈判。对于这一建议，中国政府的反应十分激烈。顾维钧奉命告诉法国人："即便中国战败了，也不会接受这种荒谬的想法，这只不过是变相的投降。"①

其时，在中国政府内部及一部分社会名流中，也有不少人希望利用欧战爆发，民主国家与轴心国家冲突升级，美英可能与中国进一步靠拢这一有利时机，与日本进行结束战争的和平谈判。他们主张"应赶快设法变更方针，如能结束战争，即应及早结束战争；如能得到和平，即应早日实现和平"。他们认为目前的国际形势对日本不利，可以利用这一形势压迫日本让步，恢复和平。经济部长翁文灏即为其代表之一。他在 1939 年 11 月 11 日给胡适的信中说明了这一想法。他写道："在此欧洲吃紧之时，德国对于日本机械之供给，殆告断绝，日本进口之必要物品全靠美国。美国自宜趁此机会立即停售，使日本供给告绝，则其人心自必大起恐慌。……既受军事抗争，又受经济压迫，其时日本惧祸求和之心自必倍切。时美国宜即召集太平洋国际会议，修订条约，恢复和平，日本必不敢有所异议。"②

1939 年 9 月 28 日，外交部长王宠惠对合众社记者发表谈话时声称，中国自开战以来从未拒绝和平，只要合乎"光荣和平的条件，中国无不乐于接受，尤其希望爱好和平国家如美国能促成调停"③。

其实，中国政府向各方面都伸出了触角，积极寻求和平解决的机会。日本的盟友德国也成为中国活动的目标。10 月上旬，中国驻德大使馆参赞丁某会见德国外交部第八政治司司长凯洛尔（Knoll），提出请德国出面调停的要求。丁认为现在中日之间可以缔造一个"保全面子"的和平，"如果中国主权能被充分尊重，中国即准备与日本维持真诚的友好。委员

① 《顾维钧回忆录》，第 4 分册，第 76—78 页。
② 《蒋中正先生与现代中国学术讨论集》，第 2 册，第 513 页。
③ 《中华民国史资料丛稿》，《大事记》第 25 辑，第 119 页。

长完全不是反日本，他是被迫违反他的意愿而与日本作战，他欢迎任何合理的解决"。他并怂恿说："德国的调停，也会给德国带来将来在中国经济生活中的一个强有力的地位"，"会使德国保持对日本人和中国人两者的友谊"。他个人认为，和平建议如果来自德国，将比来自美国或俄国要好得多。

凯洛尔问，蒋介石对英国是否负有道义上的义务，如果在必要时，是否准备采取反英的立场。丁答称，中国对英国不受任何种类的约束，英日天津谈判很使蒋介石烦恼，可以确定地预言，他是准备与德、日一起实行反英政策的①。这一番话是否得到高层的授意虽不得而知，但有一点可以肯定，即便它是个人的看法，作为外交官的丁氏也不可能完全作无稽之谈，最起码这是丁氏对他所知晓的中央外交动态的合理推测。

欧战爆发后，日本也决心抓住这一时机解决中国问题。鉴于武力征服的希望越来越渺茫，日本试图在"和平工作"中取得突破。因此，日本中国派遣军总司令部在确定 1940 年的中国事变处理方针时，把促进蒋、汪合流作为它的一个重要目标，以此为中心把 1940 年划分为三个时期，在不同阶段实施不同策略。一是在 3 月以前，即在汪精卫政权成立之前，促成蒋汪"事前合流"，共组政权；二是若此目标未达成，则争取在汪政权成立后的半年中，争取蒋汪的"事后合流"；三是倘仍不成功，"便转入遂行持久作战的态势"。

在这一方针中，日本修正了它以前一直坚持的以蒋介石下台为先决条件的立场，认为"蒋下野的问题并不是目的，而是一种权宜办法。处理此问题，属于绝密最高指导，有赖自发地导致其实现，事前避免公开地建议"。这就是说，在谈判中，日本将不再提出蒋介石下台的先决条件②。

这时，中国政府也许已经意识到，欧战的爆发从长远来看固然对中国有利，但就当前来说，由于英美注意力的西移，中国在东方的战争会处于更加孤立的境地。因此，中国方面也在寻求和谈机会，期望在可以接受的条件下与日本达成妥协。这样，在欧战爆发后的一年中，中日之间的秘密接触达到了空前活跃的程度，其接触的路线、规模和深度都是前所未有，也为八年抗战中所仅见。其中，最重要的一次即是被日本人称为"桐工

---

① 《德国外交文件》，第 4 辑第 8 卷，第 220—221 页。
② 《日本对华战争指导史》，第 346—348 页。

作"的日蒋香港—澳门会谈。

1939 年 11 月底，日本派遣参谋本部的铃木卓尔中佐出任日本驻香港武官，其真正使命是策划建立与重庆间的联络线。铃木选中了中国要人宋子文的弟弟、时任西南运输公司董事长的宋子良为目标，通过香港大学教授张治平提出了会见宋子良的要求。开始时宋子良予以拒绝。但是 12 月下旬，"宋子良"主动要求见面。日方认为这反映了重庆政府的意向，铃木遂与"宋子良"取得联系①。经过三次接触会谈后，铃木提出了由双方政府各派能够代表中央政策的私人名义的代表来香港举行会谈的建议。"宋子良"于 1940 年 2 月 5 日回到重庆，向蒋介石等人报告了这一情况。经最高国防会议研究，重庆政府同意派出代表与日方进行秘密会谈。

1940 年 3 月 8 日至 11 日，中日双方代表在香港举行了四次秘密会谈。中方出席的正式代表是重庆行营参谋处副处长陆军中将陈超霖、最高国防会议主任秘书章友三及"宋子良"。日方代表是陆军总司令部的今井武夫大佐及铃木卓尔。中方代表出示了最高国防会议秘书长张群的证明书，日方代表出示了陆军大臣畑俊六的证明书②。

经过四天的谈判，在一些重庆政府看来不立时关系到其政权存废的非要害问题上，中方代表在附有但书的情况下同意作出让步。如在"中国为主，日本为从"，"资源开放，中国应处于主权地位"的前提下，中国同意加强中日经济合作，把华北和长江中下游地区作为中日经济合作的地区；在"不得干涉中国之内政"的前提下，中国同意聘请日本顾问；在给予日本人在中国的居住权和营业权的同时，要求日本考虑取消在中国的治外法权和租借地③。

然而，围绕着承认"满洲国"和日本在华驻军问题，中日双方的意见难以调和。日本要求重庆政府公开承认"满洲国"，但中方代表认为，如果公开承认，"会引起国际上的误会，政府会失掉国民的信任"，还会引起国民党内部抗战派的反对。因此，中方代表要求目前暂不讨论东北问题，中方将对已是既成事实的"满洲国"取默认态度，留待将来解决。

---

① 后来日方查明此人并非真正的宋子良，而系特工人员所扮。

② 据最新的研究，中方代表皆系假冒。这一会谈是军统局为刺探日方动态并阻止汪政权成立而展开的行动。

③ 《今井武夫回忆录》，第 139 页。

中方甚至还同意使"满洲国"成为中国和日本的保护国。应该说，这种实际承认东北分离出去的立场离公开承认也差不太远了。但日本方面却不肯作任何让步。它们企图通过中国政府对"满洲国"的公开承认，确认"满洲国"的国家地位，使它对中国东北的侵略从此合法化。因此，日本把承认"满洲国"列为日方的"绝对要求"，不肯退却一步。

关于撤兵和驻军问题，日本以共同防共为借口，要求在内蒙古和华北等地继续驻军，企图保留其已得的侵略成果。这实际上是要把这些地区长久地置于日本的军事占领之下，对此，中方代表不敢退让。他们声称"中国正在努力剿共，所以防共问题可交给中国好了"。他们要求"日本帝国应于和平妥协时将在华军队从速全部撤退，不得另有所借口延迟撤退"。在谈判中，中方代表曾表示可以考虑在部分地区延长日军的撤兵期限，但不同意使用"防共驻兵"一词，有关共同防共的军事秘密协定须待和平恢复后再作协商。但日方不同意毫无所得地放弃其已占领的阵地①。

香港会谈，中日之间未能达成协议。此后双方代表各自回去报告和请示。6月4日，双方在澳门开始举行第二轮会谈。日方代表出示了参谋总长闲院宫的委任状，中方代表出示了蒋介石的委任状。

澳门会谈仍然未能就"满洲国"问题和撤军问题达成协议。6月6日，中方代表表示，这次中日双方的意见看来难以一致，今后的会谈可留待蒋介石的代表（预定为张群）到上海等地与汪精卫会谈，待有关汪的问题解决后，再由蒋介石与板垣直接会谈。于是，日方代表遂提出举行蒋介石、汪精卫、板垣三巨头会谈的建议。澳门会谈亦就此而结束。

经过请示，中国代表于6月22日答复日方，中国政府原则上同意召开三人会议，但会谈须在中国军队控制的长沙地区举行。板垣和汪精卫对此表示同意。但日方同时提出，重庆政府须以书面保证出席三人会谈的日、汪代表的安全。然而，重庆方面以"绝对保密"为理由，不同意出具书面文件。

7月25日，中国方面复向日方提出了被其视为没有谈判诚意的要求。中方要求日本取消第一次近卫声明，而且要日方保证严守这次会谈的秘密，并不再介入汪、蒋合作。中国还要求日本把以上这些承诺写成书面文

① 《今井武夫回忆录》，第133、140页。

字交与中国政府。显然，日本难以接受这样的要求。

此后，日方为了换取中方用书面文件保证日汪代表的安全，曾由近卫首相和板垣写私函给蒋介石。"宋子良"看到近卫和板垣的信函后，挑剔地说近卫亲笔信未确切否定不以国民政府为对手的第一次近卫声明，又指责近卫对板垣出席长沙会谈未予全面支持，只是抱旁观的态度。显然，中方的态度此时已经发生了变化。9 月中旬，中方通知日方，在东北问题和驻兵问题未取得一致意见之前，长沙会谈暂行搁置。

这期间，日本的态度也发生了变化。7 月，日本内阁改组，被称为战争狂人的东条英机接任陆军大臣。东条迷于武力，对和谈不感兴趣。当 7 月 31 日今井武夫到东京向他报告会谈情况时，他指责这是中国派遣军的越权行为，要进行追究。到了 9 月 2 日，传来了德意日三国同盟的消息。中国派遣军司令部认为，此后重庆政府将估计到英美各国的援助势必由此而增加，因而必然逐渐远离议和问题，日华谈判暂无实现的希望。同时，陆相东条和参谋总长杉山元也都严令中国派遣军停止和平谈判。于是，中国派遣军决定暂停"桐工作"，观望形势的变化。至此，前后经历近一年的"桐工作"无果而终。

在这一时期，除了"桐工作"外，中日之间的接触还有司徒雷登路线、王子惠路线和钱永铭路线等，但这些活动都还处于互探和谈条件的初级阶段，均未走到像"桐工作"那样由双方政府派遣正式代表坐下来谈判这一步。

所谓"司徒雷登工作"始于 1940 年 2 月，司徒雷登受华北日军司令多田骏委托，向重庆转达日方希望蒋介石政府改变抗日容共政策、实行蒋汪合作的信息。对此，蒋介石一方面向司徒雷登表示，中国有决心打下去，中国希望得到外国的贷款，以解决目前的财政困难，一方面又提出，日本应以重庆政府为对手，中国需获得不受侵犯的保证，日军应从长城以南撤出，满洲问题则留待和平恢复后再作处理，日方提出的防共和经济合作的内容应加以修正。4 月初，司徒雷登返回上海，将蒋介石的这一态度转达给日方，同时向罗斯福总统作了报告，并建议美国政府向中国提供援助，以帮助解决中国面临的财政困难①。但此时，"桐工作"的香港会谈已经开始，为避免多头绪进行所造成的混乱，日方暂停了通过司徒雷登的

---

① 《美国外交文件》，1940 年第 4 卷，第 315—316 页。

这一临时路线。

"王子惠工作"的时间大致与"桐工作"同期。王子惠曾任伪维新政府的实业部长，后在贾存德的劝说下辞去伪职，从事中日间的秘密接触活动。王子惠在日本与闲院宫、畑俊六等进行了接触，得知板垣亦有从速结束战争的想法，遂将这一信息通过贾存德转告了孔祥熙。孔要求王子惠尽快与板垣取得联系。1940 年 5 月初，板垣会见了王子惠，提出了 5 项议和条件：1. 中日共同防共；2. 中日经济合作；3. 取消汪精卫政权；4. 中日休战；5. 日军撤兵。板垣并表示他急切希望与孔祥熙会谈。5 月 26 日，贾存德将该条件向孔祥熙作了汇报。孔认为这一条件并不苛刻，可以接受，便又报告了蒋介石。但此时，"桐工作"已经开始，"王子惠工作"遂暂时搁置。

7 月底，王子惠派代表蔡森到重庆。孔祥熙接见了蔡，并责成他与贾存德起草一份"和平运动工作报告"以呈送蒋介石。蔡森离开重庆时，孔祥熙嘱其转告王子惠，一定要拿到板桓的亲笔公文后，才能与板垣的代表进行谈判。经过一番筹划，8 月下旬，王子惠作为孔祥熙的代表与板垣的代表岩奇清七在上海举行正式会谈，贾存德等亦参加了谈判。谈判中，贾发现王对日方让步太多，而拒绝在记录上签字，会谈遂不欢而散。

"钱永铭工作"则大致始于"桐工作"结束之后，钱系交通银行总经理，与蒋介石历史渊源颇深，时常居香港。钱与日方在八九月间就已有所接触。"桐工作"中止后，日方于 10 月下旬派外务省参事田尻爱义赴港，会见了钱永铭的代表，提出了日方的条件。钱随即派人去重庆向蒋介石报告。蒋介石提出，如果日本确认这两个条件，即（1）无限期延期承认汪精卫傀儡政权；（2）原则上承认在华日军全面撤兵，中国方面就同意与日方进行谈判[①]。11 月中旬，重庆政府派张季鸾赴港传书，通过钱永铭向日方转达了这一立场。值得注意的是，11 月上旬，重庆政府曾发布了一个措辞激烈的布告，宣布凡是谈论中日和平问题的中国人一律以汉奸看待。此刻，中国政府尽管仍在通过钱永铭向日方传递中方的谈判原则，但不能不说它对于和谈的态度已经发生了某种微妙的变化。从重庆政府能提出开始谈判的先决条件来看，似乎中方此时对"和平工作"的热情已有所降低，倒是日方显得更为急切些。11 月 24 日，日本四相会议竟然决定

---

① 沈予：《论抗日战争时期日蒋的"和平交涉"》，《历史研究》，1993 年第 2 期，第 119 页。

先行允诺重庆政府所提的这两项条件，要求重庆政府派代表到香港来会谈。

但"钱永铭工作"遭到了日本统治集团内另一部分人的反对。他们认为"钱永铭工作"是重庆方面阻碍日本承认汪精卫政权的谋略，而主张应及早承认已于该年3月间成立的汪精卫政权。汪政权的首要人物周佛海根据他所获得"渝方暂无和意"的情报，也力劝日方勿中"重庆拖延之计"①。很快，主张承认汪政权的意见便压倒了主张继续与重庆政府接触的意见。11月28日，日本大本营与政府联席会议决定，按预定计划于11月30日与汪精卫政权签订"基本条约"，同时宣布对汪精卫政权的外交承认。至此，"钱永铭工作"也告中止。

1940年是中日秘密接触最频繁的一年，也是一个重要的转折点。经历了这一高峰时期后，中日间的秘密接触显见减少。随着国际形势于中国越来越有利，中国失去了与日本谋求不可能是公正的和平的企望。1941年初，板垣曾通过司徒雷登提出了一个比日方以往所坚持的条件要大大后退了一步的谈判条件，表示日方愿以撤退山海关内日军、承认重庆政府、保证中国独立为条件，以早日结束中日战争，并表示希望美国出面调停或举行中日美三国会议来解决中日冲突。但此时蒋介石对日方提议谈判的态度已不同于以往，他声称，中日问题须俟世界战争总结束后解决。日本不能持久，最后胜利必属于中国②。

---

① 蔡德金编注：《周佛海日记》，中国社会科学出版社1986年版，第414页。
② 《论抗日战争时期日蒋的"和平交涉"》，《历史研究》，1993年第2期，第120页。

第 五 章

日本南进与英、美、苏对日妥协

第一节 日德结盟与日军南进

自日本入侵中国东北三省以来，它就暗暗以苏联为第一假想敌，准备实行北进战略，企图彻底征服在远东对它威胁最大的苏联。从 1932 年开始，日本明确拒绝苏联关于签订互不侵犯条约的提议，并几度秘密制订"对苏作战计划"，打算对苏联采取军事行动。但最初的这种计划，一般说来还都是防御性的，只是因为日本相信："苏联的东渐政策为三百年来的国策，决不会变，"因此它必然会视中国东北为其势力范围，并对日本独霸东北和建立巩固的"满洲国"构成严重威胁。从 1933 年 6 月日本陆军省高层讨论的结果看，它之所以"认为苏联是日本最危险的敌人"，主要在于它注意到，共产党的势力已经遍布中国，并渗入日本，而"作为其推进力的远东红军，现已显著加强，外蒙早已受其侵略，连新疆也变成苏联的势力范围。此外，与日本之间，存有石油、渔业，以及其他满苏国境问题，孕育着许多危机的困难事件堆积如山"[①]。所有这些情况都促使日本要以苏联为第一假想敌，并试图在条件许可时，采取先发制人的行动，"制服苏联"。

到 1936 年以后，随着日本日益扩大对中国华北的侵略，其对苏作战计划的设想已经多少有些走样。在此之前，日本很大程度上是为确保日本在东北的独霸地位而计划对苏防御作战的。在日军参谋本部的诸多文件

---

① 日本防卫厅战史室编：《日本军国主义侵华资料长编》（《大本营陆军部》摘译）上，天津市政协编译委员会译，四川人民出版社 1987 年版，第 239—241 页。

中，甚至把扩大对中国华北的侵略行动也归结为其"对苏作战"的一种"安全工作"。但随着对华入侵的加深和与英美各国的关系日渐紧张，对英美干预的防范乃至与英美作战的可能性，迫使日本军方渐渐开始改变过去单方面对苏作战的战略构想。为了实现"以迅速巧妙之手段使中国本土归我支配、以日满华三国为基本范围实行自给经济"的政治意图，达到独霸东亚的目的，日本陆军参谋本部开始明确提出"南北并进"的战略意图。1936年6月30日，日本参谋本部拟订《国防国策大纲》，第一次明确主张，"首先倾注全力制服苏联"；苏联屈服后，进而"驱逐英国在东亚之势力，伺机以实力夺取其东亚根据地"；"苏英屈服后……应与中国协同，共谋实力之飞跃进展，以备必将到来之对美大决战"①。随后发生的日本国内的政局变动以及1937年7月卢沟桥事变的爆发，一度改变了日本这一作战计划。但是，首先北进征服苏联的方针，短时间内并没有改变。

值得注意的是，在日本军事当局内部，特别是在日本陆军和海军的上层核心之间，对于究竟首先以谁为第一假想敌的问题，实际上一直都是存在争论的。由于最初日本的侵略政策仅以夺取和确保满洲为目的，海军无用武之地，因此陆军具有充分的发言权，苏联自然要成为第一假想敌，北进方针居于不可动摇的地位。然而随着日本对华入侵的不断南下，英美两国的利益开始受到威胁，日本海军的作用日渐显露出来。因此以英国为第一假想敌的呼声日渐强烈，向南觊觎荷属东印度、印度支那及南太平洋诸岛国的方针开始具有市场。事实上，《国防国策大纲》就是这种争论这时所达成的一种妥协。1936年8月7日，日本内阁五相会议通过的《国策基准》的文件，已肯定了这一结果，同意北进、南进均为日本今后的基本国策，只是在次序上实际仍旧是先北后南的形式。故日本政府这时拟订的《帝国外交方针》明确规定："目前把外交重点置于粉碎苏联侵犯东亚的企图，特别要消除军备上的威胁。"②

在全面侵华战争开始以后，日本一时已无力推进其北进方针，但其各种文件中，还是特别强调"对苏战备"的问题，北进的方针基本上仍未改变。陆军参谋本部于1938年1月30日制定的《昭和十三（1938）年

① 《日本军国主义侵华资料长编》，第281—282页。
② 《日本外交年表及主要文书》，下，第345页。

以后战争指导计划大纲草案》就明确地强调："准备对苏战争"，甚至主张一旦"对苏关系如较现在更为急迫时，必须先发制人对其采取攻势"①。结果，7 月间因中苏边境张鼓峰一带日苏两军发生领土纠纷，陆军参谋本部不顾日军主力正在大举进攻中国武汉和广州，北方兵力不足以对苏开战的情况，贸然决定对苏联"给予一击"，并借此进行对苏联"军事威力的侦察"。从 7 月底到 8 月 11 日，驻朝日军第十九师团在张鼓峰一带与苏军展开激战，没想到却受到苏军的沉重打击。1939 年 5 月又发生诺门坎事件，日军再度以 6 万人的兵力与苏军展开激战，为时两月有余，最后终因兵力悬殊惨遭失败，损失近 2 万人。至此，日本的北进方针明显地受到遏制。

其实，还在诺门坎事件爆发之前，日本陆军参谋本部制定所谓《八号作战计划》时，就已经深感实施北进方针十分困难。诺门坎战役的惨败以及 1939 年 8 月 23 日德苏协定的签订，更进一步使日本首先制服苏联的计划难以实行。随后，德国进攻波兰，英、法对德宣战，苏联西部威胁基本扫除，英国却被牵制于欧洲战场不能东顾，在此情况下，日本政府被迫放弃北进方针，改行南进方针。

1939 年 12 月 28 日，日本阿部内阁确定了《对外政策的方针纲要》，第一次正式提出了首先向南发展的战略方针。《纲要》认为，对于目前正在进行的欧洲战争，应采取不介入的态度；对苏联则准备缔结互不侵犯条约，确保两国"平静无事"；对中国应加紧政治诱降行动，努力实现"日满华经济圈"。唯在此前提下，有必要因势利导，"造成包括建设南方在内的东亚新秩序之有利形势"，其中特别是要"诱导荷兰允许我方在东印度有发展的余地，目前的措施，尤应使之对我方从东印度获得必要物资提供方便"②。在这里，北守南进的方针第一次得到明确肯定。只是其南进方针原则上仍旧是以对苏和解和解决中国事变为前提的。

1940 年 1 月 12 日，日本决定废除日荷之间关于使用和平手段解决一切争端的有关协定。两周后美国正式宣布日美通商条约已被废除，更使日本政府相信需要从荷属东印度获得必要的资源，以应战争之需。故从 2 月起，日本方面接连向荷兰政府提出关于便利日本在荷属东印度攫取资源的

---

① 《日本军国主义侵华资料长编》，上，第 415—417 页。

② 《日本外交年表及主要文书》，下，第 423 页。

各种要求。而德国军队从 4 月到 6 月不过两个多月的时间，接连占领丹麦、挪威、荷兰、比利时、卢森堡、法国，迫使英国撤出欧洲大陆，更进一步刺激了日本南进的欲望。无论如何，日本不希望看到德国在欧洲的胜利将会导致欧洲各国在远东的殖民地全都落入德国之手，因此，日本一方面发表声明，宣称"日本政府不能不深切关心随着欧洲战局的激化而带来的对荷属东印度现状的变化可能引发的任何事态"①；另一方面迅速派第四舰队开进帕劳群岛，并在荷兰政府投降后，要求其必须继续保证对日本的 13 种战略物资的输出。但欧洲局势的迅速变化，已迫使日本不能不考虑进一步提前采取南进行动。在 7 月 3 日日本陆军首脑召开的会议上，产生了一个题为《适应世界形势演变处理时局纲要》的文件，明确提出，无论中国问题解决与否，都必须尽快南进。参谋本部作战课课长冈田就此解释说："军部曾经考虑过两种方案：一是在某种程度上暂将中国事变的处理搁置起来，而转向南方；二是收起南方问题而倾全力解决事变。大体上是选择了前一个方案。"② 不过，经日本大本营政府联络会议讨论，对中国事变的解决仍旧不能不加以重视，故最终决定："关于在中国事变尚未解决时，转变以对南方施策为重点之态势，须考虑内外各种形势而定。"解决中国事变须集中政治军事两种力量，"尤须采取一切手段杜绝第三国之援蒋行为等，俾使重庆政权迅速屈服"。为此，对南方各地一般仍采取外交手段使其为我所有，唯"对法属印度支那（包括广州湾），期待彻底切断援蒋行为，迅速使之承认担负我军之补给，允许我军通过及机场等项，并为获得帝国所需资源而努力。根据情况，可行使武力"③。

实际上，还在 6 月 16 日，即法国投降的前一天，日本政府就曾向法国和法属印度支那当局提出了关于中止通过滇越铁路向中国运送军需物资的要求。当天并派驻第五师团一个支队进入了法属印度支那。在法国政府投降后的第三天，日本政府又进一步要求法国政府和法属印度支那当局全面封锁印度支那与中国的边界，禁止一切过往交通，并允许日本派驻检查员进行监督。6 月 25 日，在法属印支当局的同意下，日本组成了以西原一策少将为首的常驻印支监督机关，而第五师团一部也于 7 月 1 日进入印

---

① 《日本外交年表及主要文书》，下，第 426 页。
② 日本防卫厅战史室编：《中国事变陆军作战史》，第 3 卷，东京 1968 年版，第 269 页。
③ 《日本军国主义侵华资料长编》，上，第 555—557 页。

支龙州一带，在军事上阻断滇越铁路的运输可能。随后，日本方面进一步要求驻军印度支那，遭到拒绝。其后，因日军武力威胁和双方反复磋商，终于达成了《西原—马尔丁协定》，规定日本军队有权派部分兵力进驻法属印度支那北部。此举无疑为日本具体实施其南进政策开了一个头儿。

但严格说来，要大举实施南进，日本还有许多工作要做。这里首先就是要设法减轻中国战场的压力，以便能够抽调兵力用于南进。为此，1940年7月26日近卫内阁在其《基本国策要纲》中特地指出："皇国目前的外交是以建设大东亚秩序为根本，首先将重点置于结束中国事变方面。"①而日本方面一直秘密进行的所谓"桐工作"，积极与重庆政府进行谈判，其目的也正是希望能够谋求和平解决中国事变。至于它与德意结盟，与苏联改善关系，其中也都包含有借助外力的帮助来解决中国问题的内容。其次则需要加速实现德、意、日三国间的军事结盟，以期就三国间的军事互助达成协议。这是因为日本南进首先必须解决已经取得欧洲统治权的德、意两国对日本在东亚统治地位的承认问题，同时它也希望自己在遇到美国军事干预的时候，能够得到德、意两国的大力支持。因此，德、意、日三国关于军事同盟条约的谈判这一段进展相当顺利。到9月27日，三国正式签订条约，日本承认并尊重德、意两国在"建设欧洲新秩序"中的领导地位，德、意承认并尊重日本在"建设大东亚新秩序"中的领导地位；而三国中任何一方遭到尚未参加中日战争及欧洲战争的第三国（即美国）的攻击时，应以一切手段互相援助。最后，也是日本顺利实施南进方针的关键之点，即必须努力与苏联达成明确的妥协。这是因为日本此时虽然放弃了北进方针，苏联也没有表现出积极干预满洲国问题和中国事变的明显趋向，但苏联毕竟是中国抗战的最重要的援助国，其对日本不可避免地构成严重威胁，因此抽兵南下无论如何必须使日苏之间保持平静。为此，日本政府于10月3日专门制定了《日苏国交调整要纲案》，决定与苏联签订互不侵犯条约。双方反复交涉之后，苏联只同意缔结日苏中立条约。但苏联如能在日本与他国的战争中确保中立，也足以解除日本南进的后顾之忧。故1941年4月13日，日苏两国遂正式签订了《日苏中立条约》。

到1941年以后，由于德意日三国军事同盟的建立，日苏中立条约的签订，日本实施南进方针的客观条件已经基本成熟。但主观方面，此时对

---

① 《日本外交年表及主要文书》，下，第436页。

中国的"桐工作"没有取得结果，对日军分兵南进显然是个极为不利的因素。鉴于此，日本一方面仍旧坚持谈判；另一方面却不得不下决心在中国准备"进入长期持久战"。而所谓"长期持久战"，主要内容就是要收缩在华战线，逐渐减少在华兵力，建立对华长期战争体制。其目的说到底就是想要一面坚持对华战争，一面又不致使日军南进战略受到严重牵制。1940年10月间日本大本营讨论对华"持久战"战略与南进战略的关系时，多数人甚至得出如下一种逻辑，即对华战争所以不能结束，很大程度上是因为日本在经济上过于依赖英美，因此被中国所轻视。如果实行南进，建立东亚稳固的经济自给圈和独立的国防体系，摆脱对英美的依赖，中国问题也就容易解决了。故实行对华"大持久战"，"实际上是为解决中国事变而采取的最后一手"①。根据这一观点专门制定的《对华长期作战指导计划》和《处理中国事变纲要》等均规定：今后日本对华战略必须实行"长期大持久战"战略，"除继续进行军事行动外，应用尽政治策略和战争策略上的一切手段，加强排除英、美的援蒋行动，并调整日、苏邦交，竭力设法摧毁重庆政权的抗战意志，迅速使其屈服"。具体策略，在1941年秋以前不放松现在对中国的压力，力求解决中国事变，但一切作战均以加强封锁、加强空中打击、维持占领区的"治安"和"肃正"为限，不再采取大规模进攻作战。在这里，日本政府特别强调关于封锁国际援华路线与海口的问题。这是因为，日本长期以来相信，经济封锁是解决中国事变的最重要的措施。因此，日本政府曾强调指出："关于中国事变的处理，要集中政略、战略的综合力量，特别是杜绝第三国的援蒋行为等，"一旦中国外援切断，蒋介石重庆政府就会根本上失去继续抵抗的动力，进而不难收到事半功倍的效果②。

第二节　英国关闭滇缅路

中国政府这时的抗战，的确在一定程度上是从外国政府和海外华人的

---

① 《中国事变陆军作战史》，第3卷，第311、333页；并见《日本外交年表及主要文书》，下，第437、464—465页。

② 《日本帝国主义对外侵略史料选编》，第312—315页；《日本军国主义侵华资料长编》，上，第612—613页。

各种方式的物质支持中得到动力的。自日本占领中国沿海各地之后，战略封锁就已经成为日本解决中国事变的主要方法之一，但持续几年时间，这种封锁并没有收到预期的效果。中国方面仍旧可以从西北新疆至兰州、滇越路、滇缅路、福州、香港、潮汕等地秘密地大量输入海外的援助物资。仅滇越路1940年6月一个月的输入量，就达到25000吨以上[①]。在滇越路关闭后，日本又针对中国沿海的其他补给线进行了一系列大规模的作战。如1941年2月发动的"香韶公路切断作战"日本华南方面军第十八师团一部及第三十八师团一部与海军配合作战，最终完全封锁了大鹏湾和大亚湾，截获了大量准备输入内地的物资。此后进行的切断雷州半岛方面中国补给线的作战、"汕尾方面切断作战"、"福州作战"和"东江作战"等，都是有针对性的封锁性切断作战。整个1941年的上半年，日军仅为实行这种封锁性的切断作战，就动用了64个大队的兵力。但是，这样的封锁性切断作战以及封锁滇越路的行动，仍不能真正达到对中国实行战略封锁的目的。这是因为，这时的中国还有两条最重要的补给线是日本一时所难以切断的。一条是中国西北的补给线，一条是滇缅路，即从英国控制的缅甸直通中国云南的公路。这两条公路的运输这时都相当活跃。据统计，当时仅一个滇缅公路，1940年6月一个月的输入量，就占中国方面当月输入总量的16%。其重要性可见一斑。

如果说日本没有办法阻止苏联通过中国西北公路向中国内地输入物资，这时要想封锁滇缅路却未必完全没有办法。英国在日本入侵中国之后，虽然在有的问题上也为其自身利益与日军进行了一定斗争，但总的说来，它采取的却是妥协的政策，在日本的高压下一让再让。1939年7月24日公布的《有田—克莱琪协定》，就是一个突出的例子。毫无疑问，既然英国政府已经承诺在中国协助日本军队解除中国人的一切反抗行为，并申明无意鼓励任何帮助中国人反抗日本的行动，那么，要求它封闭滇缅公路，禁止一切援助中国抗战的物资通过英国的殖民地，当然是可以办到的。事实上，《有田—克莱琪协定》签订之后不久，日本政府就明确要求英国不要继续给中国政府任何财政的或其他形式的援助了[②]。

---

① 日本国际政治学会太平洋战争原因研究部编：《通向太平洋战争之路》，第6卷，东京1963年版，第28页。

② 《大战前夕，1939年》，下册，第1101页。

1940 年 6 月 19 日，即在日本向法国政府提出关闭滇越路要求的几乎同时，日本军方也向英国驻东京武官提出了关闭滇缅路的问题。他们直截了当地提出了三项要求，即（1）关闭滇缅路；（2）关闭香港边界；（3）英军从上海撤退。他们同时声称，英国在日本人心目中的地位已经一落千丈，"必须尊重日本的要求"①。第二天，即 6 月 20 日，日本外相也通过外交途径提出了同样的要求，并声称，如果英国方面不能答应这些要求，那么，日本方面的极端派将不惜向英国宣战，那种局面对英国来说无疑是一场灾难。英国驻日本大使克莱琪并报告说，日本的极端分子认为他们能够控制所有他们已经占领的土地，他们的目的在于，要使蒋介石失去一切来自海外的物资供应，这样就可以结束蒋的统治。克莱琪于 6 月 25 日在给英国外交部的电报中明确主张，鉴于欧洲的严重局势，英国不应在远东冒不必要的风险，因此应当考虑对日本的这一要求让步，尽管这样做有可能冒犯中国并招来美国的批评②。

为了设法首先取得美国的谅解并征求美国的意见，英国政府于 6 月 25 日委托驻美大使向美国政府说明，英国政府目前的情况不能同时进行两条战线的战争，因此，面对日本要求英国关闭滇缅路的问题，英国政府很难加以拒绝。问题是，英国政府并不认为这样做就能彻底解决问题，英国政府相信，目前只有两种选择，或者是强硬到对日冲突的地步，或者是以妥协来换取日本同意保证英国在远东的利益不受侵害为交换条件。具体说来就是，或者美国对日本进行全面禁运，并派军队到新加坡向日本施加压力；或者美、英两国联合向日本提议，在尊重西方在远东利益和保证在欧洲战争中采取中立立场的前提下，美、英两国同意停止援助中国及向日本提供金融和经济方面的援助。但英国的提议并不十分符合美国方面的意愿。毕竟美国在远东并没有太多的利益像英国那样受到日本的威胁，因此，美国政府的态度很明确，它既不想对日本采取对抗的路线，也不愿听任日本在远东为所欲为。美国国务卿赫尔于 6 月 28 日答复英国大使说，美国固然不能派舰队到新加坡去，但也不想牺牲第三国的利益来向日本作出让步，实际上，美国在远东也没有什么实质的东西可以奉献给日本人。

---

① 《通向太平洋战争之路》，第 37 页；重光葵著，天津市政协编译委员会编译：《重光葵外交回忆录》，知识出版社 1982 年版，第 176 页。

② 《英国与中日战争，1931—1941 年》，第 342—343 页。

他的意见是，既不去激怒日本人，也不向日本人作重大让步。尽管这样做的结果是日本仍可能继续蚕食它所能吃掉的一切东西，但它未必会因此而发动一场大规模的战争。赫尔明确认为，在日本的命令下关闭滇缅公路，对英国来说是很不体面的①。

鉴于美国政府的态度，英国外交部建议实行部分的妥协。关于撤退驻中国军队的问题，只要日本人保证在未同各方协商以前不改变上海租界的地位，英国就可以撤退自己的军队。至于关闭香港边界问题，实际上日本人于1939年1月已经切断了香港到中国的直接通道。而滇缅路则不宜关闭，因此举影响甚大，它可能促使蒋介石倒向日本或苏联，也会在美国公众舆论中引起对英国的强烈批评，因这条公路现在运输的物资其实主要都是美国的。故当7月1日中国驻英国大使郭泰祺询问英国政府的最后决定时，英国外交部官员明确告诉郭说：英国政府"不致卖中国而自毁立场，且失中国之助，吾人当坚持原则与日本周旋。关于上海，为策略关系，或将驻军撤往香港，如从前天津办法，但同时不放松公共租界之不得侵犯"②。

英国政府的这种答复不仅不能使日本方面满意，甚至也不能说服它自己的大使。克莱琪7月2日极端不满地询问英国政府："是否实际上准备在这个问题上冒同日本进入战争状态的风险？"日本军方也通知英国方面，如果英国拒绝关闭滇缅路，结果必然导致战争。由于英国三军参谋长明确表示支持在远东妥协的意见，英国首相丘吉尔终于开始主张妥协。在7月5日的内阁会议上，丘吉尔指出，如果英国为了自己的尊严，抵制日本关于关闭滇缅路的要求，那么英国将被迫接受日本的军事挑战，而美国可能仍旧什么也不做。当然，战时内阁最终还是同意，无论如何也不能完全接受日本的要求，要想办法在不完全接受日本要求的条件下与日本达成一项协议，并尽可能拖延时间。据此，英国外交部指示克莱琪对日本的要求做出正式的答复。第一，不回答关于撤军问题的要求，只说明当地指挥官正在做出避免冲突的安排。第二，肯定日本政府关于香港问题的要求已经得到满足。第三，说明滇缅路不能关闭。理由是：（1）英国不能理解日本要求停止供应石油、卡车和铁路器材的理由。由于通过滇缅路运输的

①　《赫尔回忆录》，第1卷，第896—899页。
②　《战时外交》，二，第113页。

物资来自缅甸、印度以及其他国家，如果关闭此路，即使这些国家的贸易不被打乱，也会从根本上造成供应的停止。（2）如果英国答应日本政府的要求，我们将背离中立主义而歧视中国。从严格中立的意义上，切断对中国的物资供应也应切断对日本的物资供应，但英国不打算这样做。（3）英国试图使日本同意停止某些对德国的物资供应，但日本除了同意对从英国进口的某些货物不再出口以外，拒绝就此达成任何协议，甚至也不愿意讨论经由西伯利亚出口日本和满洲国生产的商品的限制。基于此，英国方面不同意关闭滇缅公路。但英国希望在不关闭滇缅路的情况下，与日本讨论一个关于和平解决中日战争的全面协定，以便公平的和公正地解决这一冲突。为此，英国准备提供必要的合作，并愿意满足日本的经济需要①。

　　7月8日，在听到英国副外交大臣介绍了英国政府的对策后，中国大使认为可以不必顾虑日本的恫吓，因"日本深陷中国，不能自拔，除空言恫吓外，实无力敌对英国"。但对由克莱琪负责谈判，深表忧虑，担心克莱琪将再蹈覆辙，对日一味妥协退让，出卖中国利益②。然而，就在同一天，当克莱琪向日本外相说明了英国政府的正式答复之后，日本外相极其强硬地表示：日本政府极不满意英国政府的答复，如此则不免对日英两国关系产生严重影响。随后它竟对英国政府下了最后通牒，称："我方要求英国政府在一周或10天之内解决问题。"③ 面对这种赤裸裸的威胁，本来就担心因此而引起战争的英国政府立即屈服了。克莱琪7月9日向外交部建议，为了不丢面子，可以考虑一个暂时关闭滇缅公路三个月的临时办法，说明三个月内双方为解决中日冲突努力寻找一个"公平和公正的和平"，如果努力失败，英国政府将自由决定是否重开滇缅公路的问题。

　　7月11日，英国战时内阁正式同意了克莱琪的提议，并通知克莱琪向日本政府说明这一决定。丘吉尔就此在下院解释说："本政府于研究日方要求及成立协定之际，均曾注意及本国所应负之各种义务，包括对中国国民政府及英国属地之义务在内。但本政府亦须顾及目前之国际形势，不能忽视一种主要之事实，即吾国正在作存亡绝续之苦斗是也。"基于这种情况，英国政府早已声明，其对远东的基本政策，是既希望中国确保其自

---

① 《英国与中日战争，1931—1941年》，第348—349页。
② 同上书，第114页。
③ 上村伸一：《日本外交史》，第22卷，第90页。

由独立，也愿意与日本改善外交关系。而要达此双重目的，非消解两国之间的紧张空气不可。滇缅路问题于是成为矛盾焦点。因为日本反对军用品经缅甸输入中国，必欲永久封锁滇缅路，致使两国间空气日趋紧张，同时英国如允许永久封锁滇缅路，则不能履行英国对中国应负之义务，致使中国确保其独立自由之努力受到打击。丘吉尔声称，我们既不愿与中国，也不愿与日本发生争执，因此目前唯一的解决办法，就是做出暂时妥协，以期在此短时间内，找到一种中日双方都可接受的公允的解决办法①。

12 日，日本政府表示可以接受英国政府的答复。郭泰祺当天得到这消息后，立即报告了重庆的国民政府。中国政府明确指示郭泰祺，要其向英国政府提出强烈抗议。对此，英国副外交大臣"再三表示歉意，谓英方实出不获已，但仅为迁延待时办法，不妨害其将来之行动自由，无负我之意"。而当郭泰祺提出英国有所谓"停运议和"之说，副外交大臣当面否认。面对这种情况，郭泰祺不能不深感弱国地位之可悲。他一面说明中、日目前完全没有议和可能，一面痛言："八年来致力增进中、英友谊，所有对我政府报告，总以英国重道义绝不负我为言，此次英方处置，使祺痛惜深于愤懑……现视英方果能不负我否，最多三数月后可了然，如不幸使祺无以对我政府与国人，惟有引咎辞职，一面为对英之抗议。"②不得已，中国政府于 7 月 16 日正式发表声明，公开对英国政府的行为表示严重不满。声明称："关于经缅甸运输问题，中国政府虽曾向英方迭次申述立场，乃英国政府业对日本之压力表示屈服，并接受其无理要求，允许在特定期间内停止某种货物由缅甸路线运入中国。中国政府对于英国政府所作之决定，不得不表示最严重之关切，并认为此种举动，不独极不友谊，且属违法。"③

中国政府的劝告和声明自然不会对英国的妥协产生任何影响。7 月 17日，克莱琪再度与有田外相达成一个有负中国的协定，即所谓《英日关于封闭滇缅公路的协定》，其中规定：一、由香港向中国输出武器、弹药一事，自 1939 年 1 月以后，已经禁止，今后日本政府所重视的任何军需资材，也将不由该地输出，即以后禁止缅甸输出之货物，在香港亦禁止输

① 参见《中国近代对外关系史资料》，第二分册（下），第 146 页。
② 《战时外交》，二，第 115 页。
③ 同上。

出。二、英国政府，本年 7 月 18 日起以后三个月以内，禁止武器、弹药及铁道材料之通过缅甸输送。三、英国官宪将在香港及仰光协助日方官宪对此一禁运措施进行检验①。7 月 18 日，丘吉尔在下院宣布了这一协定。两天后，即 20 日，英国政府又将这一协定的内容正式通知了中国政府。但有一点英国政府再度对中国方面作了隐瞒，这就是英国政府还同日本达成了一个关于和平解决中国事变的秘密备忘录。其中强调，在这三个月当中，双方将做出特别的努力以便在远东达成公平与公正的和平协定，至这一时期结束时，英国方面将根据当时的条件自由决定是否延长这种关闭。很显然，英国至少在名义上按照日本政府的要求，承担了劝说中国政府接受日本和平解决中日冲突提议的责任。只不过，丘吉尔在 20 日当天给蒋介石的电报中又秘密许诺：英国"永不强请执事（指蒋介石——引者注）接受违反贵国利益或贵国政策之和平"②。

英国封闭滇缅公路，断绝了中国这时最重要的一条国际补给线，给中国的抗日战争带来了严重的损害，并且也完全违背了国联多次做出的不得削弱中国抵抗力量的决议，它毫无疑问是英国自中国抗日战争爆发以来在远东对日本所采取的一次最严重的绥靖行动。就连美国国务卿赫尔也认为，这是"对世界贸易设置难以容忍的障碍"。但由于英国这时与德国的战争正处于紧张时期，自身尚且难保，其远东的十分薄弱的防御力量又无法改善，同时美国又没采取实际行动制裁日本的准备，因此，这种妥协在英国方面可以说是一种必然的结果。

第三节　苏日订立中立条约

这时公开向日本妥协的，并不仅仅是一向在日本压力面前直不起腰来的英国，即使是从来坚决支持中国抗战的苏联，这时也同样在考虑与日本求得妥协。而苏联这时面临的问题，虽然形式上并不如英国那样尖锐，但在实质上却大同小异。

苏联与德国签订互不侵犯条约，当然是为了祸水西引，使自己置身于

① 《中国近代对外关系史资料》，第二分册（下），第 146 页。
② 《战时外交》，二，第 116 页。

所谓的帝国主义战争之外。但苏联与德国关系的"蜜月"，严格说来只维持了短短的一年时间。在1939年秋至1940年秋这一年时间里，苏联的确没有受到战争的威胁，相反，它明显地成为欧洲战争的受益者，不仅同德国有大笔的买卖可做，其西部边界还向西推进了数百公里。不过，这样一种情况从1940年8月以后就不存在了。因为德国事实上对苏联并不放心，尤其是苏联迅速推进自己西部边界的做法，更引起希特勒的反感。事实上，从1940年7月底，德国就已经在秘密地制订进攻苏联的计划了。至于何时开始这种进攻，只是一个时间问题。对于这种情势的变化，苏联政府当然也已经有所感觉。因此，迅速摆脱来自东方日本的威胁，又重新成为必须严重考虑的外交问题。

一方面苏联试图根本解决来自东线的威胁，一方面日本这时决心改行南进方针，也在谋求改善苏日关系。还在1940年7月27日，日本大本营与政府联席会议就通过了《适应世界形势演变处理时局纲要》的文件，规定调整苏日关系以适应南进之需。之后，根据松冈外相提出的依照苏德互不侵犯条约的形式订立苏日条约的建议，日本外务省还制定了具体调整苏日关系的计划书。

值得注意的是，1940年11月12—13日苏联外长莫洛托夫访德期间，德国曾为争取苏联完全站到德、意、日三国同盟一边，消除德国人所认为的来自苏联的威胁，做过最后的努力。根据德国外长里宾特洛甫的建议，苏联应当同德、意、日三国同盟订立一个为期10年的合作协定。德国提出的具体条款包括："苏联赞成三国同盟的目的，决心在政治上同三国合作，并为达此目的而努力"；"德、意、日宣布：承认并尊重属于苏联现在所有的领土范围"；"德、意、日、苏相约，不参加并且不支持同以上四国中任何一国相敌对而结成的其他国家间的联合协定。四国就一切经济问题互相支援，补充和扩大四国间现存的协定"。为了彻底消除来自法西斯各国的长期的战争威胁，苏联未必不肯签订这样一种协定。但是，签订这样一个协定苏联无疑要冒极大的风险。这是因为，美国尚未参战，战争的胜负并没有真正地显露出来。一旦战争的最终胜利在英、美一方，公开赞助德、意、日三国同盟，必将使自己处于极端危险的地位。而更重要的是，公开宣布支持法西斯各国的政治军事目标，这在政治上会给自己造成极为严重的损害，使其过去为签订苏德条约所作出的冠冕堂皇的解释，统统失去意义，从而完全丧失其"中立"的立场，并成为一切受侵略国的众矢之的。因此，苏联在仔细研究了德国建议之后，提出了如下的要求，即要求在德国提案上附加四个条件："（1）德国军队立即从苏联的势力范围芬兰撤走。（2）苏联同保加利亚缔结互助条约，通过长期租借，在博斯普鲁斯和达达尼尔海峡范围内设置陆海军基地。（3）确认从巴统及巴库以南至波斯湾地区为苏联在领土上所希望的中心。（4）日本放弃在库页岛北部采煤和开采石油的权利。"① 苏联提出这样一些毫不掩饰的扩张势力范围的要求，其目的只有一个，那就是：如果德国一定要苏联签订这样一个在政治上对苏联严重不利的协定的话，苏联就必须得到相应的报酬。

对于苏联上述扩张要求，一心想统治全世界的希特勒当然不会接受。于是，莫洛托夫的访问刚刚结束，德国人就在 1940 年 12 月 18 日下决心对苏作战了。只不过，德国并没有通知它的盟国日本，以致日本外相松冈洋右为了日本既定的战略目标，紧步德国前此提议的后尘，于 1941 年 1 月提出了《对德、意、苏谈判方案纲要》，明确提出："设法使苏联接受所谓里宾特洛甫草案，根据这个草案使苏联同日、德、意打倒英国的政策统一步调。与此同时，希望调整日苏邦交。"具体到与苏联谈判缔结互不侵犯条约的条件上，《纲要》主张可以放弃日本在库页岛北半部开采煤矿和石油的权利；承认苏联在新疆、外蒙的地位。作为补偿，苏联须答应在今后五年内供应日本 250 万吨石油；承认日本在华北、日本占领的内蒙古地区的地位；苏联放弃对蒋介石的援助②。随后，松冈带着这样一个方案首先于 3 月中旬前往德国首都柏林，与德国政府会谈，希望取得德国政府的支持，结果可想而知。

在德国说明不能接受苏联的条件，因此不能考虑按照日本方面的愿望促进日苏之间关于互不侵犯条约的谈判之后，松冈只能前往莫斯科去寻求达成一个双边的协定。事实上，在德国已经向松冈指出苏联难以相信，暗示谈判不要过于深入，而苏联方面考虑到它与中国的关系，对签订互不侵犯条约的条件也颇让日本难于接受，原定的达成日苏互不侵犯条约的计划显然不能实现。不仅如此，由于苏联坚持应该在日本对库页岛问题做出让

---

① 服部征四郎：《大东亚战争全史》，张玉祥等译，第一册，商务印书馆 1984 年版，第 57—58 页。

② 《大东亚战争全史》，第一册，第 104 页。

步的条件下来达成协议，双方的谈判一度陷于困境。结果，还是由于斯大林在最后几分钟出来表态，同意将库页岛问题放到条约签订几个月之后再去考虑，谈判才取得了最终的成果①。

1941年4月13日，苏联和日本之间达成了《苏日中立条约》。条约除了肯定双方保持和平友好关系，互相尊重领土主权完整，在一方与第三国发生军事冲突时保持中立以外，还特别声明："日本须尊重蒙古人民共和国即外蒙古的领土完整和不可侵犯；苏联须尊重满洲国的领土完整和不可侵犯。"② 这个条约毫无疑问是苏日两国为了各自利益的需要而相互妥协的产物。中国自然成为这两个国家相互妥协的最直接受害者。但无论苏联还是日本方面的领导人对于这一条约的签订都是相当满意的，不仅日本朝野齐声称赞松冈此行之意义，对其归国给予了热烈的欢迎，甚至斯大林还破例前往莫斯科的火车站亲自为松冈送行，并接连三次热烈拥抱这个一向与苏联为敌的国家的外交代表，"以这些表露感情的礼貌使在场的人和全世界明了日苏中立条约的重要性"③。

苏联在苏日中立协定中因承认伪满洲国而严重侵犯了中国的主权和领

---

① 戈尼昂斯基等编著的《外交史》相信松冈外相到莫斯科时提出的仍旧是签订"日苏互不侵犯条约"，而谈判之所以一度进行不下去，是因为松冈坚持要苏联把其租用的库页岛卖给日本。直到最后一天，松冈才作了让步，因而达成了协定。但据松冈本人从苏联回国时在柏林对美国大使的说法，和他回国后在日本政府联席会议上的说法，情况却正好相反。松冈称，当他到达莫斯科时，是俄国人仍根据日本1940年10月30日的提议，要求订立互不侵犯条约，并据此要求日本放弃其在北库页岛的采矿权利，并把长期被日本占领的库页岛南半部卖给苏联。因松冈坚持不同意，致使谈判陷于困境。"可是后来到最后一分钟，看样子好像是斯大林突然提出可以订一个中立条约，于是几分钟便签订了这个条约"。另从松冈4月10日发出电报，称可签订一个不涉及库页岛北半部权利问题的中立条约，4月12日又发回电报称不想签订这一条约，4月13日突然又发回电报说说条约已经签字的情况看，松冈的说法应该比较可信一些。因松冈4月7日到莫斯科具体谈判，三日后已经与苏方就协定不涉及库页岛问题达成妥协，因此才会有4月10日关于可签订一个不涉及库页岛问题的中立协定的电报，这说明这一阶段谈判双方已经就中立条约问题和条约不涉及库页岛问题基本达成一致。并且日本政府也有电报给松冈，明确肯定"对不涉及库页岛北半部权利问题没有异议"。由此可知，关于谈判是因松冈坚持要苏联把库页岛卖给日本而陷于困境，直到最后一天松冈才放弃这一要求的说法，是不可信的。因此，松冈关于苏联最初准备通过签订互不侵犯条约来收回库页岛北半部的权利的说法，看来也是比较可信的。参见戈尼昂斯基等：《外交史》，第4卷，上，武汉大学外语系等译，生活·读书·新知三联书店1978年版，第205—206页；约瑟夫·格鲁：《使日十年（1932—1942）》，蒋相泽等译，商务印书馆1983年版，第383页；《大东亚战争全史》，第一册，第107—108、118页。

② 《外交史》，第4卷，上，第108页；并见《战时外交》，三，第390—391页。

③ 《第二次中日战争史》，下册，第550页。

土完整。但是，如果从日本所希望的使苏联在中日战争中保持中立的角度来看，苏联在协定签订后事实上并没有完全满足日本政府的愿望。就中国方面而言，日苏可能签订中立条约一事，其实早在 1939 年苏德协定签订之后，中国各界人士就已经估计到了。只是人们对这件事的认识颇有不同。毛泽东在与斯诺的谈话中明确肯定："如果这样一个条约会妨碍苏联支援中国，那它就不会签订。然而，如果不妨碍这种支援，那就可以签订而不致产生有害的后果。"① 因此，苏日条约签订后，中共中央明确表示了肯定的态度，并相信苏联不会因此而停止援助中国的抗战。而国民党方面对条约的看法却完全相反。还在得知斯大林、莫洛托夫在莫斯科接见日本外相松冈洋右之后，中国驻苏大使就急忙拜会苏联外交人民副委员长，询问究竟。苏联方面最初对此含糊其词，答复称："史（斯大林）、莫接见松冈纯为礼貌问题，因松冈为日本外交部长，道经苏联，欲求谒见，至难拒绝。"② 至 4 月 11 日，国民党方面的代表张冲再度询问苏联驻华大使潘友新，松冈赴苏所谈为何，潘之回答仍是顾左右而言他，声称"苏联决不为自己而牺牲人家的利益"，松冈仅路过而已。以至张冲不得不再三强调："苏联之一举一动影响中日战局甚大，个人及全国社会人士，切盼苏联慎重，有以克服日本之欺骗外交。"③ 结果，苏、日不仅背着中国签订了中立条约，而且还在条约中分别将"外蒙古"与"满洲"划在各自的势力范围之内。对此，国民政府外交部只能发表声明予以否认。声明称："查东北四省及外蒙之为中华民国之一部，而为中华民国之领土，无待赘言。中国政府与人民对于第三国间所为妨害中国领土与行政完整之任何约定，决不能承认，并郑重声明：苏日两国公布之共同宣言，对于中国绝对无效。"④

在强国政治的外交世界里，弱国永远都是各大强国利益交易的一个棋子。苏联固然较之英、美在援华抗日方面有更多的贡献，但基本目的仍在设法保护自己国家的利益，因此，当它自己的利益受到威胁之际，在某种程度上牺牲中国的利益是其必然的选择。可以肯定，日苏条约确实为苏联

① 见《毛泽东自述》，人民出版社 1993 年版，第 146 页。
② 《战时外交》，二，第 388 页。
③ 同上书，第 389 页。
④ 同上书，第 390 页。

赢得了某些安全的保障。在两个月后德国突然入侵苏联之后，作为德国盟国的日本，没有乘机回过头来向苏联找便宜。但苏日中立条约的签订对美、英两国来说却是一种灾难。因为它无疑为日本实施南进方针解除了后顾之忧。尽管日本政府事实上还并不能完全相信苏联，其关东军并没有因此大规模南调，但日本南进的决心已定，主要障碍已除，战争很快就要降临到英、美的头顶上来了。

第四节　美日接触与谈判

还在 1940 年 11 月底，美国民间人士，天主教最高学府梅利诺大学的秘书长德劳特（James Delaut）和主教沃尔什（James Walsh）访问日本，秘密地同日本大藏省官员、日本产业组合中央金库理事，并且同近卫首相和罗斯福、赫尔均保持着某种联系的井川忠雄就调整美日关系，进行了细致深入的讨论。后来日本军方实际上也派人加入其中。尽管这时作出这种姿态的还只是美国民间的代表，还不是美国政府本身。但可以肯定的是，鉴于欧洲的悲惨局面和英国正苦撑待援，美国政府必须全力控制大西洋，以便确保援助英国的海上通道畅通无阻，因此它这时的远东政策也是要和，而不是要战。美国总统罗斯福在这时写给内政部长伊克斯（Harold Ickes）的信中说得明白："为了控制大西洋，我们急需保持太平洋上的和平。我们的海军不够用，太平洋上出现的任何微小的偶然事件都意味着减少（我们）在大西洋上的军舰数量。"① 故国务卿赫尔这时提出："美国的远东政策应当是：（一）避免在太平洋上的公开冲突，以便集中一切力量援助英国和加强我们自己；（二）尽量不同日本争吵，并让谈判和达成妥协之门洞开，以符合我们的原则。"②

用谈判来稳住日本，并通过某些具体的让步来安抚日本，这在美国看来是完全必要的。特别是在 1941 年初美国已经看出日本准备南进之后，美国试图安抚日本的愿望更是格外强烈。不过，罗斯福也并不认为仅仅通过谈判桌就可以拖住日本不往南去。太平洋，包括菲律宾在内的一些海

---

① 转见陶文钊《中美关系史（1911—1949）》，重庆出版社 1994 年版，第 228 页。
② 《赫尔回忆录》，第 1 卷，第 912—913 页。

岛，多半都是美国的势力范围，日本南进的许多目标也严重危害着美国的利益。因此，美国政府这时的政策表现出某种矛盾性，既想利用与日本的谈判，乃至牺牲中国的局部利益来安抚日本，拖住日本南进的步伐，又不准备无限制地向日本让步，以致牺牲整个中国。与此相反，美国还要大力援助中国抗战。这也就是为什么，当4月9日日美双方非官方的《日美谅解案》达成之后，美国政府一方面决定开始在此谅解案的基础上，与日本举行正式谈判，一方面却又公开宣布美国将向中国提供重要的财政和物资方面的援助①。

美国同日本的谈判，正式开始于4月16日。赫尔明确表示，如果日本政府同意《日美谅解案》，并提出正式方案，美国准备以此谅解案为基础，提出建议或反建议，并愿意听取日本政府对于美国政府关于中国问题解决原则的四点意见的看法。这四点意见就是："1.尊重中国的主权；2.（保持）不干涉其他国家，尤其是中国内政的原则；3.商业机会，尤其是对中国的商业机会均等的原则；4.维持太平洋地区的现状，除非是用和平手段改变这种现状。"② 日本这时的方针也很清楚，即应尽量不使美国参加战争。同时，由于日本准备南进，急于尽快解决中国事变，而美国这时又是公开援助中国抗战的最主要的两个大国之一，因此，当日本政府得知美国主动提议妥协时，反应相当积极。日本政府4月17日收到野村的报告后，立即通知刚刚同苏联达成中立协定的松冈外相回国，并在18日得到《日美谅解案》的文件之后，连夜召开大本营与政府联席会议进行讨论，可见其重视非常。与会者多数均表示赞同以《日美谅解案》来作为双方谈判的基础，只是几乎所有人都强调必须把解决中国问题摆在谈判的首位，近卫首相等称："当前解决中国事变是根本问题，美国提案也是以解决中国事变为首要条件的，必须断然抓住这一机会。"③

《日美谅解案》的中心内容在于以下几个方面：（1）在欧洲战争中，美国政府绝不为援助一方攻击另一方的攻击性同盟所左右；日本政府则只限于同盟缔约国德国在受到现在尚未参加欧战的国家的攻击时，才会履行

---

① 4月15日罗斯福总统对记者公开宣布将对中国提供租借援助，而第二天，即4月16日，赫尔就开始了和日本大使野村的正式谈判。这种时间上的精心安排是显而易见的。

② 《美国外交文件》，1941年第4卷，第153—154页。

③ 日本防卫厅战史室编：《大本营陆军部——大东亚战争开战经纬》，第3卷，第562、539页。

德意日三国同盟的军事义务。（2）在日本承认中国独立、日本撤军、不兼并中国领土、不赔偿、恢复门户开放政策、节制向中国移民等条件下，美国同意承认满洲国，并愿意劝告蒋政权与日本媾和及与汪政权合并。（3）美、日两国不容许任何欧洲国家在东亚和西南太平洋接受割让领土或合并现有国家，双方共同保证菲律宾独立，而在日本保证只用和平手段谋求它在南太平洋发展的前提下，美国方面将支持日本在该地区生产和取得各种重要的战略物资。（4）实现日美经济合作，两国恢复正常通商，美国并为日本提供足够的信用贷款，以发展其东亚的工商业。（5）在双方政府同意上述谅解的基础上，两国政府应在5月举行最高级会谈①。

5月3日，日本大本营与政府联席会议通过了松冈起草的对于《日美谅解案》的修正方案，这次修正案的最大特点就是抹去了美国关于日本应当承认中国独立及领土主权完整等各项条件，提出"美国政府承认近卫声明的三原则，承认以此同南京政府缔结的条约以及日、满、华共同宣言所表明的原则，并相信日本政府的睦邻友好政策，立即劝告蒋政权媾和"②。这里所说的近卫三原则，指的就是1938年近卫文麿首相提出的"善邻友好、共同防共和经济合作"三原则。而所谓与南京政府缔结的条约和所谓日满华条约，指的就是1940年11月30日日汪签订的《日本国与中华民国间关于基本关系的条约》和同一天签订的《日满华共同宣言》。

5月12日，美国政府收到了《松冈修正案》。面对日本这一赤裸裸地否认中国现政权，必欲独霸中国的扩张要求，美国政府自然很难接受。但赫尔相信："无论如何，这是日本正式和详细的提案，完全拒绝日本的提案将意味着抛弃我们在这几个月中与日本人就所有问题进行基本谈判的唯一的真正机会。"因此，美国政府仍从5月14日到6月21日，与日本代表进行了十多次长时间的会谈。

美国于5月16日提出部分条款的修正意见，针对日本修正方案中关于中国问题的态度，具体提出七项条件，即（1）中日睦邻友好；（2）互相尊重领土完整；（3）按照双方同意的时间表从中国撤出日军；（4）不

---

① 《大东亚战争全史》，第一册，第111—114页。

② 《大东亚战争全史》，第一册，第122页。并见日本外务省编：《日美交涉资料》第1卷，原书房1978年版，第51—52页。

割地，不赔款；（5）对有关国家商业机会均等；（6）采取平行的防御措施防止外来颠覆活动；（7）通过友好谈判解决满洲前途问题①。在 5 月 23 日的一份解释性文件和 5 月 31 日另一份补充说明文件中，美国政府又进一步解释说，这里的（3）、（6）、（7）三条实际上就是承认：日本在华北、内蒙古驻军的撤军问题，可以根据当时中国共产主义活动的具体局势，与中国政府具体讨论；中、日两国有必要以"抵制中国境内的共产主义活动的进一步发展"为目的，进行实际的合作；同时，"满洲的独立问题将通过友好谈判得到解决"②。这也就是说，美国准备在"共同防共"、承认"满洲国"以及日本在中国北方驻军的问题上作出让步。

　　日本显然不满意美国 5 月 16 日的修正意见，进一步要求美国明确承认满洲国独立；承认日本有权在内蒙古、华北、胶济铁路沿线和海南岛等地继续驻军，直到日苏之间可能多年不发生战争为止；蒋汪政权实行合并。而美国也坚持，日本在华驻军问题和中日"共同防共"问题，留待以后进一步讨论；满洲国问题由中日之间友好协商解决；在中国实行门户开放、机会均等的原则③。6 月 22 日，苏德战争爆发，日本不顾美国一再警告，于 7 月 24 日派兵进驻印度支那南部地区，促使美日关系迅速激化。罗斯福总统 26 日下令冻结日本在美国的资产，断绝了对日贸易，而后又于 8 月 1 日事实上开始了对日本的全面禁运，双方的谈判因此而告中断。当然，这时罗斯福和赫尔还并不想同日本动武，可他们内心深处已经十分清楚："除了武力以外，没有什么能够制止他们"，"问题只是在于，在欧洲战事见分晓之前，我们能巧妙地利用局势多长时间"④。

　　在美国实行禁运和两国谈判中断之后，日本已经意识到它们同美国之间已很难通过外交手段来解决问题了。禁运导致日本进行战争的最关键物资——石油严重短缺，日本已不能不考虑用战争来解决问题的办法了。但最初，日本近卫内阁仍旧试图找到局部缓和日美矛盾的途径，建议进行两国首脑的会谈。8 月 6 日，日本大使还转达了日本方面的新提案，其中提出：日本除进驻法属印度支那外，不再向西南太平洋其他地区扩张，且中

---

① 《美国外交文件》，1941 年第 4 卷，第 428—434 页。

② 《赫尔回忆录》，第 1 卷，第 997 页；《美国外交文件》，1941 年第 4 卷，第 153—154、217 页。

③ 《大东亚战争全史》，第一册，第 163—172 页。

④ 《罗斯福与美国对外政策（1932—1945）》，上册，第 401—402 页。

国事变一经解决，立即撤退在法属印度支那的日本军队；美国应迅速恢复
日美之间的正常通商关系，并对日本在西南太平洋地区生产和取得所需物
资给予协助，同时对日本与蒋政权开始直接谈判进行斡旋。尽管罗斯福
"强烈地感到应尽一切努力来防止爆发同日本的战争"，但他 8 月 17 日在
与日本大使的谈话中没有对此作出具体反应，他只是强调说，如果日本愿
意暂时停止它的扩张主义行动，并发表一个更明确的声明来澄清它的态度
和计划的话，美国将会考虑恢复非正式的探索性讨论，他还可能接受 10
月中旬在阿拉斯加同近卫首相会晤的提议。然而，十分明显的是，罗斯福
对美日之间达成妥协丝毫不抱幻想。他在第二天对哈利法克斯明确讲：要
想根本改变美日关系几乎是办不到的，会谈的现实目标不过是在美、英、
苏加强各自的军事力量的时候，努力争取时间，保持太平洋的和平而已。
如果时间允许，最好是把太平洋的和平延长到打败希特勒时为止，那时候
由于国际形势的变化，也许能迫使日本改变政策而不必进行战争。因此，
罗斯福虽然对 28 日近卫首相再度提出的尽早举行首脑会谈的要求公开表
示赞赏，但在 9 月 3 日与野村大使就这一问题进行谈话时，却直截了当地
提出，首先必须就双方关系中重大原则问题达成协议，这包括日本保证退
出三国公约，表示愿意从中国撤兵和在经济关系中遵守不歧视原则等①。

　　日本政府中的强硬分子很快就对罗斯福飘忽不定、时软时硬的态度感
到不耐烦了。9 月 3 日到 6 日，日本政府接连召开联席会议及御前会议，
接受并批准了陆海军联合制定的《帝国国策实施要领》，其中明确提出：
"帝国为确保自存自卫，在不惜对美（英荷）一战的决心之下，大致以 10
月下旬为期，完成战争准备。"不过，《要领》仍旧主张"帝国为在进行
前项准备的同时，对美英应尽一切外交手段，力求贯彻帝国的要求"。对
美国的谈判，必须实现帝国的最低要求，如至 10 月上旬仍不能达到日方
要求时，"即决心对美（英荷）开战"。而所谓日方最低要求，主要就是：
"一、美英不得干涉或妨碍帝国处理中国事变。（甲）不得妨碍帝国根据
日华基本条约和日满华三国共同宣言解决事变的企图。（乙）封闭'缅
甸'公路，并不得在军事、政治和经济上援助蒋政权。二、美英在远东
不得采取威胁帝国国防的行为。（甲）不在泰国、荷属东印度、中国及苏

---

① 《罗斯福与美国对外政策（1932—1945）》，上册，第 433—436 页；《大东亚战争全史》，
第一册，第 175—177 页。

联远东领土内攫取军事权益。（乙）维持在远东的军备现状，不再增强。三、美英须协助帝国获得所需物资。（甲）恢复同帝国的通商，并自西南太平洋的两国领土供应帝国生存所必需的物资。（乙）对帝国同泰国和荷属东印度之间的经济合作必须予以友好的协助。"如果上述条件得到满足，帝国同意：（1）不以法属印度支那为基地向其邻近地区进行武力扩张，唯中国除外。（2）在确立公正的远东和平之后，从法属印度支那撤兵。（3）保证菲律宾的中立①。

　　根据上述方针，接连于 9 月 6 日和 9 月 25 日对美提出的新的谈判方案，都坚持了上述条件。这在美国看来，比 8 月上旬日本大使提出的条件还要难以接受。因此，10 月 2 日，赫尔会见了野村大使，完全否定了日本的提案。赫尔随后亦告诉前来打探美日会谈消息的中国大使胡适说，目前的对话还未到可以提供一个谈判基础的阶段②。

　　鉴于《帝国国策实施要领》所规定的谈判限期马上就要到来，日本方面许多人对即将爆发的战争感到担心。包括近卫首相在内的部分日本领导人决心以屈求伸，在中国驻兵问题上再做表面让步，以此来争取美国妥协。为此，近卫等反复与内阁大臣商量，通过"以撤兵为原则，然后灵活运用这一原则，取得驻兵的实际权利"的策略，争取日美和解。但这一主张遭到主战派的坚决反对。以东条英机陆相为代表，日本当局在 10 月 12 日举行的五相会议上强硬地决定：日美谈判必须坚持（1）不改变以驻兵为核心的主要国策；（2）不得动摇中国事变的成果，"有关驻兵问题，陆军一步也不让"。而且，日美谈判，"必须以 10 月 15 日为限期"③。

　　围绕着对日美谈判不同策略的争论，日本政府再次发生内讧，近卫内阁被迫辞职，以东条英机为首的主战派登台，日美谈判成功的希望更加渺茫。

　　东条内阁上台后，立即开始重新研究对美开战计划和谈判方针。在拟订好对美谈判的甲、乙两案之后，新外相东乡在给野村的电报中明确说："不论在名义上和在精神实质上，这确实都是最后一次建议了"。"事实上，我们是在拿我国的命运作孤注一掷"。这是因为，东条内阁已经拟订

---

　　① 《大东亚战争全史》，第一册，第181—183页。
　　② 《美国外交文件》，1941 年第 4 卷，第 421—422 页。
　　③ 《大本营陆军部——大东亚战争开战经纬》，第 3 卷，第 125 页。

了《帝国国策实施要领》，明确决定："决心对美英荷开战"，"将发动战争的时机定为 12 月初。陆海军做好作战准备"，"12 月 1 日午前零时，如果对美谈判获得成功，则停止发动战争"。日美谈判则依据下述两案进行。甲案要点为：（1）在日华和平实现后，一定期间内（大致以 25 年为期）在华北、蒙疆的一定地区和海南岛驻军，其他军队将在和平实现之日起，在两年内撤退完毕。（2）尊重法属印度支那的领土主权，日本军队在中国事变获得解决及确立起公正的远东和平时，将立即撤出。（3）日本政府承认，在无差别原则适用于全世界的情况下，在整个太平洋地区，包括在中国也实行本原则。（4）对三国条约的解释及执行问题，日本将按照自己的决定采取行动。乙案要点为：（1）日美两国保证不向法属印度支那以外的东南亚及南太平洋地区进行武力扩张。（2）日美两国保证在荷属东印度获得各自所需要的物资。（3）日美两国应将相互间的通商关系恢复到资金冻结前的状态，美国并保证对日本所需石油的供应。（4）美国不得干扰日华两国实现和平的努力①。11 月 5 日，御前会议最后审定了这一决定。11 月 7 日，野村大使将甲案首先正式提交给了美国政府。在 10 日与罗斯福的谈话中，野村特别强调，甲案已经是日本所能做的最大限度的让步了。

从 11 月 12 日到 18 日，野村同赫尔就甲案进行了一系列的会谈。但双方在中国问题以及平等贸易等问题上，仍旧无法取得进展。

11 月 20 日，野村奉命向美国政府提交了乙案，并称此为"最后之言"，限定 11 月 29 日必须得出结果。这里的含义已十分明显。而美国这时实际上也已经破译了日本政府给野村的电报，完全清楚日本准备开战的企图。但美国军方领导人仍然认为，美国尚未作好在大西洋和太平洋同时作战的准备，无论如何应当把战争向后拖延，尽可能避免在远东进行战争，因此，尽管罗斯福和赫尔一致认为日本的要求"荒谬绝伦"，知道接受这些要求"实质上就是一种投降"，他们也仍不得不打算再度对日本作出让步。

11 月 22 日，赫尔向英、澳、荷、中四国大使通报了美国关于暂时放弃对日经济封锁，以换取日本停止向新的方向进攻，撤退印度支那军队，减轻中国西南方向压力的权宜之计。对此，中国大使胡适明确反对，称：

---

①　《大东亚战争全史》，第一册，第 220 页。

（1）敌不能南进或北进，则必用全力攻华，是我独被牺牲，危险甚大，切望注意。（2）经济封锁是美国最有效之武器，实行至今，只有四个月，尚未达到其主要目的，必不可轻易放松。24日，赫尔再度召见四国大使，谈美国已决定提出以下六点临时过渡办法。主要包括：（1）日美两国共同宣言其国家政策以和平为目的，并无疆土企图；（2）日美两国共同约定，不得从其军备区域，向亚洲之东南、东北或北太平洋、南太平洋各区域，作进攻之威胁；（3）日本承诺将现驻印度支那南部之军队撤退，并不再补充，驻印度支那北部的军队不得超过2.5万人；（4）在此基础上，美国政府同意修改冻结日本在美国资产和限制出口贸易的命令，每月可供给日本不超过60万美元的原棉和一定数量的民用石油等物资，并从日本进口生丝；（5）对于中日战争，美国政府坚持，中日两国所有讨论和解决方案，均须基于和平、法律、秩序、公道之基本原则；（6）这个临时措施以3个月为期。赫尔强调，此种办法原本只是为各国争取三个月的准备时间①。

　　美国政府的这一妥协方案，在四国政府中引起的反应，据赫尔自己说，是"半心半意的支持或者说是实际上的反对"。丘吉尔严格说来是愿意看到远东方面出现和平景象的，哪怕只有三个月也好。但如果美国不仅解除对日本的禁运，而且还供给日本包括石油在内的各种战略物资，同时停止对中国的援助，换来的只是将部分法属印度支那的军队转移到其他地方去，这无论如何是难于接受的。因此，英国外交部给驻美大使的指示是，美国不应当缓和对日本的压力，让步应当是有限的，现在的代价太大了，至少应该让日本撤走所有在法属印度支那的军队，并答应停止在中国的军事进攻。特别是不能让中国人因此而丧失信心。丘吉尔于25日夜致电罗斯福说："处理这件事，全在于你，而且我们的确不需要再多打一场战争。只有一点让我们感到不安：蒋介石怎么办？他不是正处于难以维持的境地吗？我们所焦虑的是中国。如果他们崩溃了，我们共同的危险将会大大增加。"② 这表明，英国实际上是不赞成美国的这一妥协协定的。

---

　　①　《美国外交文件》，1941年第4卷，第643—644页；《战时外交》，一，第148—151页。

　　②　丘吉尔著：《第二次世界大战回忆录》，北京编译社等译，第三卷下部第三分册，商务印书馆1975年版，第900—901页。《美国外交文件》，1941年第4卷，第651—652、654—657、660—661、666页。

　　蒋介石的态度更是可想而知。据蒋介石的政治顾问拉铁摩尔告诉华盛顿说，蒋介石得知美国的方案后异常激动，声称美国这样做肯定会像英国关闭滇缅路一样，永远地毁坏了美国在中国的声誉。蒋在给胡适的电报中甚至声称："美国对日经济封锁无论有任何一点之放松或改变，则中国抗战必立见崩溃，以后美国即使对华有任何之援助，皆属虚妄"，"从此国际信义与人类道德亦不可复问"，"中国人民将认为中国已完全成为美国的牺牲品"。他同时还给正在华盛顿的宋子文发去电报，要求他进一步向美国上层指出这一妥协的严重危害。宋子文于 26 日会见罗斯福和赫尔时说明了蒋介石的严重不安。他指出，如果现在美国改变封锁政策，其结果不仅是中国受害，而且整个亚洲的士气都将受到损害，美国的道义地位也将从此不复存在。拉铁摩尔在 24 日的电报中说："蒋介石对此有极强烈之反感，其激动之状，实前所未见。"面对这种情况，美国政府反复商量后，只好放弃了此一方案①。

　　11 月 25 日，美国国务院连夜召开会议，重新研究对日提案。会议决定放弃原定方案，向日本提出《美日协定基础大纲》，即"赫尔备忘录"。次日上午，赫尔向罗斯福报告说："鉴于中国政府的反对和英国、荷兰、澳大利亚政府的消极支持和实际反对，这一处理对太平洋地区拥有利害关系、反对侵略的所有国家来说，是明智的，并且是有利的。"与此同时，罗斯福又得知，日本有五个师已在上海登船，驶向台湾以南。罗斯福大为震怒，认为日本人背信弃义，"正当他们在谈判全面停战——全面撤退时——他们却把这支部队派往印度支那"。在这种情况下，他理所当然地批准了赫尔的提案。当天，赫尔将这一备忘录交给了野村大使。这个提案包含两个部分，第一部分是关于美日双方彼此的政策声明，包括美国解决远东问题的"四项原则"和另外五项涉及国际经济关系的一般原则。第二部分是被称之为"十点照会"的"美国政府和政府将采取的措施"。其四项原则是：（1）不以武力推行国策，国际问题应以和平方法解决；（2）领土完整与主权之不得侵犯；（3）不得干涉他国内政；（4）机会均等。其"十点照会"的中心内容在于：（1）应由泰、日、荷、印、中、苏、美、英等国家共同订立互不侵犯条约；（2）日本须撤退在中国及越南所有海、陆、空军和警察；（3）美、日与第三国所订任何条约，不得有与

①《美国外交文件》，1941 年第 4 卷，第 651—652、654—657、660—661、666 页。

本条约冲突之解释；（4）承认现在重庆之国民政府为中国唯一合法政府，取消在华领事裁判权①。

　　时至于此，日美之间寻求妥协的谈判彻底告吹了。一年来，一直在为各个大国与日本的妥协忧虑不已的中国人，终于在这一年的最后一个月得到了一个好消息。一个足以改变整个战争命运的好消息。同样，这个消息对于一心希望谈判成功的野村大使来说则可以说是一场灾难。前来听取美国政府答复的野村，面对赫尔的说明当时就惊得目瞪口呆。一切妥协都不可避免地结束了，不论是对美国人，还是对日本人。11 月 27 日，日本政府召开大本营与政府联席会议，东条首相宣称："美国的备忘录显然是对日本的最后通牒。"会议正式决定向美国开战。12 月 1 日，御前会议最后批准了发动对美战争的军事部署。次日，海军军令部总长发出了第 12 号命令，把进攻的时间确定在 12 月 8 日。太平洋战争即将开始了。

---

① 《战时外交》，一，第 151—153 页。

第 六 章

走向同一战壕

第一节　美、英巨款援华

自 1939 年 9 月欧战爆发后，美国政府决心摆脱孤立主义立场，向被侵略各国，特别是英、法等国提供帮助。为此，美国很快于 11 月 4 日修改了中立法，取消了约束性的武器禁运，规定所有的贸易都可以按现金购买、自理运输的原则进行，总统并有权根据具体情况决定美国公民和船只不驶入或撤出他认为正在进行战争的地区。经过修改的中立法实际上是为了保证英、法等国在战时可以利用它们的船只和控制的航道从美国获得战争所需的各种物资。但对于顽强抵抗日本侵略已有两年，既无资金，也无货船，更不可能冲破日本所设置的封锁线、控制运输航道的中国来说，这个法案的修改显然无济于事。罗斯福无疑注意到这种情况，并设法多少予以弥补。

在此之前，美国虽然已有一笔 2500 万美元的商业借款用于援助中国，但为数甚微，且借款谈判过程费时费力。该项借款自 1939 年 2 月开始兑现，到当年 10 月即已所剩无几。当时因中立法修改问题正在国会辩论之中，中国政府虽又几次提出借款之事，却都不能实现。而中立法修正案通过之后，情况立即改观。

1939 年 12 月 6 日，中国政府驻美代表陈光甫会见美国政府财政部部长摩根索，再度说明中国形势困难，急需巨额资金援助问题。摩根索当场表示可以商量办法。而后，胡适大使与陈光甫两人接连拜会美国政府负责贷款事务的复兴金融公司董事长琼斯（Jesse Jones）和美国总统罗斯福等，说明中国绝不因南京伪政府即将成立而有所动摇，要求美国给予实际的支持。蒋介石也于 19 日致电罗斯福，加以推动。罗斯福很快回电，并且主动表示："余保证无论何时，美国政府皆愿提供适宜而实用之援助。"①

新的借款是以滇锡作为抵押，故称滇锡借款。双方为此之谈判磋商近三月之久，因当时美日商约废止在即②，美国担心向中国直接提供大笔借款会过分刺激日本，同时这时又正逢美国国会讨论修改中立法，因此美国政府方面对借款形式及数量颇为谨慎。借款最后是以美国援助芬兰为名，向国会提请增资 1 亿美元给进出口银行，然后再由进出口银行划拨 2000 万美元贷予中国，故援华借款是作为援芬借款的附议案在国会中通过的。1940 年 3 月 7 日，美国进出口银行宣布了这笔借款的消息。4 月 20 日双方达成借款合同。合同规定，美国将在 1941 年 6 月 30 日以前向中国方面（世界贸易公司）提供 2000 万美元的借款，中方则以纯锡 4 万吨为担保品，借款条件较桐油借款稍有优惠，利率由年息 4 厘半降至 4 厘，还本期由原来的五年延为七年，借款用途虽仍不能用于购买军械，但可以用来购买军需物资③。

滇锡借款实现后，国民政府又寄希望于美、英能够提供平准基金借款。所谓平准基金，其实就是要稳定以外汇为本位的中国法币的信用。此时国民政府中央银行美籍顾问杨格博士已几度告诫美国政府，中国的币制正面临严重危机，急需支持。美国政府也几度进行内部磋商，研究支持中国法币的必要性与可能性。鉴于此，蒋介石亦于 5 月 14 日致电罗斯福，说："最近伪组织宣布拟在上海设立发行银行，加以欧洲局势日趋险恶，敝国币制所受之压力益形严重，以致物价上涨，汇价跌落，外汇基金如不予以充实，则经济状况日趋疲弱，影响所及，商业更纷乱，万一金融崩溃，将使日人藉傀儡组织之力，统制敝国币制，贵国经济利益必遭摧残。"故"深望贵国政府在阁下领导之下，当能于此紧急之时，贷我现款，以维持敝国币制"。具体方法，或请给予财政上之援助，或再予商业借款，暂时应急措施则希望能将最近 2000 万美元之借款中之一部改为

①　《战时外交》，一，第 260—261 页。

②　废止日期应为 1940 年 2 月 21 日。

③　中国第二历史档案馆藏：国民政府财政部档案（三）（2），4453。

现款①。

6月初，蒋介石得胡适电，称罗斯福表示美国愿意向中国提供更多的援助。这时，陈光甫已经不再继续担任争取美援的工作，蒋介石于是专门把曾担任过财政部长的宋子文派去美国，作为中国政府的全权代表，去美国政府上层进行游说。

宋子文于6月下旬到达华盛顿，先后于7月上旬分别拜访了罗斯福、赫尔、摩根索等人。特别是对财政部部长摩根索，宋子文格外下力。因为只有财政部才有用于平准基金的专项用款，要求得平准基金的贷款就必须去烧财政部的香。宋子文于7月11日向摩根索提交了一份书面的备忘录，请求美国提供5000万美元以稳定中国币制。第二天，他又在另一份备忘录中说明，中国目前急需得到1亿美元以稳定法币，7000万美元购买飞机、军火和兵工厂设备等，2000万美元用来改善交通状况。至于中国方面，在五年内可以保证出口价值5000万美元的钨、锑、锡等矿石。事实上，此时关于平准基金贷款一事仍了无头绪，但宋子文已经了解到，美国这时"需要钨砂，并能设法助我转运"，故"对美借款渐有头绪，钨砂为主要抵押品"②。

8月15日，美国政府财政部官员就宋子文提出的要求进行了讨论，摩根索再度表示不可能对支持中国货币一事采取步骤，他只是表示对从中国进口钨砂来抵押借款一事多少感兴趣，问题在于抵押借款与财政部并无关系。而后在宋子文参加讨论的过程中，摩根索具体询问了中国出口能力问题。宋当场表示："事实上出口并未出现实际困难，中国每年仍能运出钨砂12000吨至13000吨，价值1300万美元左右。"摩根索提出，这种形式的贷款可以由联邦债务署去处理，可以考虑从国会拨给进出口银行用于援助拉丁美洲的款项中划出这笔贷款来③。摩根索的这种答复不能使宋子文感到满意。

这时，中国的经济形势已经十分困难。蒋介石电称："此时我国抗战

---

① 《战时外交》，一，第271页。

② 美国第89届国会及参议会司法委员会编：《摩根索日记（中国）》（The U. S. 89th Congress 1st Session, Senate Committee on Judiciary: *Morgenthau* Diary）第1卷，纽约1974年版，第177、181页；《战时外交》，一，第276页。

③ 《摩根索日记（中国）》，第1卷，第191—192页；《美国外交文件》，1940年第4卷，第664—666页。

最大困难为经济，而武器尚在其次。此时米价比去年已贵至八倍以上，通货膨胀不能再发展……美国若不在金融上从速援我救济，则中国内外情势实难持久。"① 宋子文为此不得不再度反复游说，以致被人形容为"那个时代最不知难堪不怕疲倦的游说家"②。但尽管如此，直到 9 月 4 日他向琼斯提出以钨砂为抵押借款 5000 万美元后，琼斯也只同意给其十分之一，即象征性地给中国贷款 500 万美元了事。只是在日本公然不顾美国的劝告，于 9 月 4 日与法属印度支那当局达成日军进驻印支的协定，其南进英、美势力范围已成定局之后，美国政府才开始改变态度。

其实，自美国于 1939 年 7 月宣布废止日美商约和 9 月英法与德国开战之后，美国对日本的经济制裁已逐步升级。到 1940 年的 7 月间，对日本的贸易禁运已经扩大到一切武器弹药、军事装备、飞机零件、光学仪器、金属加工机械和各种战略物资。随着日本乘法国战败投降，接连进兵印度支那并迫使英国封闭滇缅路，美国不得不进一步宣布全面禁止对日出口废钢铁。所有这些步骤都反映出，美国对日本的扩张越来越担心，不得不下决心遏制日本的侵略野心。在这种情况下，扩大对中国的援助，帮助中国坚持抗战，以便最大限度地拖住日本，自然成为一种必然。9 月 13 日，国务院通知摩根索，原则上同意给中国 2000 万美元的新贷款。在 9 月 23 日日本军队进入印度支那的当天晚上，赫尔更急忙通知琼斯，要求进出口银行立即给中国一笔 2500 万美元的贷款，给中国打气。两天后，即 25 日，美国正式宣布了这一贷款的消息。

美国此次借款又是从国会拨给进出口银行用于援助拉丁美洲的 5 亿美元的贷款中划拨出来的。其数量也与国民政府要求者相去甚远，利息率及还贷期限与前两次也大致相同。不同的是，这次贷款由中国政府出面担保，并且是美元现金支付，这无论在政治上，还是经济上，对中国方面都是相当有利的。另外，整个钨砂借款从 9 月 3 日宋子文向联邦债务署正式提出，到 10 月 22 日最后签字生效，其时间之迅捷也是前所未有的。而更为重要的是，这次贷款恰值德、意、日三国同盟签订之时，因而美国援华政策由此发生重要改变，从而使这次贷款成为美、英对华巨额贷款的开始。

① 《战时外交》，一，第 277 页。
② 《史迪威与美国在华经验》，第 561 页。

9 月 27 日，德、意、日三国同盟条约签订。日本与德、意结盟，使得太平洋上的战争危险迅速增加，因而也使中国作为美国潜在的盟友显示出其特殊的价值。这种情况立即为国民政府的外交提供了较大的活动余地。国民政府驻美英大使先后致电蒋介石等，强调"自我方抗战以来，国际形势之好转未有如今日者"，只要坚持"苦撑待变"的方针，当可望太平洋战争之爆发，日本海军之覆灭，那时必"更有利于我"①。蒋介石自然也一直在等着这一天的到来。他这时深信，日本与德、意结盟后，必定南进，结果不论日本与美、英之间爆发战争与否，美、英都会因惧于日本大举南进而加强对华外交，增加对华援助，只要对美、英施加必要的压力，不难借助美、英之力来解决中日问题。为此，蒋于 10 月 4 日致电宋子文，要宋子文直接向美国政府要求一次提供 300 架驱逐机、200 架轰炸机，并每月补充 90 架驱逐机和 60 架轰炸机②。18 日，他又在国内召见美国大使詹森，声称："自滇缅路封闭之后，不独美国货品无从进口，即允我不断供给之苏联，货品之来亦绝"，目前形势极为严峻，要求美国务必提供积极之援助。注意到日本空军对重庆的狂轰滥炸，受到蒋介石情绪感染的詹森大使这时也颇有危机感。因此他再三报告国务卿说，中国目前由于物价飞涨、购买力下降，投机倒把及消费品严重匮乏等原因，已经出现经济危机，整个社会经济结构可能因此而破坏，从而危及中国继续抗战。特别是，"中国政府从一开始就相信它的事业就是我们的事业"，而美国至今对中国的抗战毫无贡献。如果今天美国还不为中国提供它所需要的援助的话，势必会迫使中国人"在日本人和共产主义之间做出选择"。詹森提出这样一种论点，很显然是基于蒋介石的说法。因为这时国共两党冲突愈演愈烈，故蒋在对詹森谈话时明确说明，当前中国面临两大危机，一是共产党"日见猖獗，阴谋显著"；二是滇缅路不开，美国援华不力，社会及经济将发生严重问题。因此，詹森明确认为，无论从哪种角度考虑，美国都必须下决心大力援华③。

美国政府并不完全相信蒋介石的说法。他们已经了解到，蒋介石所说苏联援助已经中断的事并不存在，关于国共冲突问题也并不能引起美国的

---

① 《胡适驻美大使期间往来电稿》，第 72—76 页。

② 《战时外交》，一，第 411—413 页。

③ 《战时外交》，一，第 100—103 页；《美国外交文件》，1940 年第 4 卷，第 678—679 页。

高度重视。当然，赫尔强调，美国政府是以美国自身利益为出发点的，而它当前的政策是避免出现更复杂的局面以致被迫与他国结盟。[①] 从这一政策出发，美国需要中国抗战，因此有必要通过对中国实施某种援助以鼓励中国人坚持战斗下去。在 11 月 8 日美国大选之后的第一次内阁会议上，美国首次正式通过了援华的决定。据美国海军部部长诺克斯（Frank Knox）告诉宋子文，他提出的方案是：（1）对华贷款 1 亿美元；（2）飞机 500 架；（3）其他武器若干。并称此一方案已经在原则上通过了。宋子文告诉蒋介石，具体落实援助手续很多，蒋在召见美国大使时，"务必重申我方之急需"。据此，蒋介石于 11 月 9 日分别向美、英两国大使提交了关于建立中、美、英抗日联盟的计划书，其中关键之点就在于，美、英两国应共同或个别向中国提供 2 亿—3 亿美元贷款；美国以信贷方式每年向中国提供 500—1000 架战斗机，并供应其他武器；美、英两国派遣军事、经济、交通代表团来华磋商具体合作事宜。而后，蒋介石又亲自致书罗斯福，宣称日本目前正在向南洋调动，威胁英美，如果能够给中国以充足的援助，并建立起一支中、美、英三国联合空军，中国就可以开始反攻，甚至攻击日本和台湾，帮助英美遏制日本对荷属东印度的野心，美国也可以利用中国浙江的空军基地，轰炸日本和台湾[②]。

对于蒋介石的提议，这时仍旧极力避免过早与日本直接冲突的美国，当然不会同意，但它同意在既定的政策框架和美国法律允许的范围内考虑其所提具体援助问题。为争取这种援助迅速得到落实，蒋不仅指示宋子文在华盛顿加紧活动，他自己在重庆也极力向英、美大使强调日本承认汪精卫政权可能带来的灾难性后果。与此同时，国民政府还通过各种渠道与日本保持接触[③]，散布和谈空气，设法牵制和刺激美、英。蒋这时明确告诉英国大使：英、美两国应当了解，一旦中国停止抵抗，日本竭其人力物力大举南进，后果将不堪设想。且英、美专恃海空军以谋远东，如无大量陆军之协助，实无战胜日本之可能，而远东唯一能够提供如此庞大陆军的国

---

① 《美国外交文件》，1940 年第 4 卷，第 679—682 页。

② 《战时外交》，一，第 108—112、120—121 页。

③ 国民政府这时主要通过两条渠道进行对日秘密交涉。一条是经钱永铭以张群名义与日本人进行谈判；一条是由驻德大使陈介及谭伯羽经过德国外交部传递中国政府对日议和的条件。但这时国民政府所开出的条件根本是日本政府所不能接受的。由此可知，蒋这时的对日交涉，更多地只是一种策略。参见《第二次中日战争史》，上册，第 537—539 页。

家，只有中国。中国独立抗战已超过3年，"业已到决定自己地位之阶段"，英、美非有事实上之援助，中国抗战恐难继续。若英、美仍不觉悟，看不起中国之力量，"则中国不得不独立推行其国策"①。鉴于此，美国大使詹森这时极力主张加强对华援助，他断言："虽然这一行动不会遏制日本在远东的活动，但如蒋所云，却能够起到鼓舞中国人民士气的作用。"②

11月中下旬，日本当局相继通过承认汪精卫政府的决定，南京汪政权紧锣密鼓地开始组府工作，日本公开承认南京政权、否认重庆政权已迫在眉睫。面对这种情况，美国政府不能不担心重庆政府的政治承受力。蒋介石的外交手法多半发生了一些作用③。罗斯福于11月29日上午在电话里要求摩根索："在24小时之内给予中国人一笔5000万美元的平准基金贷款。"同时，他还要求琼斯从进出口银行提供另外5000万美元的商业贷款。罗斯福显然相信，这个时候及时宣布对蒋介石政权的大笔贷款是一件生死攸关的大问题，因为如果今天不这样做，就"可能意味着远东的战争"。于是，在11月30日，也就是在日本政府正式宣布承认南京汪精卫政权的当天，美国政府以总统名义发表了一项意义重大的声明，说明美国政府正在与国会有关委员会磋商，向中国政府提供1亿美元的巨额贷款，其中一半是用于进出口银行的金属贷款，一半是财政部的平准基金贷款。美国陆军部和参谋长联席会议还同意从英国的订货单上调拨100架飞机用于帮助保卫滇缅公路。赫尔同时更公开声明：美国只承认按照宪法程序合法产生的重庆政府④。在此之后，英国政府也宣布给予中国政府1000万英镑（按当时的比价，相当于5000万美元）的贷款，其中一半用于平准

---

① 《胡适任驻美大使期间来往电稿》，第76—80页。

② 《美国外交文件》，1940年第4卷，第437—441页。

③ 罗斯福显然注意到蒋介石的威胁，并且担心"汪蒋之间正在进行一些活动"。见《摩根索日记（中国）》，第1卷，第243页。

④ 日汪谈判其实早在这一年的7月5日就已开始，8月30日已草签全部协定。日本政府之所以拖延到11月13日才正式决定承认汪政权，11月27日才正式批准日汪协定文本，是因为这时日本军方正秘密进行"桐工作"，密谋实现"汪蒋合流"。直到这一工作失败，日本方面才最终放弃了争取与重庆议和及实现"汪蒋合流"的努力，转而决定正式承认汪政权。参见蔡德金著《汪精卫评传》，四川人民出版社1988年版，第433—438页；《摩根索日记（中国）》，第243—244、251、254—257、261—262页；《美国外交文件》，1940年第4卷，第693—694、698—700、702—703页。

基金①。

　　包括金属贷款和平准基金贷款在内的这次巨额贷款，表明美国正在明确地承担起援助中国抗战的责任，这无疑使蒋介石心宽意得。还在 1938 年，蒋介石就认定，中国之外交必须以美国为主要对象，中国之抗战亦必须以争取美国援助为重心②。如今，尽管美国政府并不赞成蒋介石提出的中、美、英三国结盟和建立联合空军等计划，但取得大笔美援本身就已经是中国政府外交努力空前重要的收获了。

　　应当提到的是，美国政府所宣布的这笔贷款在最后落实的问题仍旧遇到一些波折。这是因为，一年多来，国民党为阻止共产党军事力量的迅速扩大可谓绞尽脑汁。可是，因为抗战以来全靠苏联援助，蒋介石始终不敢对共产党大动干戈，只能局部加以阻遏和限制。这种做法不仅不能解决问题，而且越闹关系越紧张，双方摩擦和冲突越多，中共的地盘和影响反而越大。以致还在美国公开宣布巨额援华前的一个多月，当美国 9 月宣布"钨砂贷款"和英国 10 月 17 日重开滇缅路之后，蒋介石就迫不及待地告诉美国大使，将擅自进入苏北敌后的共产党新四军赶走，是解决中国一系列危机的首要条件，并在与美国大使谈话的第二天由何应钦和白崇禧联名发出了有名的"皓电"，限令黄河以南的八路军、新四军一个月之内扫除开赴黄河以北地区。在美国公开宣布巨额贷款后，蒋介石更是做好了动武的准备。这时国民党的一位发言人毫不掩饰地告诉美国外交官说：现在"不必再姑息共产党人了"③。多半是由于这样一种原因，蒋介石于 1941 年 1 月贸然发动了"皖南事变"，一举围歼了共产党新四军军部及其所部 7000 余人。这一事件不可避免地引起了美国政府的严重关注。

　　还在皖南事变爆发之前，美国政府出于加强中国抗战力量的考虑，已经开始关注蒋介石所强调的国共两党冲突问题。赫尔曾要求詹森大使在适当的时候向蒋介石说明："本政府一直关注中国的团结，因为这是美国对华政策的重要因素之一。"④ 同蒋介石一样担心"共产主义统治中国"的

---

　　①　在蒋介石与英国驻华大使卡尔 12 月 9 日的谈话中，他曾要求英国提供与美国相同数目的贷款，但英国 12 月 10 日所宣布的贷款数目比蒋所要求的少了一半。

　　②　《胡适任驻美大使期间往来电稿》，第 1 页。

　　③　《战时外交》，一，第 100—103 页；转见《美国十字军在中国（1938—1945）》，第 47 页。

　　④　《美国十字军在中国（1938—1945）》，第 47—48 页。

詹森并没有及时地把这一信息转告蒋介石。事变发生后，詹森依旧在那里
强调在中国遏制共产党势力发展的必要性，但是，更注重中国内部团结的
美国政府是不可能支持蒋介石用武力解决共产党问题的，它对蒋介石发动
皖南事变明确地表示反感，并因此推迟了签订有关 1 亿美元贷款协定的时
间。1941 年 2 月来访的美国总统特使居里（Lauchlin Currie）代表罗斯福
向蒋介石表示：美国政府在国共纠纷没有解决之前，不仅无法大量援华，
就是双方间的经济、财政等方面的关系，也不可能有任何进展。这种情
况，不能不迫使蒋介石再度下决心与共产党谋求缓和。直到 2 月 4 日，美
国方面才同宋子文等在美国签署了金属借款的合同，规定中方将以 6000
万美元的滇锡和其他军用原料作为抵押，在 1941 年 12 月 31 日前得到由
美国进出口银行提供的 5000 万美元的贷款。本金七年内偿还，年息仍为
4 厘。而后，直到 4 月 1 日，英、美两国才最终同中方签订了平准基金贷
款协定。4 月 25 日，才最后完成协定换文仪式。而摩根索虽历来主张援
华，但他对拿钱去帮助中国政府稳定货币却一直表示怀疑，因为他信不过
国民政府。他早就宣称："不能拿美国的钱去冒险稳定那个国家的通货，
在那里财政部部长和那个党的头目都是骗子"，如今他更是有理由坚持设
立一个由美、英、中各一人组成的平准基金委员会，以便全权监督和控制
中国现行外汇管理及使用。结果，虽然国民政府在不需要付出任何担保和
只需付出低息的条件下就获得了大量可以稳定币制的外汇，但同时也不能
不承认，有关协定的规定对中国是不平等的。这至少在一定程度上是因
为，根据协定的规定，这笔贷款的使用必须置于本来就不信任国民政府的
摩根索派来的财政部代表的监督之下，这无疑使国民政府感到很不自在。

第二节　美国开始租借援华

1940 年 11 月，就在美国宣布巨款援华之后不久，罗斯福总统于 12
月 29 日公开发表了"必须成为民主制度的伟大兵工厂"的"炉边谈
话"①。之后，罗斯福更进一步在 1941 年 1 月 6 日国会致辞中，宣布了美

---

① 罗斯福担任总统后通过电台向全国发表过一系列的讲话，因他讲话的地点是在白宫客厅
壁炉前，故称之为"炉边谈话"。

国政府的三大政策，即（1）全面加强国防；（2）全面援助抵抗侵略的一切勇敢民族；（3）绝不以他国和他民族的自由为代价来换取自身的和平。罗斯福公开保证，美国将向正在战斗的民主国家运送越来越多的舰艇、飞机、坦克和枪炮。为了实现这一保证，他明确向国会提出了租借法案，主张不需要按照中立法"现购自运"的原则，而是通过租借的方法，向那些处于反侵略战争中，财政明显困难的国家提供美国的军火。他特别强调指出，一旦像英国和中国这样一些全力保卫自己反对轴心国进攻的国家倒下去，德、意、日三国就会控制欧、亚、非及澳大利亚等各大洲和各大洋，"到那时候，在整个美洲，我们所有的人就将生活在枪口的威胁下"。因此，凡这些敢于抵抗侵略的国家所需的物资及武器，即使一时无款所付，也应全力供给，待战争结束后再行偿还①。

　　1941 年 1 月，美国国会开始辩论租借法草案。正在华盛顿的宋子文立即注意到租借法可能给中国带来更多的援助，因而开始力促罗斯福派遣特使访问中国，了解中国的抗战及其需要，讨论援华问题。宋并提出希望由罗斯福的得力助手哈里·霍普金斯（Harry Hopkins）担当此任。但罗斯福最后只同意派他的一位高级行政助理居里前来中国。不过，宋子文仍旧颇为高兴，他在 1 月 20 日给蒋介石的电报中说：居里"日常在总统旁，此后美国经济财政上或能加强援我，且可在钧座及总统间作一私人联络线"②。也就是说，如果同居里搞好关系，将来必能在重庆和白宫之间建立一条内线。对此，蒋介石自然也是心领神会。在得知罗斯福 12 月 29 日的"炉边谈话"内容之后，蒋介石就开始公开扬言：如美国能以援助英国物资之半数援华，则美国将无须担心卷入远东的战争，中国必能单独对付日本③。居里来华之后，蒋介石更是高度重视，连续接见、谈话十次之多，内容涉及军事、政治、外交、经济乃至国共关系、飞机援华、遏制日本、战后重建等各种问题。2 月 26 日，蒋介石更向居里提出一份备忘录，其中包括十点内容，主要是要求美国大力援助中国武器与飞机，中美合作对日本本土进行空袭，请美方派遣政治及经济顾问来华，战后中美经济合作等。蒋介石保证，中国绝对不会对日妥协，并声称："远东和平，除交

---

①　关在汉编译：《罗斯福选集》，商务印书馆 1982 年版，第 260—280 页。

②　《战时外交》，一，第 533 页。

③　转见《东方杂志》，第 38 卷，第 6 期。

战国双方愿出席以美国为主席之和平会议外，绝无实现之可能"，而"可以肩负此收拾大战残局之大任者，实惟罗斯福总统一人而已"①。

居里的访华无疑对罗斯福进一步扩大对中国的援助有相当大的帮助。3月15日，居里回国后给罗斯福总统的报告称："一个鼓励蒋介石并遏制日本的最最有效的方式，莫过于刻意向中国人表示友谊、敬佩和与之紧密合作。……既然中国确是个独裁国家，蒋介石本人就在我们的外交政策中首先占有必不可少的地位。我确信，他在感情上对美国的依附和钦佩是可以通过我们给中国以与英国同等的待遇，从您本人更多的友谊的表示，来大大加强的。"他甚至认为，由于蒋介石所表现出来的对美国和罗斯福总统本人的崇敬，"美国当前对中国的极大的影响力大可发挥，不仅在狭义上可以增进我们本身的利益，而且如果我们有足够的才智和善意的话，还可以引导中国在战后时期发展成为一个大国"②。这些评论和想法，很显然正是蒋介石所希望的，多半也是蒋介石十次苦口婆心地与之交谈，巧妙地施加影响的结果。难怪詹森大使报告中国官员对居里访华的感想时说："所有中国政府的成员都对未来更有信心了，因为他们把居里先生的访问看成是美国认真考虑中国未来并决心继续给予额外援助的明确证据。"③蒋介石和宋子文因此接连向美国政府提出，请求美国提供1000架飞机，并提供训练和技术帮助，同时还要美国供给足够装备30个师的武器，帮助中国改善与邻国的交通，等等④。

3月8日和11日，美国参众两院分别通过了"租借法案"，授权总统对他"认为其防务对美国国防至关重要的国家出售、转让、交换、租借或以其他方式处理……任何国防物资"。几天之后，罗斯福明确宣布，美国将无条件地全面援助英国、希腊、中国等国，美国并且已经答应了中国的援助请求。一个月之后，苏日中立条约签订，美国政府担心苏联会因此停止援华，进而使中国的抵抗趋于瓦解，罗斯福当即于4月15日召见宋子文和胡适，接着又于两天后通知国民政府，他已正式批准将首批价值

---

① 《战时外交》，一，第594—595页。
② 《美国外交文件》，1941年第4卷，第94—95页。
③ 同上书，第602—603页。
④ 转见《中美关系史》，第225页。

4500 万美元的军用器材作为援华租借物资①。5 月 6 日，罗斯福又正式肯定租借法案同样适用于中国。而居里则被指定为美国方面依据租借法实施援助中国军火物资计划的负责人。5 月 18 日，第一批包括 300 辆汽车在内的价值 110 万美元的"租借"物资从纽约起运。5 月 25 日，美国再度批准援助中国价值 4540 万美元的武器弹药②。7 月 23 日，罗斯福更进一步批准居里根据蒋介石、陈纳德的要求拟订的计划：为一支有 500 架飞机的中国航空队提供装备和人员。并且，为了安抚中国政府的不满情绪，罗斯福甚至不与英国商量，就从以后几个月英国飞机的配额中拨出 66 架轰炸机转给中国，同时请英国为这些飞机提供所需要的总计 100 吨的 5 万枚燃烧弹③。美国的各种顾问团、专家小组这时也纷纷前往中国帮助工作。

美国政府这一系列援助中国的行动，不仅让英国人感到不满，甚至在美国国内和政府内部都引起了争论。为此，国务院这时还发出文件，肯定从美国的长远利益来看，大举援华是必要的。它强调指出："鼓励中国更加努力抗战，使日本愈来愈深地陷入中国的战争中，美国才会有可能实现一些基本目标，其中包括维持远东现状，保证我们的橡胶和锡矿供应，保卫菲律宾群岛，援助英苏抗德。"特别是考虑到"在实际上毫无外援的情况下，中国已牵制 100 万日军达四年之久。如果有美国的汽车、大炮、弹药、飞机，满足中国已提出的装备清单上的其他要求，中国就能够拖住日本人，足以使之不能在另外一条战线上发动一场主要的战争"，"本政府不应无视这个已经奋战四年之久的国家的要求"。因为，"中国的抗战使日本无法给予它的轴心国伙伴以有效的支持"。这意味着，"向中国输送战争物资实为一项最佳国策"。因此，"以最短的时间达到最大的数量"，

---

① 秦孝仪编：《总统蒋公大事编年初稿》，第四卷（下），台北 1978 年版，第 672—673 页。其中主要为各种铁路、公路器材、兵工厂原料和各种卡车及汽油等。但是，由于找不到足够的船只和日军不久即对缅甸发动了进攻，1941 年实际上只有价值 2600 万美元的物资运抵中国。

② 参见梁敬錞《开罗会议》，台北商务印书馆 1978 年版，第 159—160 页。此批物资主要为武器装备，包括大炮、机关枪、子弹等。另据宋子文报告说，罗斯福这次批准的军械贷款为 4900 万美元。

③ 自 1937 年 7 月 1 日至 1940 年 10 月，美国总共向中国出口飞机只有 327 架。此外有 67 架核准出口，尚未起运。而所有这些飞机，大部分都只是教练机，而非作战飞机。直至 1940 年底 1941 年初，中国航空委员会办公厅副主任毛邦初才同美国财政部飞机生产统制委员会商定，一方面由美国加紧为中国生产新订购的飞机，包括由英国已购得的现货飞机中让售 100 架，另一方面通过让购办法，购得各种战斗机、轰炸机共 45 架。《战时外交》，一，第 106、110 页。

这应当是本政府必须达到的目标①。

不过，具体说来，美国这时所提供的援助远远不能满足中国方面的要求。特别是苏联和日本于 4 月 13 日签订《苏日中立条约》之后，蒋介石和宋子文都公开抱怨美国行动迟缓，不仅居里归国一个半月不见任何具体结果，就是 1940 年底宣布提供的对华 5000 万美元的平准基金拨款，也因美国政府在拨付方法上斤斤计较，迟迟不能签字和兑现。宋子文公开抱怨整整 14 个月以来没有从美国得到一架可以用于作战的飞机，答应提供的325 架飞机也已经被告知要推迟到明年春天才能交货。一方面美国说没有多余的飞机供给中国，致使重庆因无飞机保护而遭到日机的狂轰滥炸，一方面中国人却清楚地知道美国把大批飞机提供给英国和苏联，这种情况足以使民心动摇。甚至，直到 5 月 6 日，中国才被接受为《租借法》的受援国。因此，在租借法生效之初，负责向美求援的中方人员不能不深感美方人员援华态度"因循羁时"，令人"总不愉快"。本来，根据租借法所能动用的资金数额，国民政府指望能一举从美国政府那里得到的 6 亿美元的武器，2 亿美元的飞机，17500 万美元的各种军用器材和 7600 万美元的运输工具以及 27000 万美元的其他物资②。但美国政府显然表示异议。它所分配的租借物资数量，与国民政府的要求相比，有天上地下之别。并且，不管中国政府怎样再三恳求美国加紧供应作战飞机，都迟迟不能交货。即使 7 月底经罗斯福亲自从英国人的飞机配额中拨出来的 66 架轰炸机及 269 架战斗机的分配额，本应立即运交 24 架，也因苏联需要而停止交付了。事情很清楚，罗斯福虽然已经开始重视中国的战略作用，但与英国和苏联比起来，中国的地位以及它的需要毕竟还是次要的。③ 再加上美国这时正在与日本进行秘密谈判，也不愿因援助中国而过于刺激日本。在这方面，居里为蒋介石介绍政治顾问一事就是一个很典型的例子。

当居里在华期间，蒋介石就明确表示想找一位受白宫完全信任的官员

---

① 《美国外交文件》，1941 年第 5 卷，第 288—289、651—656、670—671 页。

② 《战时外交》，一，第 463 页。

③ 美国 1941—1946 年向盟国提供了 500 多亿美元的租借援助。中国作为主要盟国之一，得到了 16 亿美元左右的援助，只占美国全部租借援助的 3.2%，其中大量援助还是战争即将结束和结束以后才得到的。如果只计算中国最困难的 1941—1944 年，它所得到的租借物资只是美国这几年全部租借物资总数的 1%。参见任东来《评美国对华军事"租借"援助，载《中美关系史论文集》，第 2 辑，重庆出版社 1988 年版，第 328—329 页。

来做他的政治顾问。蒋的本意是想借此再在白宫建立一条内线，以便同罗斯福联系得更加紧密。因此，他一开始就具体提出希望由具有鲜明的反共倾向，并与国民党关系较好的美国前驻法大使蒲立德（William Bullitt）来担任此职。而居里却自作主张，推荐了美国著名远东问题专家，霍普金斯大学教授拉铁摩尔（Owen Lattimore）到中国来。罗斯福很快表示认可，并亲自介绍拉铁摩尔给蒋介石，表示对拉铁摩尔的完全信任①。实际上，美国政府之所以派一位与罗斯福毫无关系的大学教授来华做蒋介石的顾问，一个很重要的原因只是因为担心刚刚开始不久的美日谈判因此受到影响。所以，它只给了拉铁摩尔私人顾问的身份，并未让他代表美国政府和罗斯福本人②。这种情况颇让蒋介石难堪。蒋介石在得知拉铁摩尔并不认识罗斯福本人时，异常吃惊。在他看来，这是不能想象的，因为居里应该了解，他要请罗斯福介绍一位政治顾问，目的只是"以中（正）与总统发生个人直接关系故"③。但不满意归不满意，既然任命已定，蒋也只好用了这位教授一段时间。

第三节　军事合作的磋商

　　1940 年秋，英国本土受到德国的进攻，其在亚洲的殖民地也受到日本南进政策的严重威胁。英国这时已经开始注意到中国对日本的抵抗的重要意义，因而逐渐放弃过去的妥协政策，希望尽可能推动中国的抗战，以便把日本拖在中国大陆。多半是基于这样一种考虑，封闭滇缅路三个月的期限一过，英国政府就重新开放了这条重要的运输线。与此同时，它还积极开始设法促成包括中、美、澳、印、缅等众多亚洲及太平洋沿岸国家在内的联合军事行动，试图据此对必欲南进的日本进行有效的抵抗和打击。1940 年 10 月 14 日，英国大使在会见蒋介石的时候，主动提出：英国方面可以派遣重要军官二三人前来，与中国军事当局共同讨论军事合作问题。依他个人的看法，中国政府可以考虑向英国政府要求提供军火、弹药

---

　　① 《美国外交文件》，1941 年第 5 卷，第 668 页。

　　② 《战时外交》，一，第 726—728 页。

　　③ 《美国外交文件》，1941 年第 5 卷，第 48、651 页。

和飞机等项武器装备的援助，即使英国不能供给中国飞机，也可以转商美国供给之。中国还可以要求英国对华贷款100万英镑，作为回报，中国则可考虑派出壮丁三四十万协助英国作战，或于日本进攻新加坡时，以大军攻击广州等地，以牵制日军南下。而这一行动的军火，亦可由英美两国给予补充①。

　　积极提议与中国进行军事合作，在英国这时更多的只是一种钓饵，其目的说到底不过是要中国劝说美国参加此种合作。在10月31日的另一次谈话中，卡尔关于这一点说得非常清楚。他告诉蒋介石："中、美、英三国成立同盟，自属最佳，惟此事之完成，困难层出，其最巨者，为美国深恶痛绝军事同盟，由来已久，"故英国政府的意思是"蒋委员长能直接与美国接洽"最好。英国方面"愿待蒋委员长先与美方接洽之后，再与蒋委员长及美方代表继续讨论彼此利益相共之整个问题"。就目前策略而言，不如尽量劝说美国同意与英国就中国问题发一宣言，声明："（一）中国之立场即英、美之立场；（二）英、美不能接受日本在远东所建设之新秩序。"此一宣言一旦发表，自然使美国与中、英两国休戚与共。卡尔同时建议，英国立即派遣一军事使团来华，"其主要任务为：（一）拟具应付目前军事状况之计划；（二）筹划将来英、美参加对日作战后之军事准备。同时，另有附带工作应进行者，应立即彼此交换意见，加强游击战争。英国在印度之军官对游击战争颇多经验，余并拟分别接洽能华语之英侨，征其服役"②。

　　此举其实不过是英国这时拉美国参战的一系列行动中的一环。几乎与此同时，根据英国的倡议，英、澳、美等国军事人员相继开始在新加坡和华盛顿召开联席会议，讨论军事合作的问题。但不论英国提议目的为何，中、美、英三国军事合作，这也是中国政府梦寐以求的。早在1939年，蒋介石就几次提出这种合作的设想与建议，均为英、美所拒绝。如今有英国倡议，蒋自然积极响应。11月9日，蒋再度与卡尔会谈，当面交给他一份中国政府拟就的《中英美三国合作方案》。其核心之点在于其中"事实上相互协助之具体条目"，即（1）在中英美三国就维护中国独立自由和主权领土完整的原则发表宣言之后，英美两国即共同或分别借款2—3

---

① 《战时外交》，二，第38—41页。
② 同上书，第44—46页。

亿美元与中国；（2）由美国每年以信用贷款方式售给中国战斗机 500—1000 架，但本年（1940）内先运送 200—300 架，此外由英、美两国供给中国其他武器；（3）英、美派遣军事与经济、交通代表团来华，组织远东合作机关，此项代表团之团员得由中国政府聘为顾问；（4）英、美或两国中任何一国与日本开战时，中国陆军全部参战，中国全国之空军场所，全归联军使用①。

　　蒋介石的提议，远远超过了英国这时所能接受的限度。卡尔在谈话中已经再三说明，英国不能不在远东对日本作出某种妥协的种种苦衷，强调英国目前还不能与中国一起发表针对日本的共同声明或宣言，更不可能立即与中国结盟。因此，蒋介石的方案很快被英国政府所拒绝。11 月 10 日英国外交部拟订的对蒋介石《关于中美英三国合作方案》的答复意见称：由于目前不能指望美国明确承担义务，因此我们不能过于刺激日本，在这种情况下，三国军事同盟是不可能的，即使英中两国结盟也不可能。至于对中国的援助，必须在美国承担大部分援助的条件下，英国才可以考虑向中国提供相应的援助，但除了游击战争以外，英国不能过高估计中国军队可能给予英国的帮助，因此其对华援助也只能是有限的②。

　　英国的这种态度同它不能迅速使美国参战有关。美国国务院在 1940 年 12 月对蒋介石的提议作出正式回答，称"中国政府应当知道，避免结盟或作出有卷入（战争）可能的承诺是美国政府的传统政策"③。没有美国出兵协助英国保护它在太平洋沿岸的众多殖民地，英国几乎没有与日本在这一地区抗衡的能力。它当然不会为了中国而去"刺激"日本。直至1941 年 4 月，华盛顿及新加坡的军事参谋会议均已告一段落。这些会议仍旧没有能够使美国下决心参加战争行动，甚至美国也拒绝说明它可能在何时及何种具体条件下参战。这也就是说，英国在太平洋沿岸的殖民地仍旧没有力量加以保护，日本军队仍旧随时可能将其据为己有。这种情况促使英国在随后与中国军事合作交涉中，始终不肯承担任何明确的义务。它最后干脆连早先提议的派遣军事代表团的设想也取消了，说是会对英日关系产生负面影响，不合时宜。于是只是提高了其驻华武官的级别而已。而

① 转见《英国与中日战争》，第 393—394 页。
② 同上。
③ 《美国外交文件》，1940 年第 4 卷，第 705 页。

它将丹尼斯（L. E. Dennys）少将派来担任驻华武官，刻意提高军事武官地位并扩大武官处，也不过就是做出一种姿态，表示英国愿意加强同中国的军事联系，支持中国继续抗击日本而已。其目的不过是以最小的代价来达到鼓励中国抗日，使之尽可能牵制日本南进的意图。当然，英国政府不会忘记提醒自己，一旦英日开战，尤其是日本进攻新加坡，就应劝说中国积极给以援助。然而，只要日本还没有进攻英国殖民地，英国政府就不想承担任何额外的责任。因此，尽管中国方面从 2 月上旬丹尼斯到达重庆开始，连着几个月不断劝说英国与中国实行军事合作，英国方面始终不予赞同。即使在中国方面提出，日本进攻新加坡，中国给予援助；日本进攻中国云南，希望英国给予援助时，丹尼斯也一口回绝，强调日本进攻云南，英国将"一如其往昔之进攻沪、宁、武汉者然，此乃侵犯贵国之领土，敝国自可仍守中立"。当宋美龄反问他，如此则日本进攻新加坡，英国要求中国合作援助时，中国是否也可以其所攻者为贵国之领土，而袖手旁观呢？丹尼斯竟蛮横地回答说："中日现在已属开战，日本如进攻新加坡，此与贵国抗战成败有密切之关系，故贵国必须与敝国军事合作，共谋抵御，倘使现在中日尚未开战，日如进攻新加坡时，贵国自亦可以严守中立。"① 其自私利己，莫此为甚。

与英国相比，美国虽未参战，在这方面的态度反而较英国要爽快得多。实际上，新加坡和华盛顿军事会议这时已经达成了协定，美国已经与英国等国共同制定了万一美国与德、意、日三国交战时的具体行动步骤。也就是说，美国虽然尚未参战，事实上已经开始在做万一参战的准备。而尚未实际参战之前，美国政府仍旧在设想如何在军事上进一步援助中国的问题。因此，当受中国航空委员会聘请来华担任空军顾问的美国前空军上尉陈纳德提议在美国空军人员中征招飞行人员，帮助中国作战时，罗斯福很快就表示赞同。1941 年 4 月，罗斯福签署专门命令，批准美国军人辞职加入陈纳德的美国志愿航空队（又称飞虎队）。

陈纳德 1937 年就来到中国，受聘帮助中国训练飞行人员和参加中国防空建设及空军发展的有关工作。在 1940 年，陈纳德就提出过组织美国空军志愿人员，组成志愿航空队，从中国基地起飞轰炸日本本土的计划，深得蒋介石的赞同。10 月 18 日，蒋介石亲自召见美国大使，提出希望美

---

① 《战时外交》，二，第 154—156 页。

国提供飞机援助的问题①。11月28日，蒋介石进一步写信给罗斯福，说明"至今我空军消耗已尽，再无法起飞应敌"，"中国今日已无空中防务可言"，民心、士气大受影响，作战也因没有空中支援而难以克敌制胜，日军因此获得了相当的机动，可以轻易抽调兵力南下。故"经验表明，内线作战，一支比如说有500架飞机的空军肯定能牵制四倍于己的敌方空军。除此之外，这样一支以中国沿海机场为基地，直接威胁日本本土、台湾及其新近攫取的海南岛的打击力量，亦可成为对日本夺取新加坡与荷属东印度企图的最为有效的威慑力量"。中国可以提供部分飞行员和机械师，但为了保持最高的效率，还必须从英国及美国的人员中抽调，由这些外国飞行员组成一支特种空军部队。这一特种空军部队可与中国陆军协同作战，中国军队有此支援即可有效地攻打广州并解救香港，攻打汉口并廓清长江流域。并且该部队还可单独行动攻击日本本土、台湾和海南岛②。

美国政府对此建议明显地抱以某种兴趣。在它12月4日的正式答复中，特别说明，美国将允许美国志愿人员以一般公民的身份前去参加这支特种空军部队。其答复称："关于美国飞行员赴华问题，美国宪法第18章第21、22节对于参加或雇佣他人参加外国军队之行为，如属在美国领土或司法管辖范围内发生者，订有罚刑。但美国一般法律对于美国公民到国外，并于在国外时参加外国军队则无处罚的规定。此外，或尚须考虑青年人（特别是受过作战训练的飞行员）按兵役法在美国军队中服役的问题，并在美国飞行员离开美国去外国前加以解决。国务院对于志愿去中国担任飞行教练的美国公民将可能发给护照。"③ 12月15日，罗斯福并据此颁布了一项法令，允许美国飞行人员离职到中国作战。他并要求国务院、陆海军部队和财政部等为此一援助计划制订具体方案。于是，到了1941年初，在美国征招飞行员的工作已经正式开始。6月上旬，先后两批总计100余人的美国志愿空军人员启程赴华，并很快抵达中国组织起美国志愿航空队，开始参加运输和作战。尽管美国政府和军方对于美国空军志愿航空队直接参加中国作战的问题，仍保持着某种形式的干预，但很快，这支由美国人组成的、最初只有三个战斗机中队的空军部队，在中国的空战和

① 《美国外交文件》，1940年第4卷，第674页。
② 同上书，第699—700页。
③ 同上书，第705—708页。

运输中发挥了重要的作用。

实际上，自从 1941 年租借法实施以后，美国军方参与中国的抗日战争已经成为一件不可避免的事情。据克拉克（Ashley Clark）副国务卿 6 月 16 日提出的一份备忘录显示，美国政府这时已经明确主张陆军部立即制定援华之军事方针，至少派遣军官 100 人分别在中美两国从事援华工作，特别是要组织军事使团与中国参谋本部保持最密切之联络，并且根据美国参谋本部的指令，与中国方面合作，监督援华物资之运输、交付与使用。同时，还应组织运输、战术、军械、飞机、大炮、步兵、工程、医药等各方面的战地服务组，不但将各种事实与建议上报华盛顿，而且"鉴于最近将来日美战争之可能性（纵非真实性），实应采取一切步骤，尽量探求日军之配备、战术及其实力与弱点而获得直接之资料"①。美国政府的此种行动，最终也或多或少地影响了英国政府。到了 8 月中旬，英国政府也同中国政府达成了某种互助性质的具体协定。规定：英方允许在英日开战时，派遣游击顾问 15 人协助中国组建 15 支游击队，同意中国在缅甸边境利用美国的材料装配飞机及使用机场，中国则协助英方防守香港，并于日本进攻缅甸时由云南侧击日军②。

第四节　马格鲁德使团访华

在 1941 年租借法通过以后，美国派往中国最重要的军事使团就是由马格鲁德（John Magruder）将军率领的美国驻华军事代表团。这个军事代表团的主要任务十分具体，就是"协助中国政府，按照租借法案之意图，取得相应的国防军事援助，并保证其得到最有效的利用"。此项任务包括：（1）以顾问身份向中国政府提出美国政府按租借法能向中国实际提供的军援类型的建议和意见。此项援助不仅限于完全属于军事及航空的装备和军需品，而且包括公路及铁路的建设所需的维修器材以及各种运输设备。（2）协助中国方面准备向美国陆军部提出所需物资的清单与申请。（3）监督贯彻从提出申请到船上交付的所有过程，以加速租借物资的采

---

①　《战时外交》，一，第 453—455 页。

②　《战时外交》，二，第 3—4 页。

购、供应和运输的有秩序进行。（4）以各种方式为租借物资从仰光运到中国政府的授权使用单位提供方便。（5）就有关租借物资，包括各种航空及其他军事装备的维修和有效使用问题，对中国政府接收人员进行训练，并予以帮助①。该代表团内除团长一人外，下设参谋处及人事行政、组织训练、后勤供应、情报联络和作战计划五个科。团部驻在重庆，华盛顿及贵州、昆明及缅甸腊戍等处各设办事处②。

美国政府派出这样一个代表团，最初是基于蒋介石在居里访华时所提的建议。而后，考虑到美国租借物资的分配、管理和运输等诸多问题需要由专门办事机构进行处理和监督，美国陆军部和财政部都提出了类似的要求。罗斯福以及美军参谋长联席会议因此很快都批准了这一建议。不过，根据美国参谋长联席会议迈尔斯（Sherman Miles）将军7月11日给马格鲁德将军的信可以看出，为了"保持中国成为抵抗日本扩张的有效缓冲力量"，美国军方对此还有更深一层的考虑。该信称："目前有意立即成立一个以将官为首的美国驻华军事代表团。此代表团的任务是向中国政府就普遍的军事事宜，特别是关于使用租借法案项下信贷或将要从我接受的租借物资事项，作出建议。同时，该代表团应将我国希望让中国政府知悉的我方所作的某些军事计划及进展情报及时通报中国政府。……一旦我国积极参与此次战争，该代表团即将成为我国与作为盟国的中国之间的战略计划及合作的联络组织。"③ 不难看出，美国军方事实上希望代表团能够进一步在双方高层军事当局之间起到一种战略上的沟通作用。罗斯福总统很快就批准了参谋长联席会议关于派遣这一军事代表团的决定。接着，美国陆军准将马格鲁德将军得到正式任命，担任驻华军事代表团团长一职。8月20日，罗斯福致函宋子文，正式通知了美国政府的这一决定④。

马格鲁德使团一行于10月下旬到达重庆，并立即受到了蒋介石的接见。蒋当面称赞马格鲁德将军为"最上选之人才"，同时明确表示希望马格鲁德将军能够首先帮助中国方面解决云南防守问题，因这是接收美国援华物资唯一通道滇缅路之关键。由于这时有情报显示日军在越南南部集中

① 见《马格鲁德使团访华（1941—1942）》（缩微胶卷）。
② 《战时外交》，一，第464页。
③ 见《马格鲁德使团访华（1941—1942）》（缩微胶卷）。
④ 同上。

了 245 架飞机，大有在 11 月开始发动切断滇缅路和夺取昆明的作战可能，故蒋介石十分焦急，一再向马格鲁德等人说明："昆明是否在中国之手，不独为中国国运顺逆之关键，实亦为整个太平洋局势安危之枢纽。"为此，蒋力劝马格鲁德帮助劝说英国同意派空军协同中国保卫云南，同时更要求美国务必首先援助中国飞机并帮助中国训练整个空军。宋美龄这时也亲自出面致函居里，说明加强空军与巩固云南守备的重要关系，力劝美国迫使英国出动其驻新加坡的空军协助防守云南。她断言：如能增加空军力量，现驻云南部队足以抵抗日军的进攻。相反，如果英国不愿以小部之牺牲换取云南之巩固，致使云南失陷，日本必将进而攻击英国在远东的属地，甚至掀起太平洋战争，那时，英国损失将大得多。为此，双方再三谈判，但对于劝说英国的问题，美国政府显然不愿过多插手。罗斯福只是告诉中国驻美大使胡适，说他已将中方意见通知英国政府，"英方态度甚好"，从此便无下文。至于美国政府的态度，据宋子文密告陆军部长史汀生的意见称："史谓我已告赫尔，五星期最多六星期以内，军事准备相机可以完成，如以日期计划，下月十日为最重要关键，一过此日，美国可以最强硬手段对待日本，即使日军开始后表示干涉，作战未到昆明以前，美亦能有制裁之方法"。史汀生明确表示，他同意蒋介石关于滇缅路乃中国生命线之说，美国届时绝不会坐视其被日军切断。但对于援助飞机一项，美国方面仍旧表示十分困难①。

　　强调美国将以 12 月 10 日为限，以后将不顾日本态度如何，都对日采取强硬制裁手段，这无疑是美国军方对这时的美日谈判已经完全失望，因而正在做战争准备的反映。蒋介石对此不明底细。他又接连通过驻美大使致送说帖和打电报给罗斯福的办法，向美国政府求援。但罗斯福却在 11 月 14 日给蒋介石的电报里声称，据美国方面情报，日本并未做好马上进攻云南的准备，即使日军进攻，以云南地势之险要，只要中国守军顽强抵抗，也不难阻止日军夺取昆明。尽管他了解中国军队应该更新装备，但美国同时要向 20 个国家提供援助，还要满足自身日益紧迫的防务需要，马上满足中国政府的要求颇不可能。事实上，罗斯福这时已经基本上采纳了陆军参谋长马歇尔等人所提出的建议，准备在任何情况下都不对日本发动无限制的进攻战，不派美国军队到中国去与日军作战，以免削弱在大西洋

---

　　① 《战时外交》，一，第 484、487、625—626 页。

对最危险的德国作战的联合力量①。尽管马歇尔以及罗斯福都决心尽可能向中国提供援助，但由于其整个政策的基础是先欧后亚，因此，不论中方这时如何焦急，在罗斯福的整个援助计划中，中国还是只能被排在靠后的位置上②。

鉴于日军进攻昆明的情报确有夸大，蒋介石不再要求英国空军协同防守云南，但他仍旧对要求美国帮助中国加强空军力量抱以极大期望。在12月1日与马格鲁德的谈话中，他又反复说明由美国帮助更新中国空军装备和派员训练飞行员的重要性，并提议由美国派员担任他的参谋长，专门致力于中国空军的建设和改造。马格鲁德对此同样表示，美国大量提供作战飞机目前实不可能，唯一的办法是集中力量于小部分空军之装备与改造，以后逐渐推而广之。几天之后，马格鲁德将军就此提出了一份建议书，建议组建一支由一个驱逐机大队和一个轰炸机大队合编的混合空军联队，由美国驻华军事代表团委派若干名顾问协助该联队的组建和训练③。可以想见，蒋介石对于这个计划是不会感兴趣的。

就在马格鲁德正式提出上述建议书的当天，日本海军出人意料地偷袭了美国在珍珠港的太平洋舰队海军基地，开始了针对美国的战争。这样一来，无论是美国，还是英国，再也不存在为了避免刺激日本，引起对日战争，在援助中国问题上保持谨慎态度的必要了。蒋介石和国民政府长期以来期盼的时刻来到了。12月9日，国民政府在与日本进行了长达四年多的战争之后，正式向日本宣战。蒋介石及军政部长何应钦先后约见马格鲁德将军和英国武官丹尼斯将军等美英在华高级将领，明确表示中国政府准备协助英国防守香港、马来西亚和缅甸，同时也希望能够尽快就中、美、英、苏四国军事互助和联合作战计划达成一个正式的协议，并且组织一个美、英、中联合委员会，由美国担负领导责任。他建议由马格鲁德将军代表美国在重庆拟订这一计划的军事细节。蒋介石的这一提议很快就得到了美、英、苏三国驻华军事代表的赞同，并在几天后具体讨论了召开一个军事联席会议的主要细节。与会者一致同意成立一个军事组织来协调四国之间在远东及太平洋沿岸各战区的行动，共同防御新加坡、菲律宾、香港、

①　菲斯：《通向珍珠港之路》，商务印书馆1983年版，第317—318页。

②　《战时外交》，一，第486、488页。

③　同上书，第490—491页。

荷属东印度和缅甸，修建中印公路，开通飞越喜马拉雅山的空军运输线。显然，应英国方面的要求，向缅甸派驻陈纳德的一个飞行支队和几个师的中国陆军，协助英国防守缅甸，是这时中、美、英三国代表在重庆所取得的最为突出的成果了①。

马格鲁德使团这时明显地成为中、美、英三国在东亚及南太平洋沿岸地区进行军事合作的重要枢纽。罗斯福也于12月14日致电蒋介石，表示赞成在重庆召开有关各国联合军事会议，研究中、美、英、苏、荷五国军队在东亚的联合行动问题。他并且很快指定空军少将布雷特（George Brett）和马格鲁德准将为出席这一会议的美方代表。美国陆军部长史汀生还特别通知蒋介石，布雷特此行的重要目的之一，就是前来与蒋介石讨论他最关心的在中国部署一支美国空军部队的可能性。这种情况使蒋介石颇感兴奋②。但是，随着美、英、中三国就共同作战达成协议，中国战区迅速成立，史迪威将军受命担任联合参谋部参谋长之后，马格鲁德使团的使命也就很快结束了。

很难具体评价马格鲁德使团在这不足一年的时间里究竟起过多大的作用。可以肯定的是，这个使团的大多数成员对于中国军队的印象不佳。他们发现，国民党军队缺少训练，斗志不振，并且派系林立，各自为政，"中国要求更多的现代化装备……不是出于进行抗日作战的目的，而是要使中央政府在其他国家用外交压力把日本逐出中国之后，使其足以平息反对者而变得更加安全"③。因此，马格鲁德警告说，如果只是按照表面价值来接受中国政府的宣传的话，就会严重损害美国未来的计划。马格鲁德使团的这种评价，无疑对以后美国军方对国民政府的态度产生了消极的影响。

---

① 《马格鲁德使团访华（1941—1942）》（缩微胶卷）。

② 同上。

③ 罗曼纳斯、桑德兰：《史迪威使华》（Charles F. Romanus and Riley Sunderland：*Stilwell's Mission to China*），华盛顿1953年版，第30、43—44页。

第七章

盟国的合作与龃龉

第一节　新的形势

　　1941 年 12 月 7 日（星期日）清晨（夏威夷时间），日本海军联合舰队经过精心策划，长期准备，偷袭了美国夏威夷的珍珠港海军基地，以及美、英、荷在太平洋的属地，并对美、英宣战，太平洋战争终于爆发。日本的侵华战争发展到要征服太平洋地区。11 日，《德意日联合作战协定》签订，三个法西斯国家正式结成军事同盟，它们妄图瓜分和奴役全世界的战争联结到了一起。太平洋战争的爆发也使东方各国人民反对日本军国主义的战争与西方反德、意法西斯的战争联结起来，战争成了真正的世界大战。中国抗战在独力坚持四年半之后，终于汇入了世界反法西斯战争的洪流。太平洋战争爆发之前，美、英从各自在亚太地区的利益出发，已在将其政策逐渐向制日援华转变。美、英也都预见到了对日战争的危险，因此，日本的军事行动是一次偷袭，但战争的爆发却是意料之中的事。一夜之间，美、英与中国之间的关系发生了变化：原先它们是援助中国抗日，如今是抗击共同敌人的战友。而且由于美、英（尤其是英国）都要兼顾两洋，又把战争重点放在对德作战，不能以主要精力对付日本，中国便成为在东方抗击日本军国主义的主要力量。

　　打从 1939 年以来，蒋介石就作了种种努力，谋求美、英、法、苏几国更多地卷入亚洲事务，出现由美国领导的各国合作抗日的局面。珍珠港事变后，国民政府不失时机更加起劲地开展工作。8 日，事变当天，蒋介石就向美、英、苏等国大使提出六点建议、希望成立中、美、英、苏、澳、荷、加、新八国军事同盟，以美国为领导，指挥共同作战之盟国军队，八国并订立不单独媾和的条约。当晚，蒋又召见美、英驻华武官，表示愿与友邦配合作战，准备对香港、越南、缅甸采取行动。美驻华大使高思立即把蒋的建议电达美国国务院，国务院认为蒋的建议"从理论上讲都是非常正确的"，但如何实行须加考虑。翌日，罗斯福致电蒋介石说，中国在过去四年半的英勇抗战中，已经感受到美国原则上和实际上的同情；现在美国将和中国及其他英勇的国家联合起来，通过正在进行的个别和集体的抵抗，消灭共同的敌人①。算是给了蒋介石一个不是答复的答复。丘吉尔也于 8 日致电蒋介石说："大英帝国和美国已经受到日本的进攻。我们一直都是朋友，现在我们面对一个共同的敌人。"②

9 日，国民政府在中国与日本实际处于战争状态四年半之后对日宣战，并对德、意宣战。同日，蒋介石致电罗斯福、丘吉尔、斯大林，建议在东亚召开联合东亚军事会议，协调各国作战。蒋介石又分别与各国大使、武官、丹尼斯和马格鲁德进行商谈。12 日，艾登复电说，英国热烈欢迎中国这个盟友，并将对正式联盟条约的建议进行认真细致的考虑，但英国不赞成苏联对日宣战，"他们在目前的形势下应集中全力抗击德国"③。同日，斯大林也回电说，在整个反法西斯阵线中"抗德阵线具有决定之意义"，"苏联现负担抗德战争之主要任务，苏联在抗德战线上之胜利，将即为英、美、中对轴心集团之共同胜利"，苏联力量不宜分散，苏联应首先击败德国，然后才能准备对日作战。他请蒋介石不要坚持苏联即刻对日作战之主张④。

14 日，罗斯福致电蒋介石说："立即采取措施为反对我们共同的敌人准备我们共同的行动是极端重要的"，他建议 17 日以前由蒋介石在重庆主持举行联合军事会议，罗斯福还同时把这一建议向苏、英等国提出⑤。

由于美、英代表来华途中的耽搁，中、美、英、澳联席军事会议迟至 23 日才在重庆举行。英国代表是驻印英军司令、陆军元帅韦维尔（Archibald Wavell）。会议并没有如罗斯福原先设想的那样交换情报，研究陆海军在东亚的行动，而主要讨论了缅甸问题。

---

① 《战时外交》，三，第 41 页；《美国外交文件》，1941 年第 4 卷，第 736—737、739 页。
② 原件存英国国家档案馆，外交部档案（F0436/11，No. 837，Public Record fice）。
③ F0436/11，No. 848。
④ 《战时外交》，三，第 57 页。
⑤ 《美国外交文件》，1941 年第 4 卷，第 7 页。

当时，中国的全部海岸均已为日军占领，滇缅路是中国与外部世界联系的主要通道，美国援华的租借物资是通过仰光、经由滇缅路输入中国的。中国方面理所当然关心保卫缅甸问题。但韦维尔却说，中国只要将已在东缅孟扬的第九十三师一个团的实力增至一个师，就不用派更多的军队入缅作战了，英国所需要的是在缅甸待运来华的美国援华租借物资。中方不允①。中英间的不同意见是一种根本观点的分歧。与英国生死攸关的战场是欧洲。在亚洲，英国考虑得更多的与其说是战胜日本，不如说是如何维持、恢复它的殖民帝国。当时，缅甸尚未陷落，英国考虑的是如何用英国力量保住缅甸。缅甸丢失以后，它关心的是如何防卫印度，并由英国军队打着他们撤退时的旗帜去收复缅甸。它不想让美国军队在它先前的殖民地作战，担心美国影响将取而代之。它也不愿让中国军队在缅甸作战，除了中缅之间有未定边界外，它担心中国参战会刺激这一地区民族情绪高涨，鼓励脱离英国的倾向。英国对待缅甸战役的态度与它在印度、香港问题上的殖民主义立场一脉相承。反法西斯战争不仅是盟国反对德、意、日三个轴心国家的战争，而且是进步人类争取永远摆脱殖民主义枷锁、谋求民族独立的斗争。但英国决策者显然不能理解这一点，他们甚至不愿反省以往的殖民统治，而只想在战后恢复其殖民统治。既然如此，盟国之间此后三年中在缅甸战役、印度独立、收回九龙租借地、受降香港日军等一系列问题上争执不断也就不难理解了。

1941 年 12 月 22 日至 1942 年 1 月 14 日，美、英两国首脑和参谋长们在华盛顿举行会议，讨论反法西斯战争的总战略及盟国应当采取的措施。这是盟国在战争期间召开的二十多次重要会议的第一次。会议确定，纳粹德国是主要敌人，欧洲是主要战场，对日作战初期的战略是防御性的。会议决定成立美英联合参谋长会议，以分析战争形势，制定战略部署，协调战场指挥，监督盟军司令官，控制作战物资的流向。联合参谋长会议在华盛顿举行会议。从 1942 年 1 月起，在整个战争期间，联合参谋长会议每周必召开会议一次，有时还不止一次。在这个机构之下又成立了一系列机构，其中之一是美英两国代表组成的军火分配委员会。它根据联合参谋长会议的指示，决定美、英两国生产的战争物资的分配。该委员会下设两个分会，分设于华盛顿和伦敦。会议还决定成立中国战区（包括泰国、印

---

① 《战时外交》，三，第 83—92 页。

支）。12 月 29 日，罗斯福向蒋介石正式提出建议，并请蒋介石担任战区统帅。蒋于 1942 年 1 月 2 日复电表示欣然同意。

这次会议的另一重大内容是拟订了《联合国家宣言》。文件由美、英两国各自起草，然后合成一个稿本，征求苏联、中国的意见。除了文件内容外，文件本身的名称和签名顺序也曾经引起注意。与轴心国相对抗的联盟使用什么名称？如果是正式的同盟条约，则在美国必须通过参议院批准，罗斯福想绕过这种棘手的、可能拖延时日的法律程序，于是起先使用了"协约国"的说法，但这一名词平淡无奇，而且似乎表明同轴心国交战的各国之间的联系是松散的。罗斯福遂考虑使用"联合国家"一词，得到丘吉尔和苏、中各国赞同[1]。关于签字国的顺序也是由罗斯福和丘吉尔安排的。罗斯福认为，所有签字国都要列上去，但是大国和小国要有区别。他在讲到苏联的态度时说："我有一种感觉，苏联将不乐意看到自己的名次排在某些实际上没有作出多大贡献的国家之后。"[2] 其实，这首先是罗斯福自己的想法，他对于美国应该领导所有其余国家似乎不曾有过任何怀疑，丘吉尔也欣然同意把第一把交椅让给美国。中国排在最前列，主要也是由于美国的提议，美国认为"在自己国土上积极作战的国家"应与别的国家有所区别[3]。

1942 年 1 月 1 日，由美、英、苏、中四国领衔，26 国签署的《联合国家宣言》正式发表。签字国"保证运用其军事与经济之全部资源"对抗法西斯，并且"不与敌国缔结单独之停战协定或和约"[4]。宣言的发表，标志着国际反法西斯统一战线的正式形成。

第二节　美、英对华巨额贷款

太平洋战争爆发前四年半中，谋求美、英对华财政援助一直是国民政

---

[1]　麦克尼尔：《美国、英国和俄国——它们的合作和冲突（1941—1946）》，叶佐译，上海译文出版社 1978 年版，第 155—156 页。

[2]　《赫尔回忆录》，第 2 卷，第 1120 页。

[3]　舍伍德著：《罗斯福与霍普金斯》，下册，福建师范大学外语系编译室译，商务印书馆 1980 年版，第 15 页。

[4]　世界知识出版社编：《反法西斯战争文献》，1955 年版，第 34—36 页。

府对美、英交涉的一个重点，国民政府也取得了相当的成功，太平洋战争爆发后，国民政府争取美、英对华贷款也就更加理直气壮了。1941 年 12 月底，国民政府分别向美、英提出了贷款 5 亿美元和 1 亿英镑的要求。对于这次贷款交涉，借贷双方都十分重视。双方都强调贷款的政治意义，都把它看做是盟国支持中国的一个切实行动。但中美贷款的商谈却远比中英贷款顺利。

12 月 29 日，蒋介石致电宋子文，30 日接见美国驻华大使高思，对他们一再强调：此时若不能由英、美以十万万元美金大借款接济中国，"则中国人民心理必被动摇，尤其在日本初次胜利之时，敌伪以东亚为东亚人之东亚之理由，竭力鼓吹与煽惑作用发生影响之时，更不能不有此一借款急速成功以挽救国人心理与提高抗战精神也。"① 蒋介石希望美、英先答应下来，然后再商量用途与办法。

国民政府的要求在美国方面得到相当大的同情，中国平准基金委员会美方成员弗克斯（A. Manuel Fox）1942 年 1 月 3 日致电财政部长摩根索说，在重庆、昆明及各地人们都在谈论美英对华贷款，他接着写道：

在太平洋战争前一些时候我就感到，鉴于中国国内经济状况的极端严重性，一笔新的贷款是必要的。12 月 8 日以后，鉴于日本最初的胜利对中国政治舆论的影响，鉴于日本在最近将来在东南亚取得暂时胜利可能产生的影响，并鉴于中国政府圈子内失败主义势力的明显增强，我的这种感觉更强烈了。在这种形势下，一笔巨额贷款——数额越大越好——在保持中国继续作为反轴心国的大国方面将起到不可估量的作用……②

这位美国财政专家的意见对于美国财政部自然是有影响力的。

驻华大使高思也赞同提供贷款。但他认为中国要求的数额太多，也许美、英两国加起来贷款 5 亿美元就足以从政治心理和财政经济方面满足需要；再者贷款不能用来直接或间接地资助既费钱又有害的垄断事业，也就

① 《战时外交》，一，第 325 页。
② 《美国外交文件》，1942 年中国卷，第 419 页。

是说，对于贷款用途要有所限定①。

1月8日，美国国务院和财政部就对华贷款事进行两次会商。财政部部长助理兼货币研究司司长怀特（Harry Dexter White）要求国务院对贷款的政治因素进行说明。助理国务卿伯尔（Adolf Berle）称："在国务院关心此事的人无不认为，为了坚定中国士气现在给予中国大量财政援助是极为重要的。"与会的总统行政助理居里表示同意这个说法。作为财政部行动的依据，怀特要求国务卿或总统给财政部部长一份公函，说明这种贷款的政治和军事理由。与会者还一致同意，在对华贷款事宜中不必等待英国的反应和措施②。次日，罗斯福致函摩根索说："关于中国贷款，我明白，中国目前不可能提供多少担保。但我仍急于帮助蒋介石及其通货。望你能设法办理此事。"10日，赫尔致函摩根索说："我认为作为战时政策的一项行动，并为防止因中国货币丧失信用、货币贬值而导致损害中国的军事成就，美国政府现时向中国提供至多3亿美元的财政援助是非常合适的……我认为重要的是，应以最大可能性加快进程以达到能作出一项声明的程度。"③

可见，在美国国务院和财政部中虽然对于贷款数额有不同意见，但对于尽快提供贷款一事则没有分歧。至于摩根索本人，从中国抗战以来他一直是比较积极主张援助中国的。但此次中国要求的贷款却不同以往，数额既大，又没有指明用途，他和高思有同样的担心：贷款也许会被滥用。罗斯福10日信中曾经提出一个办法：以美元购买法币，摩根索觉得这个办法未必可行。他在与部属讨论时说："你给他们1000万美元钞票，连同轰炸机一起运到那里……这样就开始把好端端的钱投到毫无希望的地方……如果要收购这些废纸予以销毁，你收购的速度有多快，他们印刷的速度就有多快。"于是他设想一个新办法：用美元向中国军队直接发饷。他在1月12日与宋子文的谈话中问，中国军队每月饷银多少，宋子文说：士兵每人法币15元，未贬值时约合5美元，官长饷目不止此数。摩根索随即说，他可以每月给每个士兵发5美元，100万军队就是500万美元，每月

---

① 高思致赫尔，1942年1月8日，同上，第425—428页。

② 《美国外交文件》，1942年中国卷，第423—425页。

③ 同上，第424—435页。

预付下一个月的费用。宋子文感到"这是件大事"①。

国务院反对摩根索的主张，认为这是"雇佣军队"，但罗斯福却轻率地认为"国务院的人不知道他们在说些什么"，他对摩根索的主意"非常热心"。13 日，他在与摩根索谈话中确实热情十足地设想，他可以用这个办法得到一支 100 万人的中国军队，置于一位美国将领指挥之下，然后或进攻上海，或支援菲律宾，总之，可以做他想做的任何事情。他将以每人每月 5 美元付给国民政府作部队维持费，另外 5 美元付给部队本身。他甚至为这种新的货币起了名字：dimo，即民主②。

宋子文对摩根索的提议颇表赞同。他在 1 月 13 日给蒋介石的电报中说："按此项办法，英、美可以无条件共同负担我军费每月美金 2000 万元。我虽非一次之巨额收入，但每月有此接济，加以贷借案军械之供给，此后我军维持及整顿等问题，大致可以解决，如此事宣布，对国内外之影响，或竟甚于一次借我十万万元。"但蒋介石的考虑毕竟比宋子文深远，他在 15 日给宋子文的答复中指出这种办法的"诸多弊端"：造成中国军队与国家政府及社会经济的对立或脱离，不仅于稳定法币无补，而且会加速经济政治与法币的崩溃。蒋介石强调："所拟之款全在友邦表示对我信任，所以不能有任何之条件及事先讨论用途与办法，否则乃非对我表示信任……恐失盟邦互助之盛情。"③ 蒋介石的答复使美方颇感失望。罗斯福不肯轻易放弃他的想法，仍考虑每月花费 2000 万到 2500 万美元购买法币用来在中国当地支付军队的费用④。由于双方在贷款方式和用途上意见分歧，交涉拖延了两个星期。

在此期间，中国国民政府、美国国务院和军方都在催促财政部加快谈判进程。国务院政治顾问亨培克早先就主张要尽快提供贷款，1 月 23 日，他在给国务卿的信中首先描述了日本在东南亚所向披靡、盟军节节败退的形势，指出中国与日本单独媾和的严重危险，然后他强烈进言："现在正是我们尽可能牢固地把中国拴在我们的——自然也是她的——战争之中的时候"，如果美国在贷款问题上久拖不决，"那就很有可能在几星期或几

① 《摩根索日记（中国）》，第 1 卷，第 576—578 页；《战时外交》，一，第 329—330 页。
② 《摩根索日记（中国）》，第 1 卷，第 592—593 页。
③ 《战时外交》，一，第 330—332 页。
④ 《美国外交文件》，1942 年中国卷，第 450 页。

个月之中失掉我们在这一地区三个战斗伙伴中的最强者"。在 26 日与财政部官员的商讨中，他再次强调：

> 蒋的问题是政治的、军事的和经济的。中国人想要得到对于他们完全参加联合国家抵抗共同敌人的协作努力的尽可能完全的承认……为了我们的目的，我们需要首先考虑这笔贷款的政治方面，只能在很小的意义上来考虑它的财政方面。如果我们给予贷款，我们就要用来服务于政治和军事的目的，而不是把它作为一桩实业的或银行的交易。我们要迅即给予贷款，数额要宽宏大量。①

摩根索也征询了军方的意见。马歇尔和史汀生一致认为，"形势非常严重"，一则，那里的军事形势不妙，如果仰光和新加坡沦陷，那就会雪上加霜；二则，日军在中国和印度都很活跃，他们在使劲地展开宣传攻势，即白种人正在遭受失败，黄种人应该团结起来。总之，"我们要不惜一切代价让他们（中国人）继续战斗下去"②。

1 月 30 日，摩根索与赫尔及其他国务院官员进行会商。会上决定，对华贷款数额满足中方要求，不打折扣；方式为由国会立法③。蒋介石得知此讯立即致电宋子文说："借款方式与名义，皆可不拘，由美决定；我方所坚持者，乃无条件之借款，亦不能有任何拘束。"④

国会以不寻常的速度于 2 月 6 日顺利地通过对华贷款案。当日罗斯福即把消息告诉了蒋介石，他在电文中称颂中国军民对野蛮入侵者的勇敢抵抗，称这是"我们正在满怀信心夺取胜利的人们所具有的牺牲精神的范例"，并希望这笔贷款"对于中国政府和人民应付由武装侵略者强加的经济财政负担，以及解决对于中国胜利抵抗我们的共同敌人至关重要的生产和收获方面的问题，将起到很大作用"⑤。至此，贷款交涉的第一阶段比较顺利地结束，接下来，就是拟订条款，签订协定了。

---

① 《美国外交文件》，1942 年中国卷，第 433—434、443—445 页。
② 《摩根索日记（中国）》，第 1 卷，第 632—634 页。
③ 美国国务院编：《美中关系白皮书》(The U. S. Department of State: *United Sates Relations with China. With Special Reference to the Period 1944—1949*)，华盛顿 1949 年版，第 478—499 页。
④ 《战时外交》，一，第 334 页。
⑤ 《美国外交文件》，1942 年中国卷，第 456—457 页。

前面已经提到，摩根索一开始就对贷款能否得到有效使用表示担心。虽然在国务院与财政部的一系列联席会议上，双方都同意，贷款的"目的主要是政治、外交和军事方面的"，但他的担心却未能消除，因此在美方最初提出的草约中对贷款用途加以了限制。2 月 21 日财政部交给宋子文的草约第二条写道：

> 中国愿将本约中所列资金之用途，通知美国财政部长，并愿对该项用途随时征询其意见，美国财政部长愿就此项资金之有效运用方面，向中国政府提供技术上及其他适当之建议，以期完成本约中所述之目的……①

这就是说，贷款的使用将由中美双方共同商定，摩根索还是要给贷款"拴一根绳索"。高思赞赏这一规定。他在 3 月 1 日致赫尔电中援引"一位有地位而又有见识的中国银行家"的话说："这次借款得来太容易了，人家反不承情，并且不能保证有效使用的条款得到执行。"②

但这一规定与中国主张相左，中方立即作出反应。宋子文在 3 月 3 日给美国财政部副部长贝尔（Edward Bell）的信中转达蒋介石的意见说，这一条款将中国政府支配贷款的自由加以限制，使美国"自愿的行动变成命令式的"，因此是"不必要的"，应予删除③。

宋子文的信件在国务院和财政部赢得了广泛的同情。摩根索在 10 日给代理国务卿韦尔斯的信中说，为了保护美国的财政利益和促使中国最有效地利用资金，他本应坚持保留第二条，甚至加入更强硬的条款。但是既然国务院和财政部官员"始终一致同意财政援助的目的主要是政治、外交和军事方面的"，财政部不想因坚持这一规定而损害借款重要的政治和军事价值。然后，摩根索要求韦尔斯向他提出建议，该如何答复蒋介石。次日，韦尔斯把他修改后的第二条寄给摩根索，并建议将新条文通知中方。新条文为：

---

① 《战时外交》，一，第 340 页。
② 《美中关系白皮书》，第 481 页。
③ 同上书，第 482 页。

为表现中国与美国双方共同作战之合作精神起见，双方政府之适当官员对于此项财政援助所发生之技术问题，将随时互商，并交换关于运用此项资金最有效方法之报告材料与建议，俾到达双方政府所期望之目标。①

宋子文认为修改后的条文是可以接受的，但蒋介石不接受，他认为新条文仍会"被解释作对使用借款行动自由的限制，因而会使公众对于以这项借款为基础的公债、存款和其他办法的反应，受到不良影响"。他要求"完全删除"第二条②。

在一些美国官员看来，蒋介石实在是太得寸进尺了。先前力主对华贷款的亨培克就蒋介石的要求写道：

> 蒋介石的顾问们正在把此事变成一场政治扑克游戏，他们力图迫使美国进入这样一种状况，以便不仅给中国人"没有绳索"的 5 亿美元，而且使中国取得第一等的外交胜利，而从长远来说，这种胜利的结果无论对本国还是中国都不是好事。起先，去年 12 月，蒋介石要求的是一笔贷款，如今，看来他要求的是一份礼物。③

亨培克承认，他不知如何是好，才能使美国政府处于一种令人满意的地位。

不满归不满，政治的考虑毕竟占了上风。罗斯福决定答应蒋介石的要求。21 日韦尔斯约见宋子文，告诉他事情的新进展，并希望中方能发表一个单方面的声明，承诺随时将贷款使用情况通知美方。宋子文立即表示同意④。至此贷款交涉圆满结束，31 日，宋子文和摩根索分别代表两国在借款协定上签字。

5 亿美元借款的达成不仅使国民政府取得了一笔巨额财政援助，而且赢得了重大外交胜利。从财政上说，当时国民政府并非迫切需要贷

---

① 《美国外交文件》，1942 年中国卷，第 482—485 页；《战时外交》，一，第 340—342 页。
② 《美中关系白皮书》，第 484 页。
③ 《美国外交文件》，1942 年中国卷，第 486—487 页。
④ 同上书，第 488—489 页。

款，美、英对华已有的贷款尚有许多可用。但蒋介石迫切需要这笔贷款作为盟国支持中国的象征。结果，蒋介石如愿以偿，得到了一笔无担保、无利息、无年限、无指定用途、无任何附带条件的贷款，自从中国与列强打交道以来，这样的贷款是没有先例的。如果说，《联合国家宣言》的发表，开始改变了中国的地位，是中国向大国地位迈出的第一步，那么，国民政府决心要把这种地位的改变体现在与美国的贷款交涉中。太平洋战争初期，日军在东南亚连连得手，盟军节节败退，中国坚持抗战四年半显得益发可贵，这就更增加了国民政府与美国打交道的资本。罗斯福既已决定支持中国的大国地位，在战争初期又不能给中国多少实际的军事援助，他在贷款问题上尽量慷慨地满足中方要求也就不难理解了。

中英贷款的交涉情况却颇不相同。1941 年 12 月底，国民政府在向美提出贷款要求的同时，向英国提出了同样要求。1942 年 2 月 3 日，英国大使卡尔即通知蒋介石，英国政府同意贷款，但总数不超过 5000 万英镑，且贷款时间与用途由中英两国商定①。但英国政府宣布这一消息，主要是为了宣传目的，是英国支持中国的一种姿态，英国政府并不准备立即实施②。借款交涉进展缓慢。3 月 14 日，正在英国访问的财政部副部长郭秉文报告行政院说，英国政府正在征求有关各部对借款草约意见，草约中规定，贷款用于在英镑区内购买战事需要品以及其他两国政府同意的用途；战事结束后，非经协商，不再担负付款责任。其时，国民政府主要忙于对美交涉，一时不急于与英国商谈。中美借款谈妥后，国民政府便催促中英借款谈判的进行。4 月 18 日，蒋介石致电驻英大使顾维钧说："英国借款至今尚迟疑不定，未知何故？……允许至今，时已两月，尚未签字，又使我军民因感奋而失望。请转告英政府，务望早日签字。其所有条文性质，不宜越出美国条文之外，以英与美皆为我盟国，其对我经济共同之义务，不可有宽苛之分……如果必须另订有拘束或限制之条件，则中国为两国感情与战友关系计，不敢接受，不如不借之为愈。惟无论借与不借，皆应从速决定，并正式宣布为要"③。

_____

① 《战时外交》，二，第 260 页。
② 《顾维钧回忆录》，第五分册，第 8 页。
③ 《战时外交》，二，第 261—262 页。

顾维钧、郭秉文遵照蒋介石的指示与英方进行交涉。英方坚持，中英借款不能照搬中美借款模式，必须对借款用途有所限制。顾维钧提出，国民政府准备以借款作为担保国内发行公债之用，英方稍作妥协，同意在1000 万英镑限额之内可作此用。5 月 13 日，外交大臣艾登向顾维钧提出了借款修正草案。艾登并解释说，英美情况不同，英国作战为日较久，财政短绌，援助中国，财力稍逊①。英方修正案与中方要求仍然距离过大。国民政府决定不轻易从自己立场后退。双方都不让步，形成僵持局面，交涉半死不活地拖了一年多。

及至 1943 年中，借款交涉重新提上日程。孔祥熙在 7 月 16 日给顾维钧的电文中希望：公债基金增至 2000 万镑，除新发行公债 1000 万外，并可收回在英发行英镑债票；部分债款能在南非酌购黄金运华发售，以收缩法币。但英方态度却无变更，只是表示，如用作公债担保的 1000 万镑确实不够，则用完之后可洽商续增②。事情仍无进展。

中英借款谈判久拖不决，引起各方关切。1943 年秋的国民参政会上曾就此提出质询。驻英大使顾维钧更感受到无形的压力。10 月 9 日，他向孔祥熙建议，不如先签订成立，"随后对借款用途另有提议，尽可再行洽商办理"。孔祥熙乃拟就一折中条款：以 2000 万英镑作公债担保，2000 万英镑作英镑区采购费用，1000 万英镑或留作增加信贷，或在英镑区购物及支付杂费；关于在英镑区购物，一旦合同订立，便须履行，即使战事结束，照样交货。开罗会议前夕，孔祥熙把借款交涉过程向蒋介石作了详细汇报，并把中方新的提案交给王宠惠，让王在开罗向艾登面递。艾登收到时只说，回英后同主管部门商量再作答复，一去又是两个多月没有下文③。

直到 1944 年 2 月中旬，艾登方有回复。英国此次对案主要条款是：第一次以不超过 1000 万英镑作为发行公债担保，倘卓有成效，可再增加，但不同意一开始就实际上允诺以 3000 万英镑作为公债担保；在英镑区内购物同意中方要求，在战前订货的战后照样交付；供给卢比，以作在印度缅甸的中国军队的薪饷及当地费用；支付在英镑区域内与战事有关的其他

①　《战时外交》，二，第 263—268 页。
②　同上书，第 273—276 页。
③　同上书，第 276—284 页。

劳务经费。顾维钧和郭秉文都认为，英方已经作出了极大让步，如不是蒋介石在开罗会议亲自提出此事，还不会有这样的进展。国民政府接受英方新提案。1944 年 5 月 2 日，顾维钧与艾登分别代表中英两国政府，在《财政援助协定》上签字，迁延两年多的中英借款交涉总算结束。中英《租借协定》于同日签订①。

纵观这两年多的交涉，国民政府的立场还是相当强硬的，这是因为，一则，国民政府以为中国对盟国是有功的，中国独力坚持抗战多年，"裨益整个战局，对英尤多有利"②。英国应当对中国感恩戴德；二则，国民政府原打算让中美借款先行，有了这个例子，中英借款照办就是。因此当英国不能满足中国要求时，中方不肯轻易退让。但英国态度却更为强硬。一则，英国情况与美国不同，英国财政上确有困难，所以英国坚持贷款数额减少一半，且坚持要让贷款的大部分花费在英镑区内，亦属情理之中；二则，英国对中国并不像国民政府所设想的那么感恩，英国对中国的战争价值估计不高，也不愿把中国当大国看待；三则，如果说太平洋战争爆发后的头几个月中，英国在东南亚被日本打得晕头转向，那时英国最有求于盟国，它在与盟国打交道中地位最弱，那么，随着战场形势的好转，英国在与盟国打交道中的立场愈发变得强硬，在中英借款交涉中要做大的让步是更不可能了。从根本上说，中美借款与中英借款的不同进程及结局反映了战时美、英两国对待中国态度的差异以及中美关系与中英关系之间的巨大差异。

第三节　缅甸战役与中、美、英关系

太平洋战争爆发后，虽然成立了中国战区，但中国没有派代表参加美英联合参谋长会议，美英两国也没有具体讨论过中国大陆的战略指挥和部署，中国基本上仍是独立作战。盟国也没有地面部队在中国大陆作战。在军事方面，中国与盟国发生关系最多的是缅甸战役。盟国之间在缅甸战役问题上的合作与纷争，构成了大战期间中国对外关系的重要方面。

① 《战时外交》，二，第 284—290 页。
② 同上书，第 277 页。

　　1941 年 12 月下旬，日军开始空袭仰光。1942 年 1 月 20 日开始，日本陆军从泰国向缅甸进攻。英国军方在日军攻势开始前一天才应允中国第六军入缅，接着，中国又派出第五军、六十六军分道援缅。

　　中国战区成立后，蒋介石要求美国派军官赴华参加联合参谋部。蒋介石的本意是要美国派一个能帮他得到援助而不过问军事的顾问，美国却派来了中国通史迪威将军。史迪威曾两次在中国服役，1935 年 1 月至 1939 年 5 月任驻华武官。陆军部长史汀生在 1942 年 1 月 19 日致宋子文函中列举了史迪威的职能，其中包括：监管所有美国对华军事援助事宜；在蒋介石统辖下，指挥所有在华的美国军队及委员长拨给指挥的中国军队；代表美国参加在华的一切国际军事会议；担任蒋介石的参谋长；改善、维持并控制中国境内的滇缅公路。2 月 2 日，马歇尔代陆军部拟的指示为史迪威规定的使命是："改善美国对中国政府援助的效果以便进行战争，帮助中国陆军提高战斗效能。"①

　　史迪威经印度、缅甸于 3 月 4 日抵重庆，11 日入缅指挥作战。史迪威入缅前，曾于 3 月 6、9、10 日三次受到蒋介石接见。3 月 8 日，仰光沦陷、蒋介石对缅甸保卫战信心已失大半。他在与史迪威谈话中说，第五、六两军入缅的目的，原在固守仰光，"仰光已失，我军入缅之目的已不存在"，而他对光复仰光是不抱什么希望的；再者，"敌或将乘我入缅之隙，由越南袭我云南，苟此举得手，滇省告急，大局将不堪设想"，因此要考虑到"调回入缅部队以固滇省及长江流域之防务"的问题。他还一再嘱咐，第五、六军是中国军队之精锐，一旦失败，不但缅甸反攻无望，而且将影响中国抗战全局，"决定全部军心之振颓……影响全国人民之心理"，因此"我军此次入缅作战能胜不能败"。从这一番分析形势、交代任务中，人们确实弄不清楚，他到底是要史迪威到缅甸去指挥作战，还是把部队撤回来；到底是要竭力把仗打胜，还是保存实力，使其精锐部队不受损失。史迪威想的没有蒋介石那么复杂，他认为缅甸对中国比对英国更重要，英国的目的是保卫印度，它需要的只是在印度面前筑起一道屏障，而中国却需要仰光这个出海口保障供给。他力主全力以赴收复仰光，重新夺回这个出海口；实在反攻不成，则退守

---

　　①　《美中关系白皮书》，第 469 页；《史迪威使华》，第 74 页。

曼德勒以东高地，控制北缅①。可见蒋介石与史迪威在缅甸保卫战的指导思想上就有很大分歧。

在缅甸保卫战中，中国远征军激于民族义愤，同仇敌忾，士气旺盛，有不少可歌可泣的事迹。但由于日军兵员数目和装备均占优势，盟军缺少空中掩护，后勤供应困难，英军士气消沉，盟军指挥机构内部矛盾重重，各部队配合协调不力，缅甸当地人敌视英军等诸多原因，盟军战败②。5月上旬，日军分别进到我国云南省境内怒江西岸和缅印北部边界。

缅甸保卫战进行过程中，史迪威与蒋介石就互不满意；战役失败后，俩人又互相指责。史迪威批评蒋的"战术思想非常离奇"，坚持要部队在曼德勒安营扎寨；批评蒋虽然口头上答应他指挥全部入缅中国军队，实际上却遥控指挥，或者对史迪威指手画脚，甚至一天中提出三种不同的办法，朝令夕改；或者越过史迪威直接向部队发号施令，致使部队不听调遣，贻误了战机。史迪威感觉"受制于人，精神负担太大"③。蒋介石在给国民政府驻美军事代表团团长熊式辉的密电中责备史迪威"以十五年以前之目光视我国家与军人，故事多格格不入"，并说，缅甸战役失败"全在战略之失败"，且史迪威"不重视组织与具体方案及整个实施计划"，战役失败后未经请示报告，"竟自赴印度，并擅令我军入印"，又透过于中国高级将领，"逃避责任以图自保"④。史迪威与蒋介石之间矛盾尖锐化。

蒋介石当时对美国还有几个不满。

一、他对美国援华物资太少感到不满。1941年4月，罗斯福决定向中国提供价值4510万美元的首批租借物资。1941年运交的物资总价值为2582万美元，占美国全部租借物资的1.7%⑤。这充分体现了美国"欧洲第一"的政策。太平洋战争爆发后，供应状况更不如前，许多援华租借

① 《战时外交》，三，第568—572页；《史迪威使华》，第97—98页；白修德编：《史迪威日记》，(Theodore H. White, ed：The Stilwell Papers)，纽约1948年版，第50—56页。

② 当时入缅参战的第五军军长杜聿明回忆说："英国是宁愿把缅甸丢给日寇，而不愿让给中国"，"它是利用中国军队来掩护它的安全撤退，并不希望中英并肩与日寇决战，更不是为了保全仰光这个海口"。刘琦等编：《远征印缅抗战》，中国文史出版社1990年版，第35—36页。

③ 《史迪威与美国在华经验》，第389—390页。

④ 《战时外交》，三，第603—604页。

⑤ 《中国与外援》，第147页；参见《中美关系史，1911—1950》，第225—226页。

物资在来华途中被转运别的战场。又由于运输条件的困难，到 1942 年晚春，在美国积存的援华租借物资达 14.9 万吨，在印度积存的达 4.5 万吨①。军火分配委员会便开始把这些物资转拨他处，并削减中国在租借物资中本来就极少的配额，这自然更引起蒋介石的强烈不满。

二、他对美英联合参谋长会议和军火分配委员会中没有中国代表感到不满，他认为这是对中国的轻慢。4 月 19 日，他电令宋子文向罗斯福当面呼吁。他痛切地说：

如果英美参谋团联席会议与物资分配之机构不能扩大，使中国得以参加，则中国在此次战争中，只是一种工具而已。甘地告予谓英美对于东方民族，总未尝以平等相待。英美迄今不许中国参加 CCS 就是一例。我们在作战中所受之遭遇已经如此，则在战后和平会议席上，又当如何？②

三、蒋介石对由史迪威监管与控制美国援华租借物资感到不满。美国援苏、援英租借物资都是由苏、英自由支配的，唯独援华租借物资不能由蒋介石自由支配，他认为这又是对中国的歧视。7 月 2 日，他指示宋子文与美国政府重新协商，明确史迪威的职权。他认为史迪威作为中国战区参谋长，其工作并不包括获取器材在内；另外史迪威以美国总统代表资格管理租借物资，这是自相矛盾的规定；史迪威"在中国战区内既任参谋长职务，则其所有其他地位皆不能适用，否则必致军事、政治皆发生不良之结果"③。罗斯福要马歇尔作出答复。马歇尔 7 月 14 日回复宋子文说，根据法律，史迪威是总统代表，有与参谋长不同的身份；即便召回史迪威，其继任者对援华租借物资的权力依旧不变。蒋介石得知此讯后的恼怒是可想而知的，他愤愤地说，如果总统打算给他这样的信息，那中国战区就完蛋了④。

这时中美矛盾的一个导火线是原驻印度的第十航空队的转移。其时

---

① 《史迪威使华》，第 159 页。

② 梁敬錞：《史迪威事件》，台北 1971 年版，第 65 页。CCS is Combined Chiefs of Staff 的缩写，即美英联合参谋长会议。

③ 《战时外交》，三，第 610 页。

④ 《史迪威使华》，第 175 页；《史迪威日记》，第 127 页。

北非军情十分危急，美国决定向那里调兵遣将。6月25日，史迪威接到命令，第十航空队全部重型轰炸机飞援埃及，同时正在来华途中的一个A—29轻型轰炸中队也改赴埃及，转拨英军。次日，蒋介石听了史迪威的报告后咄咄逼人地责问："罗斯福总统来电明言已令将美国空军第十军由印度调来中国作战。想令出必行，岂容擅改。若谓埃及局势严重……我浙赣态势亦至危急"，"事件之转变，足证中国战区未被重视……予深愿详知，英、美是否尚以此中国战区为同盟国之战区耶"①？史迪威无言以对，他的处境困难至极。27日，罗斯福来电进行解释，但这丝毫不能平息蒋介石的怒气。29日，蒋介石向史迪威提出保持中国战区"最低限度之需要"三项：一、8、9月间美国派三个师到印度，与中国军队合作，恢复中缅之间交通；二、8月起经常保持第一线飞机500架；三、8月起保持每月空运租借物资5000吨。蒋介石威胁说："否则，中国战区将无法支持。"②

总之，缅甸保卫战失败后，1942年6、7月份，中美关系出现了两国结盟以来的第一次危机。为了缓解两国间的紧张关系，罗斯福决定派他的行政助理居里再度访华。

缅甸保卫战失败后，5月31日，蒋介石就致电邀请罗斯福的亲信顾问霍普金斯访华，并邀居里同来。但罗斯福不能让霍普金斯离开。居里自告奋勇，表示愿再次访华，并进行了充分的论证，称这次访问将"加强蒋的地位"，使蒋及其他政府官员对美国战争努力之重要性加深印象，并实地了解中国、印度的心理、经济、军事状况，改善史迪威与中国军队之间的关系，等等③。

7月20日至8月7日，居里访问重庆，与蒋介石会谈达14次之多。谈话内容十分广泛，涉及中国政治、经济、财政、军事、战时盟国关系、战后中国复兴。居里解释说，中国不参加联合参谋长会议，不涉及对中国待遇问题，苏联也没有派代表参加此种会议，一则，因为它没有剩余物资可供盟国分配；二则，它可以独力支持战争，而无须与盟国磋商，中国不

---

① 《战时外交》，三，第168页。
② 同上书，第173—174页。
③ 居里给罗斯福的报告，1942年6月3日，《美国外交文件》，1942年中国卷，第62—63页。

参加系出于同样理由。蒋介石诉说了对史迪威的种种不满，居里劝解说，史迪威的双重身份，事关"美国国家之威望与体面"，美国军方是一定会坚持的，希望蒋介石不要对此再提异议。史迪威在美国军阶地位甚高，颇得马歇尔器重；而且他刚刚拟订了反攻缅甸的计划，他希望蒋介石不要提出把史迪威调回美国的建议①。居里的访问安抚了蒋介石，再说蒋当时确实也离不开美国的支持，发脾气是一回事，现实的政治军事需要又是一回事，居里来访也就给蒋介石铺了台阶。8 月 4 日，史迪威与居里一起见蒋介石，这是 7 月 2 日以来蒋第一次接见史迪威，表示两人的矛盾得到缓解。太平洋战争时期中美关系中的第一次危机算是过去了。

对于蒋介石提出的三项要求，美方经过反复考虑，决定尽量予以满足。10 月 12 日，罗斯福致电蒋说，500 架飞机的要求将努力设法满足，1943 年初将为"驼峰"空运新增 100 架运输机，只是不能派地面部队来中缅印战场作战②。三项要求达到了两项，蒋介石也只好暂时如此了。

缅甸保卫战失败后，中国的对外交通被切断，对中国的供给线只剩下了从印度英帕尔飞经喜马拉雅山抵云南的"驼峰"空运。这条飞越世界屋脊的航线是世界上最危险的运输线。空运在 7000 多公尺的高空进行，航程长达 8000 多公里，气候条件恶劣（热带的雨季和世界屋脊的冰雪），飞机还可能遭到日军的攻击，加之可以提供的运输机有限，开始时每月空运物资不过几十吨，对于如此广大的中国战场真是杯水车薪。而在英帕尔，美国援华租借物资却堆积如山。针对中国战场与外部世界相隔绝这种困难局面，美国陆军部作战司于 5 月 26 日提出了一个意义重大的问题："保持中国参战"。史迪威和作战司分析了中国战场的形势，认为"重新开始经仰光向中国运送军火是极端重要的"，如不采取措施重新打开缅甸，美国援助中国的承诺就没有意义，"保持中国参战"的政策便难以实现。1942 年 7 月，史迪威提出了收复缅甸的计划，这就是："英国海军和两栖作战部队控制孟加拉湾，并在仰光登陆；英印军、中国驻印军（即缅甸保卫战失败后史迪威率领退入印度的新编二十二师、新编三十八师等部队）从印度向

① 《战时外交》，一，第 635—637、667—668 页。
② 《史迪威使华》，第 224 页。

瑞保、曼德勒方向进攻；中国军队同时从云南向腊戍、曼德勒方向进攻；美军为战役提供空中掩护，如有可能，派地面部队与英军并肩作战"。他认为，一旦收复缅甸，每月能通过仰光运入三万吨作战物资，六个月后便能帮助中国缓解局势。他要求陆军部向英国施加压力，争取英国同意在雨季结束后反攻缅甸。参谋长联席会议接受这一建议，认为可在即将到来的旱季（1942 年 10 月至 1943 年 5 月）收复缅甸①。

　　但英国军事首脑反对这一计划。首先，他们对中国战区和中国军队估计甚低，认为"不可能把中国人武装起来发动进攻，中国不可能牵制更多的日本师团"；其次，他们认为即使中国撤出战争，也不会对大局有多大影响，因为"日本占领区的严重的治安问题永远存在，因此不可能有大批日军腾出手来"；最后，要打开滇缅交通，必须收复全缅，而在 1943 年春季以前英国不可能调集所需的舰只和登陆艇②。在 9 月的美英联合参谋长会议上，英方提出，1943 年 4 月之前不可能调集反攻缅甸所需的兵力，尤其是两栖作战力量。而 5 月，缅甸的雨季就将开始，因此 1943 年 10 月是可能在缅甸进行大规模作战的最早时间。1942 年至 1943 年冬春英军只准备发起有限进攻，目标是夺取阿恰布。总之，英国军事首脑设想的收复缅甸是一场纯粹由英国人进行的战争③。

　　美国参谋长们坚持，收复缅甸必须是英、美、中三国联合的军事行动——英中两国的地面部队、英国的海军和美国的空中支援。在 1943 年 1 月中、下旬的卡萨布兰卡会议上，缅甸战役是主要议题之一。美国军事首脑决心让英国承诺在 1943 年秋季发动缅甸战役。其时，太平洋上的美军正在瓜达尔卡纳尔岛和新几内亚的丛林中与日军进行艰难的旷日持久的争夺战。这一经验表明，经过从澳大利亚向北伸展的一系列岛屿来进攻日本，比从经过缅甸、中国的路线困难得多。这更使美国军事首脑相信，击

---

　　①　《史迪威使华》，第 179—183、223 页。

　　②　致联合参谋使团电稿，1942 年 8 月 7 日，原件藏英国国家档案馆，内阁档案（Draft Tel-egram to Joint Staff Mission, CAB79/22, Public Record Office）。

　　③　海斯：《二次大战中的参谋长联席会议史——对日战争》（Grace P. Hayes: *The History of the Joint Chiefs of Staff in World War* II. *The War Against Japan*），阿纳波利斯 1982 年版，第 235—238 页；联合参谋长会议第 40 次会议（1942 年 9 月 18 日）记录，CAB88/1。

败日本唯一经济的办法是动员中国巨大的人力资源对付日本①。美国海军参谋长金（Ernest King）上将指出："在欧洲战场，从地理位置和人力资源方面来看，俄国处于最有利的地位对付德国。在太平洋，中国对日本有类似的关系，我们的基本政策应是为俄国和中国的人力资源提供必要的装备，使他们能够作战，"而缅甸战役正是"朝着这个方向采取的一个步骤"②。马歇尔甚至威胁说："目前在南太平洋的军事行动在民用船只、军舰和护航诸方面付出的代价极高。形势也可能发生突然的逆转，并导致丧失制海权，""除非实施缅甸战役，否则他感到太平洋上随时都可能出现使美国不得不遗憾地取消对欧洲战场的承诺的新形势"③。英国军事首脑又称，缅甸战役的两个瓶颈是海军掩护和登陆艇。美军参谋长说，美方计划人员对缅甸登陆作战所需的登陆艇的型号和数量进行了估计，这些登陆艇可以供给。至于海军，缅战还有 10 个月准备时间，英国可以在此期间调集足够海军，金上将还承诺从太平洋战场调遣美国海军支援英军。英国参谋长们还摆了许多别的困难，诸如为了保障侧翼，就要占领毛淡棉和泰国西海岸的机场，等等④。但在美国参谋长们坚持下，会议还是暂定于1943 年 11 月 15 日发动缅甸战役，具体问题待夏季再作决定。

　　1943 年 5 月，美国参谋长联席会议对战争的总设想是："一、与俄国和较小的盟国合作，迫使欧洲的轴心国无条件投降；二、同时，与我们的盟国合作，在太平洋并从中国对日本保持并坚持不断地施加压力；三、然后，与太平洋大国合作，如果可能并与俄国合作，运用美国和英国的全部资源迫使日本无条件投降。"⑤ 美国军事首脑关于战胜日本的战略构想是：美军从太平洋方面进展，经苏拉威西海，夺取菲律宾，进攻香港地区；中、英军队在中缅印战场发起反攻，夺取缅甸，与美军在香港地区会合；然后向日本占领的华北进军，并进而从华北向日本本土发起持久的、系统的、大规模的进攻，从而迫使日本投降；即使未能达此目的，也将大大削

---

　　① 《美国、英国和俄国》，第 409 页。
　　② 联合参谋长会议第 58 次会议（1943 年 1 月 16 日）记录，原件藏美国国家档案馆，第218 类，参谋长联席会议档案，169 匣（RG218, Records of JCS, Box169, NARS）。
　　③ 联合参谋长会议第 59 次会议（1943 年 1 月 17 日），同上档案。
　　④ 联合参谋长会议第 60 次会议（1943 年 1 月 18 日）记录，CAB88/2。
　　⑤ 联合参谋长会议第 83 次会议（1943 年 5 月 7 日）文件，附件一《全球战略——美国参谋长的观点》（Global Strategy of the War. Views of the US Chiefs of Staff RG218，第 170 匣）。

弱日本军事力量，以减轻盟军在日本本土登陆的困难；对日本的全面进攻只有在持续的轰炸削弱了日本的战斗力后才能进行，而这种轰炸只能以中国为基地①。可见，在当时美国参谋长们的战略考虑中，中国既是对日本进行空袭的基地，又是最后进攻日本本土的基地。既是如此，夺取缅甸或至少恢复对中国的陆路供应线自然就至关重要了。

但英国军事首脑却更加强烈地反对缅甸战役。丘吉尔为 5 月的华盛顿会议准备了一个很长的文件阐述英国的观点。他"讨厌丛林"，他认为"进入遍处是沼泽的丛林中打日本人，正像走入水中打鲨鱼一样，更好的办法是，把它诱入圈套或在钩子上捉住它，然后将它拖上干地，用斧子把它劈死"②。他提出的办法是在苏门答腊和马来半岛进行水陆两栖作战，以替代缅甸战役。美国参谋长们认为，"中国的地理位置和人力资源对于战胜日本是至关重要的，我们必须加以利用。中国垮台将大大延长战争并极大地影响我们对日本的整个态势"，因此"必须为中国做点什么"。英国参谋长们的观点是针锋相对的。他们认为，"欧洲对德国成功的战役可能使俄国在远东帮助我们"，缅甸反攻战诚然可以鼓励中国的士气，但如果缅甸战役失败，那就比不进行这场战役更糟。即使收复了缅甸，其实际效用也是有限的，必须经过 6 个月的整修才能使滇缅公路达到月运量 1 万吨，而当时"驼峰"空运已达每月 6000 吨，再建几个机场，使空运达到每月 1 万吨比收复缅甸有把握得多。因此，保持中国参战的最好办法是增加"驼峰"空运，增强陈纳德将军的空军力量③。由于英国军事首脑的坚持，缅甸战役被推迟到了 1944—1945 年的冬春，在 1943 年雨季之后的军事行动是：英军和中国驻印军从印度方面进攻缅甸，而中国军队由云南方面发起进攻，以便尽量牵制日军，保护对华航线，并作为打通滇缅路的主要步骤。

1943 年 11 月的开罗会议是蒋介石参加的唯一的盟国峰会，会前中国

---

① 美军联合战略评估委员会：《战胜日本的政策》，1943 年 5 月 14 日（Joint Strategic Survey Committee：Plans，Combined Planning for the Defeat of Japan）RG218，第 295 匣；库勃林：《中国在美国军事战略中的作用——从珍珠港事变到 1944 年秋》（Michael B. Kublin：*The Role of China in American Military Strategy from Pearl Harbor to the Fall of 1944*）安阿伯 1984 年版，第 147—148 页。

② 《第二次世界大战回忆录》，第四卷，《命运的关键》，第 1161 页。

③ 联合参谋长会议第 85 次会议（1943 年 5 月 15 日）记录，CAB88/2。

方面做了充分准备。史迪威代表中国战区所拟订的方案分计划与需要两大部分，第一部分提出将装备和训练 90 个师；按预定计划收复缅甸，打开中缅陆路交通；建立和维持必要机场，于 1944 年轰炸日本；1944 年 11 月至 1945 年 5 月间夺回香港、广州；轰炸台湾，切断台湾与南海交通；1945 年 5 月至 11 月进攻台湾，11 月进攻上海，等等。第二部分要求美国继续向中国提供军事装备，加强在华空军；并派地面部队到华南作战；盟国的陆海空军共同努力，于 1944 年雨季前收复缅甸①。

　　但在缅甸战役问题上，中美与英国分歧依旧。首先，丘吉尔瞧不起缅甸战役。他觉得只有西西里战役才值得进行陆海军协同作战，而缅甸战役不能与之同日而语。蒋介石反驳说："缅甸是整个亚洲战役的关键"，收复缅甸后的下一个阵地是华北，然后是东北，失掉缅甸对日本将是个重大打击，日本一定会顽抗到底。其次，丘吉尔认为，在意大利投降和其他一些海军行动胜利之后，英军将在印度洋集结强大海军，这种海上优势就能保障盟军的交通线，并威胁日军的交通线，因此有没有海军配合作战不是缅甸战役成败的关键。蒋介石坚持，要收复缅甸，必须南北夹攻，英军必须在孟加拉湾发动两栖作战，他说，缅甸反击战的成功不仅取决于在印度洋上集结海军力量，而且取决于海陆军同时协调行动，否则敌军将从南缅登陆进行增援，而只有海军作战才能制止这种增援。但丘吉尔却认为日军不可能向孟加拉湾派遣什么海军。丘吉尔又提出其他种种困难，诸如为进行孟加拉湾两栖作战许多舰只要添加专门装备，要使之适应热带气候，等等②。美国军方认为，蒋介石主动提出了积极运用中国人力资源打击日本的计划，对此应加以鼓励，因此，虽然丘吉尔和英国参谋长们固执反对缅甸战役的计划，罗斯福仍然向蒋介石保证，于 1944 年 3 月发动缅甸战役③。

　　在第一次开罗会议后紧接着举行的德黑兰会议上，由于斯大林的坚持要求，美、英承诺于 1944 年 5 月发动横渡英吉利海峡、解放法国的战役。就在这次会议上，斯大林还亲口保证，苏联将在结束对德战争后三个月参

---

　　① 《史迪威使华》，第 57—58 页；《开罗会议与中国》，第 53 页。

　　② 联合参谋长会议（1943 年 11 月 23 日）记录，《开罗会议与德黑兰会议》（*Foreign Relations of the United States, Diplomatic Papers. Conferences at Cairo and Tehran*），第 314—315 页。

　　③ 同上，第 430 页；《第二次世界大战回忆录》，第五卷，《缩紧包围圈》，第 499—500 页。

加对日作战。会后，美、英首脑和参谋长们回到开罗。丘吉尔提出，孟加拉湾的两栖作战应推迟到 1944 年秋季进行，理由是：一、由于苏联答应参加对日作战，盟国将在西伯利亚得到比中国更好的基地，东南亚的军事行动便失去了部分价值；二、为了进行横渡海峡作战，英国不可能调集足够的登陆艇和海军力量进行孟加拉湾两栖作战①。罗斯福和美国参谋长们认为，刚刚答应了蒋介石的事岂能反悔，他"像骡子一样倔强了四天"，最后还是向丘吉尔作了让步。12 月 5 日，他把这一情况告知蒋介石，并提出两种方案以供选择：或者在没有孟加拉湾两栖作战配合的情况下照样进行缅北作战，或者把缅北反攻战推迟到 1944 年 11 月与两栖作战同时进行②。这份电报简直是给蒋介石当头浇了一盆冷水。蒋介石在数日后的回电中抱怨说，开罗会议之前，已有人对美英听任中国单独撑持对日作战表示怀疑和不满，《开罗宣言》的发表完全扫除了这种疑虑；现在盟国又要改变战略，他担心国民的"反响为如何之失望"；他认为中国"无论军事与经济危局，决不能支持至半年之久，更不能待至明年 11 月以后"，他警告罗斯福："中国不能继续支持之结果为如何？"唯一可能的解决办法是美国保证贷予 10 亿美元，并增加"驼峰"空运从 1944 年起至少每月 2 万吨。17 日，他再次致电罗斯福，表示宁愿把缅甸战役展期到 1944 年 11 月③。

　　但是缅北反攻战实际已于 10 月下旬开始。在印度经过训练、装备精良的中国军队新二十二师、新三十师、新三十八师的精神和物质素质都大大提高，于 12 月 18 日攻下敌军重要据点于邦。但是驻印军毕竟兵力有限，日军的抵抗又极顽强。统率驻印军的史迪威深知，如果没有中国军队从云南入缅作战，对日军实行东西两面夹攻，缅北反攻战的胜利是难以想象的。12 月 19 日他致函马歇尔，要求总统劝诚蒋介石派部队入缅作战。21 日，罗斯福致电蒋介石说，关于贷款问题，财政部正在考虑之中；关于增加空运，正有 100 架大型运输机在来华途中或准备调往中国战区，加上这些飞机，每月运量可达 12000 吨；同时，罗斯福要求蒋介石命令驻滇

---

① 菲斯：《中国的纠葛》，林海等译，北京大学出版社 1989 年版，第 134 页。
② 《美国外交文件》，1943 年中国卷，第 178 页。
③ 《战时外交》，三，第 287—289 页。

部队随时准备入缅参战①。

罗斯福这份电报没有完全同意蒋介石提出的要求，后者显然不满。他23 日回电继续大发牢骚，说："盟军战略置中国战区于不顾，已引起各方严重之误会。"他毫不客气地拒绝再派兵入缅，说他能用于缅甸战役的部队都已经交给史迪威了，并重申他在开罗提出的警告：反攻缅甸如局限于北缅，而"无大军于南缅登陆协助，以侧击敌军，乃为自觅其败亡"。

29 日，罗斯福再次致电蒋介石，再次强调，中国"驻滇部队对敌人施加一切压力具有重要意义"。他语带威胁地说，最近准备把大批物资运到中国装备驻滇部队，但调集物资的快慢将取决于这些部队的使用情况。这种与蒋介石讨价还价、有予有取的策略是史迪威、马歇尔一直建议采取的。罗斯福对此曾经明白表示拒绝。但当时出于紧迫的军事需要，罗斯福实际上使用了马歇尔、史迪威的策略。在此种情况下，蒋介石在 1945 年1 月 9 日回电中只谈别的事情，避而不提派驻滇军入缅事，并对"本年秋季以前，对于重开滇缅路已无希望"继续抱怨不已②。

事情没有解决，美国方面继续进行催促，罗斯福在 15 日的电报中再一次警告说："如果驻滇部队不能动用，则我方似应暂停经由有限的交通线向其调运重要作战物资，并将削减在印度存放的武器弹药数量，只保留能用来对敌作战的部分物资。"③ 罗斯福——实际上是美国军方——态度越来越强硬，蒋介石也不示弱。他半个月没有作答，然后迟迟于 2 月 2 日复电说，他仍然信守开罗会议的诺言，只要有大规模的两栖登陆作战，他就派驻滇部队入缅作战，并称这是照罗斯福 1943 年 12 月 5 日的电报行事的④。这份电报是很高明的以攻为守：第一，背弃在开罗所作的诺言的是罗斯福而不是蒋介石；第二，罗斯福自己提出两种可能让蒋选择，蒋选了其中之一，而现在罗斯福却要逼着蒋照另一种可能行事，就事论事，确实是罗斯福理亏。罗斯福似乎难以再说什么，两人之间的电报"拉锯战"暂告段落。

① 罗曼纳斯、桑德兰合编：《史迪威文件》（Charles Romanus and Rilly Sunderlandeds：Stilwell Papers），第 4 卷，第 1284—1285 页。

② 《战时外交》，三，第 293 页。

③ 《史迪威文件》，第 5 卷，第 1847 页。

④ 罗曼纳斯、桑德兰：《史迪威指挥权问题》（Charles Romanus and Rilly Sunderland：Stilwell's Command Problem），华盛顿 1956 年版，第 300—301 页。

　　3月上旬，驻缅日军对英帕尔地区发起进攻。日军早就企图进攻印度，但选择这时进攻，无疑有围魏救赵的企图，即以攻印度来保缅甸。史迪威和东南亚战区盟军司令蒙巴顿（Louis Mountbatten）都认为只有中国驻滇军队入缅作战才不致使印缅形势逆转。3月17日，蒙巴顿同时给罗斯福、丘吉尔发去一份长电报①。20日，罗斯福在"休战"一个半月之后致电蒋介石说，驻印军已给日军重创，英军在破坏日军交通线、击毁敌机方面也取得重大成效，"缅北之形势已到达一重要阶段"，如果驻滇军队入缅作战，驻印军即可夺取缅北重镇密支那；否则，日军若从与中国驻滇军队隔怒江对峙的日军第五十六师团中抽调援兵，则将从现今的劣势中恢复过来②。这份电报仍然不能打动蒋介石。他3月27日回电说，中国对盟国最主要的义务有两项，一为尽力保持中国战区现在之阵地，作为盟国轰炸日本本土之基地；二为在盟国海陆军迫近中国海岸时，中国陆军与之配合，共同作战，以巩固中国作为进攻日本的基地。现在中国战区对敌正面战线没有十分把握，中国主力军队绝无可能由云南发动进攻　但既然罗斯福一再催促，蒋介石决定给罗斯福一个面子，表示"此虽非中国任务内之事"，但他也勉为其难地同意抽调军队空运至印度，增加史迪威指挥的驻印军的兵力③。4月间，第十四、第五十师飞调缅北战场，编入驻印军序列。

　　3月底，中国驻印军正在孟拱河谷浴血奋战，史迪威在给马歇尔的报告中继续催促驻滇军入缅参战。4月3日，罗斯福给蒋介石发去一封口气强硬、措辞严厉的电报，其中说："令我不解的是，由美国装备武装起来的你的Y部队面对实力空虚的第五十六师竟不敢进军"，"在过去一年中我们装备训练了你的Y部队，如果他们不能用于我们共同的事业，那么我们飞运装备、提供教练人员的最紧张的努力仍未被证明没有白费。"这是罗斯福催促蒋介石派兵的第五封电报。10日，马歇尔指示史迪威，除非驻缅部队入缅参战，对它的租借援助暂予停止。史迪威命他常驻重庆的参谋长贺恩（Thomas G. Hearn）立即执行。贺恩随即向陆军部建议，把驻滇部队该得的734吨租借物资转拨第十四航空队，他还打算随之采取其

---

①　《史迪威指挥权问题》，第305—306页。
②　《战时外交》，三，第295—296页。
③　同上书，第297—298页。

他措施①。军政部长何应钦等获悉此事，请求贺恩暂缓两天采取行动。14日，国民政府答应派远征军入缅作战，中美之间又一次危机总算过去了。

第四节　史迪威的召回

1944 年，日本在太平洋战场形势日趋恶化的情况下，在侵华战场上发动了一场大规模攻势作战——豫湘桂战役（日本称 1 号作战）。4 月中旬至 5 月下旬进行河南作战，基本打通京汉线。5 月下旬发动湖南作战，企图打通粤汉线。6 月中旬攻取长沙。正面战场的大溃退引起全国震动，盟国对此也十分关注。年中访问中国的美国副总统华莱士（Henry A. Wallace）在离华返美途中于 6 月 28 日从新德里向总统报告说，整个中国东部，包括所有美国空军的前沿基地都将在三四个星期之内落入日本人之手，"这不但将使我们现今在这一地区的军事努力化为乌有，而且我相信，这对本已虚弱的重庆政权也将是一个剧烈的政治和经济打击"，"除非采取果断措施制止这种瓦解的趋势，我感到你要做好准备看到中国在作为盟国的军事基地方面将变得几乎毫无价值"。他强烈建议派遣一名美国高级军官，同时授予政治和军事全权，劝诱蒋介石对其政权进行改革，建立起至少与统一战线相似的政权，恢复中国的民心士气，准备组织新的反攻②。关于中国险恶军事形势的报告也通过驻华外交人员和其他渠道传到华盛顿。这与整个反法西斯战场节节取得胜利的大形势极不协调。参谋长联席会议于是想借鉴别的战场的做法，任命一名美国军官作为盟军在亚洲大陆的统帅。

促使产生这一想法的另一事态发展是东南亚司令部的人事关系。该司令部是在 1943 年 8 月魁北克会议上成立的。当时在印度没有战事，英国人觉得在缅甸的对日作战指挥应与印度的军事机构分开。蒙巴顿被任命为统帅，史迪威任副统帅。这大概是盟军在大战期间作出的最不合理的安排之一：东南亚战区不包括中国，中国战区不包括缅甸，而归史迪威指挥的

---

① 《史迪威指挥权问题》，第 310—312 页；《史迪威事件》，第 195—196 页；Y 部队即后来作为远征军入缅的驻滇部队。

② 《美国外交文件》，1944 年第 6 卷，第 235—237 页。

美军包括了中国、缅甸、印度（即所谓中缅印战场）；在缅甸作战的中美联军名义上应归蒙巴顿统率，而实际上他只能指挥英军，中美军队是由史迪威指挥的；史迪威既要忠于美国（作为美国驻华军事代表），又要对中国负责（作为中国战区参谋长），如今他作为蒙巴顿的副手又要对后者负责；加之盟国对反攻缅甸的方案一直争论不休，计划不定，步调不一，蒙巴顿与史迪威之间也就难免产生矛盾。1944 年 3 月，蒙巴顿就要求对司令部的高级军官进行重新调整，包括更换副统帅。6 月，英国参谋长正式向马歇尔提出召回史迪威，理由是他不能与蒙巴顿合作①。东南亚司令部的纠纷与中国的事态结合起来，促使参谋长联席会议考虑把史迪威由中将升为上将，将其职责由主要指挥缅北作战改为统率中国军队。

　　7 月 1 日，马歇尔致电史迪威征询意见，问他是否能在华中的作战中发挥积极作用。3 日，史迪威回电表示同意参谋长联席会议的建议。他认为，东南亚司令部副统帅的职位是毫无意义的；挽救中国的危局仍有一线希望，但行动必须迅速有力，委员长必须授予一位司令官以指挥军队的全权；没有这种全权，他不想承担这个职位；即便有了全权，他认为唯一的补救办法是：调动当时在陕北围困中共军队的胡宗南军队以及鄂西的军队，并在陕北中共军队的参与下，向洛阳、郑州、武汉方向发起进攻。他认为在当前危急的形势下，蒋介石是有可能接受美国要求的②。

　　得到史迪威回电后，马歇尔立即为参谋长联席会议拟就了致总统的备忘录和总统给蒋介石的电稿。备忘录中说："我们完全意识到委员长对史迪威的感情，尤其是从政治角度来说，但是事实是，与英国和中国高级当局的态度相反，史迪威的主张或意图已在战场上接受了检验。如果采纳了他的建议，显然我们这时已经在雨季之前把北缅的日本人清除干净了，在中国本部实施有效行动的陆上道路也已开通。如果采纳了他的建议，喜马拉雅山以东的中国地面部队的装备将比现在好得多，将做好抵抗的准备，起码会迟缓日军的推进。"③

　　罗斯福同意参谋长联席会议的建议，他给蒋介石的电报于 6 月发出。电报说："我以为，现今存在的紧急形势要求将协调在华所有盟军军事资

---

① 《史迪威指挥权问题》，第 378 页。
② 同上书，第 379—381 页。
③ 同上书，第 382 页。

源（包括共产党军队）的权力赋予一个人。"电报要求蒋介石立即将史迪威从缅甸召回中国，"在你直接领导下指挥一切中国与美国军队"①。

　　蒋介石自然明白，罗斯福这一建议意味着什么。早在 1942 年 5 月，史迪威就拟就了一个改革中国军队的建议书。他认为，中国军队过于庞大，以致不能以现有物资将其适当装备。要提高中国军队的战斗力，就要把中国军队缩减一半甚至更多，把不满员的师加以合并使之满员，把武器集中起来装备这些部队。他还认为，中国士兵是守纪律、肯吃苦、能打仗的，低、中级军官许多也是好的，问题在于师和军的指挥官。如果不提高高级军官的素质，任凭部队得到不少装备，战斗力也无法提高。于是，他建议严格挑选高级司令官，根据其能力进行录用，清洗那些无能之辈。史迪威的这一建议完全是从一个美国职业军人的角度出发来考虑问题，完全没有顾及中国军队中的政治因素和派系问题，它遭到蒋介石的拒绝是可想而知的。6 月下旬，宋美龄在一次会上说，史迪威所倡议的激烈措施不能采用，必须面对"现实"。她说："头（指高级军官）不能砍下来，否则就什么也不会有了。"② 现在，如果中国军队果真由史迪威指挥，史迪威再像 1942 年缅甸保卫战时候那样要求有任免奖惩指挥官的职权，那样一来，战争胜负姑且不论，蒋介石本人对军队的控制都会受到威胁。

　　罗斯福电报中"包括共产党军队"的提法也犯了蒋介石的忌讳。史迪威对中共军队的态度早已引起蒋介石的严重不满。虽然他本人与中共没有接触，但戴维斯、谢伟思都是史迪威司令部的政治顾问，而他们对中共的好感、对蒋介石的厌恶几乎是尽人皆知的。史迪威本人早先也曾不止一次表述过从陕北调八路军打日本的念头。1942 年，他就向蒋介石提过此事，遭蒋介石拒绝。他在 1943 年 9 月 6 日给蒋介石的备忘录中又写道："第十八集团军（共产党的军队）、第二十二军和第三十五军处于深入华北日军侧翼的地位，这支军力可以被有力地加以使用，以威胁平汉路以及归化、张家口地区，这一行动对于日本人任何企图从宜昌溯长江而上或从武汉进犯长沙的计划，都是一种很有分量的以攻为守。"按照他的想法，对陕甘宁根据地的围困要解除，被围者和围困者——中共军队和胡宗南的

---

　　①　《史迪威指挥权问题》，第 383 页。
　　②　《史迪威使华》，第 153—154 页。

军队都调往抗日前线，国民政府还要对中共军队提供给养①。这一建议触动了蒋介石的敏感神经，他在四天后给宋子文的电报中大发牢骚："史迪威不知共党十年来经过之历史，更不明了最近共党之内容及其阴谋之所在，徒听共党之煽惑，助长共党之气焰，殊为可叹。"② 如今这一要求竟由罗斯福亲自提出，蒋介石的恼怒是可想而知的。但在当时严峻的形势下，似乎又难以断然加以拒绝。于是蒋介石采取缓兵之计。

　　7月8日蒋介石在回电中一方面表示赞成罗斯福提出的原则，另一方面提出由于中国政治与军事情况复杂，此事不能仓促付诸实施，而必须要有一准备时期，他要求罗斯福派一"有远大之政治目光与能力"的私人代表来华，调整他与史迪威之间的关系。10、11 日，蒋介石又连连致电当时在美的行政院副院长孔祥熙，要求后者向罗斯福当面进行解释：在缅甸作战的中国军队占中国军队的 2%，性质单纯，可交史迪威指挥；而国内军队，性质复杂，且"以个人之信仰、感情与革命之历史为主要因素"，"决非任何外国军官所能了解"，决非"仅凭能力与学问所能指挥"；中国战局 7 年来年年有严重形势，现时局势"决不致失败"，"战局根本决无危险"，且蒋以中国战区责任所在，"必始终负责到底"。意思很明白：外人对中国形势都没有他了解，因此虽然他原则上接受罗斯福的建议，但具体如何操作，自然要由他最后裁夺③。

　　孔祥熙不敢耽搁，于 12 日中午求见罗斯福。孔祥熙强调："中、美合作，不但军事、尤重政治，单从军事不能解决整个问题，军略家未必皆有政治头脑与经验。"罗斯福表示谅解蒋的苦衷，将慎重考虑赴华私人代表的人选④。

　　七八月间中美双方都在为此事进行准备。何应钦认为，对于罗斯福提议，可援英国例子以原则同意。他建议的办法是，把各战区部队划分成攻击兵团与留守兵团，依敌情与任务决定攻击兵团数量，将这一部分军队交由史迪威指挥，其编制、装备及后方勤务概由美方负责，兵员及人事由中国统帅部任之；至于守备兵团，仍由原战区司令长官指挥；中共部队不在

---

①　《史迪威使华》，第 121、368 页。

②　《战时外交》，三，第 632 页。

③　同上书，第 636—639 页。

④　同上书，第 639—640 页。

史迪威指挥之列；史迪威之指挥权随战争结束而解除之。显而易见，这一提议比起罗斯福的要求来已经打了很大折扣。7 月 23 日，蒋介石连发两电，要孔祥熙再次向罗斯福解释中方立场。他在第二份长电报中列出了洋洋十二端。关于中共军队，蒋说得比较委婉："当视该军以后能否即时接受中央政府之军令与政令而定，故当另行计议，此时不便确定。"蒋介石一直对不能控制美国租借物资分配耿耿于怀，这时他再次提出支配权的要求，但称可让美国军官"监督考核其用途"①。

美方的重要准备是物色总统的私人代表。最后选中的是赫尔利。有的历史学家对于罗斯福为什么选赫尔利至今仍觉不可思议，因为赫尔利对于中国政治和文化、历史和现状都所知甚少，与当时驻华许多军事、政治官员堪称"中国通"的情况形成鲜明对照。但有两点是肯定的：一、鉴于当时美国承担的广泛义务，要选一个合适的人不是件容易的事；二、身为共和党人，赫尔利坚决支持罗斯福的新政，在大战期间亦担任过数次重要外交使命，他为罗斯福政府效劳已有相当时候了。赫尔利临行前，8 月 18日，罗斯福指示他"促使蒋介石与史迪威将军之间的和谐关系，以便于后者统率归其指挥的中国军队"②。赫尔利取道莫斯科，于 9 月 6 日到重庆，并立即与史迪威一起，同蒋介石、宋子文就史迪威指挥权问题进行谈判。

其时，缅北滇西的反攻正在进行之中，战斗都十分艰难、残酷。在缅北方面，3 月，中美联军胜利结束胡康河谷战役，4 月进攻孟拱河谷，于6 月 15、25 日攻克加迈、孟拱。在此之前，史迪威指挥的中美突击队出奇制胜，于 5 月 17 日攻占密支那日军机场。经过两个半月反复争夺，中美联军于 8 月 3 日占领密支那。

滇西方面，远征军于 4 月中旬渡过怒江后，即兵分两路，向腾冲、龙陵发起进攻。怒江西岸是高耸入云的高黎贡山和松山，山势险峻，地理形势复杂。松山位于滇缅公路要冲，易守难攻；日军在这里构筑了坚固的防御工事，远征军自 6 月上旬开始围攻松山，虽多次强攻，遭受巨大伤亡，战事却毫无进展。同时，远征军在龙陵也与敌守军形成对峙。7 月初，日军根据滇缅战场的新态势作出了新的部署：一、驻缅甸日军的任务由

---

① 《战时外交》，三，第 644—649 页。
② 《美中关系白皮书》，第 71 页。

"封锁、切断（印中之间）空地联络"改为"摧毁和封锁地面联络"，因密支那机场已被盟军占领，"切断印中空路任务"已不可能实现；二、把滇西战场作为重点，第三十三军主力第二师团由孟加拉湾调到滇西参战，增援龙陵守军①。9月8日，远征军在历时3个月的围攻后攻克松山，龙陵敌我双方仍在进行殊死争夺。9月上旬，第二师团和第五十六师团合力夹攻远征军，新编第三十九师几乎全军覆没，第七十六师也遭重创②。蒋介石感到震惊。他担心，一旦进攻腾冲、龙陵的远征军受挫，日军会乘胜反攻，渡过怒江，进攻昆明。蒋介石于9月8日、11日一再要求史迪威调在密支那的驻印军去攻打八莫。如此，在龙陵作战的日军必回师八莫，龙陵远征军的压力便可减轻。15日，史迪威从桂林到重庆，蒋介石再次要求在一周之内发动八莫攻势，并称，否则远征军便应调回昆明，以免败衄③。

史迪威持不同意见。他认为第三十八师和三十师在对密支那的围攻中已经精疲力尽，与其把他们从密支那调去进攻日军坚固防御的八莫，不如补充远征军严重减员的几个师，自反攻开始以来，这些部队就没有得到过补充，致使远征军实力下降，这正是使日军得以在龙陵造成威胁的主要原因。他还认为，即使第三十八师、三十师进攻八莫，在龙陵作战的日军也未必回师增援④。史迪威与蒋介石意见相持不下，当天，他便将此情况电告马歇尔。

1944年9月11日至19日，罗斯福、丘吉尔和美英两国参谋长正在魁北克会商，当时欧洲战争胜利在望。会议着重讨论了对日作战问题，并一致同意，"以封锁、轰炸和最终进攻降低日军的抵抗意志，最后迫使日本无条件投降"。两国参谋长在过去多次会议上一直为缅甸战役争论不休，在这次会议上，由于在缅甸已经取得的胜利（中美联军和英军第十四军），双方迅速达成一致：以1945年3月15日作为目标日期，发动以空降部队和两栖作战部队袭击仰光的战役，以收复全缅甸。在此之前，积极进行缅北反攻战，以确保包括密支那在内的空中运输线的安

① 日本防卫厅防卫研究所战史室著，天津市政协编译委员会译：《缅甸作战》，下（《中华民国史资料丛稿·译稿》之一），中华书局1987年版，第118—119等页。

② 同上书，第148页。

③ 《史迪威事件》，第267页。

④ 《史迪威指挥权问题》，第433页。

全，并打通从印度到中国的陆路交通。英国参谋部指示蒙巴顿，他的首要目标是尽早收复缅甸，马歇尔也迅即将魁北克会议的决定通知史迪威①。正在这时，史迪威关于蒋介石威胁撤回远征军的报告到了，这不啻完全打乱联合参谋长会议关于缅甸的战略的部署，他们的强烈反应是可想而知的。马歇尔甚至准备一旦需要可以考虑派美国陆军两个师去缅甸，以前他一直是不主张向东南亚派遣大批美军的。美军参谋长决不能同意撤回中国远征军。9月18日，罗斯福给蒋介石发了一份措辞强硬的电报，翌日，史迪威把电报及中文译稿当着宋子文、何应钦、白崇禧和其他几位军委会成员的面交给了蒋介石。电报分析了缅甸战场的形势，口气严厉地指出，如果远征军配合缅甸方面的作战继续进攻，通向中国的陆路交通就会在1945年初打通；反之，如果不向滇西派遣增援部队，甚至撤退远征军，中止滇西的进攻，那么远征军已经作出的牺牲就将毫无价值，打通中国陆路交通的一切机会都将丧失，并会立即危及"驼峰"航线，"对此，你自己必须准备接受其后果，并承担个人责任"。电报要求蒋"立即增援你方在萨尔温江的部队并发动攻势，同时，让史迪威将军毫无约束地指挥你方的全部军队"，否则"你和我们为了挽救中国所做的一切努力都将付诸东流"②。

罗斯福的电文使史迪威感到痛快淋漓，仿佛他来中国以后所积郁起来的闷气统统发泄了出来。他在9月19日的日记中写道："在一生的日历中，今天这个日子要用红笔标出。好不容易，罗斯福把话说明白了"，两天后，他在家信中又写道："我扮演了复仇天使的角色"③。但史迪威显然没有料到，他将要付出多么高昂的代价。

罗斯福的电文使蒋介石作为一个盟国、一个主权国家的首脑受到奇耻大辱。他断定是史迪威要求马歇尔让罗斯福发出这份电报的。他本不打算任命史迪威，或者说，正在寻找借口推迟、拖延任命，并改变罗斯福原先的要求。如今，他决定断然拒绝史迪威。当天晚上，他与赫尔利共进晚餐。席间，他故意谈起白天的事，态度冷静而坚决。他说，与史迪威决裂的时刻到了。赫尔利劝蒋在作出最后决定前再加斟酌，蒋介石说："只要

---

①　《史迪威指挥权问题》，第440页。
②　同上书，第443—446页。
③　《史迪威日记》，第333—334页。

史迪威还在中国"，一切都无从谈起。赫尔利深信蒋介石决心已下，不可变更，他 21 日向罗斯福报告说："正像两个个性很强的人之间在分配权力问题上常常发生的那样，委员长、史迪威看来从个性上是水火不相容的"①。

关于任命史迪威的谈判陷入了僵局，史迪威不免着急起来。也许他意识到 19 日那天做得过头了，这时他决定采取主动，打破僵局。他认为蒋介石一直对不能控制租借物资的分配耿耿于怀，遂决定在此问题上作出让步。恰好此时他收到朱德的一份电报，朱德"竭诚欢迎"他前往亲加考察，并说："此间军队若能获得种种必需装备之供应，则对于今后之反攻，必能在同盟国合作中肩负重要任务。"② 9 月 23 日史迪威把一份建议书交给赫尔利，其主要内容是：一、由他亲赴延安，建议中共承认委员长的最高权力，并接受他的指挥，在此条件下为中共五个师的部队提供军火和装备，在黄河以北使用中共部队，以避免与政府军接触；国共之间的政治问题暂行搁置，留待战后处理；二、美国援华租借物资，均由委员长按下列办法分配之：驻印军与远征军享有第一优先，头 30 个师的其余部队、中共军队和贵阳的部队享有优先权，在上述部队获得充分装备之前不再装备其他部队；三、指挥权问题按赫尔利将军建议，通过发布命令解决③。而史迪威在同时给何应钦的备忘录中则声明，关于使用中共部队问题，只是他的一种设想，并非条件，现可不提④。

24 日，赫尔利向蒋介石转达了这份建议，遭断然拒绝，而赫尔利则也机会主义地数落起史迪威的种种不是，向蒋介石买好⑤。25 日，蒋介石要赫尔利向罗斯福转达：他同意选一名美国将领为中美联军前敌总司令，并任中国战区参谋长，但不能委派史迪威担任此职，他要求美国将史迪威从中国战区调离⑥。翌日，他又致电在美的孔祥熙和宋美龄说："史决难再留，如有人来说情，应严正拒绝，并请其从速撤换"，此事关系"中国

---

① 洛贝克：《帕特里克·赫尔利》（Don Lohbeck：*Patrick Hurley*），芝加哥 1956 年版，第294 页。

② 《战时外交》，三，第 672 页。

③ 《史迪威指挥权问题》，第 451—452 页。

④ 《史迪威事件》，第 273 页。

⑤ 参见《中美关系史》，第 321—322 页。

⑥ 《战时外交》，三，第 673—674 页。

立国之三民主义与中国之主权，以及中国国家与个人之人格"，"不能不下最后之决心"，即使"恢复独立抗战之态势"也在所不惜①。

但参谋长联席会议也不肯轻易收回成命。9 月 28 日，马歇尔为罗斯福起草了一份致蒋介石的长长的复电稿，其中对史迪威递交电报的方式不妥表示道歉，也承认，"史迪威并非完人"，他可能态度生硬，方式简单，但坚持说，提名史迪威是"经过深思熟虑的"，"他是唯一能担任这项工作的人选"，这是因为，"史迪威所要解决的是我们所有战区司令官所能遇到的问题中那些最困难的问题"；他在美国享有很高的威望，他的军衔在美国是最高的，享有这级军衔的一共只有五个人，如果召回史迪威，那就既不利于总统本人和美国的威望，也不利于蒋介石在美国人心目中的形象和美国对华援助；在权衡任命史迪威的种种因素时，要把"中国日益恶化、真正令人沮丧的军事局势"放在首位。10 月 4 日，参谋长联席会议主席李海在把马歇尔的电稿呈交总统时再次强调："我们经过考虑的一致意见是，只有一个人，即史迪威将军可能挽救这种局面，而且也只能做到有限的程度"②。

在大战期间，由于战争成为压倒一切的大事，参谋长联席会议对于总统的影响力是非常之大的。战略部署自不待言，甚至在许多外交问题上，总统也是更多地听取参谋长们的意见，而不是国务院的主张。比如后来美苏在雅尔塔会议上达成的关于远东的秘密协定，国务卿斯退丁纽斯对此一无所知，而协定草案却征求了参谋长联席会议所有成员的意见③。但这一回，总统却没有听参谋长们的。他 10 月 5 日在给蒋介石的复电中表示，美国将不再任命一名军官指挥全中国的地面部队；同意解除史迪威现任职务，要求任命他指挥在缅甸和云南的中国军队④。

蒋介石决心在这一交涉中取得完全的胜利，对这一折中方案也不加考虑。他在 7 日与赫尔利的长谈中给后者上了一堂"中国真正之革命力量乃足以抗战至今而不败"的形势教育课，坚决表示，召回史迪威不但不

---

①　《战时外交》，三，第 674—675 页。

②　原件藏美国国家档案馆，第 218 类，参谋长联席会议档案，李海文件（RG218, Records of Joint Chiefs of Staff, Leahy File, NARS）。

③　哈里曼、艾贝尔合著：《特使——与丘吉尔、斯大林周旋记》，南京大学历史系英美对外关系研究室译，三联书店 1978 年版，第 445—446 页。

④　《美国外交文件》，1944 年第 6 卷，第 165—166 页。

会造成罗斯福所担心的严重后果，而且只有这样，才能"消除""双方之隔阂"，使中美两国合作得更好。9 日，蒋把给罗斯福的回电交给赫尔利，同时附了一份"非正式提出"的备忘录。其中说：蒋历来主张，反攻缅甸要南北夹击，"惟有包括缅甸南部，水陆配合并进……方为完善之战略……缅北局部之战，不但得不偿失，且极为危险"，但史迪威一意孤行，主张进行缅北反攻，"不久，余之警告，竟为事实证明不误"，于是史迪威一再要求增派部队，从 1944 年 5 月后，"大部分之中国总预备军……几完全消耗于缅甸战场"。日军乃乘机在河南、湖南发动攻势，由于进行缅战，中国竟"无充分训练及良好配备之部队，增援于国内各战场"。结果，"吾人虽已攻取密支那，但华东全部几均沦陷，史将军不能不负此重大之责任"，云云①。这就从根本上推翻了美方当初提出任命史迪威的理由。美方说：由于河南、湖南的失败，情势至为危急，只有任命史迪威，才能挽回局势；蒋介石则说：河南、湖南失败的根本原因不是别的，正是史迪威发动了缅北反攻战。不仅如此，蒋还要把 1944 年春天罗斯福、蒋介石多次函电往返、蒋被迫派兵渡过怒江发起滇西反攻的案也翻过来。

史迪威仍在为挽回事态进行努力。他在 10 月 10 日电告马歇尔说："两年半的奋斗向我证明，如果要中国在这次战争中作出任何有助于实现击败日本的全盘计划的努力，必须逼着蒋介石去这样做"，"如果现在听任蒋的支配，这是失去中国巨大潜力的问题"，以后他将以各种理由来规避与美国进行真正诚实的合作。他建议，为了调动中国的潜力，同时保全蒋的面子，在重庆设立一个中美联合军事委员会，由中美高级参谋人员组成，成为蒋的政策顾问团，他作为战区的司令官，保证执行蒋的命令，实际是执行主要由中美联合军事委员会拟订的计划和政策。他在电报末尾借用一位中国军官的话说："中国好像是一个在告诉医生应如何进行治疗的病人，现在医生如果要治疗这个病人，就必须非常坚定。"②

但是赫尔利已经完全站到了蒋介石一边。他在 13 日给罗斯福的长电中详细阐明他的看法，罗列必须召回史迪威的理由，火上浇油地评论说：

史迪威与蒋介石"这两个人是根本不相容的"；"蒋介石是合作

① 《战时外交》，三，第 678—687 页。
② 第 218 类，李海文件。

的", 但 "史迪威在政治上不能理解蒋介石, 不能和他合作", 他的根本错误在于, 他认为他能使一个在革命中领导国家、领导一支粮饷不足、装备低劣、实际上无组织的军队抗击占压倒优势的敌人达七年之久的人屈服。我的意见是, 如果你在这一争论中支持史迪威, 你将失去蒋介石、甚至还可能连同失去中国……我现在确信, 我们能够保持中国继续参战, 能够重新组织中国军队, 能够设法通过蒋介石做到这些。然而史迪威无法做到。①

赫尔利这份电报显然帮助罗斯福下了决心。他立即回电要赫尔利提名接替史迪威职务的候选人。经与蒋介石商量, 赫尔利提出了魏德迈等三个人选, 并称, 蒋对魏德迈评价较高, "他考虑将这一职务授予一位较年轻的人"②。

10 月 18 日, 罗斯福电告蒋介石, 他决定立即召回史迪威, 他不认为美国军官应在目前局势中承担指挥中国军队的职责, 魏德迈将出任蒋的参谋长和驻华美军司令; 中缅印战场将分作两个战场: 中国战场和印缅战场, 驻印、缅美军将由索尔登 (Daniell. Sultan) 指挥, 罗斯福并要求蒋授权索尔登指挥在印缅的中国军队。对于蒋介石 10 日的长篇备忘录, 罗斯福略微作了反驳, 声称, 缅北反攻战的决定是由美英联合参谋长会议作出、并得到他和丘吉尔批准的, 对此, 史迪威没有责任。罗斯福还要求蒋介石保证继续在滇西的进攻③。

罗斯福既已同意召回史迪威, 蒋介石的主要目的已经达到, 他在其他问题上便都表现得十分慷慨、十分好商量了。他 10 月 20 日回电同意了罗斯福的所有建议, 对于缅甸战事, 他 "保证尽量合作", 并主动提出由魏德迈主持分配租借物资④。

史迪威接到调离命令后立即准备启程。他向蒋介石、宋庆龄、何应钦、陈纳德等一一当面或致电道别。10 月 20 日他还致电从未见过面的朱德说:

---

① 原件存美国罗斯福图书馆, 地图室档案, 第 11 匣 (Map Room File, Boxll, Franklin D. Roosevelt Library)。

② 同上。

③ 《史迪威指挥权问题》, 第 468—469 页。

④ 《战时外交》, 三, 第 689—690 页。

我愿向你——共产党的军事领袖表达我极度失望的心情，因为我已卸去在中国战区的职务，不能再在抗日战争中与阁下合作。前此本期望在抗击共同敌人中与阁下及阁下所建立的优良部队并肩奋斗，现已无从实现。祝你幸运及战绩卓著，并致敬意。①

21 日，史迪威离开重庆到昆明，22 日到保山、密支那。他在这些曾经和中国将士一起度过艰难战斗岁月的地方作了短暂逗留，飞回美国去了。

太平洋战争时期中美关系的两个关键人物是史迪威与赫尔利。从 1942 年 3 月到 1944 年 10 月，史迪威既是中美战时结盟的一个纽带，又是两国间各种矛盾的焦点。战时的中美合作，在政治上是比较顺利的：罗斯福从战时抗击日本和战后世界秩序考虑出发，不顾英国和苏联的异议，竭力提高中国的国际地位，拔高蒋介石作为大国领袖的形象，这与国民政府的利益，与蒋介石的愿望完全一致，正是在这一基础上，建立起了美国政府与以蒋介石为首的国民政府间的特殊关系。而在军事问题上，作为盟国，双方有根本的共同利益，但各自又有不同的考虑，有各自的特殊利益，于是可以说矛盾不断，有时甚至闹到尖锐对立的地步。既然史迪威是美国在中国的主要军事代表，他当然要贯彻美国参谋长联席会议的意图，也就不可避免与蒋介石产生矛盾；而蒋介石但凡对美国有什么不满，不管是不是该由史迪威负责，统统发泄到史迪威的身上。他不能指责罗斯福，不能指责马歇尔，他的怨恨总要找地方发泄，而史迪威是代表他们在中国与他打交道的人，于是该着史迪威为蒋介石所认为的美国的一切不是受过。诸如中国代表不能参加联合参谋长会议和军火分配委员会，由史迪威监管租借物资的分配，美国援华租借物资太少，更不要说缅甸作战中的各种问题了。最典型的是 1943 年 10 月缅北反攻战的发动及此后几个月中罗斯福一再催促蒋介石发起滇西反攻。当时，蒋介石迫于无奈，十分勉强地接受了罗斯福的要求，但他对此耿耿于怀，事过半年，又怪罪到史迪威头上。史迪威实在是战时中美军事合作中各种矛盾和冲突的牺牲品。

不仅如此，史迪威实际上还成了豫湘桂失败的替罪羊，因为蒋介石

---

① 《史迪威文件》，第 5 卷，第 2542 页。

说，要不是远征军发动滇西作战，这些部队本可以用来增援豫湘桂，中国守军就可免于失败。不能说蒋介石的话毫无道理，因为滇西反攻确实使用了相当的兵力和物资，但这个因素到底起了多大作用却是颇值得研究的。投入河南作战的日军共 14.8 万人，第一、八战区守军共 40 万人，汤恩伯等指挥官平日治军不严，在与日军对峙多年之后，部队中厌战、恐敌情绪弥漫，战斗力下降；日军进攻前已有种种迹象，而汤恩伯等却没有预作准备；日军打来，守军也只是且战且退，甚至不战而退，望风而逃。战区守军如此，什么样的增援部队又能奏效呢？

蒋介石又抱怨在 1944 年 6 月以前，除了驻滇部队，其他中国守军没有得到多少租借物资。这里他显得有些健忘了。在 1943 年 5 月的华盛顿会议上，宋子文代表他和陈纳德共同要求，第十四航空队应在租借物资中占优先的份额，1943 年"5、6、7 三个月的'驼峰'物资完全用于为维持中美在华空军力量提供装备和供给"。实际上在这三个月后，第十四航空队得到的租借物资一直占总吨位数的一多半，远征军得到的也只是一小半，远征军的装备也很有限。他还说："复因缅战对于中印空运吨位之影响，豫、湘之华军不能获得必要之补给。"[1] 这话可与事实不符。中美联军攻下密支那机场后，"驼峰"航线得以确保，不再害怕日军的侵扰；而且航线可以稍往南移，航程也缩短了，"驼峰"空运吨位随之猛增，1944 年 5 月是 13686 吨，6 月达 18235 吨，7 月 25454 吨[2]。而这些吨位中，最大的获益者也是第十四航空队，它 7、8、9 三月都超过 13000 吨[3]。毫无疑问，缅北的反攻不是影响了"驼峰"空运，恰恰相反，它在增加"驼峰"空运吨位方面是成功的。

史迪威不是一个政治家、外交家或者国务活动家，而是一个职业军人。他在美国接受的是政治与军事分离、军人不干政的教育，而这与中国的实际情况确实格格不入。他的考虑很单纯：如何最大限度地调动中国的抗战潜力，最有效地打击日军。他或者是没有考虑到种种复杂的政治与人事因素，或者是将其置于次要地位。他一再提议调动陕北中共军队，也主要是因为中共的军队加上围困中共军队的胡宗南部队共达数十万之众，这

---

① 蒋介石与赫尔利的谈话，10 月 9 日，《战时外交》，三，第 685 页。
② 《中国与外援》，第 339 页。
③ 李海致罗斯福，1944 年 10 月 4 日，第 218 类，李海文件。

么多军队不能用于抗日前线，在史迪威看来实在是战争潜力的极大浪费。但是要与蒋介石进行合作，光懂军事不懂政治是不行的。蒋介石在1944年9月7日与史迪威的谈话中说，史迪威"作为中国军队的司令官，60%（的工作）应该是军事的，40%是政治的"①。这话说得很含蓄，其实，在蒋介石看来，史迪威必先了解中国政治，然后才有可能进行军事合作。但史迪威却没有顾及政治因素。既然这样，他在中国常常碰壁也就在所难免了。

与上一问题相关联的是对待蒋介石的态度。史迪威和马歇尔从军事观点出发，认为对蒋介石要实行一种有予有取的政策（quid pro quo），我给你多少，就得从你那里要回多少，不然就不给。早在1942年7月史迪威在给陆军部的报告中就写道："为了执行我提高中国军队作战效能的使命，行动的基础必须是有予有取。逻辑与理由，或者个人的影响都不会产生满意的结果。施加压力与讨价还价是必须依靠的手段。"② 马歇尔抱有同感。但罗斯福却从政治上考虑问题，他不同意这种办法，他认为不能用对待摩洛哥苏丹那样的态度对待蒋介石③。但有的时候，罗斯福违反了自己的原则，如1944年春要求蒋介石命令远征军发起滇西反攻战和秋天要求他任命史迪威的时候。在这种时候，都是军事因素与政治因素相比暂时占了上风。但是既然罗斯福早就认定蒋介石不仅是战时中国而且是战后中国的唯一领袖，而且已经为支持他的领袖地位，为培植与他的政权的特殊关系作了许多努力，付出了许多投资，罗斯福最后对蒋的要求让步也就是势所必然的了④。

至于史迪威的后任魏德迈，他所承担的任务与史迪威是很不相同的。第一、史迪威在中国时，虽然美国还有驻华大使高思，但高思的作用基本只限于日常的外交往来和向国务院反映情况，两国政府间的重要交往几乎都是使用史迪威司令部的通信手段、通过军方的渠道，或者通过白宫——宋子文（前期）、孔祥熙（后期）——蒋介石的渠道进行的，高思大使在许多事情上被撇在一边，这与罗斯福对国务院的不信任有关。因此史迪威

---

① 《史迪威日记》，第326页。

② 《史迪威使华》，第179页。

③ 参见本书第449页。

④ 参见《中美关系史，1911—1950》，第327—328页。

是美国在中国的主要代表人物。而魏德迈接任后，他需要处理的仅仅是军事问题，先是总统特使、11 月 17 日被任命为驻华大使的赫尔利可容不得大权旁落，他并非职业外交官出身，又是罗斯福亲自点的将，他理所当然成了美国在华的主要代表人物。第二、史迪威军事方面的职权也比魏德迈宽广得多：前者要指挥中、缅、印的美军，要指挥缅甸战役，又要起到蒋介石参谋长的作用，后者主要是蒋的参谋长并指挥驻华美军，任务单纯得多了。从性质上说，前者主要是指挥官，后者主要是顾问，责任大不一样，魏德迈对他的职责理解得很清楚，他所做的主要是帮助国民政府训练装备军队，并对一些军事机关进行技术上的改造，这些都是蒋介石乐于接受的。他本人崇敬蒋介石，又禁止下属随便议论中国官员，这样他也就很快取得了蒋介石信任。

第 八 章

寻求中国的大国地位

第一节　蒋介石访印与宋美龄访美

1942 年 2 月，蒋介石对印度进行了历时半个多月的访问。这次出访是国民政府在抗日战争期间的一次重要外交活动，也是蒋介石以中国最高领导人身份的第一次出国访问。

太平洋战争爆发后，日本在东南亚耀武扬威，战场形势十分严峻。当时中国唯一的国际补给线滇缅之间的交通以及唯一的出海口仰光都受到极大威胁。印度幅员辽阔，资源丰富，人口近 3.5 亿，是盟国在亚洲的一个重要根据地。中国政府希望开辟中印之间的陆路交通和空中航线，加强中印的军事合作。但当时印度本身的局势却并不安定，英印当局与国民大会党（国大党）的矛盾十分尖锐。

欧战爆发后，印度总督即于 1939 年 9 月 4 日宣布印度进入战时状态。国大党谴责法西斯的侵略，但拒绝无条件支持英国作战。国大党当时的主张是：战时印度国家的首脑仍然是总督，中央立法机关仍然保持根据原有法律建立的那种形式，但政府对立法机关负责，而不对英国议会和政府负责。在这种条件下，只要英国答应战后印度独立，国大党就支持英国作战。国大党的要求遭英国政府拒绝。1940 年 10 月，甘地（Mohandas K. Gandi）宣布开始公民不服从运动，国大党的口号是："用金钱或人力支持英国作战是最愚笨的事，而唯一有效的反战方式，乃是非暴力。"[①]印英当局逮捕了 2.5 万至 3 万名国大党人。太平洋战争爆发前夕，英印当

---

① 参见吴俊才《甘地与现代印度》，下，台北 1976 年版，第 117 页。

局鉴于印度内部的骚动与美国的压力，释放了被捕的国大党人，但双方的矛盾并未缓和。

印度国内各派政见不一，民族矛盾与宗教矛盾交织在一起。国大党代表了占全国人口一半的印度教人，伊斯兰教联盟代表了占人口 1/4 的伊斯兰教徒，各土邦王公统治着约 1/4 人口，这三部分人互不信赖。伊斯兰教联盟主张伊斯兰自治，在东北的旁遮普及西部的阿萨姆两省设立伊斯兰自治政府，以脱离印度教控制，而国大党坚决反对这一计划。各土邦王公与国大党之间也有较深隔阂。印英当局巧妙利用这些矛盾，挑拨离间，以"交还政权的期间愈近，印回间的冲突也日益迫近"为由①，拒绝给印度以自治领地位。

与此同时，日本则利用印度人民强烈的反英情绪，提出"亚洲是亚洲人的亚洲"的口号进行蛊惑宣传，以亚洲的"领导者""解放者"自居，要求"驱英、美出亚洲"。在这种情况下，如果日本进攻印度，而印度人民又不积极支持战争，印英当局势难抵御日军，这可能对盟国反法西斯战争带来灾难性的后果。

太平洋战争爆发后，中国通过与美、英、苏一起领衔签署《联合国家宣言》及成立中国战区，仿佛一下子提高了国际地位。当美英军队在日军凌厉攻势面前节节败退时，中国军队于 1941 年 12 月下旬至 1942 年 1 月中旬进行了第三次长沙作战，把进攻的日军打得落花流水，取得了盟国方面自珍珠港事变以来的第一次大胜利。蒋介石从政治上到军事上感觉都很好。作为"亚洲最大国的领袖"，他自以为应当也可能对印度局势发挥作用。他希望通过访问印度，劝说印英当局和国大党双方作出让步：印英当局改变其殖民政策，允许印度取得自治领地位，并保证其战后独立；国大党暂缓要求完全独立，全力支持反法西斯战争，从而实行战时合作。蒋介石相信，他可以对公平合理地处理印度问题"作出有价值的贡献"。此外，他还准备乘机与英印当局讨论战时合作问题。1 月下旬，蒋介石向驻华大使卡尔表示他有意访问印度。卡尔在 1 月 24 日给外交部的电报中说："我强烈要求立即友好地赞同这项建议，对此蒋介石已下定决心，他以高昂的热情提出此议，其用意是以令人注目的方式表明他全心全意进行合作

---

① 《战时外交》，三，第 354 页。

的愿望。"① 英国政府没有理由拒绝蒋的提议，27 日，外交部复电卡尔，表示"热情欢迎"蒋的建议，并肯定蒋与印度"行政和军事当局的接触对盟军在近东地区的协调作战极具价值"。但关于蒋会见甘地、尼赫鲁（Jawaharlal Nehru）的建议，外交部认为要等蒋到印度后与总督讨论才能确定②。

英国政府口上说"热情欢迎"蒋介石访印，实际上从一开始便对蒋介石与国大党领导人的接触采取防范措施。2 月 3 日，丘吉尔亲自致电蒋介石说："你这次只能作为印度总督的客人进行访问，住在政府大院或总督在德里或加尔各答的私人宅邸。"关于蒋会见国大党领导人的问题，丘吉尔说："此事宜在你和印度总督对整个形势进行讨论之后由他作出安排，否则，就可能会在英国和整个大英帝国造成最为严重的影响。"他接着进一步提出："不管怎样，如果你会见印度国大党领导人，你就应该会见 8000 万穆斯林的代表人物真纳（M. A. Jinnah）先生、4000 万贱民的代表和统治 8000 万人口的印度诸王公的代表"，"国大党虽然在几年前的省级选举中获得了成功，但它并不能代表……印度各个民族"。丘吉尔在同日给印度总督的电报中更加明确地指示："我们不可能同意让外国元首充当英国国王兼印度皇帝的代表与甘地及尼赫鲁等人之间的仲裁人……你要通过说明他很有必要会见印度其他公众团体的代表，使他取消会见甘地等人的打算。在任何情况下都不应允许他像你所设想的那样在阿拉哈巴德或尼赫鲁可能停留的任何地方下车与尼赫鲁会面……这类会见比任何事情都更有可能使泛亚洲情绪通过印度所有的集市广泛传播。"③ 这就是说，英国首相同意了蒋介石访问印度，但却不赞成他访问印度的主要目的，并千方百计设置障碍以阻挠蒋介石实现其目的。

2 月 4 日，蒋介石、宋美龄由国防最高委员会秘书长王宠惠、国民党中央政法学校教育长张道藩、中宣部副部长董显光、英国驻华大使卡尔、英国驻华军事代表团团长丹尼斯等人陪同离开重庆。蒋介石一行途经缅甸腊戍，5 日飞抵加尔各答。上述丘吉尔给蒋介石的电报同时发往了缅甸和加尔各答，以便卡尔大使就近转交蒋。卡尔和林里斯哥（Lord Linlith-

---

① 原件存英国国家档案馆，英国首相档案（PREM45/3，Public Record Office）。
② PREM45/3。
③ 同上。

gow）总督收到丘吉尔的电报后，却感到难以执行首相指示。林里斯哥 2 月 5 日致电印度事务部说，蒋介石此行的主要目的是会晤甘地和尼赫鲁，"任何劝说他改变主意的企图都不会成功，如果他被阻止，他会认为自己受到了欺骗"，因此他要求："我应该有权在我认为形势需要的情况下，允许蒋会见甘地和尼赫鲁，以便保持他对我们的信心和亲善"。卡尔还认为，丘吉尔的电报会给蒋"留下极为恶劣的印象"，因此他只准备口头把电报的主要内容告知蒋介石①。

蒋介石一行在加尔各答访问了两天。加尔各答是重要海港，太平洋战争爆发后，这里更成为盟国在东方的主要海运及空运中心。这里是中国航空公司航线的终点，许多美国援华物资是由此地经萨地亚转运中国的。蒋介石于 7 日会晤孟加拉省省长赫伯特爵士（Lord Herbert），请求其"对于中国物资经加尔各答运华者，予以全力的帮助"②。蒋介石还参观了这里的兵工厂和铸钢厂。

8 日，蒋介石一行离加尔各答，9 日抵新德里，21 日离印回国。在十几天中，蒋介石同英、印各界人士进行了广泛接触，其中包括英国驻印度高级官员、国大党领袖、土邦王公贵族、印度教和伊斯兰教领袖。

蒋介石在与印度总督林里斯哥、英军司令哈特莱（Hadley）的多次会谈中了解了印度的防卫情况，讨论了中印军事合作问题。蒋介石提出，印度需要保卫的海岸线太长，印度没有足够兵力，因此，应集中兵力保卫东北和西北的重要战略据点，以维持中国与苏联的交通，只要中印、印苏交通保持畅通无阻，"即使损失一些城市或据点，也是不会介意的"；他还说，为防日本切断滇缅公路，美国将供给中国运输机，开辟从萨地亚到云南省的航线，以运输美国援华租借物资，他希望印度对此予以合作。印英方面同意美国援华物资在孟买或卡查克卸货，然后用火车或飞机运往萨地亚，在萨地亚除原有机场外再建两个较大机场以供美国运输机使用③。

但蒋介石在促进印英当局与国大党改善关系方面却没有取得什么成果。蒋介石在与林里斯哥的会谈中说：英国政府应该"立刻宣布印度实行自治领之日期"，"使印人愿意作战而不为敌人所利用"。但印英当局的

---

① PREM45/3。

② 《战时外交》三，第 332 页。

③ 同上书，第 399—401 页。

方针是早已定了的。林里斯哥反诘说："印度没有一党或一派可以圆满执行政权的，我以为最好的办法，乃将政权逐渐地、部分地交还，否则一定要引起印回间的自相残杀。"他直截了当地表示反对蒋介石介入印度争端，说："如果在民众心目中留有印象，以为阁下此来有如审判官地位，将判断是非曲直，并且是袒护国民大会的，那么将使我十分感觉困难。"鉴于当时蒋介石迫切希望加强中印军事合作，并有求于印度，他进一步威胁说："这种印象决不利于联合作战之努力"，他要求蒋介石不偏不倚，既会见国大党领导人，也会见其他各党派领袖①。

蒋介石数次会见国大党主席阿柴德（Maulana Abul Kalam Azad）和执行委员尼赫鲁，并作长时间的谈话。他建议国大党：一、用间接的方法（即政治手段）而不是直接的方法（即暴力手段）达到争取独立的目的；二、经过若干阶段达此目的，即先取得自治领地位，然后独立；三、放弃不合作政策，利用世界大战的机会，加速达到民族独立的目的。他说，如果国大党放弃不合作主义，暂时停止对印英政府的攻击，积极合作，积极参加民主阵线作战，定能赢得盟国同情，则战后在和平会议上，"各国自必出力帮助"，这是争取民族独立的"最好的方法，也是最好的机会"；如果国大党"抱残守缺"，坚持不合作主义，不积极参战，则"不但不能增加同盟国对印的同情，且将失去过去已有的同情"，"实是印度革命的损失"②。

阿柴德和尼赫鲁同意使用政治手段来争取印度独立，但对蒋介石的主要劝告却听不进去。他们说，印度的问题"归根一句话，还是立刻将主权交还印度国民的问题。如果这方面能够得到解决的办法，我们可以考虑，否则不行"。至于不合作主义，他们认为这是国大党唯一的武器，是不能放弃的。尼赫鲁说，印英政府对于暴力革命很有应付办法，但对非暴力不合作运动则感到棘手。"二十年来，这种运动已经发生了很大的力量，使英政府十分惧惮我们，承认我们巨大的势力"，这是比暴力革命更为有效的手段③。

甘地是国大党的精神领袖，不合作运动的创始人，蒋介石自然指望通

---

① 《战时外交》三，第354—358页。
② 同上书，第360—361、407—411页。
③ 同上书，第362、410页。

过他影响国大党。但与甘地的会见却费了一番周折。蒋介石本拟到甘地住处孟买附近的瓦尔达拜访甘地，印英当局和英国政府都竭力反对，丘吉尔还在 12 日专门致电蒋介石说："此间内阁同僚均以为阁下提议在华尔达访问甘地先生之举，可能会影响我们集中全印度力量以对抗日本的努力，此举或会无意中加重当地派系间的政见。"① 蒋介石被迫取消这一计划。对此，甘地、尼赫鲁都表示十分失望和惋惜，蒋介石于是再次强烈要求英国政府同意他去见甘地。18 日，蒋终于在加尔各答同甘地见面，并作了长时间的谈话。

甘地一开始就介绍他的非暴力不合作主义，并称这是"第一号的武器"，它不是消极抵抗，不是弱者的武器，而是只有强者才能用的，三十六年的经验证明，"这种方法是百分之百的正确"。蒋介石说："不合作运动用于印度，我并无异议……然而在印度之外，就为另一个问题了。"他反复强调，印度此次参加民主阵线作战，是争取自由的机会，此次不参战，"即失去一争取自由的机会"。又说：国大党现在不必急于打倒英国，不要以为只有打倒英国才是争取独立的唯一途径；而应当改变主张，作出参战的决定，那样就能赢得全世界的同情，"将来和会派遣代表一节，资格上可以绝不发生任何问题"，如和会不能给中印两国以真正自由，中印两国将联合起来再作奋斗；但如果印度袖手旁观或取两可态度，这对中印两大民族和世界反侵略阵线都是损失，世界人民对印度同情也将减少②。

甘地认为蒋介石误解了他的意思，解释说，"抵抗侵略是中印两国应有的共同目标，印度的同情完全寄托在中国方面"，为此，国大党将采取"不捣乱政策"，"不作节外生枝增添灾害的举动"，也不阻挠军队开入中国。但是，现在印度的人力物力不论事实上还是法律上都在英国政府手中，所以不能指望国大党"对于战争能有什么积极和有效的贡献"。他要求蒋向英国政府施加压力，使印度获得自由，以此来使国大党相信其主张。蒋介石说服甘地的希望又告落空③。

蒋介石没有达到说服印英当局和国大党各自作出让步，实行战时合

_____

① 吴俊才：《蒋中正先生访印与印度独立》，《蒋中正先生与现代中国学术讨论集》，第四册，台北 1986 年版，第 198 页。

② 《战时外交》，三，第 414—422 页。

③ 同上书，第 422—423 页。

作的初衷，他对这两方面都不满意，反之亦然。他在2月21日离开加尔各答时发表《告印度国民书》，公开阐明他对印度问题的看法并再次向印度有关各方提出呼吁。他说：现在"只有两个壁垒，凡为国家与人类求自由者，皆为站在反侵略阵线，其间决无中立旁观之可能……凡参加反侵略阵线之同盟者，无论何国，皆系在整个反侵略民主阵线之中共同合作，而非单独与某一国合作与不合作之问题"，他呼请印度国民积极参加反侵略阵线，"联合中、英、美、苏等各同盟国，一致奋斗"。他又敦促英国政府"不待人民有任何之要求，而能从速赋予印度国民政治上之实权"[①]。

印英当局虽然拒绝了蒋介石的建议，但当时的形势迫使英国政府对于印度事态采取某些措施。在日本发动太平洋战争后的两个多月里，香港、马来西亚、新加坡等英国殖民地接连沦于敌手，缅甸也岌岌可危，英国在亚太战场上处于被动挨打的地位。英国极盼得到国大党的合作，以加强印度的防卫。3月下旬，英国政府派掌玺大臣克利普斯（Stafford Cripps）访问印度，与有关各派进行协商。克利普斯带来了一个解决印度问题的方案，其主要内容为：一、大战结束后，英国政府立即采取措施建立印度联邦，并给予自治领地位；二、战争结束后成立省和土邦的代表机构来制定新宪法；三、不愿加入印度联邦的那些省和土邦，可以保持与英国政府旧有关系，或成立单独的自治领；四、战时对印度统治不作任何变更，印度各政党应帮助政府作战，全部国际责任由英国政府承担[②]。

国大党拒绝这一方案，主张英国从印度撤退，恢复印度自由，建立全印的国民政府，然后以独立自主的国家地位，抵抗日本。4月，尼赫鲁一再致函蒋介石，介绍印度情况，解释国大党主张。6月14日，甘地致函蒋介石说，国大党要求英国退出印度，不是"以任何方式"削弱对日本的抵抗，也不是妨碍中国的抵抗，国大党正是为了防止印度重蹈马来西亚、新加坡、缅甸陷落的覆辙才要求这样做的。他还保证将不采取草率行动，国大党的任何行动"将以不妨碍中国或不鼓励日本侵略中、印为准

---

①　《战时外交》，三，第431—433页。

②　巴拉布舍维奇、季雅科夫主编：《印度现代史》，北京编译社译，三联书店1973年版，第651—652页。

则"，并"定以非武力为主……避免与英国当局发生冲突"①。25 日，英
国大使薛穆（Horace James Seymour）见蒋介石，称甘地将发动非暴力反
抗运动，"印度政府必限制其活动"，在运动扩大之前"先行抑制"，他要
求中国对印英当局可能采取的措施表示谅解。蒋介石越来越感到问题的严
重性，26 日复函甘地，强调"目前日本侵略，最为吾人迫切之祸患"，亚
洲各国应当团结一致"首谋应付此一大患"，希望国大党不要操切从事②。

与此同时，蒋介石于 6 月 22 日致电时在华盛顿的宋子文，要他向罗
斯福转达甘地信的内容，并建议美国重视此事，"相机处理"，使印度问
题"有一公平合理之解决"。7 月 5 日，宋子文电告蒋，罗斯福总统的意
见是要蒋再劝告甘地"勿走极端，以免为敌利用，危害中印数万万人
民"。翌日，蒋指示驻印专员沈士华密告尼赫鲁并转甘地，"此时国民大
会应极端忍耐"，"以便联盟国对印增进充分同情，俾得促进印度问题之
早日解决"③。

印度事态在继续发展。7 月 6—14 日，国大党执委会在瓦尔达举行会
议，通过了由甘地起草的《英国政权退出印度》决议④。决议将交由 8 月
8 日的国大党全国委员会通过，然后付诸实行。蒋介石深感事态严重，于
24 日给罗斯福发了一份长电，促请他劝导英国，使英国能为"本身荣誉
与真正利益计"，用"非常之勇气与忍耐，非常之远见与英断，从速消弭
局势恶化之原因"，而若用军警压力相强制，则只能扩大骚乱与不安⑤。
罗斯福耍了个滑头，他于 29 日把蒋的电报转告丘吉尔，并问丘吉尔对这
份电报作何感想。丘吉尔断然拒绝美中两国干预印度事态，称"此刻来
自联合国家其他成员的建议会损害在印度现有的唯一政府的权威，导致印
度出现真正的危机"。8 月 8 日，罗斯福复电蒋介石，认为美中两国现在
暂不采取行动较为明智⑥。

与此同时，印英当局已经作出决定，准备一俟国大党全国委员会会议
通过执委会决议，立即逮捕甘地和国大党领导人并宣布国大党执委会、全

①　《战时外交》，三，第 458—460 页。
②　同上书，第 461—465 页。
③　同上书，第 461、467—468 页。
④　决议全文见《甘地与现代印度》，下，第 143—148 页。
⑤　《战时外交》，三，第 471—473 页。
⑥　《美国外交文件》，1942 年第 1 卷，第 705—706 页。

国委员会和各省委员会为非法。8月8日，国大党全国委员会以绝对多数票通过《英国政权退出印度》决议，甘地并发出展开不服从运动的指令，当晚，孟买公交系统职工首先罢工。9日凌晨，甘地和国大党执委遭到逮捕。10日，蒋介石致电罗斯福，紧急呼吁后者"出而支持正义，以缓和印度之局势，而使之归于安定"。12日，蒋介石接见薛穆，表示他没有料到印英当局会这么快逮捕甘地等国大党领袖，他强调，从盟国共同利益出发，现在仍应寻求事态的和平解决，办法是由美国出面调停。他还说，让印度人感觉到联合国家中至少有一个成员同情他们是非常重要的。中国人不应采取伤害印度人民感情的政策①。

罗斯福接到蒋介石10日电报后，又像上次那样，把电报转告丘吉尔，并问询他的意见。12日，罗斯福回电蒋介石称，美中两国的最好立场是：不公开呼吁或表态，但如果争端双方都发出求助呼吁，可以就友好调停的适宜性和可行性进行磋商②。这不啻是拒绝蒋介石的建议，因为英国政府历来是不愿让第三者插手它殖民地的事情的。8月26日，丘吉尔给蒋介石发出一份措辞强硬的电报。他强调印度民族与宗教问题的复杂性，并无中生有地指责国大党准备与日本妥协，借助日本军队镇压穆斯林和非印度族各邦及种族，以建立起印度族的统治。他要求蒋介石遵守盟国之间互不干涉内部事务的原则，如同英国对中国的国共矛盾不加干涉一样。他斩钉截铁地表示，只要他当首相或政府成员，英国政府绝不会接受蒋介石所建议的调停③。至此，蒋介石调停英印关系的努力最终失败。

从1942年11月到1943年6月底，宋美龄在美国访问七个多月，这是太平洋战争期间国民政府的又一重要外交活动。

1942年九十月间，美国共和党领袖、1940年总统竞选的共和党候选人威尔基（Wendell Wilkie）经罗斯福赞同，历访非洲、中东、苏联和中国。这是一次没有什么特殊使命的友好访问。10月上旬威尔基访问重庆时，蒋介石曾与威尔基就战时和战后的各种问题交换看法。威尔基回国后写了一本《天下一家》④的小册子，介绍他访问的各国的情况，对中国的

①　《战时外交》，三，第475—480页；PREM45/3。

②　《美国外交文件》，1942年第1卷，第715—717页。

③　PREM45/3。

④　*One World*，纽约1943年版。

抗日颇多肯定，并敦促美国援华。威尔基还给罗斯福带去了宋美龄希望重新访问美国的口信，罗斯福于 10 月 26 日回电称"亟盼能早日欢迎蒋夫人"①。11 月 27 日，宋美龄乘坐从美国环球航空公司租用的一架波音 307 飞机抵达纽约。在此后的七个月中，宋美龄在美国主要做了三件事：一、就医疗养②；二、协助宋子文办理中美之间的交涉；三、广泛宣传中国抗日，争取美国朝野的同情。她虽然是以私人身份访问美国的，但实际上是蒋介石的特使，是去美国从事对政府和民间的外交工作的。

宋美龄的访问受到美国政府热烈欢迎。在医院治疗和休养两个多月后，宋美龄于 1943 年 2 月中旬在罗斯福的私邸纽约州海德庄园住了六天，并曾于 2 月 17 日、4 月 14 日、6 月 24 日三次在白宫受到罗斯福接见③，与总统的密友、顾问霍普金斯（Harry Hopkins）更是过从频繁。她访美的主要目的是争取更多的美援，尤其是为陈纳德航空队争取更多的飞机、汽油和飞机零配件。她在与罗斯福、霍普金斯的正式会谈和非正式交谈中反复重申了这一要求。她刚到美国时，正值美英两国首脑和参谋长的卡萨布兰卡会议（1943 年 1 月 14 日至 25 日）前夕④。宋美龄对中国未被邀请参加此次会议颇有微词。会议之后，2 月初罗斯福派美空军参谋长阿诺德（Henry H. Arnold）访华，向蒋介石通报会议情况，就推迟反攻缅甸进行安抚。阿诺德这时所答应的，只是给陈纳德航空队增加重型轰炸机 36 架。蒋介石认为这仍然无济于事，于 2 月 7 日致电罗斯福提出一系列援助要求，并于 12 日致电宋美龄发牢骚说："兄致罗总统函……乃我国在目前维持战场最低之要求，亦是极少之数量，未知其政府为何连此极少而可能之物品不肯作切实之答应，令我军民皆莫名其妙。阿诺德对此尚未能解决，故彼此来，兄认为并无结果，有便与当局婉言之。"⑤ 2 月 19 日，罗斯福与宋美龄联合举行了一次记者招待会，到会的记者达 172 人。她乘此

① 《美国外交文件》，1942 年中国卷，第 171—172 页。
② 宋美龄当时患有多种疾病：肋骨和后背扭伤，这是 1937 年巡视抗日前线时翻车受的伤，失眠，鼻窦炎，牙病和慢性荨麻疹。见斯特林、西格雷夫著：《宋家王朝》，丁中青等译，吴东之校，中国文联出版公司 1986 年版，第 543 页。
③ 吴圳义：《蒋夫人访美的外交意义（1942—1943）》，《蒋中正先生与现代中国学术讨论集》第四册，第 158—162 页。
④ 详见本书第七章第三节。
⑤ 《战时外交》，一，第 790 页。

机会向美国新闻界呼吁：“我们不可能赤手空拳去打仗”，“我们需要军需品”，“我们有受过训练的飞行员，但我们没有飞机，也没有汽油，问题是我们如何得到它们”。她接着要罗斯福对此作出回答。罗斯福强调了增加对华军援运输上的困难，说这是“军事运输人员目前研究得最多的一项任务”，也同时保证，“我们正在竭尽全力，我们肯定要增加这项援助，我认为很快会增加，并且希望如此。这不仅仅是一个感情问题。这是一个与赢得战争有关的实际问题”①。

宋美龄在与罗斯福、霍普金斯的谈话中还详细谈到她关于战后世界的主要看法。她表示，在和平会议上中国将和美国站在一起，因为中国信任罗斯福及其政策。她主张立即采取某些步骤，使四大国讨论战后事务，而罗斯福应成为这一团体的主席②。

宋美龄到美国后，发现美国大众传媒对中国战场的报道很少，与她原来在国内想象的相去甚远。宋美龄利用自己的有利条件，诸如没有语言障碍、了解西方文化和美国人的心理，在美国有广泛的个人联系等，从东到西，在各种官方和民间场合发表多次演讲，如 2 月 18 日在参议院、众议院、3 月 1 日在纽约市政厅、2 日在纽约麦迪逊广场、22 日在芝加哥运动场、27 日在旧金山市政厅、4 月 4 日在好莱坞，她在这些演讲中介绍了中国抗战的艰难历程，表达了抗战到底的决心，呼吁加强中美战时合作。这对增进美国人民对中国的了解、美国加强援华都起了一定作用。当时美国正在酝酿废除《排华法》，宋美龄访美所动员起来的美国舆论也起到了促使废除《排华法》的作用③。

事情还有另外一个方面。宋美龄多次在公众场合露面，她的雄辩，她娴熟的英语以及个人的魅力都在美国公众心目中留下了深刻的印象。追求轰动效应的美国记者用她的来访来渲染版面，形容她“横扫”美国，“轰

①　罗森曼编：《福兰克林·罗斯福公开文件与讲话》（Samuel Rosenman: The Public Papers and Addresses by Franklim Roosevelt），1943 年卷，第 100—107 页，纽约 1950 年版。3 月 10 日，罗斯福致电蒋介石作出一系列承诺：一、批准成立由陈纳德任司令的第十四航空队；二、尽快将陈纳德飞机增至 500 架；三、增加进行“驼峰”空运的飞机数量，最终目标是达到每月运输 1 万吨物资。见《史迪威文件》第 2 卷，第 607—609 页。

②　原件存美国罗斯福图书馆霍普金斯文件（1928—1946），第 331 匣（Papers of Harry Hopkins, 1928—1946, Box 331, Book 7, Franklin D. Roosevelt Library）。

③　如参议员甘纳第就致函宋美龄，表示要趁她来访之机提出废除《排华法》的议案，《战时外交》，一，第 793—794 页。

动全美"，1943 年 3 月 1 日的《时代》周刊再次以她作为封面人物。宋美龄在讲演中自然要宣传蒋介石，其结果，她和蒋介石的个人影响大为增长。美国战时对华政策的一个致命伤是把蒋介石作为中国的化身，把蒋介石的领导地位等同于中国的前途。宋美龄的访问对于促使这种政策的形成起了一定作用。宋美龄在美期间进一步密切了与一些人士的关系，如《时代》和《生活》周刊的老板亨利·卢斯（Henry Luce），她在洛杉矶及其他地方的一些活动就是由卢斯安排的，而卢斯正是后来亲蒋反共的院外援华集团的头面人物。所以，宋美龄访美对于中美关系未来发展的负面效应也不应被忽视。

第二节　中美新约的签订

从 1842 年中国与西方大国签订第一批不平等条约开始，中国就进入了外人称为条约体系的时代，众多的不平等条约是束缚、桎梏中国人民的沉重枷锁。中国人民为废除不平等条约进行了长期的英勇不屈的斗争。在巴黎和会和华盛顿会议上，中国政府代表曾经一再提出废约的要求[①]。在大革命期间，这种要求表现得尤其强烈，中国在收回利权方面取得了个别的成果（如收回汉口、九江英租界）。南京国民政府成立以后，先是于1929 年实行了关税自主，随即开始同美英两国进行废除领事裁判权的谈判。谈判进行得很艰苦，但到 1931 年中英之间总算已谈定草约，与美国也达成了类似的妥协。当时的条件是：天津、上海各保留领事裁判权五年、十年，其他各地的英美在华领事裁判权即行取消。但这个过程为九一八事变所打断。经过一段时间的中断后，国民政府又向美国提出了在华领事裁判权问题。经过三四年的交涉，当中美之间有可能恢复谈判时，卢沟桥事变爆发了[②]。

日本发动全面侵华战争后，情况变得更为复杂。一方面，国民政府此时的外交重点在于争取国际社会援华抗日，不平等条约问题退居次要地

---

① 参见吴孟雪《美国在华领事裁判权百年史》（以下简称《百年史》），社会科学文献出版社 1992 年版，第三编第一章。

② 参见《百年史》，第四编第一、二章，并见《中美关系史》，第三章第四节。

位；另一方面，日本侵略矛头首先指向美英等西方大国利益集中的东部沿海各省和长江流域，继续保留美英的领判权和租界，有助于增加美英与日本的矛盾①。国民政府因此并不急于废除领判权等特权。

与此同时，日本侵略者也想利用这个问题，1938 年 1 月 11 日，日本御前会议通过《处理中国事变的根本方针》，其中说，如果国民政府正式承认伪满洲国，放弃抗日，日本可以"考虑废除以往所有的对华特殊权益（例如治外法权、租界、驻兵权）"②。这是日本第一次以废除旧有的不平等条约为诱饵来诱使国民政府投降。在诱降汪精卫集团时，日本妄称要"援助中国从东亚的半殖民地地位中解放出来，废除一切不平等条约"。在 1939 年 12 月日本与汪精卫集团签订的《关于日华新关系调整纲要》中，日本也虚伪地表示要"考虑交还租界和治外法权等"③。日本的这种说法无疑是虚妄的，但这对同样面临着法西斯侵略的威胁又在中国保留着不平等条约特权的美英等国无疑是一种压力。1940 年 7 月 18 日，英国首相丘吉尔在下院表示，英国准备在和平恢复后，"与中国政府在互惠平等的基础上谈判废除领事裁判权、交还租界和修改条约的问题"④。次日，美国代理国务卿韦尔斯（Sumner Welles）就丘吉尔声明向记者发表谈话称："我国政府传统的及业经宣布的政策和意图，是在条件允许时，就我国与其他国家放弃根据国际协定在华所享有的治外法权及其他一切所谓特殊权利问题，迅速与中国进行有秩序的协商，并达成协定。此项政策迄未变更。"⑤

1941 年 4 月，驻英大使郭泰祺奉调回国出任外交部长。他取道美国返华，并受命与美国政府商谈废除不平等条约。郭泰祺在华盛顿受到罗斯福接见，并同国务卿赫尔、国务院政治顾问亨培克商谈了废约事宜。亨培克提出，中美两国政府可进行换文，中方表示赞成美国关于国际贸易平等

① 1939 年天津租界事件就是典型例子。但英国屈服于日本的压力，于 7 月签订了有田—克莱琪协定。见本书第三章第一节。

② 《汪精卫集团投敌》，第 73—75 页。

③ 《今井武夫回忆录》，第 87 页；《汪精卫国民政府成立》，第 560 页。

④ 琼斯编：《美国外交关系文件》（S. Shepard Jones, ed.：*Documents on American Foreign Relations*），波士顿 1941 年版，第 284 页。

⑤ 《美国外交文件》，日本卷（1931—1941），上册，第 927 页。

待遇之主张，美方声明于远东战争结束后放弃在华特殊权利①。5 月 31 日，赫尔致电郭泰祺说："美国政府将继续采取已经采取的措施，以满足中国重新调整在其国际关系方面不正常状态的愿望，并希望一俟和平恢复，即放弃我国与其他国家根据有关治外法权的条约及实施措施的规定，在华长期享有的某些具有特殊性质的最后权利的问题，与中国政府迅速进行正常磋商，达成协议。"② 可见，在太平洋战争爆发以前，美国无意在战争期间废止在华领判权及其他特权。

太平洋战争的爆发引起远东国际关系的重大改变。中国与美英等国正式成为反法西斯战争的盟国，中国人民的抗日战争汇入了世界反法西斯战争的洪流，成为其中的重要组成部分。反映旧时代国家关系的各国在华领判权及其他特权，与战时的国家关系格格不入，从法理上已经完全失去了存在的基础。

珍珠港事变前，已有不少饱受战乱的西方人卷起铺盖回国。事变之后，原来租界内的美、英人士立即被日军视为敌侨，失去了先前的一切特权，过着颠沛流离、朝不保夕的生活，上海公共租界工部局也为日人独占，对上海公共租界内美、英人上的司法管辖权完全落入日伪股掌之中③。也就是说，在西方利益集中的东南沿海及长江中下游各地，美英等国原来在华享有的不平等条约权利已经由于日本全面侵华战争而事实上被取消了。

当时的一个矛盾状况是，一方面，"保持中国作战"对于盟国的东方战线至关重要，另一方面，盟国所能给予中国的实际援助又极为有限。1942 年初，罗斯福在与他儿子埃辽特（Elliott Roosevelt）的谈话中说，"保持中国作战"是重要的，"没有中国，如果中国不行了，你想能有多少个师的日军腾出手来，他们去干什么？拿下澳大利亚，拿下印度，而那是像捡熟果子一样唾手可得的。并直接攻向中东"，"日军将和纳粹在近东某地会师，把俄国完全切断，把埃及切掉，把所有通过地中海的交通线统统切断"④。可是当时中国东南沿海的港口已全部为日军所占，仰光成

---

① 《战时外交》，三，第 708 页。

② 《美国外交文件》，日本卷（1931—1941），上册，第 929—930 页。

③ 参见《百年史》，第 239 页。

④ 埃辽特·罗斯福：《耳闻目睹》（Elliott Roosevelt: As He Saw It），纽约 1946 年版，第 52—53 页。

为中国唯一的出海口，滇缅之间的交通成为援助中国的唯一地面补给线，由于运输困难等实际原因，由于美英总的战略方针是先欧后亚，盟国（主要是美国）可以给予的实际援助极少。国民政府则时不时地放出风来，声称除非盟国及时援助，中国将同日本媾和①。在这种情况下，美国十分有必要从各个方面提高中国的地位，鼓舞中国的士气。给予中国5亿美元贷款是主要的财政措施，在政治方面，美国又把废除不平等条约问题提上日程。

国务院内对于是否立即废约有不同意见。远东司司长汉密尔顿（Maxwell M. Hamilton）3月27日的备忘录详细分析了废约的利与弊。他列举了七条反对意见，归纳起来，主要是：美国已经就战后废约作过表态，现时美国在华侨民已不能享受特权，这时提出废约，会被指责为故作姿态，表现软弱；战后中国会有一段不安全时期，其间美国侨民可能特别需要领事裁判权的保护；在战后废约可能成为处理两国关系的"有一定重要性的讨价还价的筹码"。他也列举了三条赞成废约的意见：一、美国公众舆论认为领事裁判权及其他特权与时代不合，继续保持这些特权有悖联合国家进行战争的宗旨；二、中国意识到这一点，因此即使战后废约也不会成为具有重要意义的筹码；三、与其让美国侨民重新获得这些特权，然后加以取消，不如干脆现在取消。汉密尔顿本人倾向于战时废约，并建议远东司会同商业条法司成立一个班子"极其秘密地"为拟订一个合适的条约进行准备。②

远东司官员亚当斯（Walter A. Adams）认为"现时放弃治外法权得不偿失"，战后废约"较为明智"。国务院政治顾问亨培克也倾向于战后废约，他认为没有充分理由说明必须战时废约，美国应当选择适当的时机打这张牌。但他不反对成立一个秘密班子进行准备工作③。

国民政府察觉到美国人民对中国抗战的同情和对领判权的反感，遂将此事直接诉诸舆论。1942年4月19日，《纽约时报》以《东方第一夫人

---

① 1942年1月，有的国民党要人对美国记者说："如果中国得不到及时的援助，它就要开始同日本进行单独媾和的谈判"；"如果美国和英国在消灭希特勒之前，有意给予日本在远东行动的自由，那么我们将十分怀疑，中国继续进行斗争是否明智"。参见戈尼昂斯基等著：《外交史》，第4卷，武汉大学外文系等译，三联书店1979年版，第351—352页。

② 《美国外交文件》，1942年中国卷，第271—274页。

③ 同上书，第269—270、271—274页。

致西方》为题刊载宋美龄的长篇文章。文章回顾了中国近代与列强打交道的历史，谴责西方"以枪口相威逼，一次一次令中国蒙羞受辱"，侵犯中国主权，并特别谴责领判权是"一种恶劣的司法制度"。文章抨击西方在太平洋战争前对中国抗战的冷漠，对日本侵略的温顺，甚至变相袒护日本的态度，并进而把中国独力坚持抗战与西方在日本凌厉攻势下节节败退进行对比，称"中国人民以难以置信的惊愕之情目睹了西方军队的投降场面"，嘲笑西方"自诩有先见之明"而没有做好战争准备。文章认为中国传统文化的智慧和中国坚持抗战的精神力量是值得西方学习的[①]。

宋美龄的文章引起美、英两国政府的注意，赫尔把它看作是"政府文件"。文章在美国舆论界引起强烈反响，许多报刊发表专论、许多人发表演说或致函有关政府部门，要求取消在华领事裁判权。以致赫尔相信，"中国政府在废除领事裁判权方面的任何要求都会在美国得到强有力的支持"[②]。4月，美英两国开始就战时废约进行商议。但英国认为在战场形势如此恶劣的情况下提出废约，只能被解释为两国意志软弱，而不能产生预期的效果，不如等战场形势转向对日本不利时提出废约，并提议在此问题上美英两国采取平行行动。国务院同意此议[③]。

及至年中，太平洋上军事形势有所改善。6月中途岛大海战后，日本丧失了制海制空权，被迫停止全面进攻，改而采取守势。而中国的军事形势却变得更加严峻。缅甸保卫战失败后，中国与外部世界海上陆上的联系被切断，美国援华物资极难运来中国，美国政府认为极需要做些什么来振奋中国士气，国务院认为这正是美英在废约问题上采取主动的好时机。8月27日，赫尔致电驻英大使怀南特（John G. Winant），要他向英国外交大臣艾登转达这一意向。赫尔为废约设计的方案是：美中两国与英中两国理应分别就签订以现代最佳国际惯例为基础、并符合国际关系普遍准则的新条约进行谈判，以废除领事裁判权和其他特权，建立新的国家关系；但这类谈判所需时日较长，容易走漏风声，谈判中双方分歧的泄露易为敌国挑拨离间提供口实；且在中国领土全部收复之前，也不宜进行此种谈判。目前可行的是，美英两国分别立即与中国政府这行谈判，在短时间内达成

---

① 《纽约时报》（*The New York Times*）1942 年 4 月 19 日第 5—36 版。
② 《美国外交文件》，1942 年中国卷，第 282 页。
③ 同上书，第 276—277、280—281 页。

废除在华领判权的简要条约，并对由此产生和与此相关的问题进行调整。确定国家关系的综合性条约可留待战后进行谈判①。

　　对赫尔上述设想的不同意见来自两个方面：英国政府和美国驻华大使高思。

　　英国先是不愿意当时就主动提出废约问题。外交部远东司司长克拉克（Ashley Clark）在9月1日与怀南特的谈话中表示，美国关于现在是采取主动的适当时机的说法理由尚不充分。赫尔遂于9月5日再次致电怀南特，强调了此时废约的必要性，并说："现在采取积极行动，我们应该希望实现三个主要目标：一、为联合国家的事业赢得某些心理上和政治上的利益，这些利益将对中国带来具体的帮助，并加强中国的作战决心；二、永远消除我们对华关系中存在的不正常现象；三、达成一项原则协议，规定美英两国公民在中国享有通常在其他友邦享有的正常权利。"②经过一再交换意见，英方对立即废约和赫尔关于废约的总构想已无异议，但认为"与上海有关的问题似乎是一个特殊问题"，英国希望中国给英美在上海以"特殊地位"，"拟议中的条约应不妨碍美英两国政府在和平谈判中要求这种特殊地位"③。这就是说，英国要为它日后取得在上海的特殊地位作出保留。

　　高思则反对在战时签订简要条约，力主签订综合性条约以确定未来的中美关系。他认为，中国存在着国家化和政府独揽大权的明显趋势，没有任何迹象表明，中国愿意尊重贸易和其他方面关系的互利原则，这对未来的中美关系不是一种健康的或令人满意的形势。因此，"目前采取过于慷慨的政策，放弃治外法权和其他相关权利，希望以后在一般关系和贸易关系方面得到公平和公正的对待的做法是十分错误的"。他认为，为了使中国对"必须承认和满足的美国在华利益承担义务和责任"，"最理想的办法莫过于坚持在放弃特权的同时谈判签订综合性条约"④。但高思的意见被国务院否决。

　　经过一个多月的磋商，美英两国政府决定采取平行行动分别与中国谈

---

① 《美国外交文件》，1942年中国卷，第282—286页。
② 同上书，第287—288页。
③ 艾登致怀南特，1942年9月8日，同上，291—292页。
④ 高思致赫尔，1942年9月8日，《美国外交文件》，1942年中国卷，第288—290页。

判废约，罗斯福也于 10 月初批准了赫尔的构想，两国决定于 10 月 9 日分别向中国大使作出通知。是日，副国务卿韦尔斯向新任中国大使魏道明宣读了声明，并称美方将于一星期内向中方提出草约①。蒋介石获悉报告后立即复电称："美国表示自动取消不平等条约，愿与我订立新约，殊为欣慰。并望为我政府与人民致谢罗总统。又领事裁判权以外，尚有其他同样之特权，如租界及驻兵与内河航行、关税协定等权，应务望同时取消，才得名实相符也。"②

10 月 10 日下午，蒋介石在重庆精神堡垒广场检阅部队时，向全国宣布了美英即将放弃在华不平等条约的消息。中国报界对此一片赞扬之声。蒋介石更感到"心中快慰，实为平生唯一之幸事"③。11 日，他致电罗斯福表示感谢，称颂罗斯福"为使我中国获得平等地位，所表现伟大精神之领导，以及无上之道德勇气"④。

10 月 24 日，赫尔向魏道明提出约稿，它只有简单的八条：一、废止在华领事裁判权，二、废止《辛丑条约》规定的一切特权；三、上海、厦门公共租界归还中国；四、美国政府及侨民在华业已取得的不动产权不变；五、两国人民享有在对方国家旅行、居住及经商的权利，两国给予对方国人民关于法律手续、司法审判、各种租税及经营商业之待遇，不低于本国人民之待遇；六、两国领事官员享有现代国际惯例所给予的权利、特权与豁免；七、战后六个月内进行谈判，签订近代广泛的友好通商航海设领条约；八、条约的批准与生效⑤。中方的主要意见是两条：一、上述第五条中关于经营商业一条应改为"不得低于第三国人民之待遇"，亦即由国民待遇改成最惠国待遇；二、条约中没有提到的沿海贸易和内河航行权亦应一并废止。关于第一点，由于美国是联邦制国家，在商务、金融等方面除联邦政府的法律外，各州还有保护本州利益的法律，联邦政府所给予的国民待遇只限于联邦司法的范围，在各州实际上是他州待遇，因此美国同意删除"经营商业"字样，留待日后商约规定。关于第二点，美方起先提出的条文为"如中国政府允许任何第三国船只参与沿海贸易或内河

---

① 《美国外交文件》，1942 年中国卷，第 296—297、307—308 页。
② 《战时外交》，三，第 712 页。
③ 《蒋总统秘录》，第十三册，第 38 页。
④ 《战时外交》，三，第 713—714 页。
⑤ 同上书，第 716—719 页。

航行，亦应给予美国船只以同样之权利"。中方不同意此方案，认为这等于"无形保留"了沿海贸易与内河航行权，几经磋商，最后改作："如任何一方以内河航行或沿海贸易权给予第三国船舶时，则应给予彼方船舶以同样之权利"①。这样，到 11 月下旬，中美新约的谈判实际已经就绪。宋子文希望在当时正在举行的国民党中央执委会的闭幕会议（11 月 28 日）上蒋介石能够宣布谈判顺利结束的消息②。这个要求操之过急。亨培克 11 月 27 日表示，希望过十天左右能签订新约，他估计中英谈判也能在这十天之内完成。

中英新约谈判却不顺利，双方在九龙租借地问题上意见相左，久议不决。在此同时，日伪却加强了外交攻势、在战争大局对日本越来越不利的形势下，日本侵略者决定进一步利用汪伪政权。1942 年 12 月 18 日大本营和政府联席会议讨论、21 日御前会议通过了《为完成大东亚战争对华处理根本方针》，决定"专心加强（汪伪）国民政府的政治力量"，对于在华租界、治外法权等"设法尽速予以撤销或调整"，使汪伪政权"广收人心"。为了贯彻这个"对华新政策"，汪精卫应东条英机之召，于 12 月 20 日率领汉奸要员周佛海等抵达东京，双方就具体实施办法进行了讨论，日本方面承诺"归还租界，撤销治外法权，对于敌产处理，亦采取善意措施"③。日伪的动向对蒋介石是一个刺激。蒋介石力争中美新约在元旦签订，但因美英两国有约在先，因此中美新约也拖了下来。蒋介石在日记中写道："美英新约不能在元旦如期举行，乃为平生遗憾，更知外交被动之苦也。"④

1943 年 1 月 6 日，日本大本营破译了"美特密第七号电报"，获悉"关于美国撤销在中国的治外法权，已由美中双方签署的条约以及附带的换文（涉及范围甚为广泛），似于最近将经参议院审议生效"。日本决定抢先采取行动。1 月 9 日，日汪"交还租界撤废治外法权协定"签订，日本宣布"交还"在中国的专管租界，"承认"中国尽快收回上海及厦门鼓

---

① 《战时外交》，三，第 729、735—736、738—739、745 页。

② 《美国外交文件》，1942 年中国卷，第 374 页。

③ 参见张振鹍、沈予等《日本侵华七十年史》，中国社会科学出版社 1992 年版，第 525—526 页。

④ 《蒋总统秘录》，第四册，第 307 页。

浪屿的公共租界以及北平使馆区，"撤废治外法权"①。这自然纯粹是一场政治骗局，正如重庆《大公报》14 日文章尖锐指出的：汪伪已把中国出卖尽净，"沦陷区何处不是租界？由日本顾问制造法律，并指挥司法，那个傀儡有本事去问‘治外法权’？那个日本人瞅睬过汉奸的法律？"然而它竟抢在中美、中英新约之前出笼，这仍使蒋介石颇感懊恼。他在日记中写道，汪伪条约虽为儿戏，然而"中美新约继其后发表，未免因之减色"②。

1 月 11 日，中美《关于取消美国在华治外法权及处理有关问题之条约》（简称中美新约）在华盛顿签字，中英同名条约在重庆签字。2 月 1 日罗斯福向国会提出中美新约，11 日，参议院经过简短辩论，一致同意批准该条约。5 月 20 日中美新约在华盛顿、中英新约在重庆交换批准。据此，美英两国正式废除了在华领事裁判权、通商口岸特别法庭权、英籍海关总税务司权、使馆区及一些铁路沿线驻兵权、沿海贸易与内河航行权、外人引水权等项特权，废除了 1901 年 9 月订立的《辛丑和约》，宣布将上海、厦门的公共租界和天津、广州英租界及北平使馆区的各种权益归还中国。此后四年间，国民政府经过一系列谈判，废除了与比利时、巴西、挪威、瑞典、荷兰、法国、瑞士、丹麦、葡萄牙等国的类似条约。一个世纪以来作为中国对外关系基础的不平等条约体系终于崩溃。

中美、中英新约的签订，从法理上结束了美、英百年来在中国享有的领事裁判权和其他特权，这是中国人民长期反帝爱国斗争的结果，尤其是六年半艰苦卓绝的抗日战争的结果，是中国国际地位提高的一个标志。废约大大鼓舞了中国军民的抗日士气，重庆、延安及其他许多地方都举行了盛大的庆祝活动。

但中美新约有它的局限性。第一，美国并没有放弃它根据不平等条约取得的所有特权，在华投资设厂、办学校、设教堂等问题就没有涉及。第二、换文规定：美国在华法院及领事法庭之"命令、宣告判决、决定及其他处分，应认为确定案件，于必要时，中国官厅应予以执行"，在中美新约发生效力时，美国法院及领事法庭所有未结案件，如原告希望移交于中国法院，应"于可能范围内适用美国法律"。这就是说，中国应承认美

---

① 《日本军国主义侵华资料长编》中，第 686 页；南京《民国日报》1943 年 1 月 10 日。

② 《蒋总统秘录》，第十三册，第 43 页。

国领事法庭过去作出的判决仍然有效，对于领事法庭未结案件要根据美国法律判定。第三、就在中美新约生效的第二天，1943 年 5 月 21 日，中美两国又达成了《中美关于处理在华美军人员刑事案件换文》，规定在华美军人员如触犯中国刑律，由美军军事法庭及军事当局裁判，该办法在战争期间及战后六个月内有效。诚然，关于领土内盟国军队的管辖权问题在理论上是有分歧的①，但联系到以后的事实，那么换文对中国主权的损害就是不容置疑的事实。美国历史学家费正清（John King Fairbank）也抨击说：这一换文"使在华美军可以不受中国刑法的约束……战争结束时，上海马路上有好几个月挤满了美国大兵和酗酒闹事的水手，其情景远非条约口岸时代所能比拟。这同中国新的大国地位是很不相称的"②。

中美新约第七条规定，两国于战后至迟六个月内进行谈判，"签订一现代广泛之友好通商航海设领条约"。美国政府和企业界希望，美国旧有的许多利益和特权能在新的条约框架之内保留下来，希望中国"过于敏感的民族主义"不至于过多妨碍美国在华经济扩张，汉密尔顿在 1943 年 2 月 12 日给高思的一封长信中写道："我觉得，对付这些困难最好的办法是以异乎寻常的耐心，尽我们的可能以友好的方式帮助中国朝着进步与自由的路线发展。随着时间的推移，也许经过十年，我期待那种过于敏感的民族主义烟消云散。"③ 美国实业界和政府密切配合，游说国民政府大员，对中国战后经济政策施加种种影响，一再抵制国民政府关于美国在华公司按中国《公司法》重新登记的要求，直至战后干涉中国立法，按美国愿望于 1946 年 11 月订立了《中美商约》，这一段历史是应该同战时废约结合起来考察的④。

中美之间还有一个长期影响两国关系的特殊问题，这就是美国的《排华法》。美国第一个《排华法》是 1882 年制定的，该法禁止华工入美10 年，并禁止州法院和联邦法院批准华人归化为美国公民。以后《排华

① 参见《百年史》，第 257 页。

② 费正清：《美国与中国》（第四版），张理京译，马清槐校，商务印书馆 1987 年版，第244 页。战时和战后初期，费正清在美国驻华机构担任公职，他是这种现象的目击者。

③ 转引自科斯格罗夫《美国对华经济外交政策（1943—1946）》（Julia F. Cosgrove: *United States Economic Foreign Policy toward China, 1943—1946*），安阿伯 1983 年版，第 66—67 页。

④ 详见陶文钊：《1946 年中美商约：战后美国对华政策中经济因素个案研究》，《近代史研究》1993 年第 2 期。

法》一再延长，限制性规定也越来越多，1904 年美国国会议决《排华法》无限期有效①。太平洋战争爆发后这样一种"特殊丑恶形式的种族歧视"在美国已越来越不得人心，在先前排华情绪最强烈的西海岸，要求取消《排华法》的情绪也逐渐占了压倒优势。1942 年 5 月，"废除《排华法》公民委员会"成立。第七十八届国会开幕后，参议院中提出了六项有关废除《排华法》的提案②。1943 年 10 月 11 日罗斯福致函国会，敦促尽快废除《排华法》。他指出："国家和个人一样，也会犯错误。我们要有足够的勇气承认过去的错误，并加以改正"，"通过废除排华法，我们就可以改正一项历史性错误，并消除日本人的歪曲宣传"。他赞颂中国"在极端不利的条件下始终坚持英勇的斗争"，并说"中国的抗战并不单纯依靠飞机和大炮……它也同样依靠本国人民的精神以及对于盟国的信任"，清除美国法律中"不合时宜的东西"，就能加强中国的这种信任③。没有经过太多争论，马格纳森（W. G. Magnuson）参议员于 6 月 29 日提出的 HR3070 案（拟请废除禁止中国人入境及给予入境配额案），众议院于 10 月 21 日、参议院于 11 月 26 日先后通过，罗斯福总统于 12 月 17 日签署，成为法律。至此，延续了 60 年的《排华法》终于成为历史的陈迹。

《马格纳森法》有三方面重要内容：一、废除现存的一切排华法令；二、每年允许 105 名中国移民进入美国，其中 79 名分配给中国本土移民，26 名分配给各地中国血统移民；三、准许合法的华人移民加入美国国籍。当时美国的移民配额是以 1920 年各民族在美移民总数的 1% 的 1/6 来计算的。1920 年是美国实行排华的高潮，当时在美华人比 1882 年还要少近 5 万人，只有 6.16 万人。因此，按照这个办法得出的 105 名配额实际上是象征性的④。

第三节　中英新约的签订

英国提出草约比美国晚了几天。1942 年 10 月 24 日，在美方提出草

---

① 参见《中美关系史，1911—1950》，第 17—18 页。
② 刘伯骥：《美国华侨史续编》，台北 1981 年版，第 113—114 页。
③ 《罗斯福选集》，第 444—445 页。
④ 参见邓蜀生《美国与移民》，重庆出版社 1990 年版，第 264—265 页。

约时，英方向中方说明，英国政府正就约文与印度及自治领政府进行商议，但约文将与美国的草约十分接近①。10 月 29 日，英国外交部远东司司长克拉克把草约交给中国驻英大使馆，30 日薛穆也向国民政府外交部提出草约，中英谈判正式开始。整个谈判期间，美英之间不断互通消息，就约文的内容和措辞频繁进行磋商。

国民政府外交部经过研究发现，英方草约与美方草约一样，没有提到沿海贸易与内河航行权，要求经营商业的国民待遇，此外，英方草约没有提到英籍海关总税务司权和九龙租借地。

在美方提出草约后，中方立即提出了沿海贸易与内河航行权问题。10 月 27 日美国国务院通知英国政府，美方决定同意中国要求，"消除这种不正常的条约关系"，美国政府希望知道英方的态度②。但英方在此后提出的草约中仍然没有提到这一问题，中方在接受草约时予以指出。薛穆答称，草约专为解决治外法权及租界问题，有关航行的问题以后在综合性条约中解决更合适③。中方当然不满足于这种解释，并同时与英美就此问题进行交涉。10 月 31 日，美方又把初步拟订的废止沿海贸易与内河航行权的条款通知英方，征求意见。11 月 13 日，英国外交大臣艾登答复美国国务卿赫尔说："在沿海与内河航行（原文如此）这个困难问题上，我们的强烈愿望是推迟到我们在互利基础上谈判全面条约时再对此问题作出确切安排，如果看起来我们在这一点上比较坚持，那就请你理解，这部分是因为，在正常时期我们在对中国的这种贸易中的利益是十分巨大的，可能大于除日本外的任何大国，因此这对我们是具有头等重要性的事情之一。"④ 17 日，艾登指示薛穆，英国政府准备告知中国政府，英国固然无意保留它现在享有的单方面的条约权利，但它希望"在谈判广泛的条约之前，中国政府将不禁止英国船只从事内河航行及可能进行的沿海贸易"⑤。也就是说，英国拒绝废除这项权利。

11 月 17 日，赫尔就中美新约谈判情况对艾登进行全面通报时详尽阐述了美国在这一问题上的态度。他说，中国驻美使馆屡次口头提出，在

---

① 《美国外交文件》，1942 年中国卷，第 340 页。
② 原件存英国国家档案馆，英国外交部档案，（F0371/31661, Public Record Office）。
③ 薛穆致外交部，1942 年 10 月 31 日，F0371/31661。
④ 《美国外交文件》，1942 年中国卷，第 349 页。
⑤ F0371/31661。

11 月 10 日的书面文件中又要求废止沿海贸易与内河航行权，"显然，中国方面肯定希望把这一条包括在条约中或所附的换文中"，中方将坚持这一要求，一则，这种权利是单方面的特殊权利，二则，这种权利虽则实际与治外法权无关，但中国官方和民众都认为，它与治外法权密切相关。他接着说，"如果因为与某项特殊权利有关的问题上的困难而使条约的签订推迟，那是十分不幸的"，这种延迟本身将表明谈判各方间的争议或其他重要的困难，而美国公众舆论也将肯定会对任何企图保留某种特殊权利的做法持批评态度。他希望英国政府进一步考虑这一问题①。但英方却不愿意这样做。艾登在 27 日给薛穆的指令中仍然坚持 17 日的说法，并辩解说，这种权利不是单方面的，1894 年的缅甸条约就给予中国在伊洛瓦底江行船的权利②。艾登接着说，如果中国坚持要在换文中包括此条，那么，"作为最后一招"英国准备声明，英国将不保留沿海贸易和内河航行方面的单方面权利，同时要求中国政府声明，在作出进一步的安排之前，将允许现行办法继续实行。24 日，英驻美大使怀南特把英国政府的立场告知国务院③。

在谈判过程中，英国政府还及时听取实业家尤其是英商中华协会④的意见。11 月 26 日，克拉克邀请部分实业家讨论沿海贸易与内河航行权问题。与会者一致认为，如果没有条款规定在沿海贸易方面现行做法可以继续实行，那么战争末期英国轮船公司的境遇就会非常严重，如果没有这样的条款，那就必须采取措施保护那些码头、仓库、驳船等的所有者⑤。在英商中华协会同日给外交部的备忘录中强调指出，"不管怎么说，香港与中国沿海各口岸之间的贸易必须由英国船只承担"，尤其对于上海及上海以南口岸应是如此；为了进行内河航运，可以组织中英合股公司，但中方股份不得超过 51%，而且股票不得为中国政府所持有⑥。

---

①　《美国外交文件》，1942 年中国卷，第 356—357 页。

②　1894 年 3 月 1 日签订的中英《续议滇缅界、商务条款》第十二条规定："英国……答允中国运货及运矿产之船只，由中国来，或往中国去，任意在厄勒瓦缔江（即大金沙江）行走；英国待中国之船，如税钞及一切事例，均与待英国船一律。"见《中外旧约章汇编》，第一册，第 579 页。

③　F0371/31662；《美国外交文件》，1942 年中国卷，第 368 页。

④　China Association，英商中华协会是该组织自己取的中文名。

⑤　克拉克 12 月 1 日备忘录，F0371/31664。

⑥　斯怀尔（Swire）12 月 26 日备忘录，F0371/31664。

关于经营商业的国民待遇，尽管美国在 11 月中旬已经放弃了这一要求，但英国却一直在坚持。艾登 11 月 24 日致电赫尔说："外交部认为取得在中国经营商业的国民待遇是重要的"，英国政府将要求在平等和互利的基础上承认这一原则，为了弥合分歧，可以在这一条中加上"直到签订第八条中提到的广泛条约为止"这一限定语①。27 日，艾登对薛穆发出相应的指令，同时致电赫尔，对美国放弃要求经营商业的国民待遇表示"极为遗憾"。他认为，在新约中不要求这种待遇将对日后谈判广泛条约产生严重影响，英国内阁不会答应放弃这一要求。他希望美国的最后约本推迟提出，否则，英国将单方面遗憾地向中国坚持这项要求②。

英国政府还提出了购置不动产权的问题。11 月 5 日，艾登致电赫尔说，薛穆注意到，美英提出的草约没有提到两国侨民在华购置不动产的问题。艾登接着说，1928 年中国与意大利缔结条约时声明，在领事裁判权废止后，中意两国人民享有在对方国家的"居住、营商及土地权"，中国当年与比利时、丹麦、葡萄牙订立的条约中也都有类似规定。"这一点对于美、英两国在华利益至为重要，我们极希望在对等基础上把此点包括在现今的谈判之中"③。但美国各州关于购置不动产各有自己的法规，这属于联邦司法以外范围。7 日，赫尔致电艾登解释说，在美国与外国订立的条约中，关于不动产问题有许多具体的专门规定，在多数情况下，不动产的所有权问题常常不予提及。谈判这些具体规定，必然推迟新约签订。他建议，不妨等日后谈判广泛条约时再去讨论此事④。

英国在这一点上却相当坚持。12 月 4 日，艾登在给赫尔的电文中再一次强调说：如果英国公民不要求购置不动产权，那么英国公民与意大利、比利时等国公民相比就处于一种不利的地位。他认为，可以不把印度、缅甸包括在此项范围之内，因为印、缅两国不能作出互惠安排⑤。

但到 11 月下旬，中美之间已就有关各点基本达成一致，这使英国方面恼怒。外交部顾问布雷南（John Brenan）写道："在经营商业的最惠国待遇、沿海贸易与内河航行权及购置不动产权这三个我们认为至关重要的

① 《美国外交文件》，1942 年中国卷，第 365 页。

② 同上书，第 383 页；F0371/31662。

③ 同上书，第 342—343 页。

④ 同上书，第 343—344 页。

⑤ 同上书，第 388 页。

问题上，美国人处处拆我们的台。不仅如此，由于他们的快速战术，事实上我们被剥夺了与中国人进行实际谈判的任何机会。我们要是单独行动也不可能比这更糟了"，"而如果美国人作了让步，我们大概也只能这样做"。克拉克在这份备忘录上写道："看来，只好等到日后订立广泛条约时再把整个事情扭转过来了，我觉得似乎该是我们就美国在治外法权谈判后半段对待我们的态度向美国提出抗议的时候了。"① 进入12月，英国在这三方面仍在坚持。12月24日，艾登致电薛穆说，他应当在经营商业的国民待遇这一点上坚持到最后时刻，但如果中方依旧反对，可以作出让步，但薛穆应给中方一项照会，让中方表示接受国民待遇的原则。27日，艾登又指示说，如果放弃国民待遇的要求，就不要再给中方什么照会了，因为这"可能刺激中国政府公开拒绝这一原则"。他接着说，作为在国民待遇上让步的条件，"应尽最大努力保证关于不动产权的条款"②。最后的结果是：英方被迫放弃了沿海贸易与内河航行权及经营商业的国民待遇的要求，中方被迫同意两国互相给予对方侨民购置不动产的权利，这一条是中美新约中没有的③。

中英谈判中争议最大的问题是九龙租借地，即新界问题④。国民政府外交部审查了英国草约后明白提出，1898年6月9日签订的《中英展拓香港界址专条》应予废止，九龙租借地应同上海、厦门公共租界一样处理，其行政与管理权，连同其官有资产与官有债务，应移交中华民国政府⑤。但这一要求遭到英方断然拒绝。

英方对中方在谈判中提出新界问题早有思想准备，并早已确定了方针。它与英国战后如何对待殖民地的总的构想密切相关。

1942年，美国舆论和政界要人对英国的殖民主义政策有许多批评⑥。美国共和党政治家威尔基10月7日对重庆新闻界告别演说中不指名地批

① 布雷南12月3日备忘录，FO371/31664。

② 艾登致薛穆，1943年12月24日、27日，FO371/31665。

③ 《中外旧约章汇编》，第三册，第1265—1269页。

④ 香港地区包括三个部分：一、英国通过1842年《南京条约》割占的香港岛；二、英国在1860年先租借后割让的九龙半岛；三、英国在1898年强行租借的九龙租借地，即所谓新界。新界陆地面积比香港本岛和九龙半岛大十多倍。

⑤ 《战时外交》，三，第765页。

⑥ 参见陶文钊《太平洋战争期间的香港问题》，《历史研究》1994年第5期。

评英国说："我们相信，这场战争必定意味着帝国主义国家统治其他国家的时代的终结。例如，从现在开始，中国的每一寸土地都将只能由生活在那里的人民治理，我们现在就该这么说，而不是等到战后。"① 英国决策者对此十分反感。艾登认为，"美国对太平洋的态度……是要把别人的财产交给一个国际委员会，在这个委员会中美国占有 1/3 或更多的席位"。殖民大臣克兰伯恩（Salisbury Cranborne）在议会称："大英帝国没有死亡，亦非临终，甚至没有进入衰落。"② 他认为，英国过去治理殖民地的记录是值得骄傲的，在对待殖民地问题上，"我们从一开始就必须采取坚定路线"，"不能听任中国人和美国人的摆布而落到公开认错的地位"③。丘吉尔本人在这一方面是最强硬的。11 月 10 日，他在谈到英国军队在埃及的胜利时借题发挥说，英国对北非及世界其他任何部分都没有占有欲望，英国并不是为谋利和扩张参加战争的。他接着说："然而让我把这一点说个清楚，以免各方面对此产生任何误解。我们的意思是保持我们自己的东西。我不是英王为主持消灭大英帝国设立的首相。"④

英国政府中也不是铁板一块，薛穆对中方提出新界问题多少抱有同情态度，而且他认为，这个问题"一旦提出，他们就不大可能放弃，因为他们认为租借地和租界一样，都属于有损中国主权的不平等条约的范围"。薛穆还认为，中方只提新界，而未提港岛和九龙半岛，这实际上是默认香港和九龙是英国领土，这对英国是有价值的，因此或许可以考虑接受中国要求⑤。

但外交部却别有主意。克拉克在 20 日的备忘录中援引了香港总督 1931 年 6 月一份备忘录中的话："不但九龙，而且新界的大部分地区……对香港在经济和战略上都是必不可少的。"克拉克完全同意这一结论。他

---

① 薛穆致外交部，FO371/31659。

② 克里斯多弗·索恩：《一定程度的盟友——美国、英国与对日战争（1941—1945）》(Christopher Thorne：*Allies of A Kind. The United States，Britain，and the War Against Japan，1941—1945*)，纽约 1978 年版，第 220 页；刘易斯：《走投无路的帝国主义——美国与英帝国的瓦解（1941—1945）》(Wm. Roger Louis：*Imperialism at Bay. The United States and the Decolonization of the British Empire，1941—1945*)，牛津 1977 年版，第 187 页。

③ 克兰伯恩致艾登，1942 年 8 月 18 日，FO371/31777；并见《走投无路的帝国主义》，第 189 页。

④ 《泰晤士报》，1942 年 11 月 11 日，第 8 版。

⑤ 薛穆致外交部，1943 年 11 月 17 日，FO371/31663。

认为"新界与英国领土是互为依存的","我们必须坚决抵制中国的这一建议：毫无疑问，中国的计划是要把我们一步一步地挤出香港"。但他顾及到，如果完全拒绝中国要求，英国就得不到美国支持。分析来，分析去，他认为最好的办法是拖延，具体做法是，英国政府发表一项声明，战后英国将致力于远东的重建和确保和平，盟国应为共同利益精诚合作，英国也准备与中国政府讨论香港未来地位问题。如果盟国致力于在太平洋地区建立联合防御体系，英国将把香港作为该体系的战略要点之一；在经济方面，盟国之间或英中两国间应达成一种安排，使英国得以保留增加和保护在香港的商业企业的特权。他觉得发表这样一项声明可以使英国摆脱困境①。

布雷南大致同意克拉克的意见。副外交大臣贾德干虽认为中国没有理由在一项废除治外法权的条约中提出新界问题，但他还是颇为宽宏大量地同意了克拉克的主张。议会外务次官劳（R. K. Law）主张把声明范围仅限于新界，并使用盟国希望英国为重建远东作出贡献这样的措辞。但艾登否决了发表声明的建议。他认为对中方的答复应是：新界不属条约范围，但英国愿在战后讨论其未来②。22日外交部指示薛穆："条约与香港殖民地和包括新界在内的香港任何部分均无关系。"③ 最后外交部的方针是：坚决抵制中国要求，即使谈判破裂也在所不惜。11月30日的内阁会议批准了外交大臣提出的这一方针。12月5日，艾登指示薛穆，新界不属目前条约范围，但可以通报中方，在战后盟国为重建远东进行合作的情况下，英国"会与中国政府共同考虑在现行租期内新界的未来地位"④。艾登就是否有必要这样做征求薛穆意见。

薛穆7日回电说，中方提出新界问题，或许仅仅是为了尝试，或许是为了彻底解决，他认为后一种情况更有可能，"中国人不会同意战后继续保留租借地"。为此，他主张，如果"我们能够干脆拒绝在条约中写入新界问题，我们就坚持不变"，同时还要发表一项声明表示不会无限期搁置

---

①　F0371/31663。

②　布雷南、贾德干11月20日，艾登22日对薛穆电报的批示均见 F0371/31663；并见陈列洁贞《中国、英国与香港》（Chan Lau Kit - Chint: *China, Britain and Hong Kong, 1895—1945*），香港1990年版，第306页。

③　外交部致薛穆，1942年10月22日，F0371/31659。

④　F0371/31663。

这个问题。但不能发表如艾登所说的那种声明，中国人会把它看作是英国打算继续保留租借地的表示；再则，也不能使用"在现行租期内"这类措辞。尽管如此，他仍然怀疑，中方是否会同意把新界问题留待战后解决。没有等到艾登的进一步答复，薛穆于 14 日告知宋子文，英国政府认为新界不在目前谈判范围之内[①]。

中方的态度似乎与英方同样坚决。蒋介石坚持要把收复九龙租借地包括在条约之中，否则，他宁愿不签订条约[②]。

14 日晚，宋子文嘱杭立武造访英国使馆。杭立武早年留学英国，在伦敦大学获博士学位，时任教育部常务次长，并兼中英文化协会秘书长，他深得蒋介石信任，与英国方面关系也很好，常常起到蒋介石与英国大使馆之间的联络官的作用。杭立武对英国使馆顾问台克满（Eric Teichman）说，宋子文拿不准是否能说服蒋介石和孔祥熙最终同意签订不包括九龙租借地的条约。杭立武以个人身份提出一项建议：中方向英方提出一份公函，承认九龙租借地与目前谈判无关，并希望在今后适当时候重新提出九龙租借地问题。他希望知道英方对此将采取什么态度。杭立武的建议显然是他与宋子文的共同想法，他是来为宋进行试探的。薛穆随即把杭立武的建议转告外交部，并再一次指出："任何暗示要继续保留租借地的答复都不会使中国人感到满意。"他特别提到，"要理解他们的想法，我们必须想一想 1898 年各国纷纷索要租借地的历史，当时外国对中国的侵略达到了高潮"[③]。

杭立武的建议不要求英方承担任何义务，对于英国未来对九龙租借地政策没有任何约束，艾登认为是可以接受的[④]。在 12 月 21 日的内阁会议上丘吉尔再次表示："应坚持我们前此坚持的方针，即现在不可能考虑领土调整问题，必须把它留待战后……讨论。"[⑤] 艾登随即于 23、24 日两次指示薛穆，新界未来的问题不在新约范围，但如果中国政府愿意，英国可

---

① F0371/31664。

② 顾维钧：《顾维钧回忆录》，第五分册，中国社会科学院近代史研究所译，中华书局 1987 年版，第 16 页。

③ 薛穆致外交部，1942 年 12 月 15 日，F0371/31664。

④ 艾登致薛穆，1942 年 12 月 19 日，F0371/31664。

⑤ 艾登致薛穆，1942 年 12 月 23、24、26 日，原件存英国国家档案馆，内阁档案，CAB65/28。

在战后"考虑租借地的期限"，中英双方可通过换文表示这种意向。这实际表明英国战后仍要保有这块租借地。25 日上午薛穆照艾登指示向宋子文作出表态，遭宋子文拒绝。他说，"租借地的期限的说法是不能接受的。"薛穆在当天向艾登的汇报中建议，如果中方最终同意作出妥协，可将"租借地的期限"一语改作"租借地问题"。艾登接受这一意见，于 26 日指示说，英国虽极愿保留"租借地的期限"一语，但也可把"期限"删去，或改作"租借地问题"①。

是日下午，宋子文、外交部次长吴国桢、国防最高委员会秘书长王宠惠、外交部条法司司长王化成及因协助接待英国议会访华团而回国的驻英大使顾维钧在王宠惠寓所进行商讨。王宠惠等说，蒋介石对九龙租界地问题颇为坚持，如不能解决这一问题，中英谈判可能破裂。顾维钧认为英国人说战后解决领土调整问题是有诚意的，中国可以找到体面退让的办法；而如果条约谈判失败，英国发表声明解释理由，英美舆论采取现实态度，觉得首要之事是协同作战，而不是就现在还被敌人占领的领土进行争吵，那样可能反而对中国不利。在场的人还一致同意，在今后对付苏联时，与英国的合作是至关重要的。于是决定把问题呈报蒋介石，并由王宠惠起草了一个方案，要求英国声明归还新界的意愿，并在战争结束后六个月之内开始进行谈判。蒋介石批准这一方案，并强调，英方要宣布愿意归还九龙租借地②。

27 日上午宋子文把蒋介石的这一批示告诉顾维钧，并要他立即去见薛穆。于是顾维钧对薛穆说；"中国政府不反对在新约之外解决租借地问题，也不反对战后再进行各种实际安排，但英国现在必须明确声明，打算把租借地归还中国，如果连这样的妥协办法英国也不能接受，中国政府将不签订条约。"自然，他希望能避免这种结局。薛穆表示无能为力，说：他已尽力设法提出折中方案，如谈判破裂，不是英国的过错③。

谈判眼看面临僵局，顾维钧认为英国在九龙租借地问题上不会再作多少让步，并主张"即使暂时牺牲九龙，也要签署条约"，宋子文建议一起

---

① 薛穆致外交部，25 日，F0371/31665。

② 《顾维钧回忆录》，第五分册，第 170—173 页。

③ 薛穆致外交部，1942 年 12 月 27 日，F0371/31665；《顾维钧回忆录》，第五分册，第 173 页。

去劝说蒋介石不要在这一问题上坚持。27 日晚，顾维钧在面见蒋介石时说，英国有意表示友好，建议缔结新约，如果因新界问题而使谈判搁浅，英方会认为中方太缺乏谅解，太不近情理。他认为新约是英国"送上门来的礼"，中国应当先收下这第一份礼，同时暗示在等着第二份礼；中国应当先签新约，同时公开讲明，希望英国战后归还香港。蒋介石接受了这一建议①。但他决定先不把这一立场通知英方，而让宋子文第二天再告诉薛穆，新界问题解决后才能缔约②。

28 日上午，宋子文再次与薛穆会谈。他说，中国政府对英国建议的换文讨论过两次，中方不能接受这种解决办法。他强烈暗示情势的严重性，恳切要求英国政府重新考虑在新界问题上的立场，作出准备归还新界的声明。薛穆感到事态严重。他相信宋子文所强调的中国政府和中国人民在新界问题上的感情，他担心，如果英国不发表中方所要求的声明，中国真有可能拒签新约，那样，"英国可能陷入窘境，中国人在与美国人签订条约之后，会单方面宣布废除治外法权。即便不这样做，也将出现困难的状况"，中英"两国正在迅速改善的关系"将"严重倒退"③。

在 28 日内阁会议之前，克拉克在给艾登的备忘录中分析谈判的形势说，如果内阁会议批准指示薛穆，除了把"租借地的期限"中"期限"一词删去，英国不再作任何让步，英国可能要冒谈不成条约的风险。这对英国议会和公众都能讲得过去，因为一则，新界不属治外法权范围，它是"英国领土香港在租借条件下的延伸"；二则，如果英国宽宏大量，条约对中国过于有利，中国将得寸进尺，要求对治外法权范围以外的事项进行调整。他指出，达不成条约虽有若干不利之处，但"事情的关键在于，如果我们由于中国的压力而在这一重要问题上让步，那么我们将使自己在

---

① 《顾维钧回忆录》，第五分册，第 173—174、16—18 页。关于顾维钧说服蒋介石的这次接见，顾维钧自己的回忆不尽一致。他在对中英新约谈判全过程的回忆中讲到两次见蒋介石，一次是 12 月 27 日晚，一次是 30 日下午，两次都是与宋子文等一起见的。见同上书，第 174—176 页。他在另一处回忆见蒋介石没有说明日期，且说是单独见蒋的。见同上书，第 17—18 页。从当时情况看，蒋介石除了 27、30 日两次接见外，不会再有第三次接见。顾维钧没有说明日期的这次只能是 27 日晚的那次。

② 《顾维钧回忆录》，第五分册，第 175 页。

③ 《顾维钧回忆录》，第五分册，第 175 页；薛穆致外交部，1942 年 12 月 28 日，F0371/ 31665。

其他问题上经受中国的严重压力"。艾登完全同意克拉克的这一说法①。

28 日，艾登向内阁会议报告了谈判情况，表示不能接受中国政府要求。内阁会议同意这一立场。会后，艾登立即指示薛穆，可将"租借地的期限"中的"期限"一词删掉，或改成"租借地问题"。他接着说："我们不准备超出这个范围，我们不可能接受顾博士提出的解决办法，如果中国坚持，我们只好不签订条约。"29 日，艾登又紧急致函美国驻英临时代办，解释英国政府的立场说，谈判开始时，英国政府没有料到中方会提出新界问题，现在，内阁已经议决，即使谈判破裂，英国也不能让步。他希望在谈判中一直与英国合作行事的美国政府运用其对中国的影响，不要使事情走到这一步②。虽然美国政要和公众舆论对英国殖民主义多有批评，但在这谈判关键时刻美国还是支持英国而不是中国。31 日，英驻美大使哈利法克斯电告外交部，美国国务院与美驻英大使怀南特"经过充分讨论"，决定向中国政府指出，他们对中方"经常节外生枝感到不快，虽然租借地问题是中英两国间的事，但美国也关心此事，因为提出这一问题可能影响顺利解决治外法权问题"。虽然用不着美国进行干预中方就已作了让步，艾登对美国国务院和怀南特还是深表感激③。

30 日，薛穆把英国政府立场告知宋子文；下午，宋子文、王宠惠、顾维钧又见蒋介石，劝说他放弃关于九龙租借地的要求。31 日上午蒋介石最后批准签署条约。中午宋子文把这一决定通知薛穆④。

1943 年 1 月 11 日，中英新约签订。同时，宋子文向薛穆提出一项照会，声明：关于九龙租借地问题"保留日后提出讨论之权"。21 日，薛穆复照称，业已将此通知转达本国政府⑤。英国没有通过这项换文承担任何义务，作出任何承诺。可以说，中方在新界问题的谈判上是完全失败了。

① F0371/31665。

② 同上。

③ F0371/35679。

④ 《顾维钧回忆录》，第五分册，第 176—179 页。

⑤ 《战时外交》，三，第 781 页。

第四节　四大国宣言与开罗会议

在阿拉曼战役（1942 年 10—11 月）①、斯大林格勒战役（1942 年 7 月—1943 年 2 月）、瓜达尔卡纳尔战役（1942 年 8 月—1943 年 1 月）以及盟军北非登陆之后，盟国已能确有信心地展望战争的胜利结束了，关于战后世界的安排问题开始提上盟国的议事日程。罗斯福关于战后世界的总的构想主要有两个方面：消灭老的殖民帝国，确立新的大国体制。

罗斯福预见到，经过翻天覆地的第二次世界大战，英、法、荷等老殖民帝国是不能再继续下去了，反法西斯战争的胜利必定伴随民族独立运动的高涨，殖民地、半殖民地人民在赶走德、意、日法西斯后不可能再重新接受殖民统治。他认为英、法、荷应当以美国处理菲律宾的方式对待各自的殖民地②。这是一个一箭三雕的主张：它在客观上符合殖民地国家人民的意愿，能博得他们的好感，提高美国作为"民主国家"的声誉；能打击英、法等国的势力，缩小它们的势力范围；同时又使美国得以向更多的国家和地区扩展势力，填补政治"真空"。

消灭了老殖民主义以后是一种什么样的国际格局呢？罗斯福的设想是建立一个单一的国际组织，美、英、苏、中四个"警察"应当在其中起支配作用③。尽管大战期间盟国之间时有龃龉，但罗斯福并不怀疑，战时盟国之间的合作在战后仍将继续下去，这种合作既要通过一个相应的国际组织，即联合国，又要通过大国之间恰当地划分势力范围。美国决策者毫不怀疑，在战后世界的大国体制中美国应居于领导地位。在大战中，由于美国提供的租借援助，盟国都感谢美国。除了美国，其

---

① 1942 年 10 月下旬至 11 月上旬，由蒙哥马利（Bernard Montgomery）将军指挥的英军 17.7 万人与隆美尔（Erwin Rommel）指挥的德意军队 9.3 万人在埃及阿拉曼进行会战，英军大胜，歼敌 5.5 万人，扭转了北非战局。美、英联军随之在"法属北非"登陆，以彻底歼灭德意军队，控制地中海，巩固中东。

② 《耳闻目睹》，第 165 页；萨姆纳·韦尔斯：《缔造历史的七项决定》（Sumner Welles: *Seven Desisions That Shaped History*），纽约 1951 年版，第 150—156 页。1934 年 3 月，美国国会通过《菲律宾独立法》，此法规定，菲律宾将从 1946 年起独立。

③ 参见安东尼·艾登《艾登回忆录——清算》，瞿同祖等译，商务印书馆 1976 年版，第 656—657 页。

他盟国战后都有紧迫和繁重的恢复战争创伤的任务，它们在战后仍将有赖于美国的援助。在战后满目疮痍的世界，美国的经济与军事实力将无可匹敌。在大战期间，中苏之间、中英之间和英苏之间常有这样那样的矛盾，而美国则处于较为超脱的地位；美国决策者认为，这种状况战后仍将继续下去，这样，美国在四大国中又将处于支配地位。罗斯福在开罗会议前夕踌躇满志地对儿子说："美国将不得不出面领导，领导并运用我们的斡旋进行调解，帮助解决其他国家之间必然产生的分歧：俄国与英国在欧洲，英帝国与中国、中国与俄国在远东。我们有能力做到这一点。因为我们是大国，是强国……美国是能在世局中缔造和平的唯一的大国。这是一项伟大的职责。"[1]

英国和苏联关于战后世界的考虑与美国既有共同之处，也有分歧。英国赞成创建一个单一的世界性国际组织，大国在其中享有优先发言权，但英国不愿放弃老殖民帝国。1942年12月中旬，丘吉尔直率地对罗斯福的加勒比海问题首席顾问陶西格（Charles W. Taussig）说："各国依靠它们的传统生存，否则就会灭亡……只要我还在这里，我们就要坚持传统，毫不放松地保持帝国的完整。"[2]

苏联早就清楚表示，打算沿西部边界建立一个势力范围。1941年12月当艾登为使英俄同盟正式化及检讨军事形势访问苏联时，斯大林要求英国承认，波罗的海诸国以及战前波兰、芬兰和罗马尼亚的一些部分并入苏联[3]。及至1942—1943年，苏联关于势力范围的想法更有发展。在大战期间，美国援苏租借物资是苏联的重要战时补给，美、英军队的支持对红军摧毁希特勒的力量有着实际的价值和更大的潜在价值，斯大林这时也不反对战后与美、英合作。

太平洋战争爆发后，罗斯福与丘吉尔、美英联合参谋长会议频繁举行会晤，商讨战略，制订作战方案，苏联和中国基本上是两个独立的战场，两国首脑和参谋长们两年多中还从未参加过这类盟国的峰会。随着战争形势的好转，罗斯福很想与斯大林、蒋介石一起商讨关于战争和战

---

① 埃辽特·罗斯福、詹姆斯·布罗：《应运而起：白宫的罗斯福一家》（Elliott Roosevelt and James Brough：A Renderzvous with Destiny：The Roosevelts of the White House），纽约1975年版，第345页。

② 《罗斯福与美国对外政策》，第612页。

③ 《美国，英国和俄国》，第260页。

后安排的问题。1943 年 5 月，罗斯福派前美国驻苏大使约瑟夫·戴维斯（Joseph Davis）对莫斯科作了一次短期访问。罗斯福在托他带给斯大林的 5 月 5 日的信中写道："我希望避免人数众多的参谋会议所会有的困难或外交会谈的繁文缛节。因此，我所能想到的最简单和最实际可行的方法，是您我二人进行几天不拘形式、极其简单的会晤。"罗斯福当时设想的是两首脑会晤，他建议的会晤时间是当年夏天，地点是美苏之间的白令海峡地区。斯大林在 5 月 26 日的回信中建议会晤在 7 月或者 8 月举行。他还告诉戴维斯，不反对丘吉尔参加拟议中的会议。稍后，当斯大林获悉美英把开辟第二战场的时间推迟到 1944 年春时，便于 8 月 8 日致函罗斯福、8 月 10 日致函丘吉尔说，虽然举行三国首脑会议是绝对必要的，但由于他不得不经常亲临前线，将不能在本年夏秋作远程旅行去同他们会晤。8 月 19 日，罗斯福、丘吉尔从魁北克联名致电斯大林，再次强调举行三国首脑会议的必要性，"恳切地希望"斯大林再次考虑，并建议，如果一时不能举行首脑会议，应当在最近的将来安排一次部长级的代表会议。①

1943 年 3 月，艾登访问美国，与美国官员交换关于战后安排的意见。是年夏天，美英两国官员都把许多心思放在考虑战后的国际秩序上。在 8 月的魁北克会议上，赫尔根据需要讨论的一些政治问题拟就了一份宣言草案，其主要内容是建议尽早建立一个世界范围的国际组织。草案经罗斯福、丘吉尔认可，被分送给斯大林和即将由美返华的宋子文。8 月 24 日，在魁北克会议结束前夕，斯大林复电同意举行美、英、苏三国外长会议为三巨头亲自会谈进行准备。

三国外长会议于 10 月 18—30 日在莫斯科举行。会议磋商了盟国之间军事合作的问题，但最主要的成就是关于普遍安全的宣言。关于宣言的内容，三国外长没有什么分歧，分歧的主要点在于，这应当是一个三国宣言还是包括中国在内的四国宣言。莫洛托夫认为，既然中国外长没有参加会议，会议的宣言理所当然是三国宣言，但赫尔却坚持中国同样作为宣言的签字国，他说："为了维护联合国家统一的精神，把中国包括在内是至关

---

①　苏联外交部编：《1941—1945 年苏联伟大卫国战争期间苏联部长会议主席同美国总统和英国首相通信集》（以下简作《通信集》），宗伊译，世界知识出版社 1961 年版，第 2 卷，第 61—62、77、82 页；第 1 卷，第 140—141 页。

重要的", 他强调, "重要的是要考虑到以这一种或另一种方式和我们一起参加战争的所有国家的心理状态……如果将在战争中作出重要贡献的大国排除在外, 则对联合国家的统一将产生极为有害的心理效应"①。他在10 月 21 日会议休息用茶时对莫洛托夫说:

> 对于中国形势, 美国政府已经做了并正在做着一切可能的努力;
> 在我看来, 将中国从四国宣言中排除是不可思议的。我国政府认为,
> 中国在战争中已经作为四大国之一出现在世界舞台上, 如果在宣言问
> 题上由美、英、苏三国将其当面摒弃, 那就极有可能在太平洋地区军
> 事和政治两个方面都引起极为不利的反应, 从而可能需要我国政府作
> 出种种调整, 以保持太平洋地区政治和军事形势的恰当稳定……再
> 则, 我国公众可能把从宣言中排除中国解释为美国政府与苏联政府在
> 莫斯科联手将中国抛出战争舞台, 这一消息将使公众舆论令人失望地
> 分裂并受到伤害。②

赫尔之所以花了将近一个星期的时间来说服莫洛托夫, 这是因为在美国关于战后世界的构想中中国占有重要地位。如同战时需要盟国一样, 战后美国也需要盟国。而一个稳定的、统一的、对美国友好的中国将是美国在亚太地区最主要的盟国。中国长期以来是各帝国主义国家共管的半殖民地。经过大战, 别国在华势力不是被摧毁, 也将被削弱, 而罗斯福则精心地通过提供财政和军事援助、竭力提高中国的国际地位等一系列努力培植同国民政府的特殊关系, 蒋介石等也在不同场合一再表示, 不论战时还是战后, 中国都愿意"接受美国之领导"③。这样, 美国就有把握把中国保持在它的势力范围之内, 当苏联在亚洲扩张势力时, 中国将成为抵制这种扩张的缓冲地带。中国也将作为美国的小伙伴, 对付英国及可能东山再起

①　《美国外交文件》, 1943 年中国卷, 第 823—826 页。
②　同上; 并见《赫尔回忆录》第 2 卷, 第 1282 页。
③　参见《中美关系史, 1911—1950》, 第 223 页, 本书第六章第二节及本节第 372 页。

的日本①。罗斯福在 1943 年 9 月底对其挚友、副国务卿韦尔斯的一次谈话中说："远东问题的关键是中国"，战后"美国的远东政策应以中美两国政府密切的工作关系为基础"②。既然如此，赫尔的努力也就完全可以理解了③。

艾登支持赫尔的意见，莫洛托夫也终于被说服，同意中国驻苏大使傅秉常作为中国代表签字。在 10 月 26 日的会议上，莫洛托夫声明，苏联不反对中国作为原始签字国，但他对中国驻苏大使在会议结束前能否得到中国政府授权表示怀疑④。会后，赫尔立即会见傅秉常，要他尽快取得政府授权。27 日，蒋介石、外交部分别致电授予傅秉常签字全权⑤。

10 月 30 日，四国《关于普遍安全的宣言》正式签署。宣言向全世界庄严宣告，四国将遵照 1942 年 1 月 1 日《联合国家宣言》，采取联合行动，继续对轴心国的战争，直至各轴心国无条件投降。宣言还说：

> 它们承认有必要在尽速可行的日期，根据一切爱好和平国家主权平等的原则，建立一个普遍性的国际组织，这些爱好和平国家无论大小，均得加入为会员国，以维持国际和平与安全……
>
> 战事终止后，除非为实现本宣言内所预期的目的，并在共同磋商后，它们将不在其他国家领土内使用其军事力量；
>
> 它们将彼此并与联合国家中其他国家会商及合作，俾对战后时期的军备的管制，获得一实际可行的普遍协议⑥。

---

① 《罗斯福与美国对外政策》，第 611—612 页。罗斯福及其亲信顾问霍普金斯在战争期间几次表达过这样的想法："在同俄国的任何严重的政策冲突中"，国民党中国"将站在我们这一边"。见《美国十字军在中国（1938—1945）》，第 92 页。罗斯福在 1943 年 11 月 8 日给东南亚战区司令、英国将军蒙巴顿的信中写道："尽管中国现时在陆海军方面不能作出许多贡献，我确实感到，有 4.5 亿中国人站在盟国一边是一种胜利，这在今后 25 年至 50 年间是非常有用的。"原件藏美国罗斯福图书馆，总统秘书档，第 49 匣（President Secretary's File, Box49, Franklin D. Roosevelt Library）。

② 《缔造历史的七项决定》，第 151 页。

③ 但并不是所有美国官员都赞成赫尔的这种努力。美国驻苏大使哈里曼就认为，"赫尔把注意力集中在宣言和中国上乃一个错误"。哈里曼、伊贝尔合著，南京大学历史系英美对外关系史研究室译：《特使——与丘吉尔、斯大林周旋记》，三联书店 1978 年版，第 264 页。

④ 《美国外交文件》，1943 年中国卷，第 828 页。

⑤ 《战时外交》，三，第 807—808 页。

⑥ 《反法西斯战争文献》，第 137—138 页。

宣言的签署和发表是大战期间的一个重大事件。它使《联合国家宣言》的精神发扬光大，加强了战时盟国的合作。四大国第一次宣告一致赞成战后成立一个维护和平和安全的国际组织，宣言奠定了未来联合国的初步基础。正是根据这个宣言，四大国代表于 1944 年 8 月至 10 月举行了敦巴顿橡树园会议，就战后国际组织问题进行具体磋商，并于 1945 年 4 至 6 月举行了旧金山会议，制定了《联合国宪章》。对于中国，这是继《联合国家宣言》之后第二次与美、英、苏一起签署有关世界事务的宣言，这无疑再次提高了中国的国际地位，并为日后成为联合国安理会常任理事国之一奠定了基础。

美、英、苏三国的传媒都突出地报道了莫斯科会议的消息，一致赞扬会议的结果①。蒋介石对中国成为宣言签字国甚为满意，于 11 月 3 日分别致电美、苏、英三国首脑，对他们及三国外长所作的努力表示感谢。4 日还致电傅秉常，对他与"各国之洽商如此迅速圆满"表示祝贺②。

从 1943 年年中起，罗斯福就举行盟国首脑会议一面与斯大林接洽，一面与蒋介石商讨。6 月下旬宋美龄回国前夕，罗斯福告诉她，他急切盼望是年秋季与蒋介石会晤，地点可选在美中两国首都之间中途的某地③。蒋介石热烈欢迎这一提议，7 月 8 日复电说："多年以来，中即期望能与阁下聚首共商互有利益之各种问题，"并建议于 9 月举行会晤④。罗斯福本想举行四大国首脑会议，由于苏联并未处于对日战争状态，因而不愿参加讨论对日作战的会议，英国又反对中国插手欧洲问题，最后决定美、英、中三国首脑先在开罗讨论远东问题，美、英、苏三国首脑再在德黑兰会商欧洲及其他问题。

开罗会议有政治和军事两个方面的内容⑤，但在罗斯福和丘吉尔看来，军事问题是更紧迫的。美国参谋长联席会议为关于军事问题的讨论作了必要的准备，但罗斯福却没有要求国务院就政治问题的讨论起草什么报告和文件。在开罗会议的正式议程中也只有讨论军事问题而没有讨论政治

---

① 参见《美国、英国和俄国》，第 521 页。
② 《战时外交》，三，第 815—816 页。
③ 《美国外交文件》，1943 年中国卷，第 69 页。
④ 《战时外交》，三，第 492 页。
⑤ 本节只讨论前者，后者见本书第七章第三节。

问题的议程，在美国的档案中只有讨论军事问题的记录，而没有讨论政治问题的记录①。但这不等于说，政治问题的研究是不重要的。恰恰相反，开罗会议上所决定的政治问题对于中国具有极大重要性。

罗斯福对会晤蒋介石予以高度重视，会前专门派赫尔利少将为特使来中国进行访问，为这次会晤作准备。11 月 12 日赫尔利抵渝。当晚蒋介石宴请赫尔利，史迪威作陪。席间赫尔利向蒋就美国政策交底说：美国政策是要保持英国作为一流的大国；美国反对任何形式的帝国主义，包括英国帝国主义；美国希望出现一个自由、强盛、民主、在亚洲居于支配地位的中国②。13 日，赫尔利又与蒋介石进行长谈。蒋介石对苏联政府对中国的意图抱有"严重怀疑"，因为斯大林把"征服世界作为共产主义的基本政策"。赫尔利说，情况已有变化，斯大林现在认为可以在一国建成共产主义，苏联现在既不资助也不指导别国的共产主义活动，赫尔利并请蒋注意最近发表的四大国宣言，但他未能消除蒋的疑虑。蒋还表示，"他绝对信任"罗斯福的目的，并恪守罗斯福宣布的基本原则，在行将举行的会议上在政治和外交方面将追随罗斯福的领导，并认为，联合国家未来的合作与团结有赖于罗斯福"同化而不是消除不同意识形态的能力"，"为利于共同战斗"，罗斯福"可能暂时和帝国主义及共产主义妥协"。赫尔利 20 日向总统报告与蒋的谈话时指出："在评价委员长的谈话时⋯⋯应该考虑中国中央政府把为保持战后国内统治地位而保存力量比战败日本的眼前目标看得更重的问题。"③

开罗会议是大战期间蒋介石参加的唯一一次盟国首脑会议，国民政府对会议十分重视，会前作了充分的准备。11 月 14 日，国民政府已将会议材料准备就绪，其中包括：一、军事战略提案；二、远东政治之提案，包括：东北与台湾澎湖应归还中国，战后朝鲜独立，保证泰国独立及中南半岛各国与华侨的地位；三、国际与远东军事机构之提案；四、对日本投降后的处置方案，包括：日本在华的公私有产业由中国政府接收，作为赔偿一部分；战后日本残存的军械军舰商船飞机，应以大部分交给中国，此外还有关于中美经济合作与租借物资及武器的提案。

①　《开罗会议与德黑兰会议》，第 108 页。
②　《史迪威日记》，第 239—240 页。
③　《开罗会议与德黑兰会议》，第 102—103、263—265 页。

　　蒋介石、宋美龄、国防最高委员会秘书长王宠惠、国民党中央宣传部副部长董显光一行 20 人于 11 月 21 日抵开罗，23 日会议开始。三国首脑与参谋长们正式会议中讨论的主要是军事问题，政治问题主要是蒋介石与罗斯福 23 日晚、25 日下午的两次长谈中讨论的。谈话内容可以概括为以下九个方面①。

　　一、关于中国的国际地位。罗斯福表示了他自太平洋战争爆发以来一贯的想法，中国应作为四大国之一参加此后的国际机构。蒋介石欣然接受。

　　二、关于战后日本天皇的地位。罗斯福提到，美国国内舆论要求追究日本天皇的战争责任，要求废止天皇制，他就此征求蒋介石的意见。蒋介石说："我以为除了日本军阀必须根本铲除、不能再让其起来与闻日本政治以外，至于他国体如何……应该尊重他们国民自由的意志，去选择他们自己政府的形式。"② 蒋介石这里讲得冠冕堂皇，实际上他是担心废除天皇会引起日本社会的激烈动荡，并进而影响中国局势。保留天皇既有助于早日结束战争，又有利于保持战后日本社会的稳定。

　　三、关于对日本的军事管制。罗斯福谈到，战后对日本的占领，应以中国为主。蒋介石考虑到战后中国的实际状况，认为中国尚难承担此项责任，表示，"应由美国主持，如需要中国派兵协助亦可"。但罗斯福坚持以中国为主，蒋表示此事可视将来实际情况再作决定。

　　四、关于日本以实物作为赔偿。蒋介石提议战后日本以实物如机器、战舰、商船、火车头等运华，作为赔偿的一部分，罗斯福表示同意。

　　五、关于领土问题。在会议之前，罗斯福就认定"美国应该发挥影响力"，实现"把以前他国通过征服或强迫手段攫取的所有中国领土归还中国"③。在会谈中，蒋介石、罗斯福同意东北四省（包括辽东半岛及大连、旅顺）与台湾、澎湖战后均应归还中国。罗斯福问，琉球群岛中国是否要？蒋介石答：可由国际委托中、美共管。他认为，琉球在甲午战争

　　① 关于罗斯福、蒋介石的这两次会谈，美国方面没有正式记录，罗斯福儿子埃辽特·罗斯福的回忆录《耳闻目睹》再现了当时谈话的情景。中方有王宠惠所作的简单的记录（见梁敬錞：《开罗会议与中国》，香港亚洲出版有限公司 1962 年版，第 39—41 页）和蒋介石的日记（见《蒋总统秘录》，第十三册，第 114—116 页）。

　　② 《蒋总统秘录》，第十三册，第 114—115 页。

　　③ 《缔造历史的七项决定》，第 154 页。

之前已属日本，与台澎情况不同，由中美共管能安美国之心，较中国专管为好。

对于香港，罗斯福的想法是复杂的。一方面，他认为香港应当归还中国，英国不应对香港再享有"帝国主义特权"。另一方面，他也考虑，在战后英国是战胜国的情况下，要说服丘吉尔或任何一届英国政府在和平条约中放弃它统治百年之久的殖民地是非常困难的①。在开罗的会谈中，罗斯福还是提到了香港，并建议由中国先行收回，然后即宣布与九龙合成为全世界的自由港。中国政府不是没有考虑到香港。但在中英新约谈判中国民政府已经碰了钉子，所以在国民军事委员会参事室于会前提出的《我方应提出之问题草案》中把九龙、香港问题列在"英方可能提出之问题"中，并主张"以留待日后解决为宜"②。既然罗斯福提出来了，蒋介石顺水推舟，请他先与英国商量。

其实，就在开罗会议前不久，美英之间就非正式地提到过香港问题。11月，国务院政治顾问亨培克访问伦敦，作为对克拉克头年访问华盛顿的回访。亨培克在与外交部官员的最后一次会谈中，"完全由他个人负责"地表示说："我们已经谈到了许多方面，探讨了许多问题，但是另外还有一件事情——不是在现在，而是在局势明朗时——也许是我们应当加以考虑的，那就是……香港的未来"。在场的英国官员一听这话顿时像"触了电"似的。当晚，英方安排他去见丘吉尔，丘吉尔给他着着实实上了一堂课。丘吉尔说，香港是英国领土，他看不出有什么理由应该停止这种状况；战后也许可以与中国人作出某种安排，对主权作些调整，但"政治控制与行政责任必须留归英国"。他再一次提到一年前他的公开表态：他当首相不是为了消灭大英帝国，他说："他对此确信无疑，他完全乐于对任何人这样坦率地说"。在两次开罗会议之间召开的德黑兰会议上，罗斯福向丘吉尔提出了是否可把香港归还中国的问题，丘吉尔干脆拒绝讨论此事③。以后也没有再看见美国为解决香港问题作什么努力。

六、关于战后中美军事合作。罗斯福提议，为维持太平洋的安定和平，防止外来侵略，战后中美两国应作出适当安排，采取互助办法，美国

① 《缔造历史的七项决定》，第152页。
② 《战时外交》，三，第500页。
③ 《中国、英国与香港》，第312—313页。

宜在太平洋上维持适当军事力量，以担负防止侵略的义务。蒋介石同意这两项提议，并希望美国给予必要援助以装备中国陆海空军，加强中国国防及承担国际义务的能力。他还表示，中国准备旅顺军港供中美两国共同使用，中国欢迎美国军舰驶入中国港口。双方还谈定，两国就亚洲事务作出决定前应进行磋商。

七、关于朝鲜、印度支那和泰国。蒋介石对这些邻国的战后前途早有考虑并预作了准备。蒋介石当时正极力扶植李承晚、金九等人的大韩民国临时政府，并扶助其成立了韩国光复军。该政府成立于 1919 年 4 月，先设在上海，1935 年迁到南京，抗战爆发后又撤到重庆。蒋介石担心苏联对东亚的影响，1942 年春，蒋介石指示宋子文向罗斯福总统说明国民政府关于支持朝鲜独立的立场，希望美国予以支持。罗斯福对宋子文说，承认朝鲜独立宜与印度自治问题同时解决，当时英国尚未同意印度自治，战争形势又仍险恶，单独提出承认朝鲜独立似不切合实际。宋子文于 1943 年 2 月、驻美大使魏道明于 4 月及 5 月又一再向赫尔及其他国务院官员谈及中国打算承认韩国临时政府的问题。但美国政府认为，朝鲜问题不能撇开苏联①。国防最高委员会秘书厅为开罗会议准备的《战时政治合作方案》中第一条就是“中、美、英、苏立即共同或个别承认朝鲜独立，或发表宣言保证朝鲜战后独立。其他联合国家应请其采取同一步骤”。方案接着写道，苏联因其对日关系，英国因担心对印度的影响，两国目前大概不愿有所表示，这样，美国势将踌躇，“中国如单独承认，将与世人以同盟国家发生裂痕之恶劣印象”；另外，日苏战争随时可能爆发，苏联如承认朝鲜独立，它就主动了。“为争取机宜计，我国似应先于苏联承认朝鲜独立，并与现在重庆之朝鲜革命政府发生关系，则将来苏联如亦承认朝鲜独立，自不便与另一朝鲜政府发生关系”，方案的结论是：“似以考虑于适当时机尽先承认为宜。”② 这段话把国民政府在朝鲜问题上的考虑和盘托出，它要抢先承认在重庆的流亡政府，是要先下手为强，给这个政府造成“得到国际承认”的一种既成事实，而防止苏联支持朝鲜的共产党政

---

① 胡春惠：《蒋中正先生与大韩民国政府之建立》，《蒋中正先生与现代中国学术讨论集》，第四册，第 310—312 页；吴东之主编：《中国外交史——中华民国时期，1911—1949》，河南人民出版社 1990 年版，第 553 页。

② 《战时外交》，三，第 504—505 页。

权。但在会谈中，罗斯福只同意朝鲜独立的原则，对临时政府并未明确表态。他在会议前几个月的想法是：朝鲜应在中国、苏联、英国、美国和加拿大托管之下，重建为一个独立的共和国①。但在与蒋的会谈中，他没有明确说出这一主张。在讨论会议宣言时，英副外交大臣贾德干甚至主张把原稿的"朝鲜独立"改为"使朝鲜脱离日本之统治"②。在德黑兰会议上斯大林也同意了朝鲜独立。但在如何独立，独立后朝鲜政府的组成等一系列问题上，盟国远未取得一致意见③。

在越南问题上，盟国也主张各异。蒋介石排斥胡志明领导的越南独立同盟，而积极扶植越南革命同盟会及越南国民党搞所谓"亲华、反法、抗日"运动，鼓吹越南独立，但遭到流亡英国的"自由法国"运动的反对，法方反对对越南进行托管或让越南独立的主张。在开罗的会谈中，蒋介石原则上赞成对越南实行国际托管，由中美尽力帮助越南在战后独立。罗斯福询问如何国际托管，蒋介石提议由中、美、苏、法、菲律宾各派一人，另选越南两人，成立托管机构，训练越南人建立自治政府，罗斯福予以认可④。蒋介石还提出，泰国的独立地位应予恢复，罗斯福亦表赞同。

八、关于中国的国共关系。这是若干年来美国一直关心的问题。在抗日战争时期，尤其是太平洋战争爆发后，美国从维护其自身在华利益和东亚利益计，反对日本统治东亚的狂妄野心，支持中国各派抗日力量联合抗日，它的政策是扶蒋容共抗日。它担心国共的摩擦和冲突削弱中国的抗日努力，因而反对国民党武装进攻中国共产党。皖南事变后美国即表示了这种态度⑤。1943年年中，蒋介石企图再次发动反共高潮时，美国国务院官员、驻华大使馆官员和史迪威将军都一再表示，中国应当避免内战⑥。罗斯福在会前不久（9月）与韦尔斯的一次谈话中，对战时的国共冲突和战后的中国内战都表示极为担心，认为美国应当"竭尽全力调解重庆和共产党之间的分歧"⑦。在开罗的会谈中，罗斯福对蒋介石说，国民政府很

① 《缔造历史的七项决定》，第153页。
② 《战时外交》，三，第532页。
③ 参见《中国外交史》，第553—554页。
④ 同上。
⑤ 见本书第十一章第一节。
⑥ 参见《中美关系史，1911—1950》，第300—302页。
⑦ 《缔造历史的七项决定》，第151页。

难称得上是现代的民主政府，而按理来说，它应该是；他建议，在战争还在进行的时候，国共两党就应该建立一个联合政府。蒋介石表示同意邀请共产党参加国民政府，如果美国可以保证，苏联答应尊重中国东北的边界①。

九、关于中苏关系。这是罗斯福与蒋介石都十分关心的又一个问题。罗斯福担心，在战时，如果苏联支持中共，则可能促使中国国共两党的军事冲突；在战后，如果中国爆发内战，则苏联和西方都会因自己利害相关而被卷入，支持内战中的对立双方，从而形成西班牙内战时那样的局面，只是规模和危险性都要大得多②。蒋介石对苏联的担心尤其多。他担心苏联在朝鲜支持共产党政权，他担心苏联对中国东北的领土要求，自然，他还担心苏联支持中共。当时的中苏关系又相当紧张。1942 年新疆军阀盛世才倒向南京政府，并随之实行反苏反共政策。蒋介石乃开始实施对新疆主权的"收复工作"，全面清理苏联在新疆的企业及人员问题，一时剑拔弩张，形成对峙之势③。在开罗的会谈中，罗斯福特别询问了唐努乌梁海的历史与现状。蒋介石称，该地原属外蒙一部分，后为俄国所占；外蒙与唐努乌梁海皆原属中国，宜与苏联谈判解决。蒋介石还表示战后可向苏联作出一些让步，包括大连成为国际共管的自由港，向苏联开放，但要求苏联只能支持国民党，不能支持共产党。

以上政治问题都是罗斯福与蒋介石夫妇在非正式会谈中讨论的，丘吉尔对他们之间的"几次长时间的秘密会谈"颇为不满④。他更为不满的是，在由美方草拟的《开罗宣言》中明确提出，战后中国将收复被日本侵占的所有领土，而对大英帝国被日本占领的属地却只字未提；而且美方拟就宣言后，首先征得中方同意，然后才交三方讨论。在讨论宣言草稿时，英方曾提出把有些表达改得更加含混，如贾德干提出，可将东北、台湾、澎湖群岛等"归还中国"改为"当然必须由日本放弃"。王宠惠强烈反对，认为这些领土日本放弃后"归属何国，如不明言，转滋疑惑"，"如不明言归还中国，则吾联合国家共同作战，反对侵略之目标，太不明

---

① 《耳闻目睹》，第 164 页。
② 《缔造历史的七项决定》，第 151 页。
③ 见本书第十一章第一节。
④ 《第二次世界大战回忆录》，第五卷，《紧缩包围圈》，第 499 页。

显"。参加讨论的美驻苏大使哈里曼支持王宠惠立场,英国提议遂作罢论①。英国未能对宣言草案作实质性修改,但丘吉尔在几个场合都声明:"战争结束时,我们并不要求给自己增加领土,同样,我们也不打算放弃任何领土"②。

在开罗会议上,罗斯福对蒋介石优礼有加,不惜冷落丘吉尔,去同蒋介石作秘密长谈;他还不顾丘吉尔的反对,支持蒋介石、史迪威提出的缅甸战役计划③,使蒋介石切身感受到罗斯福为提高他所领导的政府的地位、为支持中国的战争目标、为加强对日作战所作的努力。离开开罗之前,26 日下午,蒋介石让宋美龄给罗斯福写了一封亲笔信。这封信没有外交上惯用的官场套话,充满着蒋介石夫妇的真情实感。其中说:"委员长嘱我再次告知阁下,他对阁下为中国所做及正在做的一切是何等感激。今日午后向阁下告别时,他找不到恰当的言词足以表达他内心的感情,足以对你的友谊表达他的感激之情……他希望你将把他视为一个可信赖的朋友。"④

但这只是事情的一个方面。主要由于对英国的忧惧,蒋介石是怀着复杂的感情离开开罗的。他在 11 月 30 日的日记中写道:"开罗会议之经验,英国决不肯牺牲丝毫之利益以济他人。彼对于美国之主张亦决不肯有所迁就,作报答美国救英之表示;其于中国存亡生死,则更不值一顾矣。"因此当《开罗宣言》正式发表的时候,蒋介石在 12 月 4 日的日记中写道:"寸衷唯有忧惧而已。"⑤ 他的担心不是没有道理的。日本投降后,在香港的受降问题上中英之间就有一场严重的争执。

开罗会议结束后,罗斯福、丘吉尔前往德黑兰会晤斯大林。斯大林对三国宣言表示赞同。12 月 1 日,《开罗宣言》正式发表。中、美、英三国把四大国宣言的战争目标具体化:"决心以不松弛之压力,从陆、海、空诸方面加诸敌人",坚持进行战争,直到日本无条件投降,这对中国抗战军民、对亚洲各国正与日本侵略者浴血奋战的军民都是极大的鼓舞。宣言庄严宣告:"三国之宗旨,在剥夺日本自 1914 年第一次世界大战开始以后

① 《战时外交》,三,第 531—532 页。

② 1943 年第 169 次内阁会议记录,CAB65/40。

③ 详见本书第十章第三节。

④ 《开罗会议与德黑兰会议》,第 442 页。

⑤ 《蒋总统秘录》,第十三册,第 118—121 页。

在太平洋所夺得或占领之一切岛屿，在使日本所窃取于中国之领土，例如满洲、台湾、澎湖群岛等，归还中国。"自甲午战争以来，中国人民一直梦寐以求恢复日本强行割占的土地，并为之不屈不挠地进行奋斗，如今，中国人民收复失地的神圣使命得到了庄严的国际保证，这对中国领土完整所具有的意义怎么评价也不为过。开罗会议是大战期间中国外交的最高峰。

第五节 中国与联合国的创建

1943 年 10 月的四大国宣言确定了即将成立的国际组织的基本原则。1944 年 2 月起，美、英、苏三国政府开始就新国际组织的权力和作用等方面问题进行磋商，并取得一致意见，到 4 月下旬美国已经拟就一份该组织宪章的草案。5 月 30 日，国务卿赫尔与英国大使哈利法克斯和苏联大使葛罗米柯进行会商，希望尽早召开会议，商讨成立国际组织的问题。赫尔还用他 1943 年 10 月说服莫洛托夫的同样的论据，建议邀请中国政府代表参加会议。同日赫尔也为此事约见中国大使魏道明。鉴于以往的经验，赫尔估计苏联很可能仍会拒绝与中国代表坐到一张会议桌旁。次日，他向英、苏、中三国驻美使节建议，如果苏联不同意举行四大国会议，则仍可采用开罗会议和德黑兰会议的模式，美、英、苏三国和美、英、中三国分别举行会议①。同日，罗斯福在接见魏道明时表示，美国"决不忘却中国"，会议"必要四国"参加，表明了美国坚决支持中国参与筹备未来国际组织的立场。

英、中、苏三国政府先后表示接受美国建议。蒋介石于 6 月 21 日即致电罗斯福说："中国向来主张早日成立此种机构，如其可能，并望在战事结束以前成立。阁下现时采取领导行动，俾此意见得以实现，余等极为欣慰。阁下与赫尔国务卿深切注意，中国必须参加此次会议，余更为欣慰。"对美国的感激之情溢于言表②。

接着，四国政府又就会议日期及开法进行磋商，最后决定，会议分作

---

① 《赫尔回忆录》，第 1671—1672 页；《战时外交》，三，第 826—827 页。
② 《战时外交》，三，第 828 页。

两个阶段：第一阶段，8 月 21 日至 9 月 28 日，美、英、苏三国会议，第二阶段，9 月 29 日至 10 月 7 日，中、美、英三国会议。

中国政府对会议十分重视，会前进行了充分的准备。国防最高委员会于 7 月 24 日就代表团应采取的基本态度和重要问题的立场拟订了一个文件，8 月中旬收到美英的方案后，又于 8 月 16 日对原文件进行了修改。国民政府确定的基本立场有两条：一、在会议中追随美国。7 月 24 日文件称，中国代表不拟先提方案，而可在美方草案的基础上，依照中国立场，提出建议补充或修改。8 月 16 日文件则把这一条改作，美国草案未提各项，如一时不易获得一致同意，中方可"相机决定提出与否……不必坚持"。两个文件都强调美、英、苏三国意见不一时，"重视美方意见"；二、"美、英、苏在世界和平机构中所参与之事项，我国应以平等地位同样参与"。中国政府知道，对于美、英、苏三国达成一致的意见，中国"将无周旋余地"，为此中方于 8 月 21 日将国防最高委员会所拟文件，编成草案，送交美、英代表，其要点为：区域组织应隶属世界和平机构之下，不强调区域组织；保障会员国的领土完整与政治独立；用和平方法解决国际争议；世界和平机构以理事会为重心，中、美、英、苏四国为常任理事；大会或理事会议案，分情况，以三分之二或半数票通过即可；设置国际警察或国际空军；成立国际军事参谋团；各国军队，裁减至足以自卫程度；设立国际经济合作机构；设置国际法院，等等。中国代表团由外交次长胡世泽、顾维钧、魏道明等组成，以顾维钧为首席代表①。

8 月 21 日至 9 月 28 日，美、英、苏三国举行第一阶段会议。由于与会国都有创建一个国际组织以维持和平防止战争的共同愿望，由于会议之前与会国交换了方案，了解了彼此的观点，因此会议进展顺利。三国在下列重要问题上取得一致意见。

一、新的国际组织的名称为"联合国"②，其基本文件称作"宪章"；

二、新的国际组织应具有四个基本部分：大会；安全理事会，其中大国享有常任席位，并由大会选举的一些小国代表参加；秘书处；国际法院。维护和平的主要权力在安理会；

---

① 《战时外交》，三，第 831—835、865—870 页。

② United Nations，与《联合国家宣言》中联合国家一词相同，习惯上该词非特指作为国际组织的联合国时，译为"联合国家"。

三、成立经济社会理事会，执行大会决议，并对大会负责；

四、由安理会常任理事国的参谋长或其代表组成军事参谋团，在军事问题上协助安理会；

五、大会重要决议，由会员国 2/3 多数票通过，一般决议以简单多数决定。

三国的主要分歧意见有两项：

一、关于新组织创始会员国问题。美国提出，创始会员国应是《联合国家宣言》的所有签字国，以及 8 个尚未向轴心国宣战但在战争中援助同盟国的国家，即 6 个拉美国家、冰岛和埃及。苏联认为，创始会员国只能是最先签署宣言的 26 国，宣言发表后签署的国家是国际组织的"加入国"，尚未宣战的 8 国不应包括在内。美国坚持其主张，苏联遂提出，苏联的所有 16 个加盟共和国都应成为联合国的创始会员国。会议在这一问题上未取得结果。

二、关于安理会的投票程序问题。三国对于安理会常任理事国享有否决权一点没有异议，但英国方面坚持，作为争端当事国的大国没有否决权，美国支持英国主张，苏联反对，认为大国一致的原则应是采取任何行动的必要条件。

三国代表决定把这两个分歧问题留给三国首脑作进一步讨论，并于 9 月 27 日拟订了会议公报（公报直至第二阶段会议结束后才发表）①。

中国代表团的方针是全力促成会议的成功。在代表团技术顾问浦薛凤离重庆时，蒋介石让其向代表团传达两条指示，第一条即是：我们应该促使会议取得成功，我们的所有建议都应服从于这个总方针②。遵照这一指示，中国代表团在第二阶段会议上没有对三大国已经达成一致的各项提出任何异议，而只是提出了七点补充建议。结果，中方建议中有三点为美、英接受，即：一、处理国际争议应注重正义与国际法原则；二、国际公法之发展与修改，应由大会提倡研究并建议；三、经济社会委员会应促进教育及其他文化合作事业。一开始英国代表对第一点提出异议，认为国际法

① 关于第一阶段会议情况，参见《赫尔回忆录》，第 2 卷，第 1676—1685 页；《美国、英国和俄国》，下，第 772—786 页；《通信集》，第 2 卷，第 159—162 页；别列日柯夫：《外交风云录》，李金田等译，世界知识出版社 1981 年版，第 235—307 页。

② 《顾维钧回忆录》，第五分册，第 431 页。

是不明确的，当重要的争端出现时，国际法只能引起争论。中国代表据理力争，并得到美国代表团支持，这一点才被接受。这三点建议以外交文件形式通知了苏联，并得到苏联的赞同，补充四大国同意的敦巴顿会议建议案。日后经过旧金山会议审议，这三点被列入《联合国宪章》①。

敦巴顿橡树园会议上没有解决的两项重大分歧问题是在1945年2月的雅尔塔会议上解决的。在2月7日的会议上，斯大林提出，交由安理会审议的冲突可分两类，一类是要采取经济、政治和军事或其他制裁手段加以解决的争端，另一类是通过和平方法，而不必采取制裁手段解决的争端，他认为，对第一类争端，安理会常任理事国都必须参加投票，即使是争端当事国也不例外，对第二类争端，争端当事国不参加投票。罗斯福与丘吉尔认可了斯大林的说法②。这样关于投票程序的问题就解决了。

关于创始会员国问题，苏联提出新建议：苏联的三个（乌克兰、白俄罗斯和立陶宛）或至少其中两个加盟共和国应作为发起国，因为这三个共和国是首批遭受敌人进攻的，在战争中牺牲最大，凭着它们的牺牲和对战争作出的贡献应该享有这种地位。罗斯福和丘吉尔欣赏苏联政府的合作态度，这一问题也得到了解决③。在雅尔塔会议上，三国还一致同意，4月25日在美国旧金山召开联合国制宪会议。

3月5日，美国代表中、苏、英、美四发起国向有关各国发出召开联合国家国际组织会议邀请书。邀请书提议以敦巴顿橡树园会议建议案为基础，雅尔塔会议关于安理会表决程序问题的规定作为建议案的一部分，在旧金山讨论制定《联合国宪章》。

中国赴旧金山会议代表团的组成颇费了一番周折。雅尔塔会议之后，国共两党立即就代表团组成问题进行交涉。鉴于美国驻华大使赫尔利在国共之间进行了约4个月的调停，且赫尔利即将回国述职，周恩来2月18日从延安致电赫尔利，说明中国目前没有民主的联合政府，现在的国民政府完全是国民党独裁统治，既不能代表解放区九千万人民，也不能代表国

①　《顾维钧回忆录》，第五分册，第418、421页；《战时外交》，三，第891页；克里洛夫：《联合国史料》，张瑞祥等译，第一卷，北京1955年版，第53—54页；周鲠生：《国际法》，下，商务印书馆1976年版，第694页。
②　萨纳柯耶夫、崔布列夫斯基编：《德黑兰、雅尔塔、波茨坦会议文件集》，北京外国语学院俄语专业、德语专业译校，三联书店1978年版，第174—176页。
③　同上书，第190—192页。

民党统治区域广大人民的公意，因此出席旧金山会议的中国代表团中国民党的代表只应占代表团人数的三分之一，中共代表和民主同盟代表应占三分之二①。但赫尔利断然拒绝了这一要求。他2月20日回电说，应邀参加会议的是中国国民政府，因此代表团的组成是该由国民政府来作决定的事。不仅如此，他进而认为，会议如承认国民党以外的中国武装政党（即共产党），则将破坏中国统一的可能性②。赫尔利的说法既不讲道理，又极其武断，足见其已经毫不掩饰片面支持国民党的立场。

其间各国都在为参加旧金山会议进行准备，美、英均宣布其代表团将包括各重要政党代表，罗斯福总统更声明美国代表团中共和民主两党人员将各占一半。这种情况为中共关于参加代表团的要求提供了有力的支持。3月7日，周恩来致电王世杰说："如欲使中国代表团真能代表全国人民的公意，则代表团的人选必须包括中国国民党、中国共产党、中国民主同盟三方面的代表，绝不应单独由国民党政府人员代表出席……中国现状既如此不统一，贵党方面如欲一手垄断此代表团职务，不但不公平，不合理，而且表示了分裂的立场。"周恩来具体建议周恩来、董必武、秦邦宪三人参加代表团③。

虽然罗斯福总统总的说来是支持赫尔利在中国执行的政策的，但他自然并不希望国共两党公开破裂。何况旧金山会议是为了成立一个维护世界和平的国际组织，出席这样会议的代表团自然更应是民族和解的代表团。3月15日，罗斯福致电蒋介石，劝说他同意中共代表参加代表团。电文说："将共产党和其他政党或团体的代表纳入中国政府代表团，我估计并无不利之处。事实上，这一做法可能会有独特的好处。无疑，这将会在会上造成极好的印象。"罗斯福还说，美国、加拿大及其他国家的代表团都有国内主要政党的代表④。

罗斯福的电报对蒋介石最后决定同意一名共产党人参加代表团是个重要因素⑤。3月26日，蒋介石复电罗斯福说，中国代表团由十人组成，四

①　中共中央文献研究室编：《周恩来年谱（1898—1949）》，中央文献出版社、人民出版社1989年版，第603页。

②　《美中关系白皮书》，第576—577页。

③　《中共中央文件选集》，第15册，第57—58页。

④　《美国外交文件》，1945年第7卷，第283—284页。

⑤　《顾维钧回忆录》，第五分册，第509页。

人为国民党代表，共产党及其他两反对党各一人，无党派人士三人①。3月27日，国民政府发表代表团组成名单：行政院院长宋子文为首席代表，顾维钧、王宠惠、董必武等为代表。此外，中共方面还派章汉夫、陈家康作为秘书参加了代表团。

4月25日，旧金山会议开幕。最初参加会议的有46国代表团，除四个发起国外，还有21个最早在《联合国家宣言》上签字的国家及后来签字和对轴心国宣战的21国。会议期间又接纳了乌克兰、白俄罗斯、阿根廷和丹麦，使会议参加国达到50个。与会代表282人，顾问、专家、秘书及其他工作人员达1700多人，中国代表团代表、顾问及工作人员近百人。会议由四大国首席代表轮流担任主席，以英、法、俄、中和西班牙五种语言为正式语言。

旧金山制宪会议分为三个阶段：从4月25日到5月2日是大会一般性辩论阶段，会议确定以敦巴顿橡树园会议建议案作为制宪工作的基础；从5月3日到6月20日是委员会阶段，四国建议案的各个部分及某些补充问题，分别交给四个专门委员会加以研究、审查、修订；从6月21日到26日为最后阶段，调整委员会对宪章条文进行整理并作文字修改，但不更改内容。6月25日，全体大会一致通过《联合国宪章》及国际法院规约。26日，各国代表在宪章的五种文本（中、英、俄、法、西）上签字，中国代表团首先签字：最先签字的是接替宋子文任首席代表的顾维钧，中共代表董必武同其他中国代表一起签了字。接着是苏联、英国、法国代表团签字，然后是其他国家代表团按英文字母顺序签字，东道主美国最后签字，仪式持续了八个小时。6月26日后来被联合国定为"宪章日"。1946年1月10日至2月14日，第一届联合国大会在伦敦举行，联合国正式成立，其组织系统开始运作。

旧金山制宪会议和联合国的成立是现代国际关系史上的重大事件。人类在经受了反法西斯战争血与火的洗礼后，迫切感到需要有一个权威的国际组织来防止新的世界战争的爆发，维护世界的持久和平，因而在成立联合国的过程中各国虽有各种各样的考虑，也暴露了种种意见分歧，但仍然表现了高度的统一意志，国际和平的大厦才得以构筑成功。联合国的成立，毫无疑问是人类一个历史性的进步。诚然，由于战后国际关系中出现

---

① 《战时外交》，三，第907页。

的种种复杂情况，联合国在某些时期、某些问题上为某个大国所控制所操纵，也曾做过一些错事，但从总体来说，联合国仍然为弱小民族伸张正义提供了一个讲坛，它对维持世界和平、促进不同社会制度、意识形态的各国之间的文化经济交往起了不可替代的作用。

作为联合国的创始会员国和安理会常任理事国，中国对联合国的创建作出了重要贡献。

联合国是反法西斯战争胜利的产物，中国对反法西斯战争所作的贡献也就是对创建联合国的贡献。没有中国全民族的抗战，在太平洋战争爆发前在很少外援的情况下几乎独力坚持抗战四年半，后来反法西斯战争在东方战线的情景是难以想象的。没有中国战场始终牵制日本陆军的大部分兵力，盟军在别的战场将受到多得多的压力，战争的胜利至少要增加许多困难，至少要推迟到来。从这个意义上说，中国安理会常任理事国的地位是全民族的艰苦抗战、数千万人的生命和鲜血换来的。

中国对于指导战后国际关系的原则提出了自己的主张，在实践中又力主战后消灭殖民主义，丰富了《联合国宪章》的内容。1941 年 8 月的《大西洋宪章》是盟国关于战争目的的第一个宣言，中国国共两党都曾予以肯定，认为这是"伸张人类正义的宣言"，"是具有世界历史意义的重大事件"①。但也都指出了它的不足。宣言相当抽象，而且就美、英的本意来说，宪章主要是针对欧洲的。丘吉尔在 1941 年 9 月曾公开声称，大英帝国内部的事态发展不受宪章的影响，他和罗斯福总统"首先想到的是恢复在纳粹桎梏下的国家和民族的主权、自己治理和民族生活"②。以后他又多次重申，英国对印度、缅甸的殖民政策不变，英国战后恢复大英帝国的立场不变③。中国方面对英国的殖民主义进行了斗争。1940 年 10 月，当英国重开滇缅路，并开始与中国商谈军事合作问题时，14 日蒋介石在接见英国驻华大使卡尔时严厉批评了英国"素以半殖民主义国家估计中国"，认为在讨论军事合作之前，英国首先应端正态度，以平等态度对待中国④。1942 年 1 月 7 日，蒋介石又致函罗斯福，促请他推动英、荷

①　《中共中央关于最近国际事件的声明（1941 年 8 月 19 日）》，《中共中央文件选集》，第 13 册，第 193—196 页。

②　《一定程度的盟友》，第 61 页。

③　参见本章第一、三、四节。

④　《战时外交》，二，第 38—42 页。

改变旧日对殖民地的态度。2月，蒋介石鉴于印度国大党与印英政府间矛盾尖锐，乃出访印度，试图从中调停①。在中英新约谈判中，国民政府力图收回九龙租借地（新界）。在开罗会议上，国民政府力主战后朝鲜独立。抗战胜利后，国民政府又在香港受降权问题上与英国进行了一场争斗。虽然国民政府在坚持原则、执行政策中仍有妥协性，也屡屡不能达到预期目标，但它的这些外交活动对于促进联合国在其纲领和实践中体现和运用民族自决、民族平等、种族平等这些原则仍然起了一定作用。

在敦巴顿橡树园会议和旧金山制宪会议上，中国代表团起到了应有的作用。中国的身份是颇为特殊的：中国是作为大国参加会议的，但中国又是一个弱国。它与许多小国一样经受过殖民主义长时间的压迫和掠夺，因此中国在许多情况下起到了弱小国家代表的作用。顾维钧在回忆敦巴顿橡树园会议时写道，"中国在外交事务中一向十分重视" "得到小国的同情"，在这次会上，也充分注意到这一点，他自己在会上的发言"不仅仅是为了中国自身的利益，也是为了弱小国家的利益"②。中国代表团在敦巴顿橡树园会议第一阶段提交给美、英代表团的草案以及在第二阶段提出的补充建议都是这样，如像保障会员国的政治独立及领土完整、反对外来侵犯、依正义和国际法原则用和平手段解决争端等项重要原则都是针对别国提案中的不足之处针锋相对提出来的。在英国原提案中，就不主张保障会员国的政治独立及领土完整，也不主张规定侵略的定义及对侵略实行制裁的条件③。在旧金山会议上，中国代表团主持公道，坚持正义。如关于托管制度，是会上引起激烈争论的一个问题。美国提出的结合托管制度建立战略地区的方案设想，将所有战略地区都置于安理会控制之下。小国代表虽认为托管制度的基本构想是令人向往的，但认为托管领土应能向自治和独立的方向发展。中国代表团支持了小国的意见，坚持托管制度的目标应是"争取独立"，托管领土应"根据各自的特殊状况和当地人民的意愿朝着独立或者建立自治政府的方向发展"。中国提议遭到法、英、美、澳等国代表反对。为谋求一个折中方案，美国代表到中国代表团驻地进行私

---

① 参见本章第一节。

② 《顾维钧回忆录》，第五分册，第420页。对这一点，顾维钧本人自然深有体会。1932年当中日代表在国联就《李顿报告书》进行激烈辩论时，同情中国、谴责日本的都是小国代表，而大国代表则态度暧昧。参见《日本侵华七十年史》，第十一章第三节。

③ 《战时外交》，三，第869—870页。

下洽商，建议在托管理事会给中国一个永久性席位，而中国则将其意见与其他大国一致起来。中国代表坦率表示，中国并不想在这一问题上为自己谋取任何特殊好处，也没有什么特殊利益可图，但中国政府衷心希望把民族独立包括在联合国的基本目标之中①。中国代表团的努力是对建立新的托管制度的一个贡献。

旧金山制宪会议的胜利和联合国的成立是反法西斯战争的一个胜利果实，中国成为联合国创始会员国和安理会常任理事国之一则是中国数年来争取大国地位努力的成果。尽管由于战后中国的内战和种种复杂的原因，在相当一段时间内中国在联合国的地位处于不正常状态，但从总体上说，历史地看待，这对中国的国际地位和在国际事务中发挥其应有的作用仍然是至关重要的。

---

① 《顾维钧回忆录》，第五分册，第526—527、530—531 页。

第 九 章

中共抗日外交战略的形成

第一节　对英、美态度的变化

中共在抗日战争开始时只有陕北一小块根据地和大约四万军队，仅仅几年之后，它的根据地已经遍布华北、华中、华南十几个省区，并且拥有了将近 50 万人的相当规模的正规军，和 100 万人以上的敌后游击队与武装民兵，成为中国政治以及抗日战争中举足轻重的一支重要力量。中共力量的迅速壮大，不可避免地使它在与国民党的关系中处于日趋有利的地位。为了谋求政治上的平等，争取战后在中国内部事务中获得更多的发言权，它对外交事务给予了极大的关注。但是，对于共产党人来说，要想切合实际地形成自己的外交战略，并取得预期的成就，远不是一件容易的事。这是因为，中共长期以来处于与列强敌对的状态。

中共对国际事务的看法，最初在很大程度上依赖其上级指导机关共产国际的解释。自从中国共产党成立之日起，它就被要求要用阶级斗争的观点来看待世界上一切民族关系和国家关系。即使是在共产国际肯定了中国革命所具有的民主主义性质的情况下，它也同样作出规定："中国革命的中心任务是反对帝国主义者及其在中国的封建代理人的民族革命"，而反对一切帝国主义则是中国革命的头等重要的任务[1]。根据这样一种观点来看问题，中国共产党人自然只能把英、美等资本主义列强统统看成是自己

---

[1] 《共产国际执委会主席团关于中国民族解放运动和国民党问题的决议》，1923 年 11 月 28 日，中国社会科学院近代史研究所翻译室编译：《共产国际有关中国革命的文献资料》，第 1 卷，中国社会科学出版社 1981 年版，第 31 页。

不共戴天的仇敌。相信反对一切帝国主义"是中国革命中之最基本最主要的任务",它甚至不能"与反对国内军阀资产阶级的斗争平列起来"①。

1931年日本发动九一八事变,侵占中国东北三省之后,中共中央仍旧不能不按照共产国际关于日本侵略是帝国主义发动反苏战争的序幕的说法,坚持"反对一切帝国主义"。甚至在1932年2月日本大举进攻上海之际,当时的中共临时中央依旧公开要求人们把斗争矛头指向一切帝国主义,宣称:"外国帝国主义是中国反动统治的最高组织者与支配者,是中国革命的主要敌人",民众必须"自动武装起来打倒帝国主义与国民党"②。

但是,在日本侵略严重地威胁着中国民族生存的条件下,坚持把斗争矛头指向所有资本主义大国,毕竟与中国革命的实际需要距离太远。1932年底,中国共产党人终于开始注意到保持斗争策略的适度灵活的重要意义。在1933年1月26日中共驻共产国际代表给中共满洲党组织的一封信中,第一次提出了"尽可能造成全民族的(计算到特殊的环境)反帝统一战线,来聚集和联合一切可能的,虽然是不可靠的动摇的力量,共同的与共同的敌人——日本帝国主义及其走狗斗争"的策略方针③。随着德国法西斯上台,苏联迅速开始发展与英、法、美等资本主义国家的政治关系,中共代表团也更进一步认识到:目前阶段的反帝统一战线策略,"首先就是反日统一战线的策略",反日应当成为中国革命当前最核心的斗争口号。这是因为,"所谓'抗日救国'是目前中国民众最中心最主要的问题,谁能在实际上证明它能解决这个政治问题,谁就能取得广大民众的拥护,谁就能成为政治斗争的胜利者"④。尽管,在这里,反对日本的口号很大程度上带有为自己争取革命支持者的目的,但也可以看到,中共已经注意到必须把反对一切资本主义大国的政策,转变成集中力量反对直接对

---

① 问友:《中国革命中之对帝国主义的策略问题》,《红旗》第5—6期,1930年8月19日;并见《柏山在中央政治局会议上讨论国际指示的发言》,1930年8月1日。

② 《中央致上海反帝大同盟的一封信》,1932年2月11日;《中国共产党关于上海事件的斗争纲领》,1932年2月2日,《中共中央文件选集》,第8卷,中共中央党校出版社1991年版,第103、100页。

③ 《中央给满洲各级党部及全体党员的信》,1933年1月26日。

④ 王明:《满洲的情形和日本对中国的新进攻》,《共产国际》第4卷第2期1933年2月;《王明、康生二同志给中央政治局的信》,1933年10月27日。

中国进行侵略的日本的策略。这是一种进步。

1931 年 11 月，中华苏维埃共和国中央政府在江西苏区宣告成立。这是中共最早的国家政权机关。既为国家政权，在其中央政府内，理所当然地也设立了外交部，即外交人民委员会。由于苏维埃政府当时处于偏僻的江西农村，同时它实行反对一切资本主义列强的政策，这个外交人民委员会其实并无真正的"外交"可言，即使是它所宣布的与苏联结盟的外交，其实也并无任何公开的外交形式。只是在中共开始提出建立全国抗日民族统一战线的政策之后，中华苏维埃政府的外交人民委员会才终于有了实行自己的外交工作的可能。这是因为，随着党不再对英、美等资本主义国家采取一概排斥的态度，苏维埃政府也可以同其他国家开展外交活动了。至少在理论上是如此。

1935 年 7—8 月，共产国际召开了第七次代表大会，公开决定实行统一战线的政策，中共驻共产国际代表团据此提出了著名的《八一宣言》（即《为抗日救国告全体同胞书》），不仅明确主张建立包括全国各党派、各军队、各阶级、各团体的统一战线性质的"国防政府"和"抗日联军"，而且提出了"联合一切同情中国民族解放运动的民族和国家，对一切对中国民众反日解放战争守善意中立的民族和国家建立友谊关系"的外交主张[1]。在中共代表团随后以中华苏维埃共和国中央政府外交人民委员长王稼祥的名义发表的讲话中，更进一步解释了这一新的外交主张的内容。讲话称：除了日本以外，"只要对我们反日战争能遵守中立的，都是我们的友邦，我们都乐于和它成立平等友好的外交关系"。中国尤其有"与各工业先进国提携的必要"[2]。这里的所谓"各工业先进国"，说得明白一点，其实就是指英、法、美等当时比较发达的资本主义国家。

根据共产国际七大的精神，中共中央在这一年 12 月召开的政治局扩大会议上也通过了专门的决议，对上述政策的转变给予了明确的肯定。它不仅规定了将全党的工作重心转移到建立抗日统一战线的工作上来，同时也规定了中共在新形势下的外交策略。决议明确认为："日本帝国主义单独吞并中国的行动，使帝国主义内部的矛盾，达到了空前紧张的程度。"

① 《中共中央文件选集》，第 10 卷，第 524 页。
② 《中国苏维埃政府主席毛泽东和外交人民委员长王稼祥最近谈话》，《救国时报》，1936 年 1 月 29 日。

尽管英、美等国仍旧"完全为着他自己帝国主义的目的"，但它们明显地与日本帝国主义有矛盾，而美国几乎同日本帝国主义势不两立，"太平洋战争是必然的结果"。在这种条件下，中共完全可以并且应当"执行灵活的外交政策"，运用各种方式来使这些国家"暂时处于不积极的反对反日战线的地位"。因此，新时期的外交政策应当是"同一切和日本帝国主义及其走狗卖国贼相反对的国家，党派，甚至个人，进行必要的谅解、妥协，建立国交，订立同盟条约的关系"①。不难看出，从利用矛盾的角度出发，中共在抗战开始前夕已经注意到外交问题的重要性。

中共开始对外交问题给予高度重视，首先表现在 1936 年夏天他们在陕北苏区对美国记者斯诺（Edgar Snow）的接待上。无论对中国共产党也好，还是对苏维埃共和国也好，这都是它们第一次作为一个独立的政治实体正式地同西方国家的记者进行接触。同样，这也是他们第一次试图利用西方的新闻工具把自己介绍给国际社会。毫无疑问，采取这样一种行动的本身，在中共看来，也是一种外交。因此，即使在当时战争和统战工作异常紧张的情况下，毛泽东仍旧花了大量的时间同斯诺进行交谈，介绍中国共产党的历史、现状、近期目标以及它的各项政策。毛泽东甚至更进一步发挥了中共对外交工作的看法。概括毛泽东的看法，可以看出，他对中共外交政策的理解，有了新的发展与认识。

第一，关于反对帝国主义的问题。在瓦窑堡会议的决议里，中共中央对于英美等国的"帝国主义本质"并没有改变看法，它明确肯定英美同日本一样都对中国抱有帝国主义的目的。毛泽东在会后解释这种观点时更形象地说，英美和日本的区别，其实不过是"大狗小狗饱狗饿狗"之间的区别罢了，它们同样都想侵略中国，只是侵略的轻重缓急有所不同②。然而在与斯诺的谈话当中，毛泽东明显地淡化了他对帝国主义国家本质上这种一致性的看法，相信其他西方国家未必一定像日本那样对中国进行侵略，因此判断外国压迫这个主要问题在中国是否得到了解决，只需要看它们对中国的实际政策如何。"如果别的帝国主义国家不像日本那样行动，如果中国打败了日本，这将意味着中国人民大众已经觉醒了，已经动员起

---

① 《中共中央文件选集》，第 10 卷，第 598—617 页。

② 毛泽东：《论反对帝国主义的策略》，1935 年 12 月 25 日，《毛泽东选集》，人民出版社 1991 年版，第 148 页。

来，并已取得了独立。因此（那么），帝国主义的主要问题也就解决了"①。

第二，关于不同国家的具体区别问题。在瓦窑堡会议的决议里，由于继续肯定中国革命的主要敌人是帝国主义，整个决议对西方国家的区分，只能停留在一般策略的层次上，把这些国家区分为（1）当前最主要的敌人，即"凶横直进的日本帝国主义"；（2）和日本相反对者，如"同日本帝国主义势不两立"的美国；（3）与日本相妥协，但可以暂时处于不积极反对反日战线者，如"忘（妄）在求得日本的某些让步与妥协"的英国②。然而在毛泽东与斯诺这时的谈话中，他却采取了完全不同的区分方法，一方面是根据西方各国对战争的态度，将其区分为侵略国家与反战国家；另一方面是根据西方国家内部政治制度的特征，将他们区分为法西斯国家与民主国家。这后一种区分方法，无疑较前一种区分方法更符合当前国际关系的实际状况，也更便于中共在宏观上把握世界政治局势变动的趋势，确立相对应的政策③。

第三，关于国际援助的问题。瓦窑堡会议决议的基本出发点仍旧是阶级革命，强调的是当前"中国革命准备进入全国性的大革命，在世界是战争与革命的前夜"，民族革命，即中国的抗日战争，是与世界革命因素互相影响与互相帮助的性质而出现的。据此，决议认为，抗日战争的国际助力，只能来自三个方面，即世界革命、日本革命民众和苏联。然而在毛泽东与斯诺的谈话中，他丝毫也未涉及中国共产党阶级革命的任务与目标，相反，他试图告诉外界：在中国，共产主义"意味着抗日，意味着民族解放斗争"，意味着自由和主权。因此，中国共产党人不仅要争取苏联和各国人民的援助，而且还要争取各国政府的援助，特别是美、英等资本主义强国的援助。这种援助至少是不要帮助日本帝国主义，采取中立立场，最好是能够从两个方面积极援助中国抵抗侵略与征服，"（1）向中国抗日力量提供信贷和借款，出售军需品和飞机；（2）在抗战实际开始时对日本进行封锁"。甚至，在抗战胜利以后，他们也仍旧希望资本主义各

① 《毛泽东一九三六年同斯诺的谈话》，人民出版社 1979 年版，第 108—109 页。

② 《中共中央文件选集》，第 10 卷，第 598—617 页。

③ 《毛泽东一九三六年同斯诺的谈话》，第 125—135 页。

国能够为中国的基础工业和基础农业提供借款或进行投资①。

第四，关于国际统一战线问题。瓦窑堡会议无疑是从"利用矛盾"的角度来提出外交问题的，它虽提出愿意与个别国家建立亲密的友谊关系，甚至"订立同盟条约"，但它并没有也不可能明确提出和强调同美、英等国发展建立统一战线的目标②。然而在毛泽东与斯诺的谈话当中，他却十分明确地提出：中国的抗日战争要想胜利，必须有三个条件，"第一是中国抗日统一战线的完成；第二是国际抗日统一战线的完成；第三是日本国内人民和日本殖民地人民的革命运动的兴起"。而建立包括所有与太平洋地区和平有利害关系的国家的统一战线，乃至"组成一个反侵略、反战、反法西斯的世界联盟"，是中国人民"在尽可能短的时期内以最小的代价赢得对日本帝国主义的胜利"的重要条件。据此，毛泽东甚至高度评价"美国政府对中国是有远见的"，断言"形势注定美国政府要对中国和日本的未来起非常积极的作用"。同时，毛泽东也对英国政府寄予特别的希望，希望它能够放弃对日的动摇和观望的态度，切实给予中国人民以同情与帮助③。

不能否认，这次得到中共中央批准，毛泽东以苏维埃政府主席身份与美国记者进行的谈话，相当程度上是带有外交和宣传的意味的。它并不等于中共中央已经完全改变了他们在瓦窑堡会议决议中关于国际关系问题的看法。但有一点可以肯定，即运用这样一种典型的外交的思维来认识世界和谈论问题，这在中国共产党人还是第一次，因此，它对中共刚刚开始展开的外交工作不可避免地会产生重要影响。

第二节　打开大门的尝试

斯诺对苏区的访问，打开了中共与外部世界接触的大门。在此之前，除了在苏联出版的一些报刊，和中共代表团在纽约、巴黎、香港等地出版

---

① 《毛泽东一九三六年同斯诺的谈话》，第125—130页。
② 《中共中央文件选集》，第10卷，第598—617页。
③ 《毛泽东一九三六年同斯诺的谈话》，第110、125—126、130—131页。

的发行量极小的一些中文报纸对中共的活动及政策有所报道之外①，中共几乎很少为外人所了解。再加上南京政府关于"剿匪"问题的大量宣传，不仅国际社会，即使是大多数中国老百姓也往往把中共视同土匪。因此，当新的统一战线方针开始实行之后，中共中央首先意识到的，就是全力扩大自己的影响，而这样首先就必须让世界真正了解自己。斯诺的到来之所以引起中共中央的高度重视，根本上就是因为他是在中共最需要开展对外宣传，但"谁都不想来的时候来到此地（陕北）了解情况"，为中共提供了一个求之不得的对外宣传的媒介。而他也因此成为第一个利用英、美最有影响的报刊把中共介绍给全中国和全世界的人②。

　　斯诺这次访问的单篇报道，最早刊登在当时在中国国内有广泛影响的英文杂志《密勒氏评论报》上，题目为《毛泽东访问记》，分两期连载于1936 年 11 月 14 日和 21 日，并且还刊出了他所拍摄的毛泽东头戴八角帽的大幅照片。此文一出，立即在知识分子当中引起轰动。紧接着，斯诺又在美国有影响的《亚洲》《美亚》《新共和》《生活》等杂志和《星期六晚邮报》以及英国的《每日先驱报》连续发表关于陕北苏区和中共情况的客观报道，引起了极大的反响。特别令人瞩目的是，1937 年 10 月英国伦敦戈兰兹公司出版的斯诺根据这次采访所写的系列报道《西行漫记》（"红星照耀中国"），当月就印刷了三次，到年底印了五次之多。美国兰登公司也立即买下此书版权，在美国发行，结果第一次即印刷 1.5 万册，三周之内就售出 1.2 万册，平均每日竟售出 600 册。该书仅两年时间在英、美两国印行达 19 万册，还被译成了中、法、俄、意、德等十几种文字，成为当时有关远东问题的最畅销的书。尽管这本书的字里行间充满了对中共明显的好感，它甚至公开断言：中共的胜利不可避免，"而且这种胜利一旦实现，将是极其有力的，它所释放出来的分解代谢的能量将是无法抗拒的，必然会把目前奴役东方世界的帝国主义的最后野蛮暴政投入历

---

　　①　除了苏联少数俄文报刊之外，这时有过介绍中共情况的报刊，主要是共产国际机关刊物《共产国际》杂志，和英文刊物《国际新闻通讯》。中共代表团这时在纽约办的中文报纸名为《先锋报》，在巴黎办的中文报纸名为《救国时报》（1935 年 10—11 月名为《救国报》），刊物名为《全民月刊》。另外，中共代表团还在上海秘密资助出版《大美晚报》。

　　②　转引自埃德加·斯诺《红色中华散记》，奚博铨译，江苏人民出版社 1992 年版，第28 页。

史的深渊"①。尽管如此，英、美各国许多刊物仍旧好评如潮，称赞它"像焰火一样，腾空而起，划破了苍茫的暮色"，说它是"英文的关于中国苏维埃的最真实的记录"；一部"有吸引力的""令人惊异的""辉煌的""第一流的"著作，"书中每一页都有意义"。就连当时美国反共的远东问题权威吉尔伯特（R. Gilbert）②也著文肯定，斯诺的这本书奠定了他的"西方论述中国共产主义的权威"的地位③。

斯诺的这本书以及他的其他有关中共问题的报道，所带来的影响是巨大的。它把一个个有关红色中国的神奇的故事注入许多外国人的头脑中去，进而影响了大批的外国人，使他们对中共充满了好奇和敬佩。许多外国专家，如加拿大的白求恩大夫、印度的柯棣华大夫，就是受到这本书的描述的鼓舞，专程前往中共的抗日前线去与中共军队并肩战斗的。而更多受到斯诺书中所描写的共产党形象的影响的还有英、美的记者及外交官，从1937年到1938年仅两年时间，先后到中共各个根据地前去访问的就有十几位外国人。如斯诺当时的夫人尼姆·威尔斯（Nym Wales）帮助斯诺整理材料之后，立即意识到"自己必须不惜任何代价，进行一次类似的旅行，收集其他的传记材料"。接着，她很快于1937年4月至9月沿着斯诺的足迹访问了苏区，写出了《续西行漫记》。英国记者詹姆斯·贝特兰也深受斯诺的采访的影响，于1937—1938年访问了延安和山西前线的八路军，写出了《华北前线》一书。同样，美国驻华大使馆参赞埃文斯·卡尔逊（Evans F. Carlson）同样是在斯诺的影响下，下决心深入八路军根据地进行考察，结果不仅为美国政府提供了重要的报告，而且自己也出版了记述中共军队英勇抗日的《中国的双星》一书。与此同时，受到斯诺行动的鼓舞，还有许多外国记者、编辑、作家，如史沫特莱（Agnes Smedley）、安娜·路易斯·斯特朗（Anne Luis Strong）、拉铁摩尔、林迈克（Michael Lindsay）等也相继前往中共根据地，他们几乎共同为中共塑

---

① 斯诺：《斯诺文集》，董乐山译，新华出版社1984年版，第423—424页。

② 中文名字为甘露德。

③ 参见诺曼《论中国的几本书》，《美亚》，1938年2月号；詹韦：《东方红》，《民族》，1938年8月号；卡曾斯：《书籍中的世界今日》，《当代历史》，1938年2月号；爱特丽：《中国共产主义者》，《新政治家和民族》，1937年11月6日；马洛赖：《红星照耀中国》，《大西洋月刊》，1938年5月号；赛珍珠：《亚洲书览》，《亚洲》，1938年3月号；贝杰克·贝尔登：《中国震撼世界》，北京出版社1980年版，第5页，转见《红色中国散记》，第5页。

造了一个充满神奇色彩的形象——"那个时代最富有吸引力的革命者"①。

　　打开大门的目的，是要扩大正面的宣传，散布自己的政治影响，争取国际社会的同情和承认。当然，仅仅依靠斯诺这样的新闻记者，是不可能为中共的外交工作打开局面的。事实上，作为一个国际公认的政府的反叛者，也不可能有哪个国家的政府会真正重视中共的意见或与之发生外交关系，这一点中共中央知道得很清楚。但能不能建立一个全国统一的，以共产党为核心的"国防政府"或"人民政府"，并通过这样的政府来与各国发生外交关系，进而贯彻自己在外交方面的政策主张呢？对此，中共中央的确一度抱以强烈的希望。在 1936 年，当他们意识到以自己的力量根本不可能造成这样一种局面的时候，他们甚至曾经秘密地与张学良、杨虎城合谋在中国的西北建立一个独立的"西北国防政府"，准备以此来与苏联、外蒙古公开结盟，进而与国际社会发生关系。但这一努力最终因苏联的反对而未能成功。结果，在国共两党力量对比悬殊的情况下，中共只能选择放弃独立政府的道路，下决心承认南京政府为正统。在 1936 年 12 月西安事变和平解决之后，国共两党开始了关于合作问题的具体谈判，与南京政府相对立的苏维埃政府很快地被取消了。到 1937 年七七事变爆发，中共公开宣布承认国民党在中国的领导地位，其原有的政府更名为陕甘宁边区政府，隶属于南京国民政府之下；原有的军队更名为国民革命军（即八路军和新四军），接受南京政府军事委员会的统一指挥。一方面处于"在野"的地位，一方面自身的力量这时过于弱小，这显然极大地抑制了中共外交工作的开展。

　　由于自身难以开展外交工作，自抗战开始以来，中共中央的外交工作很大程度上都是在为国民政府的抗日外交出谋划策。他们一开始就主张"实现抗日的积极外交，拥护国际和平路线，反对法西斯侵略阵线"，要求南京国民政府立即"同英、美、法、苏等国订立各种有利于抗日救国的协定"。9 月间，中共中央还公开宣布了用以号召全国和督促政府的"抗日救国十大纲领"，其中同样建议南京国民政府必须"在不丧失领土主权的范围内，与一切反对日本侵略主义的国家订立反侵略的同盟，及抗

---

① 肯尼斯·休梅克：《美国人与中国共产党人》，郑志宁译，吉林文史出版社 1989 年版，第 66 页。

日的军事互助协定"①。但事实上，正如中共中央所看到的一样，"英法对中国虽表示某些同情的论调，但他们不赞成中国今天实行全国性的抗战，希望中日妥协。他们的这种态度，客观上将有利于日本。美国还保持着静观态度。"② 这时候唯有苏联可以指望。但是，当上海、太原失守，国民党领导人几乎全都把挽救战局的希望寄托在苏联出兵问题上之后，中共中央却左右为难。这时的中共中央未必不希望苏联与中国订立"抗日的军事互助协定"，并出兵帮助中国，然而在英美等国不接受苏联所倡议的集体安全原则，不愿参加集体制裁日本的行动的情况下，苏联又无论如何不愿为中国而与日本开战③。在这种情况下，中共中央一方面只能按照苏联的愿望对国民党领导人做说服工作，另一方面则多半把苏联不能出兵的原因归结到西方国家的中立的、妥协的、甚至绥靖主义的态度上去。毛泽东明确认为，今天的日本比起苏、美、英、法等国来，其实差得很多。如果苏联给日本背上一拳，美国在东面送日本一脚，英法从南面打日本一记耳光，那日本早就见阎王去了。甚至，"美国只要用一指就能把日本打倒"。问题是西方国家并不打算这么做，这使得苏联难以单独行动。面对这种情况，毛泽东尖锐地批评西方国家的妥协政策，主张自力更生，强调对国际关系要有具体的区分，对英、美等国不要寄予过高的期望。

1938 年 10 月，中共中央召开了六届六中全会。在这次会议上，刚刚得到共产国际认可成为中共最高领袖的毛泽东具体地分析了国际形势，阐述了中共在外交问题上的政策原则。他明确指出：今天的中国固然已与世界联为一体，中日战争虽然已经成为世界战争的一部分，但是我们必须看到，"资本主义国家，人民助我，政府则取某种程度的中立态度，其资产阶级则利用战争做生意，还在大量输送军火与军火原料给日本"。他特别强烈地批评英国实际上援助侵略者的"怯懦妥协政策"，必将"搬起石头

---

① 中央文献研究室编：《周恩来年谱（1898—1949）》，中央文献出版社、人民出版社 1989 年版，第 340 页；《中国共产党为日本帝国主义进攻华北第二次宣言》，1937 年 7 月 23 日；《中国共产党抗日救国十大纲领》，1937 年 8 月 25 日，《中共中央文件选集》，第 11 卷，第 297、329 页。

② 《中共中央关于目前形势的指示》，1937 年 7 月 21 日。

③ 参见孙科《中苏关系与我国抗战前途》，1939 年 1 月 7 日；《斯大林、伏罗希洛夫致蒋委员长电》，1937 年 12 月 31 日，转引自梁敬錞《开罗会议之背景》；台北中央研究院编：《近代史集刊》第 3 期（上），第 10 页。

砸自己的脚"。当然，他不否认日寇的进攻还会加深英、美、法等国与日本的矛盾，这使得英国与日本根本妥协是困难的。美国虽然仍在纵容美国商人与日本人大做军火生意，随着日本的进一步扩张，日美之间的矛盾加深是难以避免的，但他告诫说，十五个月来的经验已经证明，"我们对国际援助暂时决不应抢过大希望"。尤其是"抛开自力更生的方针，而主要地寄其希望于外援，无疑是十分错误的"。尤为重要的是，毛泽东第一次为中共外交方针的制定提出了必须遵循的基本政治原则，这就是："第一，不可忘记资本主义国家与社会主义国家的区别，第二，不可忘记资本主义国家之政府与资本主义国家之人民的区别，第三，更加不可忘记现时与将来的区别，我们对前者不应寄以过高的希望"。而且，"中华民族解放运动与外援的配合，主要的是和先进国家与全世界广大人民反法西斯运动之将来的配合，以自力更生为主同时不放松争取外援的方针"①。毛泽东对外交工作提出这样一种政治原则，当然不是偶然的，它明显地是中共阶级观念的深刻反映，而它对中共外交工作所产生的影响，很快就显现出来了。

第三节　政策转变中的反复

对于中国的抗战，包括对于自20世纪30年代以来日、德、意法西斯国家赤裸裸的侵略扩张行径，英、法、美等西方大国的政府和苏联的政策，始终是有明显区别的。这种区别的突出表现，就是苏联极力鼓吹集体安全政策，而英、法、美，特别是英、法两国却严格地奉行所谓"不干涉政策"，采取绥靖主义的做法。直至1938年5月，德国在一举吞并了奥地利之后，又公开准备分裂捷克斯洛伐克，夺取其苏台德地区。面对这一严重局面，苏联再三呼吁英、法等国进行干预，并在边界陈兵数十万，准备在英、法两国赞成集体制裁的条件下，向捷克斯洛伐克提供直接的军事援助。可是，尽管捷克斯洛伐克是英、法两国的重要盟国之一，负有援助义务的英国特别是法国，却步步退让，唯恐苏联染指欧洲事务，宁肯屈服于德国，也不肯听取苏联的劝告，以致英、法两国最后竟不惜于同年9月

① 毛泽东：《论新阶段》，《中共中央文件选集》，第11卷，第567、635—640页。

29 日与德、意两国在慕尼黑签订了臭名昭著的慕尼黑协定，承认了德国肢解捷克斯洛伐克的要求。

作为共产党人，斯大林对英、法、美等西方列强向来并不信任，苏联政府之所以三番五次地呼吁同西方国家建立集体安全体系，说到底也不过是为了自己国家的安全，而采取"利用矛盾"的外交策略。然而，英、法等国顽固地坚持对苏联的敌视态度，终于使苏联相信寄希望于同这些所谓民主国家联合起来制止战争危险，是完全不可能的。与其让英、法等国将德国这一战争祸水东引，不如乘此德国与西方国家冲突之时，抢先一步，设法首先与德国妥协，将此一战争祸水西引。既然相信德、意和英、法双方的差别不过五十步与百步之遥，其本质上并无二致，利用矛盾，使其自相残杀，自不为过。因此，苏联很快就开始了同法西斯德国的秘密接触，准备根本上抛弃过去多年倡导的集体安全主张和和平政策了。

同为共产党人，中共中央对英、法、美各国的政策变动也同样敏感。但与苏联方面不同的是，中共这时直接面对的，还不是这些西方列强，而是一向被他们视为仰列强鼻息而动的蒋介石国民党。毛泽东始终认为，国民党的抗日是动摇的和不彻底的，其中一个重要原因就在于他们"对外的依赖性"上。1939 年初，国民党加强"防共""限共"措施，并鼓励各地党政军采取各种办法限制中共在军事和政治方面的发展，这使得中共中央再度把这一切同英、美等国对法西斯国家的绥靖政策联系了起来。中共中央明确认为："蒋的政策很大的成分是依靠英美"，"最近的摩擦，都与英美政策有关"。英法等国的妥协政策打破了苏联建立集体安全体系的努力，使得建立世界性的统一的和平阵线失去了可能，影响到东方，日寇的进攻可能更加猖狂，国民党内的妥协倾向也将更加严重，这就是国民党内反共势力抬头的重要政治背景。还在 1939 年 1 月国民党召开五中全会期间，中共中央就曾得到了蒋介石准备以恢复卢沟桥事变以前的状态作为"抗日到底"的标志，和国民党打算依靠英美的压力促成召开太平洋会议，讨论中国问题的有关情报，毛泽东当即告诫中共领导人说："现在国际没有和平阵线，民主国家与法西斯蒂妥协，这是很大的国际形势变动"，"苏联的集体安全制现在已没有这一可能"，相反，英、美等国可能进一步妥协，日本的进攻可能更加猖狂，国民党妥协反共的危险可能更加严重。当然，英、美在东亚的妥协也还是有限的，目前和战问题，战还是主要的，将来很可能蒋要造成东方慕尼黑会议，依靠英法，"把日本逼迫到卢沟桥去"，并以割让东北内蒙古为交换，来和平解决中日冲突，无论何种前途，我们都要有充分的思想准备①。

1939 年春季之前，中共中央对于国内外形势的看法，固然开始发生变化，但总的说来，既然和战两方面，战仍旧是主要的，英、美在东亚的妥协也还是有限度的，因此，他们仍旧没有完全放弃争取"英美等民主国家"的态度，继续在宣传英、法、美、苏四大强国联合起来的主张②。但很快，随着斯大林在联共（布）第十八次代表大会上发表的讲话传到中国来，中共中央对整个国际关系的看法以及对外宣传的态度，就根本上改变了。

斯大林对于国际关系的新的观点，是在 3 月 10 日联共（布）党代会上宣布的。和前此不同，斯大林不再着重谈论世界和平、集体安全和对英、法、美等国的希望，而是尖锐地批评英、法、美的外交政策。他指出：德、意、日发动的侵略战争首先损害的是英、法、美的利益，而英、法、美却一再退让，甚至在某种程度上加以纵容，其目的显然是想孤立自保并促使德国侵略者转而进攻苏联。这样做的结果，不可避免地要导致新的帝国主义战争。他公开宣布："新的帝国主义战争已经成为事实了。"战争既然已经成为事实，其性质又被宣布为帝国主义的，斯大林当然不想再把战争的双方看成是"民主国家"与"法西斯国家"，进而支持一方来反对一方。据此，他明确宣布，今后苏联的外交将建立在这样一种基础上，即同所有一切"不试图破坏我们国家的利益"的国家保持联系，同时，"保持谨慎态度，不让那些惯于从中渔利的战争挑拨者把我国卷入到冲突中去"。不难看出，苏联这时已经对争取英法等国完全失去耐心，并且确信英法用心歹毒，因而决心放弃争取和英、法、美等民主国家结成同盟，以威慑和制裁法西斯侵略国家的集体安全主张，利用英法与德国之间的矛盾，推动德国西进，以求自保。在这种情况下，防备英法等国的渔人政策，而不是共同防御法西斯德国的侵略，成了苏联外交的重要目的③。如此一来，一切都发生了重要的改变。

---

① 《毛泽东在中央书记处会议上的发言》，1939 年 2 月，等。

② 毛泽东：《对十八集团军延安兵站检查工作会议总结时之演说》，1939 年 1 月 23 日。

③ 见中共中央马克思恩格斯列宁斯大林著作编译局编译：《斯大林文选》，人民出版社 1964 年版，第 215—220 页。毛泽东：《对十八集团军延安兵站检查工作会议总结时之演说》，1939 年 1 月 23 日。

　　5月30日，共产国际根据苏联外交政策的初步转变，就新形势下中共的政策方针，提出了新的指示。内称：（1）目前最大的危险，就是国民党妥协投降的可能性，这种情况是英美法在远东极力推行妥协政策，试图造成新的东方慕尼黑协定的一种必然反映，其中可能包含重大阴谋；（2）中共应当全力开展反对妥协投降的斗争，要准备舆论，准备群众，以应付可能出现的反共阴谋，因为反共是国民党妥协投降的必要准备；（3）中共党的基本任务，仍是巩固与扩大抗日统一战线，在开展反对妥协投降、揭穿反共即准备投降的同时，应当注意不给统一战线的破裂造成任何借口①。

　　共产国际发出这一指示的直接原因，显然是基于苏联方面关于1939年4月以来英国驻华大使卡尔奉命在中日之间展开"调停"的情报。既然苏联对欧洲慕尼黑协定抱强烈反感，认定它是英、法等国祸水东引的阴谋，英国进一步在远东进行"调停"活动，自然也会被苏联看成是这种阴谋活动的继续。当英、法两国刚刚尝试着把法西斯德国推向苏联的西部边界，而今英国又阴谋结束中日之间的战争，试图把日本进一步引向苏联的东部边界，可以想象苏联会做出何种反应。共产国际的这一指示，无疑就是苏联这种强烈反应的结果。

　　根据共产国际的指示，中共中央迅速开始改变它对整个国际形势的认识。6月10日，毛泽东亲自在延安高级干部会议上做关于反投降问题的报告，明确提出："目前形势的特点在于：国民党投降的可能已经成为最大的危险，而其反共活动则是准备投降的步骤。"不难看出，这样一种转变符合毛泽东几个月前对国际形势所做的判断。他明确表示，赞同斯大林关于英美等国对侵略国家采取放任政策，不是自身力量不足，而是"畏惧革命"和准备"坐山观虎斗"的判断。同样，他对国民党加强限共措施的行径所作出的判断也由此得到了证实。他断言：国民党的反共投降活动，是由三个方面的因素造成的，第一是"日本的诱降政策"；第二是"英、美、法的压力"；第三则是"中国地主资产阶级的动摇"。据此，英、美、法理所当然地不再被看成是"愿意援助中国或守善意中立"，可以结成反侵略、反战、反法西斯的国际和平统一战线的民主国家了。毛泽东重新开始以"帝国主义"相称，宣称"鹬蚌相持渔人得利——这就是

　　① 《共产国际执行委员会书记处致中共中央书记处电》，1939年5月30日。毛泽东：《反投降提纲》，1939年6月10日。

英美法帝国主义者的现时政策"。他甚至认为，英美等国从开始其实就在鼓励日本进行战争，有意让出上海，宁愿香港被围，一边大量供给日本以军需品，一边又借点小款，供给点军需，使中国有可能与日本打下去，归根结底都是想消耗战争双方，"等到双方精疲力竭时，他们就以'健全的身体'出来喝令双方停战，使双方都听他们的话"。如今英美之所以开始策动"远东慕尼黑"，就是希望在中日两国疲惫之际来个渔人得利。因此，英、美、法事实上已经成为日本帝国主义包围中国的"战略同盟军"，而所谓远东慕尼黑成功之日，必定就是国民党投降之时。注意到这种情况，毛泽东显然十分庆幸自己已经在"六中全会指出英美法政府不可靠，可靠的只有其人民"①。

6月，苏联最后一次尝试与英、法两国就建立集体安全体系问题进行谈判，仍无结果。随着7月2日英国与日本进一步订立"有田—克莱琪协定"，苏联转向德国寻求妥协，已经成为定局。至8月10日，双方首先达成贸易协定，规定德国为苏联提供贷款，苏联向德国提供石油等战略物资。而后于8月23日，苏德两国正式签订互不侵犯协定，条约规定双方互不使用武力，不支持第三国对缔约国中另一方交战以及不参加反对缔约国中另一方的国家集团。条约还附有一项秘密附属议定书，划分了双方在东欧的势力范围，苏联甚至因此得到了进一步将其西部边界推进到波兰境内去的权利②。

苏德互不侵犯条约的签订，标志着苏联最终放弃了集体安全政策。一周之后，德国就向英、法的盟国波兰发动进攻，从而引发了英、法对德国正式宣战。欧洲战争由此开始。苏联根据苏德条约附属议定书划定的范围，出兵占领了当时属于波兰的西乌克兰和白俄罗斯地区。而后，由于担心列宁格勒距离英、法盟国芬兰太近，苏联还进一步向芬兰发动进攻，夺取了芬兰的战略要地，以致使自己与英法等国处于尖锐的对立之中。面对此一国际局势的根本性变化，特别是社会主义苏联所作出的选择，中共中央表明了自己的立场。

---

① 毛泽东：《反投降提纲》，1939年6月10日，《毛泽东文集》，第2卷，中央文献出版社1993年版，第206—207页。

② 关于苏德条约的文件可分别见李巨廉、王斯德主编：《第二次世界大战起源文件资料集》，华东师范大学出版社1985年版，第839页；《大战前夕，1939》，下，第854页。

　　8月31日，中共中央召开专门会议讨论苏德协定本身的意义及其对国际与中国形势的影响。毛泽东明确认为：苏德协定是苏联和平政策的结果，打破了张伯伦等利用反苏战争渔人得利的阴谋，瓦解了德、意、日的反苏反共战线，使苏联摆脱了战争的威胁。这是苏联外交所取得的重大成果。但在这样的形势下来判断国际局势、日本政局以及国民党政策的变化，这在中共领导人来说还是一件比较生疏的事情。与会者在讨论中除了认为英日可能走到一起，共同反苏外，对于各国的政策变化的趋向以及国民党可能的趋向，都还没有一致的看法。有人不同意说苏联已经完全摆脱了战争的威胁；有人认为英日进一步妥协，将增加中国的投降危险；有人断言美国和平政策会使中国资产阶级坚持抗战；有人相信英国不会成为反苏的中心，美国也决不会积极帮助中国，它只不过是苏联另一个危险的敌人而已。毛泽东看来倾向于认为英国今后"将成为反共反苏反本国人民的最反动的国家"，相信美国会与苏联相呼应，执行其所谓中立政策，有保障和平的作用。但他同时也估计，美国可能参加世界大战，加入英、法集团。不过，有一点与会者的看法是一致的，即帝国主义战争即将爆发，不可避免①。这一点几乎立刻就得到了证实。

　　9月1日，英、法因德国入侵波兰而对德宣战。7日，毛泽东为《新华日报》撰写社论，公开认定："这次战争的性质，在基本上是帝国主义的战争。"10日，中共中央接到共产国际总书记季米特洛夫（Dimtrov）的指示电。电报称："一、现在的战争是帝国主义的非正义的战争，交战国的资产阶级的罪恶都是一样的，任何一个国家内的工人阶级，尤其是共产党，都不能赞助这个战争。二、无论如何都不能拥护法西斯的波兰，因为它拒绝了苏联的援助，并且压迫其他民族。三、各国共产党曾经反对慕尼黑（协定），以便与苏联一道进行真正反法西斯的战争，但英、法资产阶级推开苏联而去进行强盗战争。四、凡有共产党国会议员的地方，都要投票反对军事预算，向群众说明：除给他们痛苦和破产外，没有任何东西。五、在中立的国家中，要揭破自己国家的政府，这些政府保持自己国家的中立，但又赞助其他国家间的战争，如像美国对中日战争所进行的那

---

　　①　参见《毛泽东关于国际形势与苏德协定的报告》，1939年8月31日；《毛泽东先生关于目前国际形势与中国抗战的谈话》，1939年9月1日，《解放》第83—84期，1939年9月20日出版。

样。六、各处共产党应坚决开展反对社会民主党的叛卖政策，凡是共产党有违背这种方针的地方，应当很快地纠正自己的政治路线。"对此，中共中央明确表示："我们全部的完全的拥护这个方针，并认为和我们过去所采取的方针（表现于九月一号泽东谈话中）是一致的。"①

9 月 14 日，毛泽东正式在延安干部大会上进行讲演，公开宣称："第二次帝国主义战争的目的，和第一次帝国主义战争的目的同样是为了重分世界，就是说，是为了重分殖民地半殖民地与势力范围，为了掠夺世界人民，为了争夺世界人民的统治权。""不论是德意日，不论是英美法，一切直接间接参加战争的帝国主义国家，只有这一个反革命的目的，掠夺人民的目的，帝国主义的目的"。毛泽东解释说，过去苏联以及中共之所以提出要联合并争取各个民主国家共同组织世界反战反法西斯统一战线，是因为当时还存在着联合的可能，在制止战争方面还存在着共同利益。但现在一切都改变了。英法与苏联的谈判毫无诚意，而德国反而主动放弃了反苏的立场和反对共产国际的态度，和苏联签订了互不侵犯条约。因此，"过去关于法西斯国家与民主国家的划分，已经失掉了意义"。"争取所谓民主国家的资产阶级及其政府，同苏联，同各国人民，同殖民地半殖民地国家一道，建立统一战线的时期，已经过去，这种可能现在已经没有了"。值得注意的是，毛泽东这时不仅断言"现在世界上最反动的国家，已经转到英国方面"，而且批评美国也一步步走向反动了。他坦率地承认："我在两个星期之前，在九月一日的谈话中，还以为美国资产阶级暂时还不至于在国内放弃民主政治，与平时的经济生活，哪知它就在这短短的几天之内，宣布了所谓'局部紧急状态'，这样一来，它已经在步英国的后尘，一步一步地走向反动化与战争化了。"既然所有参加战争的国家的政府"都是反动派，组成反动营垒"，那么，可以肯定，苏联以及各资本主义国家的人民解放运动，与殖民地半殖民地国家的民族解放运动，也必然的要组成"革命的营垒"，双方之间的大决战也就要开始了，战争与革命的新时代已经到来了②。

既然一切又重新回到战争与革命的时代，前此的外交工作及其相关政策，严格来说也全都失去其意义了。当美国记者斯诺再次访问陕北，向毛

---

① 转见《中央书记处致王明、博古、凯丰电》，1939 年 9 月 11 日。
② 毛泽东：《第二次帝国主义战争讲演提纲》，1939 年 9 月 14 日。

泽东提出"中国过去的外交口号现在是否已经失效"这个问题时，他承认：原先的国际统一战线的成分，只剩下（1）资本主义国家里的无产阶级和小资产阶级；（2）半殖民地和殖民地国家里的反帝力量，包括无产阶级和一部分资产阶级；（3）苏联。这样三部分力量了①。这也就是说，在共产党看来，中国的外交对象，或者可能提供援助的国家，其实多半也只剩下了一个苏联。其他如英、美等国，不仅不能指望，而且恐怕根本连外交也不该有，以免这些国家的资产阶级会促使中国的地主资产阶级走上反苏反共的道路。不过，究竟如何判断这些国家的资产阶级及其政策，对毛泽东和中共中央来说，仍旧是一件很复杂的事情。毛泽东曾直截了当地询问斯诺：他知道作为民主党领袖的罗斯福是一定会把美国引入战争的，但为什么同样属于资产阶级的美国共和党对参战的态度不一样？难道共和党不是代表大金融资本家吗？他们难道不知道参战可以大发战争财吗？显然，有关国际关系和国际政治方面的许多问题，并不是单凭列宁和斯大林的书本就可以了解到的。大概也正因为如此，毛泽东尽管很清楚，像斯诺这样的外国记者，理论上也都是为西方资产阶级服务的，但他事实上却并不打算像拒绝英、美政府一样，把这些记者也统统拒之门外。恰恰相反，他这时仍旧热情地欢迎来自英、美等国的那些资产阶级的记者，同他们谈天说地，论古道今，借助他们的笔和纸，在英、美各国资产阶级的报纸上宣传自己和自己的主张。甚至，中共领导人这时也不拒绝那些公开反对苏联和共产国际的记者来访②。这种情况不可避免地受到苏联人的注意，以致季米特洛夫几乎立即对毛泽东再度与美国记者斯诺谈话一事作出了不赞成的反应。斯诺刚刚离开延安，季米特洛夫的电报跟着就到了中共中央，他含蓄地告诫中共中央领导人，务必要对诸如斯诺之流的美国资产阶级的记者保持距离③。美国学者肯尼思·休梅克（Kenneth Shewmaker）在研究这一时期中共与外国记者关系时注意到了随后发生的情况，即"埃德加·斯诺1939年的延安之行，成为至1944年夏季之前外国记者对苏区的

---

① 转见《毛泽东自述》，第153页。

② 比如史沫特莱，这是共产国际早就提醒中共必须加以防备的一位记者；又如弗雷德·厄利特，过去曾经追随过共产国际，此时已经公开地对苏联和共产党抱反感，但中共领导人明确表示这不会妨碍对她的接待，并且确实十分热情地接待了她。见《毛泽东自述》，第174页。

③ 《季米特洛夫给中共中央关于毛泽东与斯诺谈话问题的电报》，1939年10月，莫斯科俄罗斯当代历史文献保管与研究中心档案，全宗号495，目录号74，卷宗号302。

最后一次旅行"。不过，他认为，这是因为斯诺走后国民党就加强了对边区的封锁。而实际上，这并不是唯一的原因①。

第四节　重建国际统一战线

从 1939 年秋天开始，反对一切帝国主义的革命目标又重新提出来了。到了 1940 年初，毛泽东更进一步根据变化了的国际形势，提出了关于"新民主主义"的重要思想，明确主张以此来否定以蒋介石为代表的大地主大资产阶级的领导，要求全党准备争取建立以自己为中心的无产阶级领导的新民主主义政权。毛泽东新民主主义观的一个基本的出发点就在于：整个世界已经被截然划分成社会主义和帝国主义两大阵营，"处在二十世纪四十与五十年代的国际环境中，殖民地半殖民地的任何英雄好汉们，要就是站在帝国主义战线，变为世界反革命的一部分；要么就是站在反帝国主义战线一边，变为世界革命的一部分，二者必居其一"。在毛泽东看来，以反帝革命为宗旨的中国共产党，今天最重要的革命任务，就是要领导人民投身于推翻帝国主义统治的斗争，努力造成"几个反对帝国主义的阶级联合起来共同专政的新民主主义的国家"②。

提出新民主主义革命思想的一个重要结果，就是促使共产党人更进一步与蒋介石划清了界限，一方面将自己更明确地划在社会主义苏联一边，另一方面也更直截了当地将以蒋介石为代表的中国大地主大资产阶级视同帝国主义的附庸，相信蒋介石的每一步反共反苏的行动，都是源于"英美法最恶毒的反苏反共指令"。毛泽东断言："英美法在中国政府与大资产阶级中策动对日妥协，以便在太平洋方面组织'英美法日华五国的反苏反共集团'，这就是当时国际国内反动政策的中心，'摩擦从何而来'呢？许多人不明白从张伯伦到何绍南（这时在陕甘宁边区挑动反共摩擦的国民党专员——引者注）这样一条垂直线索。"③

---

①　《美国人与中国共产党人》，第 102—103、107 页。

②　毛泽东：《新民主主义的政治与新民主主义的文化》，《中国文化》第 1 期，1940 年 2 月 15 日。

③　毛泽东：《第二次帝国主义战争的发展》，1940 年 6 月。

　　6月，法国战败，英国被迫退守英伦三岛，欧洲大陆事实上已落入德意之手。整个战争形势变得异常复杂。对此，毛泽东估计："这一形势，一方面将促进德意帝国主义扩大战争胜利的贪欲，促进日本帝国主义加紧进攻中国与侵略南洋的野心，另一方面，又将促进美国帝国主义加紧武装起来走上战争的轨道。""这种两个帝国主义对立的局面，目前不但没有完结，而且正在扩大，和平解决在目前是不可能的……更大更残酷的冲突是在后头"。但同时，他也估计："由于法国投降，英国失败，与日美矛盾扩大，从英美法方面发动的东方慕尼黑危险，已经不存在了，或至少可以说很大地减少了。"日美矛盾将发展，日美冲突不可避免。而英法失败，欧美派内部有可能分裂，有一部分国民党人还可能转向亲苏。结果，"国民党既美派的主体（蒋介石）趋向好转的可能性是增加了"。也就是说，在断定蒋介石属于英美派的情况下，他相信英法战败对中国未必不是一件好事①。

　　然而，事情并没有沿着毛泽东所估计的路线向前发展。7月16日，在国共两党关于军事问题的谈判始终不得要领之后，国民党以中央政府的名义发出了态度强硬的"中央提示案"，要求中共在华中、华南及华北的所有军队统编为八个师，全部集中到旧黄河河道以北的冀察两省敌后去，其余部队一律解散。紧接着，10月19日，国民党方面又以最后通牒的形式电令中共军队必须于一个月内按"中央提示案"的要求全部开赴指定地区②。在"反苏反共中心"英、法两国遭受严重失败，无法继续干预远东事务的情况下，国民党仍旧继续坚持强硬态度，这颇让中共中央感到费解。于是，中共中央不能不注意到9月27日德意日三国军事同盟的形成。是不是德意日军事同盟的结缔，使蒋介石等英美派国民党人开始对继续依靠英、美抗日发生动摇，想要转而投靠德、意、日了呢？不过，直到10月上旬，毛泽东仍旧对英美联合的力量更加看重一些，因此判断蒋介石不会很快地离开英美去加入德意日集团。但蒋介石会不会这时打算公开宣布加入英美集团呢？看来毛泽东对此十分担心。他注意到："自德意日三国

---

　　①　毛泽东：《关于目前形势的估计》，1940年6月25日。
　　②　《中央提示案》，1940年7月16日，《中华民国重要史料初编》，第五编《中共活动真相》，四，台北1987年版，第227—230页；《何应钦、白崇禧致朱、彭总副司令、叶挺军长的皓代电》，1940年10月19日，中央档案馆编：《皖南事变（资料选辑）》，中共中央党校出版社1982年版，第87—88页。

同盟成立后，英美拖中国加入其战争集团，以便利用中国牵制日本的政策日趋积极，美在二千五百万对华借款之后，闻有续借之说，其五十二架飞机已由菲律宾运华，滇缅路及香港交通已正式开放。英国亦有借款给中国之说，英美外交人员正在重庆积极活动，企图拉拢中国参加英美集团"。因此，"英美政策的影响使国民党的态度有急速的转变"，其加紧反共必然与此有关。由于毛泽东一向看重美国的力量，因而相信美国参战，日本必不是美国对手，结果"日本投降美国，日本陆军退出中国，美国把中国英美派从财政上军事上武装起来，中国由日本殖民地变为美国殖民地"，大多数中间派跟蒋介石跑，国共两党必由合作变为大规模内战，国民党将占尽优势，与蒋介石加入德意日集团，成为美国的打击对象相比起来，毛泽东相信："最黑暗莫过如此。"①

在这种情况下，中共中央明确发布指示，称"阻止与援救国民党这一放弃独立战争加入英美同盟的错误方针，是我党当前的严重任务。我们既反对德意日同盟的所谓新秩序，也不赞成英美旧秩序，而主张独立解放的民族革命秩序。我们既反对中国成为日本的工具，也反对中国成为英美的工具，两者都是没有出路的，只有独立自主的民族革命战争的胜利，才是中华民族的唯一出路"。当然，为了中国的抗战需要，中共中央表示："我们并不反对站在独立战争的立场上，利用英美的借款"，因为这是利用帝国主义相互间的矛盾。问题是，利用帝国主义相互间矛盾的策略与投入一派帝国主义怀抱的做法，是完全不同的，前者是我们所赞同的，后者是我们所反对的②。

可是，仅仅几天之后，毛泽东又注意到日军大举南进的情况，而美国似乎还没有做好全面战争的准备，换言之，蒋现在加入英美集团明显地不可能很快取得对日本军队的军事优势，反而会对自己不利，从逻辑上判断，蒋之加紧反共不像是要立即加入英美集团的表现。据此，毛泽东又估计蒋介石加入德日集团的可能性大。尽管苏联驻华大使潘友新（А. С. Панюшкин）在与周恩来讨论这一问题时认为，蒋目前多半还只是在三岔路口上，并没有做

---

① 《中共中央宣传部政治情报第六号》（此文件为毛泽东起草），1940 年 10 月 20 日；《毛泽东关于国际国内形势的估计和对策的指示》，1940 年 10 月 25 日，《皖南事变（资料选辑）》，第 32—34 页。

② 《中共中央宣传部政治情报第六号》，1940 年 10 月 20 日，前引《皖南事变（资料选辑）》，第 32—33 页。

出最后的选择，但毛泽东强调说："惟目前是一回事，将来又是一回事。依客观估计，蒋将来靠英美的可能小，靠德日的可能大，因德日的压力与引力都是很大的，压力是断血管，打重庆，引力是交还失地，在大战中发财与联合剿共。而英美在两年内是无能为力，蒋是等不到两年的。两年外英美亦无绝对胜利把握……总之一二年内蒋介石是无法依靠英美胜利的"。既然如此，蒋之加紧反共，很可能是蒋介石做法国贝当的一种准备。如果事情真是这样，那么，国民党要求中共军队全部集中旧黄河以北，一定是包含着某种险恶的阴谋在内了。其目的多半在于"驱我军于黄河以北，然后沿河封锁，置我军于日蒋夹击中而消灭之"。于是，中共中央开始相信："目前反共高潮是直接投降的准备，所谓联合英美抗日只是蒋介石的烟幕弹。"蒋介石"正在与日本讲妥协，并可能在两三个月内成功，时局将急转直下"，中共必须改变策略，军事上先发制人，不惜"闹得天翻地覆"，甚至准备"和大资产阶级永久决裂"。毛泽东宣称："蒋介石最怕的是内乱，是苏联，故我们可以这点欺负他，他要剿共，我们一定要反剿共。如果我们在反对内战的口号下不怕内战，待他的剿共军前进时出十五万精兵（以三十万支持各根据地），抄到他后方，打几个大胜仗"，苏联再出来调解一番，好转是有可能的。当然，"那时也有蒋介石做贝当并最后做汪精卫之可能，那就是最后大决裂，此种可能性也许还要大些也难说"①。

　　中共中央一贯坚信"中国的大势是由国际形势规定的"，但面对国际局势的复杂变化，要想依样画葫芦般地说明国内政治情势的发展趋向，却万分困难。鉴于"此时错一着将遗无穷之患"，中共中央不能不向共产国际报告自己的形势估计，并请求指示。共产国际和苏联方面的看法显然与中共中央不同。他们坚决反对采取极端的军事进攻行动，强调蒋介石目前还只是有被亲日派牵入圈套而由反共走到投降的严重危险，因此，中共此时应把矛头对准具体的亲日派与内战挑拨者，不要骂蒋，不要骂国民党，甚至也不要骂英美与英美派，而应使用一切可能的方法，直接和间接地向国民党诚恳呼吁，说明剿共就会亡国，投降必然失败的严重危害。显然，

---

① 《毛泽东关于国内形势和对付投降、力争时局好转致周恩来电》，1940 年 11 月 3 日；《毛泽东、王稼祥关于反对反共投降的策略问题致彭德怀电》，1940 年 11 月 3 日，前引《皖南事变（资料选辑）》，第 38—39、76—77 页；《毛泽东致季米特洛夫等电》，1940 年 11 月 4 日。

中共中央很快接受了共产国际的意见。毛泽东在 11 月 6 日给周恩来的电报中又开始强调："蒋加入英美集团有利无害，加入德意日集团则有害无利，我们再不要强调反对加入英美集团了，虽然我们也不应该提倡（因为他是帝国主义战争集团）。"根据共产国际关于目前不应骂英美与英美派的指示精神，他甚至敏感地注意到今后对英美的政策也应与前有所不同了。因此他在电报中指出："目前不但共产党、中国人民、苏联这三大势力应该团结，而且应与英美作外交联络，以期制止投降，打击亲日亲德派活动。"①

重新提出"应与英美作外交联络"，同他们反对国民党加入英美集团，不反对其为了抗日向英美借款一样，都是中共中央注意利用帝国主义之间矛盾的一种表现。这种情况无疑同抗日战争以前，中共反对一切帝国主义，连利用帝国主义相互之间的矛盾的策略也一概否定的情况，有着十分明显的区别。它说明，中共中央在斗争策略的灵活性方面，远比过去成熟得多。不过，同意国民党向英美借款抗日，毕竟同共产党自己与英美作外交联络还有极大的区别。在一度停止与英美人士联络之后，重新提出"应与英美作外交联络"，这在中共中央本身又是一次外交策略的重要变动。根据毛泽东的这一指示，周恩来立即布置了对外宣传工作。委托王安娜②将国民党反共文件带到香港向国外散发，周并亲自与美国女作家安娜·路易斯·斯特朗进行多次谈话，向她介绍有关蒋介石发动反共高潮的种种情况③。其目的，都是要影响美国和英国公众的舆论。

在可以与英美作外交联络之后，具体提出现阶段的外交原则又成为可能的了。1940 年 12 月 25 日，中共中央再度就外交原则及其策略作出规定。指示称："虽然共产党是反对任何帝国主义的，但是既须将侵略中国的日本帝国主义和现时没有举行侵略的其他帝国主义，加以区别；又须将同日本结成同盟承认'满洲国'的德意帝国主义，和同日本处于对立地位的英美帝国主义，加以区别；又须将过去采取远东慕尼黑政策危害中国抗日时的英美，和目前放弃这个政策改为赞助中国抗日时的英美，加以区

---

① 《毛泽东关于加强国内外联络以制止投降分裂致周恩来电》，1940 年 11 月 6 日，前引《皖南事变（资料选辑）》，第 81 页。

② 即王炳南夫人，原为德籍。

③ 南方局党史资料征集小组编：《南方局党史资料》（三），重庆出版社 1990 年版，第 24 页。

别。我们的策略原则，仍然是利用矛盾，争取多数，反对少数，各个击破。"但是，毛泽东仍旧没有忘记提醒全党牢记那些基本的政治区别，这就是："第一是苏联和资本主义各国的区别，第二是英美和德意的区别，第三是英美的人民和英美的帝国主义政府的区别，第四是英美政策在远东慕尼黑时期和在目前的区别。在这些区别上建立我们的政策。"①

1941 年 1 月，蒋介石贸然发动了震惊中外的皖南事变，一举围歼了新四军总部及其所属部队 7000 余人。此事再度引起中共中央的极大愤怒，毛泽东重新把蒋介石的反共行动同帝国主义的阴谋联系在一起，说："国民党干出这件大事，定有帝国主义的指使，这或者是英美，或者是德意。"考虑到此前美国刚刚宣布对华贷款 1 亿美元，英国也刚刚宣布对华贷款五千万英镑，因此中共中央显然怀疑皖南事变之发动，至少与英美政策有关。因"顽固派头子及英美派代表，由于英美集团与德意集团间矛盾之扩大与英美拉拢中国之积极，及日本在中国的进攻行动受到英美的牵制等原因，他们的气焰大为高涨，认为此乃向我党进攻以巩固其统治的有利时机"②。但与前此不同的是，中共中央这次并没有再去费心猜测蒋介石这次行动背后的真正的帝国主义元凶究竟是谁，因此他们仍旧主张继续利用日本与英美的矛盾。而事实上，美国也确实对蒋介石的反共军事行动表示不满。1 月下旬，美国国务院宣布对中国"内争"表示关切，并暂停了原定的对华贷款的实施。2 月美国总统特使居里访华时，又带来美国总统罗斯福的口信，希望双方消泯歧见，共同抗日。居里特别说明：美国在国共纠纷没有解决之前，无法大量援华，中美间的经济、财政等问题也不可能有任何进展。3 月 7 日，美国国务院负责远东事务的官员也约见中国驻美大使胡适及宋子文，说明美国对华政策的基本原则是希望中国的统一能够维持和发展，对于皖南事变，美国人颇多疑虑③。与此同时，苏联也进行了某种程度的干预。苏联大使潘友新和苏联军事总顾问崔可夫接连面见蒋介石，对国民党的行动表示严重关切和不满。

---

① 毛泽东：《论政策》，1940 年 12 月 25 日，《毛泽东选集》，第二卷，第 764—765 页。

② 《中共中央关于皖南事变的指示》，1941 年 1 月 18 日，前引《皖南事变（资料选辑）》，第 173 页。

③ 参见《蒋总统秘录》，第十二册，第 137 页；第十三册，第 76 页；《新中华报》，1941 年 3 月 9 日；《美国外交文件》，1941 年第 5 卷，第 610—611 页；《胡适驻美大使期间来往电稿》，第 101 页。

　　美国反对国共冲突的情况，很快通过周恩来与美国特使居里以及其他一些美国人士的接触，得到了证实。中共中央前此估计皖南事变只是蒋介石将要发动的更大规模的反共行动的最初步骤，但苏美等国的积极干预却使得这一可能迅速消失。这种情况使中共中央再度清楚地意识到外交工作的重要作用。据此，毛泽东开始估计，从利用帝国主义矛盾的角度出发，蒋介石加入美英集团可能反而对抗战有利，对自己有利，因为美国和英国看来不仅支持中国抗战，而且都反对国民党挑起国内的反共摩擦。因此，到了1941年3月初，当毛泽东得知中共代表继续在外表示反对国民党加入英美集团时，他当即致电提出：今后对国民党参加英美集团或订立中缅协定一事不必强调反对，"要把宣传与政策加以分别，我们并不放弃反对帝国主义战争的态度，但对英美援华与中缅联防则不应反对，可表示听任态度。因此事可使蒋介石难于投降与难于反共，我们必须尽量利用两派帝国主义间的矛盾"①。

　　中共中央终于开始能够在国际关系方面灵活把握"利用矛盾"这一斗争策略的运用尺度了。尽管此后几个月里，由于日苏中立条约的签订，美日秘密谈判的消息等，再度使他们估计美英怀有反苏企图，并大声疾呼："美国是靠不住的"，指责美国正在"阴谋复活'绥靖'远东的'妙计'"②。但在6月22日德国突然进攻苏联之后，对美英的敌视和疑虑渐渐烟消云散了。

　　1941年7月9日，共产国际执委会书记处发来关于苏德战争与各国共产党任务指示电，电报明确提出：各国共产党当前的首要任务就是在反法西斯各国内部建立民族统一战线，并推动各反法西斯国家政府成立国际反法西斯统一战线。凡是帮助毁灭法西斯的军事、政治和有利于苏联抗战胜利的都是好的、正确的、应该联合的，凡与此相违背的都是坏的、错误的、应该打击的，一切依此为划分标准。13日，中共中央召开会议，一致赞同共产国际的指示，并具体做出决议，强调在中国目前应"设法改善国共关系，改善与英美在华人员的关系，加强海外工作及对日军事行动的侦察破坏"。根据共产国际来电发出的中共中央有关外交政策的指示具体向全党说明："在目前条件下，不管是否帝国主义国家或是否资产阶

---

　　①　《毛泽东致小廖并告周电》，1941年3月4日。

　　②　《解放日报》（社论），1941年5月30日。

级，凡属反对法西斯德意日，援助苏联与中国者，都是好的，有益的，正义的。凡属援助德意日、反对苏联与中国者，都是坏的，有害的，非正义的。在此标准下，对于目前英国的对德战争，美国的援苏、援华、援英行动及可能的美国反德反日战争，都不是帝国主义性质的，而是正义的，我们均应表示欢迎，均应联合一致，反对共同敌人。"根据共产国际的上述指示，中共中央更进一步明确肯定："目前是法西斯与反法西斯两人阵线斗争的新的历史时期，"前此关于帝国主义战争，关于世界划分成社会主义与帝国主义两大阵营，关于帝国主义阵营中存在着两大集团等种种认识标准，统统取消，一切依据于反法西斯斗争的需要为转移①。

　　一切以反法西斯和有利于苏联及中国为判断是非正误的标准，这使得中共中央的外交政策的原则，变得再清楚明了不过了。中共中央由此确信，英苏协定、英美《大西洋宪章》以及美、英、苏三国的互助行动，这一切无疑都是积极的和正义的，因为它们是有利于消灭法西斯和有利于苏联胜利的。它甚至发表声明，高度评价英美两国这时签署的《大西洋宪章》，宣称：自英德战争以及苏德战争以来，从没有这么好的宣言。这一宣言证明美国决心参加反侵略战争，因而必然成为苏联反法西斯战争胜利的重要因素。"这不但是英美苏三国人民从法西斯威胁下获得解放的国际基础，而且是全世界人民获得解放的国际基础，而且是我们中国人民获得解放的国际基础。"它"是完全有利于苏联，有利于英美，有利于中国，有利于世界的"。这一宣言的发表，特别是三大强国的合作，毫无疑问"是具有世界历史意义的重大事件，从此开辟了世界历史的新阶段"②。

　　毋庸置疑，上述政策突然的和全面的转变，带有革命功利主义的印迹。如果认为中共中央从此相信美国和英国不是帝国主义国家，两国的政府不是资产阶级政府，反法西斯国际统一战线内部没有重要的政治区别与矛盾，这将是一种误解。在一定的阶段、一定的时期、为了一定的目的，正如中共中央根据共产国际指示发出有关外交问题的指示电中第一句话中所说的："在目前条件下，不管是否帝国主义国家与资产阶级"，只能如

　　① 《中央关于凡是反对法西斯德意日者均应联合的指示》，1941 年 7 月 12 日（起草日期为7 月 12 日，实际由政治局通过日期为 13 日），《中共中央文件选集》，第 13 卷，第 164 页。
　　② 《中共中央关于最近国际事件的声明》，1941 年 8 月 19 日，《中共中央文件选集》，第 13 卷，第 193—194 页。

此。但问题在于，随着战争的日益扩大，法西斯与反法西斯国家阵线的区分日益明显，特别是 1941 年 12 月 7 日太平洋战争的爆发，美国正式加入到反对德、日两国的战争中来，英苏之间甚至签订了一个长达二十年之久的战时同盟与战后合作互助条约，这些使得国际统一战线中的政治区别一时间变得无足轻重了。如果英、美、苏真的能在长达二十年的时间里真诚合作与互助，那么，有谁还能相信三国之间存在着不可逾越的政治鸿沟呢？中共领导人不能不开始怀疑：英美是否还是帝国主义？至少，英美开辟第二条战线，"援助社会主义，这不能说是帝国主义"。况且，《大西洋宪章》所标明的战后不扩张领土，不干涉别国内政，各国人民有选择政治制度的自由以及和平、民主、自由的信条，表明"资本主义已不是一个可怕的东西，已经起了变化"，正在进入"风烛残年"。这一切都意味着，中国共产党完全可以和英美好好合作。

　　1941 年 12 月 9 日，中共中央明确提出了建立"太平洋反日统一战线"的提议，主张"中国与英美及其他抗日诸友邦缔结军事同盟，实行配合作战"，要求每一个共产党员"应该在各种场合与英、美人士诚恳坦白的通力合作，以增加英美抗战力量，并改进中国抗战状况"。中共中央相信："中国人民与中国共产党对英美的统一战线特别有重大的意义"，它们之间的精诚合作是战胜日寇的最重要的条件与前提①。在这里，中共中央形式上固然是重提国际统一战线的主张，但就其内容而言，可以说与前此的国际统一战线主张已经有了极大的不同。过去的统一战线主张，完全是建立在"利用矛盾"的基础上的，统战对象的本质上仍旧是敌人，只是"大狗小狗饱狗饿狗"之分，是"天下的乌鸦不是一般黑"；而在今天，统战的对象在很大程度上并没有被看成是敌人，"利用矛盾"的观点至少没有成为其外交政策的基本出发点，甚至毛泽东也不再明确强调国际友方力量的政治区分，中共中央显然希望并且相信，经过必要的外交上的努力，他们完全可以与曾经被视为帝国主义的英、美两国建立诚恳坦白的合作关系。

---

① 《中国共产党为太平洋战争的宣言》，1941 年 12 月 9 日；《中共中央关于太平洋反日统一战线的指示》，1941 年 12 月 9 日，《中共中央文件选集》，第 13 卷，第 248—252 页。

第十章

美国与国共关系

第一节　美国开始介入国共矛盾

在太平洋战争爆发之后，美国并没有改变它的"欧洲第一"的战略指导方针。但是，在罗斯福总统的日程表上，与过去比较起来，中国问题到底还是越来越多地受到美国政府的关注了。这是因为，一方面，美国需要用中国的抗战来拖住日本，减轻美国在太平洋战场所受的压力，以便腾出手来首先打败希特勒；另一方面，从美国在太平洋地区的长远利益，乃至整个战后国际政治格局发展的前景考虑，美国也需要中国这个庞大国家的合作。而无论从任何一种角度来考虑这个问题，美国都不可避免地要卷入到中国的内部事务中来。

自抗战开始以来，中国内部的问题中最尖锐、也是对抗战影响最大的问题，就是国共关系问题了。美国要推动中国积极抗战，想要不在国共两党关系问题上扮演角色，无论如何都是困难的。首先，中共在敌后的力量以及实际控制区域已经越来越大，无论是从抗日战争还是从中国政治的角度都绝对不容忽视；其次，随着中共力量日趋强大，国民党对中共的压制与防范也愈益强硬，国共之间的军事对峙甚至武装摩擦也越来越多，这不可避免地削弱了中国抗日的力量，并且严重地威胁着中国政局的稳定。很明显，如果简单地采取支持重庆政府的态度，像蒋介石所希望的那样，把中国共产党和它领导的抗日力量排斥在外，如果听任国共两党日趋对立，甚至逐渐将对峙与摩擦演化为大规模军事冲突，那么，最终受益的只能是日本，而不会是美国。

当然，美国人之所以特别关注中国的共产党问题，还有一层特殊的原因。那就是，在多数美国人看来，重庆政府对抗日的态度是远不能令人满意的，而它在政治上所实行的专制统治，更是难以让人接受。史迪威给美国军方报告中的下述评论比较典型地反映了这一时期相当一部分在华美国军人和外交官对重庆政权及其领导人蒋介石的看法。史迪威宣称："蒋介石掌权一日，美国就不能从中国得到真正的合作，我相信他只会继续运用他的故伎与拖延，同时攫取贷款与战后的援助，以维持他现有的地位，这地位是以一党政府、反动政策或利用特务的积极协助镇压民主思想为基础的。"① 与此相反，史迪威却对共产党得出了完全不同的印象。比较国共两党的情况，史迪威自己所下的结论是：国民党"腐败，失职，混乱""囤积，黑市，和敌人做买卖"，言行不一；共产党"减税，减租，减息，提高生产和生活水平，参加政府，说到做到"②。

把中共当作中国政治的一个参照系，肯定中共的许多做法，并以此来要求国民党，这在相当长的一段时间里至少在表面看上去似乎成了美国官方的态度。而始作俑者，竟然是美国总统罗斯福。正是罗斯福本人，在其大使积极支持蒋介石之际，首先对中共表示好感。

还在 1941 年初，即在蒋介石发动皖南事变，大举进攻新四军之后不久，罗斯福总统就首先采取了对于美国政府而言纯粹是破天荒的干预性行动。美国国务院首先于 1 月 24 日宣布对中国国共冲突表示关切，并据此暂停了计划中的对华贷款的实施。而后，罗斯福派特使居里及联邦准备银行调查统计部主任戴普莱（Despres）前往中国时，特地捎一口信给蒋介石，提醒他说："在万里外的我们看起来，中共似乎是我们国内的社会主义者。我们赞同他们对农民、对妇女与对日本的态度。据我看来，这所谓的共产党与国民党间相同之点殆多于相异者。我们希望双方能够消除歧见，更密切地合作，以有利于对日本作战的共同目标"③。戴普莱的理解更加简单明了，即"罗斯福之意见以为中国之有共产党，并不能认为中国有共产主义之实行，只能视作民主政治之实习"。既然中共更多地具有民主主义的特征，在崇尚民主政治的美国人看来，它当然应当比坚持独裁统治的国民党要更受人欢迎。事实上，第一次访问中国的居里所得到的观

---

① 《美中关系白皮书》，第 68 页。

② 参见瞿同祖编译《史迪威资料》，中华书局 1978 年版，第 120 页。

③ 转见董显光：《蒋总统传》，台北 1962 年版，第 455 页。

感也大致一样。虽然蒋介石数度告诫他说：中共完全受第三国际之支配，美国人不要被中共的宣传所迷惑，可在与各方面接触之后，居里不能不曲折地承认：比较坚持独裁统治的国民党，共产党显然更民主，更有效率，更受中国农民的欢迎，并因此正在变得越来越强大①。

为了深入了解中国国共两党争论的实质，设法弥合国共之间的冲突，居里在2月14日专门会见了中共驻重庆的代表周恩来，双方进行了一次长时间的谈话。居里与周恩来的会晤是美国高级官员与中共领导人的第一次接触，这一接触时间的选择，很清楚地反映了"美国对中国团结和稳定至感关切"②，并且说明，美国政府决不会对国共两党冲突听之任之。

很难笼统地肯定美国政府对中国皖南事变的干预究竟收到了多大的效果。影响蒋介石当时在军事上作出与共产党冲突规模的因素毕竟是多方面的，美国的作用并不是唯一的。但考虑到蒋介石高度重视美国的援助，并寄最大希望于美国的参战，可以肯定，美国政府对这一事件的反应至少会给蒋介石一个深刻的教训，那就是：美国人绝不会支持他用武力来对付共产党，除非他能够有效地改变美国方面对中共的印象。但是，要想达到这样的目的，事实上却是非常困难的。尽管从1939年以来，国民党已经开始陆续集中了五十个师的兵力对中共陕甘宁等根据地实行军事的和经济的封锁与包围，并且几乎完全堵塞了外国记者与中共及其军队接触的渠道，中共与外界接触日益隔绝，国民党更是竭尽全力地把中共描绘得一塌糊涂，可众多美国人就是不相信国民党的宣传，宁愿曲折地从各种零星的报道中去了解中国那个区别于国民党统治区的更神秘的世界，几乎是本能地对那些在敌后穷乡僻壤中保持着神话般活力的共产党人表示好感。

蒋介石把国民党与共产党在政治影响上的这种优劣一概归结为共产党惯于散布谣言，以至再三告诫美国政府不要上当。甚至于史迪威建议调包围陕甘宁边区的胡宗南部队前往山西前线抗日，他也马上反应为"此其必受共匪所主使"，惊叹"中共之欲毁坏中央之宣传方法，已无孔不入，无所不为矣。"殊不知，此时之中共不仅没有有效之宣传工具，也还很少机会能够与美国人进行接触。对于那些身在重庆的美国外交官来说，他们所听到的关于共产党的恶意宣传要远比来自共产党方面的说法多得多。他

---

① 《居里致罗斯福》，1941年3月15日，《美国外交文件》，1941年第4卷，第95页。
② 《美国外交文件》，1941年第5卷，第611页。

们中许多人之所以对极少接触的共产党反而抱有某种好感，很大程度上并不在于共产党的宣传如何有力和巧妙，而是因为国民党这时自身形象太差。正如前来接替詹森大使的新任美国大使高思（Clarence Gauss）1942年给国务卿的一份报告所指出的那样："共产党的力量更多地是来自国民党的错误。"①

对于众多美国人来说，国民党的问题曾经首先是抗日的主动性问题，他们不满意蒋介石在对日作战问题上刻意保存实力。史迪威在这方面的体会有代表性。中缅印战场司令部政治顾问戴维斯（John Davies）在一份有关这个问题的备忘录中比较客观地评价了国民党在对日作战问题上的态度。备忘录称：（1）中国政府的目的，第一是确保其自身的存在及在国内的至高无上的地位；第二是尽可能保持强大的军事力量以便有资格参加最后的谈判。（2）因此，中国政府的政策是：保存实力而不是消耗其军事实力，指望由美国的海陆空军力量，或者是俄国的陆空军力量去打败日本。（3）如果有可能指望中国统帅部同意采取攻势的话，那多半只是在说服它相信它所消耗的军事装备能立即得到补充，并有利可图时，才是可能的。（4）所以，如果不附带任何交换条件，转交给中国的租借物资都将被囤积起来，而不会被中国政府按照租借法的规定，将这些物资用于对日作战②。

不过，随着欧洲战场的胜利趋势愈益明显，多数美国驻华外交官都逐渐更多地把目光集中到另一方面来。这就是，重庆政府坚持奉行保守的和独裁的统治方式，拒绝一切进步的政治和经济的改革。许多美国人已经看出，蒋介石和国民党坚持这样做的结果，只是越来越快地加速了他们自己在政治上和经济上的严重危机，进而把越来越多的中国民众推到共产党一边去。他们显然怀疑，战后的国民党是否能够继续统治下去，并在世界政治事务，特别是在与美国利益攸关的太平洋地区充当美国的可靠伙伴。美国大使馆参赞范宣德甚至还在1942年就已经开始预言，目前的国民党领导集团将难以在战后把统治继续下去，因为"他们的唯一共同特征和共同目标是希望维持国民党在政府中的支配地位"，他们丝毫不考虑民众的

---

① 《美国外交文件》，1942年中国卷，第246—247页。
② 同上书，第129—131页。

利益和社会变革的需要①。正是在这种情况下，中共所宣布的诸如建立既不是独裁专制，也不是社会主义的民主主义共和国的方案，自然会使他们深感兴趣②。共产党的政府究竟是什么形式的？他们的"共产主义"究竟是怎么回事？它是否具有民主的性质或可能性？它是否已经赢得人民的拥护？它和国民党政府的情况相比又有什么不同？共产党在诸如征税、征粮、征兵和摊派劳动等方面是如何对待人民的，与国民党地区相比如何？共产党的军事力量和经济力量如何？他们对盟国的事业大概有什么样的价值？……在对国民党失去信心之后，这些美国外交官不能不对共产党表现出强烈的求知的心情③。

1943年1月，年轻的外交官、驻华使馆二秘谢伟思（John Service）在他提交的一份题为"国共形势"的备忘录中，就此提出许多问题。显然，这时的美国外交官们多半还并没有对共产党抱以明显的同情，他们甚至认为，过去所得到的那些有关共产党的消息已经不再能够作为评价的依据了。因为"由于国民党的封锁，目前得不到有关共产党区域情况的消息。我们现在已有的都是好几年前过时的消息，其内容的可靠性也都受到限制"。因此，他们相信，目前有必要做大量的实地的调查与研究，"而没有这方面的知识，很难对互相矛盾的报道进行估价，及作出深思熟虑的判断"④。

根据谢伟思的分析，美国这时之所以需要加强对中共的研究，主要在于以下两点，第一，"我们不应忽视共产党军队可能对我们的战争努力产生的积极的军事价值。这些军队控制着通往内蒙、满洲和日军在华北各基地的地区。他们所处的战略地位的重要性还会因为俄国加入对日作战而大大加强"。第二，一旦日本战败，共产党将稳据华北大部分地区，并且处于进入日军撤出的绥远、热河和满洲真空地带的最有利的位置。加上他们在大批自由派知识分子和青年学生中所获得的同情以及可能得到的来自俄国的支持，国民党要想战胜共产党是不可能的。面对这种情况，忽视共产

---

① 《美国十字军在中国》，第116—117页。

② 这是中共中央机关报《解放日报》（1942年7月7日）关于纪念七七事变五周年的社论中提出的主张。高思大使认为这一社论"特别令人感兴趣"，态度也相当"诚恳"。《美国外交文件》，1942年中国卷，第228—229页。

③ 《美国外交文件》，1943年中国卷，第193—199页。

④ 同上。

党的存在，片面地支持国民党，不仅会严重妨碍中国抗战的进行，而且会极大地妨碍战后中国和平状态的恢复与国家的重建。考虑到国民党在政治上、经济上已经陷入严重困境，这种内战最终甚至可能引发一场革命，"从而使中国共产党远远超出他们现在所追求的温和民主的范畴"，"更趋向于与俄国而不是与英美两国建立友好合作的关系"，"对美国的利益造成严重的不利影响"①。

戴维斯对国共关系问题的考察这时看上去要比谢伟思更加深入。在他的报告中，中共被描绘成一个主张实现美国式的民主，保留私有制与个人财产，为政异常清廉，深受群众拥护，但继续保持着亲俄态度的政治集团。而国民党则被描绘成"普遍缺少社会觉悟、公众信任和责任感"，"裙带关系和任人唯亲盛行，贪污受贿司空见惯"，顽固地奉行独裁专制统治，完全没有群众基础的政治集团。在这种情况下，"共产党不可避免地因其所受到的群众支持和他们在行政改革及为政清廉方面的声誉而形成了对中央政府及其腐败制度的挑战"。由于国共之间的这种矛盾几乎不可调和，因此，国民党为保持其统治地位，势必要选择适当时机对共产党诉诸武力，内战的爆发将难以避免。为设法制定出积极的对策，戴维斯也提出了同样的建议，只不过，他明确认为应当"在中国共产党地区设立总领事馆，并向该地区派驻军事观察团"②。

从美国驻华大使馆这时送往华盛顿的各种有关的报告中，可以看出，美国驻华外交官这时对于国共之间爆发大规模内战的可能性的估计，还有某些明显的分歧。高思大使对战后中国政治局势的发展表现得格外乐观。他甚至估计，由于可以预见到的苏联将参加远东地区的对日作战，结果会很自然地促进中国政局向着理想化的方向进展。这是因为，他相信，作为友好盟国，苏联负有明确的责任和义务与美国一道维护远东地区的和平局面，这样不仅可以极大地制约中国激进势力走向极端，同时也可以加强反对国民党的自由派与激进分子的力量，迫使保守的国民党统治集团在政治改革问题上作出让步，从而完全避免爆发内战的危险③。与此相反，戴维斯、谢伟思等人对中国内战爆发的可能性估计得相当严重，他们认定：

---

① 《美国外交文件》，1943年中国卷，第193—199页。
② 同上书，第258—260页。
③ 同上书，第203—205、264—267页。

"统一战线现在肯定已经不复存在。"内战的爆发在中国只是时间问题。最为严重的是,战后一旦出现严重内战的局面,"苏联将很可能支持共产党一方,而美国将发现自己在支持中央政府,从而处于与苏联对抗的地位"。在这方面,戴维斯的估计极其悲观。他指出:考虑到中共与苏联的历史关系,国民党的进攻"将很可能迫使共产党人投入俄国人正好张开的怀抱",因为战后苏联东部边界不再受到威胁,"斯大林到那时将很可能愿意在他的侧翼出现一个友好的中国政府,如果不是卫星国的话"。一旦出现这种情况,受到中国民众拥护的中共很可能将打败国民党,最终接替国民党对中国的统治,而美国无论基于何种原因,都难免被蒋介石拖入这场战争,从而被拉入对苏联的冲突之中①。

无论如何,谢伟思和戴维斯的警告不能被看成是无凭无据的危言耸听。国共两党之间的对立是显而易见的,即使暂时不会爆发内战,他们相互间以数十万兵力进行对峙也极大地妨碍着中国抗战的进行。如果这种对峙一旦演变为一场内战,又有谁能否认它对美国在远东及太平洋地区的利益不是一种灾难呢?为了避免出现这种情况,防患于未然,美国国务院官员在1943年1月下旬也已经在考虑由驻华大使馆派遣一名军官访问共产党控制区的问题了。远东司在2月间提出的一份备忘录中更具体提议说:中国目前的局势不仅在战时,而且在战后,都严重地影响着美国的利益。我们很难听任这种局势向着继续恶化的方向发展下去,"有必要对这种局势进行认真的研究,并考虑采取任何适当的行动以促进中国的统一。一种可能的行动路线是派遣美国官员访问共产党控制区。这样可以获得双重的利益,既可以向中国人表明我们对整个问题的关切,同时又可以使我们得到有关这个问题各个方面的更多的情报"②。

向与中央政府明显处于分立状态,甚至保持着某种敌视态度的共产党地区派驻美国政府官员,不论是军事方面的,还是外交方面的,这都会被当权的国民党当局看成是一种蓄意鼓励自己政治敌人的不友好的行为。但是,随着来自中国的局势恶化的越来越多的报告送达华盛顿,就连罗斯福总统也清楚地意识到中国问题的严重性,他在1943年9月与副国务卿韦

---

① 《美国外交文件》,1943年中国卷,第193—199、258—266页;《美国外交文件》,1944年第6卷,第307—308页。

② 《美国外交文件》,1943年中国卷,第205—208页。

尔斯的一次谈话中，明确地肯定了他对那些年轻的驻华外交官所提出的严重担心的理解。他承认，战后最麻烦的地方是中国，因为中国极有可能爆发内战，从而把苏联和西方国家都卷进去，形成西班牙内战那样的局面，而且范围要大得多，危险性要严重得多①。因此，为了避免出现那样严重的局面，美国政府需要及早采取预防措施。尽管，没有人不清楚，向中共地区派遣美国政府人员，或多或少会被中国政府看成是一种公然介入中国内部事务的行为，但与国民党人的面子比较起来，美国的利益显然是第一位的。

对于美国必欲介入国共关系的态度，始终感到自己处于国民党军事进攻威胁之中的中共方面很自然地表示欢迎。还在1942年5月，周恩来为了打破国民党的封锁，就曾向美国记者斯诺表示，希望当时正在重庆访问的美国军事代表团和美国记者们前去延安参观访问，他还委托斯诺将宣传八路军、新四军作战业绩的有关资料和一封信带给居里，信中甚至提出：中共领导的军队虽然两年来没有得到国民政府的任何补给，在装备上又远逊于国民党军队，但却仍旧牵制着日本在华兵力总数中将近一半的军队，如果同盟国援华物资能够合理分配给中共军队一部分，相信中共军队将能够更为有效地打击日本人②。当年8月间，当居里第二次访华之际，周恩来又致函居里说明了这一点。11月下旬，周恩来、林彪在与范宣德和谢伟思的谈话中，更进一步提出：美国对国民党的影响是有可能改善当前国共关系恶劣局面的唯一的力量。他们强调，美国人应当尽量向国民党领导人灌输这样的思想，即说明美国希望看到民主在中国的真正进展，说明中共军队作为对日战争的参加者应当按比例得到由美国提供的租借物资的一部分。在从谢伟思那里得知美国人有派遣官方人员访问共产党控制区的设想之后，周恩来于1943年3月在与戴维斯的一次谈话中更进一步提到，他欢迎美国政府派一批军官作为观察员到陕西、山西等敌后根据地去搜集情报，并常驻那里进行工作③。很难肯定邀请美国政府派遣有关人员常驻延安的建议最早是周恩来提出的，但中共方面由衷地欢迎这样的建议是显

---

① 转见《中美关系史，1911—1950》，第302页。

② 参见中共中央文献研究室编：《周恩来年谱（1898—1949）》，人民出版社、中央文献出版社1989年版，第532页。

③ 《美国外交文件》，1943年中国卷，第197、214页。

而易见的①。到这时为止，中共同美国之间始终没有建立任何一种具有官方性质的联系，也就是说，美国人充其量只是在口头上对共产党人表示同情，而中共方面所期待的却是美国政府能够正式承认中共，并把它与国民党同等看待。要求具有美国官方身份的军事代表团访问延安也好，要求合理分配美国援华物资也好，在中共中央看来，第一位的都是要取得美国政府的正式承认，争取与美国建立一种官方的联系，从而更直接地影响美国的对华政策，借钟馗以镇鬼，最终达到阻遏国民党压制和进攻自己的目的。

　　反过来，国民党方面对美国介入国共关系的态度也不难想象。特别是当蒋介石发现史迪威有意解除国民党军队对中共主要根据地的包围，利用中共军队参加对日作战时，他的反应几乎是怒不可遏的。他在给宋子文的一封电报中，极其愤怒地痛斥这位美国将军对中共的态度"更使共党鸱张无忌，而使我政府对中共之处理，更增困难，不惟不能阻止共党之内乱，适足以奖励我国之内乱也"②。不过，只要不是太直接地触动自己的统治基础，蒋介石这时也很清楚他不能做出过分的反应。随着1943年美国政府接连在魁北克会议、莫斯科会议说服了英、苏两国，中国被承认为四大强国之一，蒋介石在11月的开罗会议上坐上了世界四大国领袖的政治交椅，他因此不能不由衷地感谢美国的鼎力相助。一半是为了做给国内外舆论看，一半也是带有向美国人表示某种回报的成分，蒋这时甚至开始许诺在战争结束一年后，他准备制定宪法，召开国民大会，在一定程度上

<hr>

①　通常人们认为，向延安派驻美军观察组的建议最早是中共代表周恩来于1942年夏季主动提出的。这样的看法主要来自于戴维斯1943年3月16日关于与周恩来谈话的一份备忘录。其中说道："周又重提了去年夏季邀请一个美国军官小组在陕西和山西设立观察所的事。"甚至中共中央文献研究室编著的《周恩来年谱》等书也接受了这样的说法。但是，周恩来1942年夏天给中共中央的各种电报当中，并没有类似的内容。而在戴维斯当年夏季前后提交的给史迪威的有关共产党问题的备忘录（6月29日、7月5日、7月10日、7月31日、8月6日、10月11日等）里面，也都看不到这样的内容。而谢伟思1943年1月23日报告则称：我从未听说过共产党人自己提出过关于派遣美国政府代表访问共产党区域的建议。谢伟思与戴维斯同为史迪威司令部的政治顾问，二人关系也颇不一般，如果戴维斯有过类似的经历，或提交过类似的报告，谢伟思绝不可能一无所知。实际上更为准确的说法可能是，周恩来曾经在美国军事代表团访问重庆之际提出过邀请代表团访问延安的建议，而戴维斯把这一建议同此后美国外交官所提出的派遣外交或军事人员常驻延安的建议混为一谈了。《美国外交文件》，1943年中国卷，第214、196—197页；《周恩来年谱》，第533页。

②　《战时外交》，一，第162页。

"还政于民"。既然要做出某种民主的姿态，他甚至在 1944 年 2 月下旬出人意料地解除了对中共根据地进行新闻封锁的禁令，正式批准了外国记者组团访问延安的申请。也正是基于这种考虑，当罗斯福总统于 2 月 9 日来电委婉地提出，美国需要立即派遣一个军事观察团到陕北、山西和华北一带中共根据地进行工作时，蒋介石最初虽然没有明确赞同，而在美国方面坚持这一要求之后，蒋介石也没有强硬地加以反对①。

蒋介石并非不了解，允许美国直接介入国共关系，对其权力多多少少是一种潜在的威胁。过去之所以千方百计将共产党与外部世界隔绝起来，正是因为害怕共产党的宣传和向外渗透其影响。而在这样做了五年之后，如今竟不得不突然允许美国政府的代表常驻延安，这难道不会使过去所做的一切前功尽弃？但既然要依靠美国人打日本，要依靠美国立足于当今世界大国地位，要想让美国人完全不介入国共之间的冲突多半是不可能的。当这种冲突已经影响到美国人所希望看到的中国军队对日作战时，即使是从单纯军事援助的角度，也很难指望他们对大量的租借物资和贷款被用于何处不刨根问底。美国国务院已经不止一次地询问其驻华大使："关于美国根据租借法提供的装备过去被中国政府军队用于进攻中国共产党，或者封锁共产党的政府军配备有根据租借法提供的器材一事，你们是否有任何情报？"因此，即便蒋介石对共产党恨得咬牙切齿，他也不能不三番两次地向美国政府保证："我中央对中共本无武力制裁之意，始终一以容忍感化为怀。"②

1944 年 6 月下旬，美国副总统华莱士（Henry Wallace）访问中国。他在与蒋介石的会谈中一再表示对国共关系问题的关切，并明确提出了希望派观察员到延安去的问题，最终说服蒋介石允许美国派遣一个观察组到延安去。随后，在美国陆军部的指导下，中缅印战场司令部很快完成了具体的组织工作，并于 7 月下旬向延安派出了美军观察组的第一批人员。表面上，正如罗斯福所说的那样，这是为了获取日本在中国华北和满洲的有关情报。而事实上，如前所述，它纯粹是美国政府为了阻止国共关系日益恶化的一种努力。恰如美国国务院在给陆军部部长的一封公函中所说的那样，采取这一行动的原因在于：（1）国共关系的不断恶化对于中国对日

① 《战时外交》，一，第 164 页；《美国外交文件》，1944 年第 6 卷，第 460—463 页。
② 《战时外交》，一，第 162 页。

作战有着普遍的不利影响；（2）局势进一步恶化可能导致严重危及中国政治统一的内部冲突；（3）它并且可能在将来引起中国与苏联关系的复杂化。因此，延安观察组的基本任务在于：协助美国政府探求"应以何种最适合的方式才有助于友善地解决国民政府与共产党之间的矛盾"[①]。

毫无疑问，不论美国政府所派遣的这一观察组此后能否找到一种有助于解决国共关系的适当方法，在国民党拒绝承认共产党的合法地位，拒绝承认中共军队的抗日作用，拒绝承认敌后根据地及其政权的合法性长达七年之后，美国向中共控制地区派遣具有美国政府背景的观察组这一行动本身，就已经是中国共产党人在政治上的重大胜利了。美国政府正式承认中共及其军队与政权事实上的存在与作用，不仅意味着蒋介石和国民党再也不能对共产党采取视而不见的态度，而且意味着无论战时或者战后，蒋介石和国民党都再不能设想通过取消、合并或消灭共产党的办法来解决它与共产党之间的矛盾冲突，它必须准备与共产党和平共处。很难想象从抗战开始以来始终寄希望于取消、合并或消灭共产党的蒋介石会心平气和地接受这样一种现实。但至少，还在开罗会议召开之际，即当蒋介石在罗斯福的关照下，第一次作为四大强国的领袖与英、美两国首脑平起平坐的时候，他就已经得知，他必须为此作出某些牺牲了，因为罗斯福要求他同延安的共产党成立一个联合政府[②]。尽管这一要求带有几乎是赤裸裸的干涉内政的性质，蒋介石还是不能不在形式上表示赞成。于是，美国对国共关系的公开介入似乎产生了十分明显的效果。

第二节　美军观察组与中共

1944 年 7 月 22 日，第一批美军观察组成员共 9 人，先行到达延安。紧接着，8 月 7 日，第二批观察组人员 9 人也飞到延安。这个美军观察组

---

① 《美国外交文件》，1944 年第 6 卷，第 355—356 页。

② 参见本书第 378 页。在 1939 年 12 月下旬蒋介石与中共部分领导人的一次谈话中，曾明白表示：他的目的就是要取消或者合并共产党，这一目的达不到，抗战胜利也没有什么意义。在 1940 年 7 月 28 日的日记中他又明确表示："如欲抗战胜利，须先消灭共党。"参见刘绍唐《民国大事日志》，第 620 页；《陈绍禹等关于一个大党问题与蒋介石谈判情况给中央的报告》，1939 年 12 月 23 日，《中共中央抗日民族统一战线文件选编》，下，第 183—184 页。

的组长，是由中缅印战场情报官，已在中国有着 20 年任职历史的包瑞德（David Barrett）上校担任的。观察组的其他成员包括大使馆二等秘书兼中缅印战场司令部政治顾问谢伟思和卢登（Raymond Ludden）以及 5 名美军航空兵军官，4 名美国陆军军官，1 名军医，1 名技师，1 名海军军官和 2 名信号兵。作为军事观察组，中缅印战场司令部临行前给观察组的任务主要是军事方面的。它包括：了解华北地区日伪军的战斗序列、作战行动、空军及防空能力以及共产党军队战斗序列、部队位置、兵力及装备状况、训练程度与战斗力水平、作战部署与行动、控制区的扩展与敌军工作情况等，特别是要估价共产党战争能力以及对战争可能的贡献，通过援助增强其战斗力的最有效的方法①。显而易见，美军观察组的组成本身正是按照这样的目的来挑选它的人员的。包瑞德也确实"打算集中主要精力来搜集情报"，特别是一切与对日作战有关的情报，包括各种军事的、经济的、甚至气象的情报等。

　　美军观察组在延安受到了热烈的欢迎。毛泽东甚至亲自为中共中央的机关报《解放日报》撰写社论，称赞这些美国人与自己是同一战壕里的战友，并希望他们的到来能够使美军统帅部对于中共获得真实的了解，并据以决定正确的政策②。八路军总司令朱德和参谋长叶剑英等一开始就明确表示希望与美国建立长期的密切的合作关系，并且愿意为美军观察组搜集情报提供一切可能的援助，中共军政领导人彭德怀、叶剑英、聂荣臻、陈毅、贺龙、林彪、罗瑞卿、朱瑞、杨秀峰、甘泗淇等还专门为美军观察组做了介绍中共各个部队以及各个根据地各方面情况的长篇报告。美军观察组对此显然相当满意。包瑞德报告说：中共当局给予了观察组最热心的合作，他们毫不犹豫地向我们提供各种方便条件，在他们控制的任何地区与我们合作，对美国人的旅行未加任何限制。因此，观察组成员得以分批前往华北各个抗日根据地进行实地考察，建立气象观测站，探索破坏日军和开展情报工作的可能性。仅在头两个月之内，观察组就成功地发送了112 份报告，其中大部分都是重要的军事情报，包括日军在华北的机场和防空力量，八路军的力量、分布、作战部署、训练状况，华北和西北地区的经济、气候状况等。

---

①　美国国家档案馆：《延安观察组迪克西使命》（缩微胶片），第 400—403 张。

②　《解放日报》，1944 年 8 月 15 日。

应当肯定的是，中共中央欢迎美军观察组来延安，绝不是为了简单地向美国人显示敌后的共产党人在协助美国军队搜集情报方面的特长，归根到底，他们还是想要通过这种最初形式的军事合作，来争取达到使美国政府承认自己和援助自己的目的。正像朱德在美军观察组到达延安两周之前对美国记者斯坦因（Gunther Stein）谈话提到共产党欢迎成立一个公正的同盟国统帅部，由美国人来指挥国共两党的军队一样，在中共中央得知美国政府有可能把租借物资的一部分分配给自己之后，他们第一个设想就是要尽快争取美国政府的承认，以便取得这样的援助。显然，美军观察组的到来，已经把一向被国民党所关闭的大门打开了一条缝，从而使中共争取美国承认的努力开始成为一种可能。只不过，中共中央非常清楚，必须遵循渐进的、谨慎的方针走下去，而决不能急于求成，否则他们的一切努力都会因为受到国民党政府的尖锐反对半途而废。基于这种情况，他们开始即确定了外交工作的策略，这就是欲擒故纵，既欲取之，必先予之。因此，当包瑞德和谢伟思等人发现延安的共产党人与他们所接触过的那些国民党人完全不同，"显然并不期望我们会立即着手执行一项直接援助共产党部队的计划"时，他们确实深受触动[①]。

关于应当给予中共军队以相当援助的设想显然是美军观察组首先提出来的。刚到延安不过六天，谢伟思就在他的报告中盛赞那里充满了朝气。包瑞德则进一步指出：共产党当局对观察组给予了极为热情的合作，他们对日军的情报掌握得最多最迅速，他们在全部情报专家中是最真诚的。并且，尽管他们在武器装备和技术方面比较困难，也"最有资格要求得到所需要的合作与援助"，但他们只是表示希望制订一项美国陆军与中共军队进行长期合作的计划，却从未要求过报偿。能不能只是索取而不付出呢？包瑞德建议中缅印战场司令部和美国军事最高当局："使观察组成为一个永久性的机构或者建立一个同样性质的组织；对于共产党是否将得到美援的问题，作出明确的决定。"特别是对于援助问题的决定，决不应无限期地拖下去，从情理上讲，"要求共产党在没有任何希望获得它的军队迫切需要的援助的情况下继续帮助观察组，恐怕是不大合理的"。事实上，对于中共军队，"只要给予一些简单的武器援助"，就能够大大提高

---

①　约瑟夫·埃谢里克编，罗清等译：《在中国失掉的机会》，国际文化出版公司1989年版，第214—215页。

他们的战斗力，给日军造成极大的杀伤；如果能够向他们提供足够的装备，那就一定可以收复很多重要地区，加速战争的最后胜利。因此，在刚到延安之后不久，包瑞德就明确告诉中共中央，观察组的使命不仅仅是搜集军事情报，它还准备调查共产党军队对武器装备的需求情况①。

没有任何资料表明，中共中央此前已经了解到7月4日美国参谋长联席会议关于应当把国共两党军队置于史迪威将军统一指挥之下来解决中国纠纷的备忘录，和罗斯福总统7月6日据此要求蒋介石同意由史迪威将军来统一指挥中国军队的著名电报。但包瑞德和谢伟思对于美国政府的这一建议无疑是非常清楚和举双手赞同的。他们之所以主动地提出援助问题和进一步扩大合作范围的问题，毫无疑问与美国政府这时的积极态度有关。但中共中央显然相信，这种情况的出现，是与自己的地位的强大和外交策略的成功分不开的。在8月18日，中共中央甚至因此专门发出了一项有关外交工作问题的内部指示，具体分析和总结了前一段工作的成就，提出了更高的工作目标。指示明确认为，美军观察组的到来，是美国方面"对我新民主中国有初步认识后的实际接触的开始"，因而也是"我们外交工作的开始"。"美军人员来我边区及敌后根据地的理由，为有对敌侦察和救护行动之需要，准此可争取其逐渐扩张到对作战方面的合作和援助，有了军事合作的基础，随后文化合作，随后政治与经济合作就有可能实现"。也就是说，只要搞得好，就有可能"便于我们外交来往和取得国际直接援助"。为此，他们进一步强调外交工作本身的技巧性，强调"凡我所能而且愿意使外人知道和参加的事，可由我主动的有计划地加以布置，即使是我们的要求，我们也可使其自动的先向我们提出，例如军火援助，国民党天天向他们噪呱，要这样那样，我们则暂不提起，反而引起他们的尊敬，向我们先提"。总之，要"极其灵活机动，不拘一格"。争取实现"盟国给我以军火物资药品和技术上的援助"，"盟国在我边区及主要根据地派遣外交使节，或设外交机关"，"盟国通讯社或其政府新闻处在延安设立分社，或派遣特约通讯员及记者来延"②。

争取美援，当然是中共中央这时外交的直接目的，但没有美国政府的

<hr>

① 《美国外交文件》，1944年第6卷，第516页；陶文钊：《40年代中美关系史上新的一页》，《党史研究》，1987年第6期。

② 《中共中央文件选集》，第14卷，第314—318页。

正式承认，美援的取得无疑是极端困难的，即便有，也只能是暂时的和零星的。因此，争取美国政府的承认，是中共中央这时整个外交策略的中心之点。还在毛泽东第一次与谢伟思谈话时，他就开始暗示美国必须设法承认中共并在延安正式派驻长期代表，否则内战必然爆发。而为了争取后者的同情与支持，毛泽东和周恩来等在多次谈话中明白表示，中国现在需要的不是社会主义，而是具有进步特点的资本主义，因此，中国共产党不仅不反对美国等国的在华利益，而且真诚地相信，中国的工业化必须要靠资本主义式的自由竞争和外国资本的帮助，他们为此竭诚欢迎美国资本家来华投资，并准备在中国发展资本主义，最终通过一种渐进的形式向社会主义过渡。而在包瑞德许诺美国准备援助中共武器之后，毛泽东更进一步开始突出强调国民党在政治上、军事上的不可靠以及国民党必欲消灭共产党的总趋势，说明："防止中国发生内战的希望在很大程度上取决于外国的影响"，尤其是美国的影响。从 8 月下旬开始，毛泽东明确提出，要想制止中国可能发生的内战，取决于美国对下述三个问题的态度如何：第一是美国是否真正重视中国；第二是美国是否真正重视中国的民主；第三是美国是否准备承认和帮助中国共产党。特别是第二、第三两点，如果美国坚持片面地援助一个独裁的国民党政权，其结果只能是内战；迫使国民党放弃消灭共产党企图的唯一有效的办法，就是一方面设法改组国民党的独裁政府，另一方面正式承认中共并供给以中共武器[1]。

　　要求美国给予外交承认，这在客观上是有相当困难的。谢伟思告诉毛泽东，在美国正式承认蒋介石的政府为中国唯一合法政府的情况下，另外从外交上承认中国共产党是不可能的。因此，在 8 月下旬之后，中共中央很快就把工作重点放到争取美国援助的问题上来了。在中共中央这时召开的六届七中全会主席团会议上，毛泽东等在介绍了他们与包瑞德和谢伟思等人的谈话内容之后，明确表示：由于蒋介石靠不住，美国需要我们的帮助是肯定的，因此部分地援助我们也是确定了的，反过来，我们要美国援助的方针也是确定了的，首先要大炮、火箭炮等，其次要枪弹，要炸药。从谢伟思 8 月底的报告看，中共中央的这种估计看来也是有相当根据的。至少，谢伟思等人坚持认为：美国人与中共之间"积极的合作应从向中共提供其极度缺乏的基本军事装备开始，并辅之以对使用这些装备的训

---

① 《美国外交文件》，1944 年第 6 卷，第 604—614 页。

练"。在他们看来，援助共产党最大的好处就是能够制止国民党发动内战的企图，迫使国民党放弃武力解决它与共产党之间矛盾冲突的结果，很可能会导致国民党在政治上实行改革，否则它将无法取得中国民众的支持。至于从军事上援助中共那许多控制着或威胁着敌后大量战略要点的军队，对战争将会起到十分积极的作用，就更是显而易见了。特别是，当美国军队准备在中国沿海举行登陆作战时，没有任何人能够取代中共的军队，只有他们能够为美国军队提供各种掩护和情报的帮助①。

由于坚信美国必然要在中国进行登陆作战，必须要与自己合作，并且相信美国愿意援助自己，自9月之后，中共中央迅速开始通令沿海各有关部队，速向沪杭甬及华北各地发展，特别要在沿海一带广泛地开始游击战争及准备大城市的武装起义，建立各种秘密的情报和联络机构，改进参谋工作，以便放手与美军合作，适应与美军联合对日作战和取得外援的需要。同时，中共中央指示它在重庆的代表，正式向史迪威将军和刚刚来华的美国特使赫尔利等人说明："根据我军历年抗敌的战绩，今日抗击敌伪的战略地位（敌后沿海及大城市附近交通要道两侧），我军的实力（五十万正规军，二百万以上民兵），和我军配合盟国军队作战的各种可能，以及国民党军队的连战皆败和衰弱无能……十八集团军和新四军应占全中国军队所接收之全部援助数量的二分之一的比例，至少应得三分之一的比例。"②

公然声称美国人应当将其援华物资的一半分给人数只占国民党军队五分之一左右、从来没有得到过各国政府承认，甚至被蒋介石的中央政府视为异己势力的中共军队，这看起来有点儿像是天方夜谭。但中共中央这时之所以敢于提出如此富于想象力的要求，却绝不是一厢情愿地漫天要价。第一，这时关于史迪威的指挥权问题在重庆已经闹得满城风雨，中共驻重庆代表早已得知美国政府有支持史迪威取得所有中国军队指挥权的意图。中共中央一向相信蒋介石是靠着美国的援助而生存的，在美国的压力下，蒋虽不高兴，却也无可奈何，因此组织联合统帅部的前途多半是确定

① 《延安观察组迪克西使命》（缩微胶片），第40—43张。
② 《中央致董必武电》，1944年9月9日；《毛、刘致张、饶、曾电》，1944年9月10日。毛泽东9月12日致中共代表林伯渠等电更进一步强调，对赫尔利等谈话时，不提三分之一，只提二分之一，"因不论战绩、兵力、地位，共都优于国也"。

了。而既然要组织联合统帅部，国共两党军队都要受美国人指挥，那么，中共军队当然要获得租借物资的分配权。这个时候，史迪威也确曾打算向中共军队提供美国的军事援助①。第二，1944 年 4 月至 5 月间，国民党号称装备最优、训练有素的汤恩伯部接连被日军打得溃不成军，其不堪一击之状，实为前所未见，令人震惊。加上国民党统治区内通货膨胀，物价飞涨，已弄得民不聊生，可政界军界却是花天酒地，贪污成风，面对这种情况，毛泽东等自然有理由相信，今后的抗日战争，乃至解放中国的使命，都将落到共产党及其军队的肩上，国民党实际上已经很少有什么前途了。既然要靠共产党来打日本，救中国，在租借物资的分配上，共产党的军队当然应当拿它应得的份额。第三，还在 7 月 4 日，即美国参谋长联席会议提出由史迪威统一指挥国共两党军队的建议的当天，美国大使馆参赞艾切森（George Alcheson）根据高思大使的指示，与孙科进行了一次重要的谈话，提出了由蒋介石召集包括共产党在内的各个党派的代表组织一个军事委员会来共同承担战时国家领导责任的建议，这一建议立即得到了美国国务院的积极反响。尽管蒋介石事实上很快拒绝了这样的提议，然而国务卿赫尔还是发来电报向高思强调：有必要通知蒋，"总统和我觉得，你的建议是切实可行和及时的，值得认真考虑，我们不仅关切同中共之间未解决的问题，也关切关于中国其他地方非共产党人中间存在不满和不同政见的报道。我们对中共或其他持不同政见分子本身并无兴趣，但是为了我们的利益和联合国家的利益，也为了中国的利益，我们十分希望中国人民在一个强有力的并具有广泛代表性和宽容精神的政府领导下，开发和利用他们所有的物质和精神资源，以进行战争并建立持久的民主和平。为此目的，党派分歧能够也应该通过明智的和解与合作得到弥补和解决。我们觉得，一个代表中国所有有影响的集团并在蒋介石领导下拥有全权的委员会或某种团体，将是实现这个目的最有效的机构"②。

　　还在 8 月中下旬，毛泽东、周恩来等在与谢伟思谈话中就已经得知美国政府有逼迫蒋介石组织联合政府的设想与提议。这一消息颇让中共中央

―――――――――

　　① 　这时，史迪威在他的日记中写道："我们必须想想法把武装交给斗志昂扬的共产党人。"这之后，他也曾设想过亲赴延安与中共领导人商谈用美式装备装备中共五个师的问题。见《美国十字军在中国》，第 167、169 页。

　　② 　《美国外交文件》，1944 年第 6 卷，第 116—117、120、567—569 页。

感到振奋。毛泽东明确地告诉谢伟思：蒋介石现在已经到了走投无路的地步，"处于必须听命于美国的境地"。"美国可以告诉蒋，为了战争他应当做什么"。美国人完全可以把援助当作迫蒋就范的重要手段①。与此同时，中共中央很快确定了接过联合政府的口号在政治上压迫国民党放弃独裁统治的宣传方针。9月4日，中共中央正式通知中共代表："目前我党向国民党及国内外提出改组政府主张时机已经成熟，其方案为要求国民政府立即召集各党、各派、各军、各地方政府、各民众团体代表，开国事会议，改组中央政府，废除一党统治。然后，由新政府召开国民大会，实施宪政，贯彻抗战国策，实行反攻。估计此项主张，国民党目前绝难接受，但各小党派、地方实力派、国内外进步人士，甚至盟邦政府中开明人士，会加赞成。因此，这一主张，应成为今后中国人民中的政治斗争目标，以反对国民党一党统治及其所欲包办的伪国民大会与伪宪。"② 据此，中共中央要求其驻重庆代表林伯渠等就此与美、英大使及各小党派进行接触和磋商。据林伯渠等9月14日报告称，同美国大使的接触虽未能实现，但已确知，美国大使在与有关人员的几次谈话中，已明确表示美国赞同对中国政府进行改组，而与各小党派磋商结果，各党派均认为林伯渠以党的名义在参政会上提出这一要求不好，不仅他们不便表态，而且会引起极大争论。他们建议，林可用个人名义在报告中顺便提出此议，目的只是在于告诉全国人民中共今后争取的目标何在。鉴于各小党派不支持用联合政府的要求与国民党公开争论，中共中央一度曾考虑是否不用此种方式公开提出此一主张，但电报未到，林伯渠已经在第二天，即9月15日的参政会报告的结尾部分以个人名义公开提出了此主张。对此，中共中央当即予以支持，于9月19日以《延安权威人士评国共谈判》名义发表声明，直截了当地向国民党方面摊了牌。声明公开宣布：今日"必须彻底改变现在国民党政府所执行的军事、政治、经济、文化等项政策，必须彻底改组政府与统帅部，把那些投降派、失败主义者、专制主义者与法西斯分子赶出去，由真正能代表人民利益的人去掌握政令军令，使其能代表全国各方面的力量及人民的意志。必如此，方能真正挽救目前的危机及争取抗战胜

① 《在中国失去的机会》，第254—259页。
② 《中共中央抗日民族统一战线文件选编》，下，第738页。

利"①。

中共中央公开地，并且是强硬地提出平分美国租借物资的要求和成立联合政府与联合统帅部的政治主张，十分明显与这一时期美国政府的对华政策有关。罗斯福和美国政府在7—9月间也曾提出过改组中国统帅部的重要设想和建议，这极大地鼓舞了中国共产党人，使他们更加确信自己的力量与作用。毛泽东在9月下旬甚至就此在某种程度上作了自我批评，指出：中国政治的重心已经逐渐发生了转移，而我们自己却常常估计不足，思想上赶不及，总是认为天下还是蒋的，没有能够及时想到和提出改组政府的问题。在这方面，美国人反倒走在自己的前面去了②。当然，中共中央这时估计到，蒋介石未必能够接受这样的主张和要求，只是他们的想法是，不论蒋接受与否，共产党将不再妥协，逼蒋到底，直至自行成立解放区联合委员会和解放军，不受蒋介石的指挥，独立进行解放战争。而他们之所以如此乐观，仍旧是同那些在延安和重庆的美国军人和美国外交官的信任和支持分不开的。10月初，谢伟思秘密向史迪威建议，利用美国缴获的德国武器援助中共，以承认中共独立政府为交换，令其在中国江南地区发动攻势。之后，谢伟思等更秘密地制订了通过空投援助中共在山东部队的"连云港计划"，为两万五千个中共游击队提供各种武器装备并加以训练的"伯尔德计划"以及美国空降兵部队在共产党控制的山东沿海地区着陆，以中共军队支持下建立美军登陆场的"麦克卢尔计划"等③。10月下旬，谢伟思更专程由延安回到重庆，在史迪威的支持下，前往华盛顿就此直接提出建议和说明。显然，包括谢伟思在内的相当一批美国驻华官员，已经相信不能再无条件地支持蒋介石了，有人甚至开始断言：未来中国必定属于中共，而不属于国民党④。

可是，无论是这些美国驻华官员，还是中共中央，都没有能够估计到，自9月6日美国总统特使赫尔利来到重庆之后，美国政策的天平就开

---

① 《中共中央抗日民族统一战线文件选编》，下，第752页。

② 中共中央文献研究室编：《毛泽东年谱（1893—1943）》，中，中央文献出版社1993年版，第546—547页。

③ 参见本书第455页。

④ 谢伟思这时的报告宣称中共将来若不能在中国占取优势，也必将是中国政治力量中最重要的角色之一，任何忽视中共力量的做法必将受到惩罚。戴维斯则进一步宣称：中国的前途将属于中共，而不属于国民党。《美国外交文件》，1944年第6卷，第716—717、670—671页。

始重新渐渐地向蒋介石一边倾斜了。

第三节　美国对华政策的转变

抗日战争时期的美国对华政策可以概括为扶蒋容共抗日。这个政策承认，以蒋介石为首的国民政府是代表全中国的唯一合法政府，但它应实行民主改革，克服和避免法西斯倾向；中国各派政治力量应当消除分歧，团结抗日；中国共产党是中国的一支抗日力量，它有理由存在并取得一定程度的发展，但这个政策的基本点是扶蒋。1943 年，当马歇尔、史迪威建议对于蒋介石要采取某种有予有取、讨价还价的策略时，罗斯福于 5 月 8 日给马歇尔写了一封异乎寻常的长信，其中说：

> 谢谢你让我看史迪威 2 月 9 日的信……我十分仔细地读了，我的第一个想法是，史迪威对待蒋委员长的态度恰恰是错误的……他说的那些事实无疑是对的，诸如蒋非常神经质，很难打交道，提高他的要求，等等；但当他说要用严厉的口吻对蒋说话时，他的办法恰恰是错的。
>
> 我们大家都必须记住，委员长是历尽艰辛才成为四亿人民无可争议的领袖的，要把五花八门的各种领袖集团——军人、教育家、科学家、医务人员、工程师，他们所有人都在争夺全国性或地方性的政权或控制权——在某种程度上联合在一起，并在很短的时间内在全国建树要我们去做得花几个世纪的业绩，这是无比困难的事情。
>
> 此外，委员长认为必须保持其至高无上的地位。你和我处于他的境况下也会这样做的。他是最高行政长官兼总司令。对他这样的人我们不能像对待摩洛哥苏丹那样严厉地说话，或迫使他承担义务。①

很难说这段话在多大程度上反映了罗斯福的真实想法，但有一点是肯定的，他认为中国没有比蒋介石更适合的领导人，认为蒋介石既是战时中国、也是战后中国的唯一领袖，他把蒋介石当作中国的代表与化身。他自

---

① 《史迪威使华》，第 279 页。

己这样认为，也要他的下属接受这种观点。

及至战争末期，国共两党的矛盾及战后中国的走向越来越成为美国决策者考虑的主要问题，美国对华政策面临着从战时到战后的转变，这种转变的最高决策者是罗斯福，在中国的具体执行者是赫尔利和魏德迈。

赫尔利来华时，罗斯福曾指示他运用总统个人代表的威望，帮助蒋介石解决中国政治问题，例如中央政府与中共的关系问题。但罗斯福没有给他规定明确的详尽的方针、政策和步骤，实际上是授予便于行事的大权。

赫尔利在同史迪威一起与蒋介石、宋子文、何应钦谈判史迪威指挥权问题时，同时也开始讨论解决中国政治问题的办法。赫尔利9月中旬提出的十项议程中就强调了"拥护蒋委员长"和"在蒋委员长指挥之下，统一所有军队"两条①。10月17、18、24日，赫尔利三次与中共驻重庆代表林伯渠、董必武会晤，表示，他代表罗斯福来帮助中国团结，决不对党派有所偏私；中国现政府不民主，中共应得到合法地位；蒋介石允许他与中共接触，必要时可去延安，他准备在国共两党谈判代表之间进行撮合，有初步结果后再与蒋介石商谈②。中共代表阐述了中共对时局的主张，并欢迎赫尔利访问延安。10月19日赫尔利向罗斯福汇报了他与国共双方初步接触的情况，然后颇为乐观地总结说："这是第一次似乎有可能在中国统一所有的军队了。"③

10月28日，赫尔利向蒋介石提出一份包括五点的协议草案，中心意思仍然是强调在蒋介石领导下统一中国军队④。蒋介石不满意这个方案，认为它承认了国共双方是平等的，遂授意张治中、王世杰进行修改⑤。带着国民党提出的方案，赫尔利于11月7日飞抵延安。当天下午，他向罗斯福报告说，他即将前往中共军队占据的地区。罗斯福回电鼓励他说：

---

① 《史迪威事件》，第264—265页。

② 胡乔木：《胡乔木回忆毛泽东》，人民出版社1994年版，第343页。

③ 原件藏美国罗斯福图书馆，地图室档案，第11匣，"罗斯福—赫尔利"，1944—1945年。

④ 参见《中美关系史，1911—1950》，第332页。

⑤ 参见牛军《从赫尔利到马歇尔——美国调处国共矛盾始末》，福建人民出版社1992年版，第35—36页。

"我希望目前的安排将成功地团结所有中国军队，共同打击侵略者。"①

对赫尔利的谈判是中共第一次重要的涉外谈判，中共自然十分重视。11 月 6 日，中共六届七中全会主席团会议专门讨论了这个问题。会议确定对谈判采取积极态度，谈判的基本问题是要改组政府②。

11 月 8 日至 10 日，中共领导人毛泽东、周恩来与赫尔利进行了四次会谈。毛泽东在会谈中首先强调，必须改组现在的国民政府，建立包括一切抗日党派和无党派人士的联合国民政府，改变现政府不适合于团结全国人民打日本的政策，代之以适合于团结全国人民打日本的政策，这是解决问题的起码点。他指出，当前国民政府在政治、军事、经济、社会各方面都面临着深刻的危机，这是局势的不民主造成的，政府要避免崩溃，必须改组。关于改组军队的问题，毛泽东把生气勃勃、英勇善战的中共军队与丧失战斗力、腐败不堪的国民党军队作了对比，指出"中国人民的公意是：哪个军队腐败，就应该改组哪个"。接着毛泽东对赫尔利草案的五条逐条表示意见。赫尔利提议请毛泽东拟一份关于改组政府的条文。毛泽东指出："将现在的国民政府改组为各抗日党派及无党派人士参加的联合国民政府；并宣布和实行关于改革军事、政治、经济、文化各方面的民主政策。同时改组统帅部，成为联合统帅部，由各抗日军队代表参加。"赫尔利并不理解这一条的真正含义及其利害关系，竟当即表示赞成。10 日上午，毛泽东在中共提出的《五条协定草案》上签了字，赫尔利也以证人身份签了字。赫尔利并承诺"将尽一切力量使蒋接受"，毛泽东则表示，如蒋接受，他愿意与蒋在重庆见面。签字当天，赫尔利满心欢喜地飞回重庆去了③。周恩来与赫尔利同机去重庆。

但中共方面却不像赫尔利那么乐观。谈判过程中，11 月 9 日毛泽东向六届七中全会介绍了同赫尔利会谈的情况。周恩来在发言中分析，蒋介石认为中共参加政府与成立联合政府是有区别的，赫尔利却将二者混为一谈，估计蒋介石必定会对协定提出修改④。

果不出所料，国民党拒绝《五条协定草案》。蒋介石说，他如果同意

---

① 《美国外交文件》，1944 年第 6 卷，第 666—667 页；《罗斯福与美国对外政策》，下册，第 712 页。

② 《胡乔木回忆毛泽东》，第 344 页。

③ 同上书，第 344—355 页；《美国外交文件》，1944 年第 6 卷，第 674—687 页。

④ 《周恩来年谱（1898—1949）》，第 587 页。

成立联合政府就等于承认国民党被共产党彻底打败了。赫尔利认为联合政府只是个名称问题，是小事一桩，很容易纠正的，蒋介石却认为这个是生死存亡的问题①。国民党方面对"五条"迟迟不表示态度。11 月 19 日，罗斯福电示赫尔利说："我希望你能私下里告诉委员长，从我的观点也从俄国人的观点来看，委员长和华北力量之间的可行安排将极大地加速实现把日本赶出中国这一目标。在这个时候我不能对你讲得更多，但是他将不得不相信我的话。你可以向他强调，'俄国人'这个词。"② 赫尔利不敢怠慢，立即向蒋介石作了转达，蒋介石随即吩咐其谈判代表迅即与中共重开谈判。

11 月 19 日，国民党方面提出三条反建议，21 日由赫尔利转交周恩来。这三条阉割了"五条"中的核心联合政府问题，实际上是国民党"招安"中共军队的方案。周恩来一针见血地问："蒋介石对联合政府态度如何？"赫尔利回答："这件事已经过去了。"周恩来追问，赫尔利是否同意为实现中国团结必须以组织联合政府为前提？赫尔利闪烁其词地说，联合政府是民主的，但他不是谈判当事人，只是见证人，因此不处在同意的地位③。

在当时谈判的形势下，中共有两种选择：一个是不直接提联合政府，设法寻找一个折中方案，作为成立联合政府的准备步骤；一个是坚持"五条"，不怕谈判陷于僵局。周恩来、董必武比较倾向于前一办法。周恩来草拟的复案的主要内容是：改组国防最高委员会为包含所有抗日党派的联合国防委员会，由其颁布各项新民主主义政策，改组行政院为各抗日党派的联合内阁，改组军事委员会为抗日军队组成的军委会；承认中共和所有抗日党派为合法政党；中共军队编列为正规国军，由联合国家得来的物资公平分配等。

毛泽东没有立即决定采取何种办法。他请来延安参加七大的陈毅提出看法。陈毅在 12 月 1 日给毛泽东的长信中透彻地分析了当时的形势，指出，蒋介石政权已病入膏肓，且不愿自救，美国也救不了它，中共不能为

① 《美国外交文件》，1945 年第 7 卷，第 195 页；1944 年第 6 卷，第 699 页。

② 《美国外交文件》，1946 年第 6 卷，第 703 页。

③ 中共中央文献研究室编，金冲及主编：《周恩来传（1898—1949）》，人民出版社、中央文献出版社 1988 年版，第 574—575 页。

其做"殉葬"的事。他认为，蒋介石不签署"五条"反而对中共战略利益有利，目前应付赫尔利和蒋介石的办法是，"五条"所包含的内容作为整案，不拆开提出；蒋介石既然不同意成立联合政府，中共也不入阁，继续在敌后争取一两年时间大发展，以"取得全局的中心地位"①。

毛泽东赞赏陈毅意见，即于当天指示周恩来，坚持"五条"，俟七大开后再议复案，周恩来董必武同时回延安②。

由于飞机驾驶员生病和延安大雪，周恩来12月7日才回延安。12月的头一个星期中赫尔利和魏德迈拿美国援助作诱饵，继续劝说周恩来接受国民党的"三点"，周恩来予以严词拒绝。7日，美军观察组组长包瑞德与周恩来同机赴延安。8日，毛泽东与包瑞德有一次长谈。毛泽东指出，国民党的"三点"是要中共"完全投降""牺牲自己"的条件，如果接受了这"三点"，就是被反绑了双手，那么即使在军事委员会中"插进一只脚"去，即使受到全世界的赞许都没有任何用处；中共在"五条"中已经作了全部让步，不能再作任何进一步的让步；中共希望得到美国的援助，但不能以牺牲仅有的自卫手段（即军队）作为条件；没有别的国家的支持，中共照样能够挺立着，像自由的人一样自由地行走；中共将在战争中继续与美国合作而不附带任何条件，如果美军在中国沿海登陆，中共的部队将在那里与美军会合，并接受美军指挥③。为了让公众了解情况，并向国民党施加压力，中共准备公布"五条"，周恩来于同日致函赫尔利征求意见④。

赫尔利颇为惊慌，因为"五条"是他与中共达成的，是他同意而且签了字的，公布"五条"等于指责他言而无信。11日他复函周恩来表示反对公布。12日，毛泽东指示在重庆的王若飞转告赫尔利，中共毫无与美方决裂之意，可以暂不公布"五条"。16日，周恩来又致函赫尔利说，中共没有关闭谈判的大门。针对国民党11月底作出的一些人事调整，周恩来指出，"在国民党一党政治下的任何人事变动，都不可能变更目前国

① 《胡乔木回忆毛泽东》，第356—358页。
② 《周恩来年谱（1898—1949）》，第590页。
③ 包瑞德：《美军观察组在延安》，万高湖、卫大匡等译，解放军出版社1984年版，第91—99页。
④ 《周恩来年谱（1898—1949）》，第591页；《美中关系白皮书》，第76页。

民政府的制度和政策"①。赫尔利似乎感到重开谈判有望，乃于 20 日复函毛泽东、周恩来，请周重返重庆。周恩来在 28 日复信中表示不愿再与国民党进行抽象讨论，国民党果然要革新政治，则可首先自动实行释放政治犯、取消对中共军队的包围、取消限制人民自由的各种禁令、停止一切特务活动四项要求②。

国民党拒绝中共的四项要求，却又与赫尔利筹划了一个新方案，主要内容是在行政院下成立包括中共和非国民党人士的战时内阁性的新机构；成立国共美三人委员会负责整编中共军队的具体事宜；由一名美国军官统一指挥中共军队；承认中共为合法政党。赫尔利于 1 月 7 日致函毛泽东，表示准备与宋子文、王世杰、张治中等赴延安与中共重开谈判③。

毛泽东在 1 月 11 日复信说，八年来一切两党秘密会议，均证国民党方面毫无诚意，赫尔利、宋子文等再来延安也不会有什么结果，他建议在重庆召开有国、共和民盟三方代表参加的国事会议预备会议。

毛泽东、周恩来在 12 月 28 日接见包瑞德时说，他们认为罗斯福总统和美国人民对中国情况不会那么清楚，不会意识到蒋介石在多大程度上失去了中国人民的支持，是多么不得人心④。为此，中共领导人希望能绕过赫尔利直接与美国政府联络。1 月 9 日观察组代理组长克罗姆利（Raymond Cromley）少校给重庆魏德迈司令部发去一份电报，转达了中共领导人的意向：

> 延安政府希望派一个非官方的（重复：非官方的）团体去美国，向美国感兴趣的民众及官员解释中国当前的形势和问题。以下是他们绝对秘密的建议：如果罗斯福总统表示愿意在白宫把他们作为中国一个主要政党的领导人加以接待，那末毛和周即愿一同或单独一人立即前往华盛顿举行探讨性的会谈。

---

① 《周恩来传（1898—1949）》，第 580 页。关于 11 月间国民政府的人事变动，参见《中美关系史，1911—1950》，第 338 页。
② 《周恩来书信选集》，中央文献出版社 1988 年版，第 252—253 页。
③ 《美国外交文件》，1945 年第 7 卷，第 174 页。
④ 《美国外交文件》，1944 年第 6 卷，第 757 页。

克罗姆利的电报中还说，中共领导人要求此事不要走漏风声，因为不知道罗斯福是否邀请。如果得到邀请，周恩来要求美国为拟议中的访问提供空中交通工具。克罗姆利还根据他自己的所见所闻对这一情况作了十点分析，认为中共正寻求在敌后扩展势力，中共对国民党和美国的态度变得强硬了。电报于 10 日到重庆。10 日上午 10 时半，周恩来紧急约见克罗姆利，特别指出，此事只限于魏德迈，应由魏德迈一人处置。他特别强调："绝对不能让赫尔利将军得知此事，因为我不相信他的判断力。"克罗姆利当即将此电告重庆魏德迈司令部①。不幸的是，由于当时魏德迈不在重庆，而魏德迈与赫尔利早有约定，两人要互通信息，因此两份电报都落到了赫尔利手中。赫尔利勃然大怒。他正为调处国共关系进展不顺无所建树而快快不乐，这回可找到了发泄的对象。14 日，他在给总统的电报中列举了那些"反对中国统一的因素"，其中之一是："我们始终遇到我们自己的一些外交官和军官的反对。他们真诚地相信，蒋介石政府必定垮台。"接着他概要叙述了魏德迈参谋长麦克卢尔（Roben B. McClure）的设想②，叙述了中共领导人访问华盛顿的建议，并称，"我们现在的困难正是由这个旨在不通过国民政府而把美国和中共力量联合起来的计划带来的"，这是国共谈判"破裂的真正原因"，他断言，"如果共产党人得以与美国陆军达成这样的安排，那末我们试图拯救中国国民政府的努力便会付诸东流"③。

华盛顿对这一电报作出了强烈反应。15 日、23 日马歇尔连连致电魏德迈，要求对下列两个问题进行调查：1. 战区司令部人员是否制订了越过委员长使用中共军队的计划？2. 如有此种计划，谁制订的，其现状如何④？魏德迈急忙从萨尔温江前线赶回重庆进行调查。1 月 17 日，他召集部下训话说，他得到总统的指示，"驻华美军的首要使命是支持中国现政府。这意味着委员长说了算，与中国任何军事和政治力量的任何秘密的及其他的合作行动，除非得到委员长的特别批准，均不得进行。除非事先征

---

① 克罗姆利 1945 年 1 月 9、10 日给魏德迈的报告，原件藏美国国家档案馆，第 332 类，二次大战美国战场档案，中国战区美军档，魏德迈卷。

② 12 月 27 日，包瑞德受麦克卢尔委托，与中共磋商一旦美军在山东登陆与中共军队合作的可能性。参见《中美关系史，1911—1950》，第 346—347 页

③ 《美国外交文件》，1945 年第 7 卷，第 175—176 页。

④ 马歇尔致魏德迈，1945 年 1 月 15、23 日，第 332 类，魏德迈卷。

得委员长的同意，对中国任何领袖人物的任何集团均不得供给物资。不管委员长的决定是否明智，这一规定不变"①。

最后，事情总算解释清楚了。魏德迈在 1 月 27 日给马歇尔的报告中对他的手下卷入这样微妙的事情、给赫尔利增加了困难表示歉意，但他同时说："我不认为此事是谈判破裂的主要原因。"② 经过这一番折腾，美军与中共实行军事合作的种种设想自然统统告吹，包瑞德还被免去了观察组组长的职务。这还不算，他本来已被提名晋升准将，由于赫尔利的坚决反对，这一提名也被取消了。

1944 年 11 月到 1945 年 1 月间，国民党除对政府人事作出一些变动，还和赫尔利一起策划了一系列"民主"姿态：把国民参政会从 240 人扩大到 290 人，并拟在行政院下设立一行政委员会，由 6—8 人组成，国、共、其他党派各占 1/3，以此拉拢民主人士，离间中共与民主人士关系；放出民主与团结空气，表示拟颁布允许结社自由的法令，拟允许现有各党派合法化，准备施行登记手续，并表示要与中共在宣传上停止互相攻击。蒋介石还故意对许多人说，国共谈判可以搞好。而国民党内有些人士如孙科又积极活动，经常与中共驻渝人员及民主人士联系，大谈民主。所有这些情况，使重庆许多人感到惶惑。为了揭破国民党当局假民主的骗局，推动国统区的民主运动，中共决定与国民党恢复谈判。1 月 24 日，周恩来重返重庆。

周恩来一到，宋子文就迫不及待向他兜售所谓"行政委员会"的设想，称这是决策机构，直属蒋介石，名称亦可改为最高国防委员会。周声明：党治与民主的界限不容模糊，"不取消一党政治，任何形式的组织，我们均不参加"。宋子文说：结束党治要经过法律手续才能解决，在行政院下设立新机构是一个过渡办法，临时办法。周恩来针锋相对地指出：我们所提的党派会议也是一个过渡办法，但与你们的过渡办法不同。你们的过渡办法，仍然是一党包办。我们的办法由党派会议，国事会议，联合政府直到国民大会，这中间有原则的区别③。翌日，赫尔利、宋子文等把 1

---

① 《魏德迈对部下谈话备忘录（1945 年 1 月 17 日）》，原件藏美国斯坦福大学胡佛图书馆，陈纳德文件（Papers of Claire Lee Chennault, Hoover Institution on War, Revolution an Peace, Stanford University）。

② 魏德迈致马歇尔，1945 年 1 月 27 日，第 332 类，魏德迈卷。

③ 周恩来致毛泽东，1945 年 1 月 24 日；在宋子文宴会上的讲话记录，同日。

月上旬即已设计好的方案向周恩来提出，遭到拒绝。周说，这是"不公和无理之事"，"问题还没解决，你们就要参加和指挥中共的军队，这岂非不公之至"；单独组织整编委员会用以整编共产党的军队，这也不公平①。毛泽东赞许周恩来的立场，并指出，赫尔利的补充办法"是将中国军队尤其将我党军队隶属于外国，变为殖民地军队的恶毒政策，我们绝对不能同意"②。他还指出："我们不赞成在国土未完全恢复前召集任何国民大会，因为旧的国大代表是贿选的，过时的，重新选举则在大半个中国内不可能。"

周恩来根据毛泽东指示，起草了一份关于党派会议的协定草案，并于2月2日向国民党方面提出。③

凑巧的是，国民党代表王世杰同时把一个政治咨询会议的方案交给了周恩来。方案的主要内容是：国民政府邀请国民党、其他各政党及无党派领袖参加政治咨询会议，会议的任务是讨论：一、结束训政、建立宪政政府之步骤；二、将来遵行的共同政治纲领以及统一军事力量的问题；三、国民党以外各党派参加政府的方式④。周恩来当即指出，国民党的方案中没有提改组政府，文字表现也不平等。王世杰辩解说，国民党外党派参加政府，即为改组政府的实质，但他不愿形诸文字，并称，他不是维持训政，他想逐渐废除党治，达到宪政。周恩来表示，他可将国民党草案带回延安讨论，要求国民党首先实行中共先前提出的释放政治犯等四条。王世杰口头上表示愿意努力⑤。

其时，赫尔利、魏德迈即将回国述职。周恩来也要回延安参加中共重

①　周恩来与宋子文等谈话记录，1945年1月25日；周恩来在赫尔利寓所谈话记录，26日；周恩来致毛泽东，27日。

②　毛泽东致周恩来，1945年1月28日。赫尔利关于美国军官统率中共军队的主张确切反映了美国政府的意图。1945年1月4日国务卿斯退丁纽斯（EdwardT. Stetti nus）在向总统摘要汇报赫尔利1944年12月24日报告时说，如果国共之间不能达成一种解决办法，"另一种办法便是由一名美国军官指挥所有中国军队，据认为这是蒋介石与共产党都会同意的"。他接着借题发挥说："这将为在临近共产党控制地区登陆消除政治上的困难。如果俄国在远东参战，由美国军官统率中国武装力量较之中国分裂的军事指挥要有利得多。最后，美国的军事指挥将在中国战事结束后紧接着的时期发挥一种政治上的稳定影响。"《美国外交文件》，1945年第7卷，第154页。这位国务卿的设想确实很美妙，只是过于天真。

③　参见《中美关系史，1911—1950》，第342—343页。

④　《美中关系白皮书》，第81页。

⑤　周恩来致毛泽东，1945年2月3日、9日。

要会议。13 日，周恩来由赫尔利陪同见蒋介石。蒋毫不掩饰他反对联合政府的态度，竟然傲慢地说："联合政府是推翻政府，党派会议是分赃会议。"① 周恩来当场予以驳斥。蒋介石实际上已经拒绝谈判，周恩来于 2 月 16 日返回延安。

赫尔利、魏德迈是 2 月 19 日一起离重庆回国述职的。临行前，他们各自都更明确地表示了支持蒋介石的立场。

15 日，魏德迈举行记者招待会，当他被问到对国共谈判的看法时，他一方面声称他是军人，他的职责是打仗，他避免政治事务，也不能对此有所帮助。然后他又说，他对政治事务的感觉"是十分强烈的"。他说：

> 我要求每个军官签名，表示他理解了我关于中国战区的政策……我的政策是，我们美国军官、美国军事人员，将不给中国战区的任何个人、任何行动、任何组织以任何援助。这些是我的命令，我将执行这些命令。显然我们时不时地被各个方面要求给予支持，但是我被命令支持中央政府，而我将尽我所能地这样做。②

这次记者招待会是一个十分重要的公开表态。赫尔利从介入国共谈判以来还没有在公共场合阐述过美国对华政策，如今魏德迈却替他这样做了。他把美国对华政策的基本立场——支持蒋介石——绝对化了：这种支持是无条件的、无保留的；排他化的：只支持蒋介石，而不支持中国任何别的政治势力。赫尔利当然是赞同魏德迈的说法的，他在归国前于 18 日向国务院报告了这次记者招待会的情况。

16 日，赫尔利见蒋介石，重申对蒋的支持。他还情不自禁地说，等到对日战争结束，蒋的那些装备精良的师团就可以轻而易举地战胜共军了③。这就把赫尔利的真实意图和盘托出。蒋介石更觉有恃无恐，要他转告罗斯福，不问中共态度如何，"必照预定方案进行，召开国民大会"，以示决心坚持国民党的一党专政④。3 月 1 日，蒋介石公开宣布，将于 11

---

① 《周恩来传》，第 583 页。
② 《美国外交文件》，1945 年第 7 卷，第 233 页。
③ 赫尔利和蒋介石谈话备忘录，1945 年 2 月 16 日，原件存美国国会图书馆，赫尔利文件，第 2 册第 35 件（Hurley Papers, Book2, Item35, Library of Congress）。
④ 《中共活动真相》，四，第 304 页。

月召开由国民党一手包办的国民大会，并再次提出改编中共军队和由美国军官指挥中共军队的要求。7 日，周恩来在给王世杰的信中声明，既然蒋介石一意孤行，"国内团结问题之商谈再无转圜余地"①。至此，赫尔利的调处以失败告终。

赫尔利这种片面地无条件地支持蒋介石的做法，无论在美国驻华外交官和国务院远东司官员中都引起不满。1945 年 1 月 29 日，国务院中国科科长范宣德曾经应陆军部要求起草过一个对华政策文件。其中写道，美国的短期目标是动员中国的一切人力物力资源对日作战，长远目标是发展一个统一的、民主进步的以及与美国合作的中国，使之能对远东的安全和繁荣作出贡献；要实现短期目标，蒋介石是唯一的领导人选，但是就长远目标而言，美国对华政策应当"保持一定程度的灵活性，以便能与最有可能创建一个统一、民主、友好的中国的任何领导人合作"②。国务院批准了这一文件。陆军部长史汀生把这一文件发给魏德迈，以作为美国驻华军事人员的指导方针。但实际上，这一指示并未被贯彻执行。

在美国驻华政治和军事官员中，许多人堪称中国通，如戴维斯、谢伟思、包瑞德。他们通过外交、军事渠道发回许多报告表达了与赫尔利不同的看法③。赫尔利是容不得不同意见的。他在使馆搞"一言堂"，家长制，这些了解中国而又与他意见相左的下属一个个成了他的眼中钉。最使他恼恨的是戴维斯，因为他不仅通过正常渠道发送报告，而且直接把有的函电

① 周恩来致王世杰，1945 年 3 月 7 日。

② 《美国外交文件》，1945 年第 7 卷，第 37—38 页。国务院 1 月 12 日为马耳他会议准备的美国对华政策长远目标的通报文件表述了同样的主张。其中说："1. 我们寻求以一切适当的方式促使建立一个有广泛代表性的政府，它将导致内部团结，包括调解国共分歧……我们继续支持中国现政府作为中国人民承认的中央政权，并寻求在它的机构之内建立所需要的联合的有效的政府。2. 如果这些期望不能实现，现政府的政权解体，我们将根据中国人民明白表示的愿望重新审查我们的立场，并同情地看待任何可望实现统一并为东亚的和平和安全作出贡献的任何政府和运动。"见《美国外交文件·马耳他和雅尔塔会议（1945）》（Foreign Relations of the United-States. Diplomatic Papers. The Conference at Malta and Yalta, 1945），第 356 页。

③ 其中仅谢伟思从 1944 年 8 月至 1945 年 4 月初在延安写的报告就达 77 件之多，详见谢伟思《美国对华政策（1944—1945）》，附录一，王益、王昭明译，中国社会科学出版社 1989 年版。

寄给罗斯福最倚重的亲信顾问霍普金斯①。赫尔利在 1945 年 1 月把戴维斯撵出了中国，并使包瑞德免职以后，又下令只有对国民党有利的报告才可以转送国务院，这样在 1945 年 1—2 月间，持不同意见的职业外交官们就很难向华盛顿反映情况了。赫尔利回国述职后，代办艾切森（George Atcheson，Jr）和其他外交官感到，这是他们向国务院进谏的难得机会。2 月 28 日，大使馆政治官员集体讨论，主要由谢伟思起草、由艾切森签署的一份报告发往了国务院。报告指出，国共两党从最近的事态发展中都得出结论：美国是"明确地""仅仅"支持蒋介石的，蒋因此过高估计自己的力量，并且不愿作出任何妥协，中共则在积极扩展自己的力量和根据地，这种发展趋向既不利于有效地进行战争，也不利于中国将来的和平和团结，"如果这种形势继续下去，如果我们对形势的分析是正确的，中国的混乱将是不可避免的，灾难性内战的爆发将可能加速"，"时间已经不多，任随事态发展是危险的"。报告认为，与中共及其他抗日集团的合作仍然是必要的、可取的，"美国政策的下一步骤仍应以紧迫的和首要的军事必要性的考虑为基础"，为此报告建议："总统以明确的语言告诉委员长，军事上的需要要求我们向共产党人及其他能援助对日作战的适当集团提供补给并与之合作，我们将为此采取直接的步骤。……我们相信，这将打破当前中国的僵局并成为完全解决中国最终的联合问题的最初步骤……这将在中国产生深远的有利的政治影响。"② 报告作者没有想把报告瞒过他们的上司，反之，他们认为赫尔利与魏德迈都在华盛顿述职，这正是讨论此事的好机会。

这一报告在国务院中国科引起反响。中国科在 3 月 1、2 日接连写了两份备忘录，重申他们 1 月底的主张，亦即：从短期来说，为了最有效地进行战争，应当继续主张中国所有军事力量的联合，起码是合作；从长远

① 查阅罗斯福图书馆的档案，我们发现，当时有两个在华的美国人常常向霍普金斯报告情况。一个是戴维斯，一个是罗斯福的远亲、专栏作家、陈纳德的秘书、宋子文的密友艾尔索普（Joseph Alsop），艾尔索普以舞文弄墨为长事，他给霍普金斯的报告远多于戴维斯，而且常常是连篇累牍，洋洋洒洒一写就是数千言。有意思的是，向霍普金斯反映中国情况的这两人的观点是恰恰相反的，艾尔索普如果不比赫尔利更保守、更亲蒋，至少也同他一样。霍普金斯到底更倾向于谁的观点，或受谁的影响更多，情况是清楚的。1944 年 11 月，谢伟思正在华盛顿述职。一天他被霍普金斯召去讨论中国局势。末了霍普金斯问他赫尔利是否是驻华大使的合适人选，谢伟思举例证明说，那将是一场灾难。但几天后赫尔利仍被任命为驻华大使。

② 《美国外交文件》，1945 年第 7 卷，第 242—246 页。

来说，"出于下列两个原因，对蒋介石保持一种灵活的政策显然是符合美国利益的：第一、美国可能希望保持这样一种地位，即在蒋的政府衰败到不起作用时撤销援助；第二、这样美国就可以斟酌情况给予或不给予支持和援助，从而拥有一种可以诱导蒋进行合作、改革其政府的武器"。范宣德还特别提请对艾切森的来电给予"最认真的考虑"①。

3月4日，赫尔利在范宣德的办公室看到了艾切森的电报后火冒三丈，他先是责怪范宣德不该收下这份电报，继而怒骂他的部下。他咆哮说："我知道这份电报是谁起草的：谢伟思，我豁出命来也要宰了这个狗崽子。"他对远东司司长巴兰坦（Joseph W. Ballantin）抱怨说，发这封电报是他的部下对他不忠的行动，电报把一个他认为已经解决了的问题重新挑起来了，使共产党成为武装交战一方的问题又复活了②。接连几天，赫尔利或者亲自去国务院，或在电话上与国务院官员辩论。双方各执己见，互不相让。这场争论最后只好由罗斯福来裁决了。

3月2日，巴兰坦把中国科的两份备忘录连同艾切森的电报一齐送交代理国务卿格鲁（Joseph C. Grew）。事关重大，格鲁当天就把艾切森的电报上呈总统，他在致总统的简短备忘录中写道："我们十分关注最近这样一些迹象，即委员长对这样极为重要的问题采取了一种不妥协的态度。这种事态发展更要求我们在执行对华政策时保持灵活性。"③ 显然，他是倾向于同意艾切森等的主张的。国务院没有收到罗斯福对这个备忘录的批复，但从接着发生的情况可以看出，在这场争论中，罗斯福支持了赫尔利。

3月8日，罗斯福先后接见赫尔利、魏德迈。他认真听取了他们的汇报，自己则极少谈到中国问题，而对印度支那似乎更感兴趣。当赫尔利谈到不可能把中共与国民党联合成一个集团去打日本时，罗斯福说，赫尔利的使命不变，把这些东方的头头拽到一起，直到他们看到，他们必须把各自的力量合在一起抗日，否则就会被各个击破。在同魏德迈的谈话中，总统表示要尽一切可能使印支人民赢得独立，让魏德迈不要把武器交给在亚

---

① 《美国外交文件》，1945 年第 7 卷，第 247—253 页。

② 伊·卡恩：《中国通——美国一代外交官的悲剧》，陈亮等译，新华出版社 1980 年版，第 197 页。

③ 《美国外交文件》，1945 年第 7 卷，第 254 页。

洲的法国人。他说，蒋介石对魏德迈的工作予以高度评价，称他在中国实行的革命性变革将能导致胜利。他问了许多有关蒋介石个人的问题。魏德迈说，共产党人的问题眼前还不要紧，但战争一结束，就会惹起麻烦。对此总统没有表态①。从这次接见可以看出，罗斯福对赫尔利、魏德迈的工作是肯定的。

3月24日，赫尔利再次去见罗斯福。总统让赫尔利看了美、苏、英在雅尔塔会议上达成的关于远东的秘密协定的文本，并指示他取道伦敦、莫斯科返回中国任所，以证实英、苏对美国对华政策的支持②。显然，罗斯福希望国共两党分歧这一中国国内的政治问题的解决能够与刚刚达成的雅尔塔秘密协定相吻合。这是罗斯福信任赫尔利的又一表示。当时这个秘密协定连对出席这次会议的斯退丁纽斯国务卿都是保密的。

3月27日，赫尔利、魏德迈、梅乐斯（Milton Miles）准将与参谋长联席会议讨论中国军事问题。这三位在华职别最高的美国人一致认为，只要对蒋介石的中央政府给予一定的援助，即可把那里的叛乱镇压下去。在四五月间，魏德迈多次表示，中共军队将来的作战能力甚低③。

罗斯福的接见、雅尔塔的秘密协定都给赫尔利继续把美国对华政策推向扶蒋反共撑了腰，壮了胆。他等不及返回中国任所，就忙不迭地开始收拾他那些桀骜不驯的下级，虽然范宣德再三劝解，赫尔利还是要求立即调

---

①　比休普：《罗斯福的最后一年》（Jim Bishop：*FDR's Last Year*），纽约1974年版，第450页；魏德迈：《魏德迈报告》（Albert C. Wedemeyer：*Wedemeyer Reports*），纽约1958年版，第340—341页。

②　布海特：《赫尔利与美国外交政策》（Russell Buhite：Patrick Hurley and American Policy toward China），伊萨卡1973年版，第203、206—207页。

③　威廉·李海：《我在现场》，马登阁译，华夏出版社1988年版，第363页；罗曼纳斯、桑德兰：《在中缅印战场流逝的时光》（Charles F. Romanus and Riley Sunderland：Time Runs Out in CBI），华盛顿1959年版，第338页。梅乐斯是美国海军部派出的海军驻华小组的头头。1943年4月，美国政府与国民政府签订协定，办起中美特种技术合作所，由戴笠任主任，梅乐斯任副主任。1944年签订第二个协定，突出了为军统培训特务的宗旨，规定由美国选派教官，提供刑具，所谓教学和实习器材，并负责全部技术训练工作。连魏德迈也说："如果美国公众得知，我们不加算计地不断把物资供给戴笠操纵的这个令人可疑的组织，那确实将是最不幸的事。"他讥讽地称梅乐斯为"圣诞老人"。见《在中缅印战场流逝的时光》，第254页。梅乐斯既不受驻华大使、也不受驻华美军司令的管辖，他直接对海军参谋长金上将负责。梅乐斯的活动代表了美国政府中极端保守、极端反共的那一股势力。

离谢伟思。3 月 30 日，正在延安的谢伟思接到了离开延安返回美国的命令。4 月 1 日，他最后一次见了毛泽东、朱德、周恩来，4 日离开延安，12 日回到华盛顿。赫尔利返回重庆任所后，又逼迫艾切森于 4 月 15 日离开了中国。

离华盛顿前，赫尔利举行了一次祝捷性的记者招待会。讲到美国对华政策时，他宣称，美国军事机构与中国军事机构之间的分歧已经消除，美国人自己的分歧也解决了。因此，"中国的军事机构、美国的军事机构、中国国民政府和美国驻重庆大使馆现在是一支队伍"，美国的政策是"承认中国国民政府而不是中国任何的武装军阀或政党"。有记者问，他说的武装的政党是指什么，赫尔利明白地说："我指共产党。"当被问及，美国是否向共产党提供武器时，他断然予以否定，称"这将等于承认其为交战的一方"。讲到国共关系时，他或是出于一贯的盲目乐观，或是不愿意承认他调处的失败，说它们"正在接近"，"中国正朝着为打败日本联合其军事力量的方向前进"，但他同时又说："只要（中国）武装的政党和军阀还有足够的力量敢于反抗国民政府，中国就不可能有政治联合"，质言之，要达到国共两党的联合就是要剥夺中共的军队，这确实是赫尔利的真实思想，几个月来他就是力图这样做的。他接着说，两党之间的区别不在于其目标——它们的目标都是要建立一个民主的政府，而在于"达到目标的程序"，共产党主张建立两党联合政府，而国民党是要"还政于民，而不是还政于政党的混合体"。他进而说，蒋"不是一个有法西斯思想的人，他的抱负是要把他所拥有的一切权力交还给一个民有、民治、民享的政府"，"他把在中国建立一个民主的政府作为毕生奋斗的真正目标"，如此等等，不一而足①。

赫尔利这个讲话是他半年来调处国共矛盾的总结，是他与国务院中国科官员及驻华职业外交官关于对华政策争论的总结，是对美国对华政策的一次公开阐述。它与魏德迈 2 月 15 日记者招待会上的讲话一脉相承，但

---

① 《美国外交文件》，1945 年第 7 卷，第 317—322 页。赫尔利在 1944 年 10 月 13 日给罗斯福的电报中说"中国试图成为一个共和国，并且力求沿着民主的道路前进。但现在它实际上是一个独裁国家"。原件存美国罗斯福图书馆，地图室档案，第 11 匣。像这种前后说法不一、根据情势需要改变观点是赫尔利这位"草包"大使的典型做法。

他比魏德迈走得更远，而且作为驻华大使，他的声明无疑更有权威性。他声称蒋介石拥护美国式的民主，诬蔑中共为类同军阀的反对中央政府的派别，把中国不能实行联合的责任实际上归之于中共。赫尔利的这番讲话不折不扣是扶蒋反共的宣言书。至此，美国对华政策从战时的扶蒋容共抗日到战后的扶蒋反共的转变基本完成。

自然，日本这个大敌当前，而且不管是美国决策者还是国共两党都没有预料到抗日战争会在四五个月后胜利结束，因此这种扶蒋反共政策还不意味着支持蒋介石武装进攻共产党，而主要是指对中共施加压力，逼迫中共接受蒋介石的条件，放弃独立的武装力量，派几个人到国民党政府里去当没有实权、形同摆设的官。所以罗斯福没有改变要赫尔利在国共之间进行调处的使命。

赫尔利的记者招待会后不久，罗斯福于 4 月 12 日去世，杜鲁门继任总统后，国务院远东司的官员还一再呈递备忘录，申述他们关于美国对华政策的主张[1]。但他们的呼声一如既往没有引起决策者的重视，美国对华政策只是沿着扶蒋反共的轨道滑行下去。

中共对赫尔利的讲话作出了强烈反应。毛泽东亲自为新华社撰写评论，抨击以赫尔利为代表的美国对华政策，指出，它“助长了国民党政府的反动，增大了中国内战的危机”[2]。中共改变了单方面向美军提供合作的办法，向美军观察组表示，在美国未与中共确定军事合作以前，不许他们派人到前方去，特别不准去敌后中共根据地建立通讯机关，并拒绝了美军的如下要求：一、在灵丘、阜平、沂水等地建立机场；二、在各军区分区建立通讯网；三、派人到山东降落；四、在敌后增加地上救护及气象工作人员；五、在晋绥增加气象台；六、在南泥湾建立对日侦察电台，等等。中共中央还指示各地要警惕美蒋特务合作对根据地进行破坏的可能性[3]。

当时抗日战争尚未结束，中共也不准备与美国决裂。中共仍然希望通过对美国政策的批评，促使美国觉悟，改变现行错误政策[4]。但是中共对

① 《美国外交文件》，1945 年第 7 卷，第 75—76、348—349 页。
② 《毛泽东选集》第 3 卷，人民出版社 1991 年版，第 1115 页。
③ 《中共中央文件选集》，第 15 卷，第 179—180 页。
④ 中央关于对付美、蒋反共发动内战的方针给王若飞同志的指示，1945 年 6 月 17 日。

此没有抱不切实际的幻想。毛泽东在中共七大上反复告诫全党，要估计最坏的一招，要警惕新的外来干涉的危险；抗战中国民党就依靠美国，战后有美国的扶持，内战的危机是严重的。战后的事态发展证实了中共的这种估计。

第十一章

中苏关系与苏联出兵

第一节　新疆问题与边界摩擦

随着同盟国家在欧洲的战争日益接近胜利，苏联将在太平洋战争中发挥作用的问题日渐突出起来。由于苏联可能参加对日作战，自美国接替苏联成为中国抗战主要援助国以来已经日渐淡化的中苏关系，重新表现出它的重要性。但是，在这时，要想恢复抗战初期苏联与中国中央政府之间那种比较积极的关系，却已经没有可能了。妨碍中苏之间取得信任的最大障碍，无疑是共产党问题。蒋介石从来把共产党问题同所谓"第三国际"或"原有第三国际某国"① 联系在一起，相信中共对国民党之态度绝对受后者之"指使"。因此，随着中共越来越强大，国共摩擦与冲突越来越严重，蒋介石对苏联的疑惧也就越来越强烈。在这种情况下，即使要使两国关系恢复到战争初期的水平，也是难以想象的。更何况，这时在中苏之间还存在着一个令人不安的边界摩擦问题呢！

这里所说的边界摩擦，其实指的主要是新疆问题。新疆是中国西北边陲的一个重要省份，面积达 160 多万平方公里，人口 700 余万，与苏联和外蒙古有着长达数千公里的边界线。自从 1933 年盛世才发动了四一二政变，推翻了新疆督办金树仁的统治以后，整个新疆地区就日益开始脱离中国中央政府的权力控制，成为深受苏联影响的一个地区。盛世才在新疆属于外来的势力，缺乏地方民族势力的支持，因此上台伊始就受到甘肃军阀马仲英与金树仁旧部军事上的两面夹击。面对这种情况，盛世才不得不向

---

① 见《战时外交》，一，第 161 页。

苏联请求援助，并很快采取亲苏姿态。苏联方面也秘密派遣苏联红军从北部塔城以新疆归化军的名义进入新疆，名为原东北军将领赵寿山指挥，实际上是由苏联将军库米齐和苏军团长沃尔根指挥。苏联红军的参战迅速击溃了金树仁旧部，并迫使马仲英退到天山以南。以后，应盛世才之请，苏联方面还再度出兵南疆，消灭了南疆地方军事势力的反叛，从而帮助盛世才实现了对整个新疆地区的统治。同时，经过初步协议，苏联政府还先后同意为盛世才提供了上千万卢布的援助，用以帮助盛世才加强军事力量和进行新疆基础设施的建设。无论是作为一种补偿、报答或感激，总之，盛世才此后除了答应苏联有权在新疆开矿、采油、采金和修筑铁路，同意苏联在新疆设立情报机关（边务处），表示希望苏联派各种军事干部和技术人员到新疆帮助工作以外，还信誓旦旦地保证要在新疆实行以"反帝、亲苏"为中心内容的六大政策。在 1936 年，盛世才更几度写信给中共驻共产国际代表团王明，并向他的苏联顾问和苏联驻新疆总领事表示，他衷心拥护马列主义，愿意做马列主义的忠实信徒，希望参加中国共产党，并具体提议由苏联经过新疆直接援助中共红军，占领甘肃，以便在中国西北之新、青、宁、甘、陕五省建立中国革命的可靠根据地，进而向中国的北方和南方扩展，夺取中国革命的胜利①。

在 1934 年以后，新疆与内地各方面的联系均告停顿。在盛世才转而依靠苏联以后，其政治上、军事上已经完全不受中央政府控制，除盛仍必须以中央政府委任的新疆督办的名义实行统治外，相对于中国的中央政府，新疆实际上已经成为域外之地。甚至新疆与内地在经济上的联系也随着土西铁路和若干公路之建成，而迅速中断。这是因为，新疆与苏联铁路和公路交通的实现，使它根本不必同既无铁路也无公路的中国内地发生贸易联系，它只需要与苏联保持经济交往就足以生存和发展了。此后，不要说工业用品，即使是其土产销售与日用所需，新疆也完全依靠与苏联进行贸易了。仅 1933—1936 年几年时间里，苏联输入新疆的各种商品，就达到 1 亿万卢布，而新疆出口苏联的物品也超出 3596 万卢布。在这种情况下，新疆与内地的贸易自然完全断绝。自 1937 年抗日战争爆发后，中国

---

① 参见周文琪编《特殊而复杂的课题，1919—1991》，湖北人民出版社 1992 年版，第 236、244、270、328 页；莫斯科俄罗斯当代历史文献保管与研究中心档案，全宗号 495，目录号 74，卷宗号 278。

政府虽开始经由新疆接运苏联各种援助物资，但新疆同内地的联系依然如故，未稍改变。不仅如此，鉴于与内地联系的增多，物资运输需要强有力保护等原因，盛世才还特地邀请苏联红军一部（即所谓红八团与苏联空军一个支队）进驻新疆与内地联系之枢纽哈密地区。而苏联这时也基于援助中国和加强自身战备所需，开始在新疆设立了飞机装配厂，并加紧利用其在新疆之特权，大量发掘当地矿藏资源。

但是，新疆与苏联的这种特殊关系持续到 1941 年前后，即渐渐开始发生出人意料的变化。这种变化的最初原因仍是盛世才与新疆地方民族势力之间的矛盾。新疆是少数民族地区，汉人在新疆只占少数，但自清代以来，中央政权始终依靠汉人对新疆进行统治，由此不可避免地在新疆地区引起严重的民族隔阂与矛盾。民国以来，中央政权对新疆的统治力日益减弱，地方军阀对新疆的统治更是简单地依靠武力压迫政策，新疆的民族矛盾乃至部分地区的民族分离趋向日益加强。盛世才上台以来这种情况丝毫没有得到改变。恰恰相反，随着新疆与苏联联系的日渐频繁，新疆少数民族势力与苏联一边的少数民族关系也日益紧密，结果苏联的影响与势力越来越深地卷入新疆地方事务之中，不仅没有减弱新疆少数民族的分离主义倾向，反而极大地鼓励了部分少数民族领袖反对单一汉人统治的愿望，反抗盛世才统治的民族斗争渐渐地变得越来越尖锐与严重。而中共在新疆工作的人员，包括苏联方面的代表，对此又不能采取简单的支持盛世才继续民族压迫的态度，而是明确主张盛世才必须实行各民族平等的政策，尊重少数民族的利益与愿望，培养和提拔少数民族干部，改变单一汉人统治的格局，这不能不渐渐引起盛世才的担心和疑虑。

1940 年夏初，新疆相当部分地区的少数民族领袖与盛世才的政权发生严重冲突，在中共与苏联方面的劝说下，盛世才同意与这些地区的少数民族领袖及其代表进行谈判。但谈判刚一开始，盛世才就断然扣押了这些谈判代表及其首领，先后拘捕所谓"刺客"和叛乱者百数十人，并组织了审判委员会，扬言要彻底清算这一阴谋使新疆独立的大暴动案。此举自然受到了中共代表和苏联代表的联合反对。苏联总领事明确认为盛世才这一做法是错误的，并要求改组所谓审判委员会，苏联准备派人参加。中共负责代表陈潭秋也直接致电中共中央，提出五项建议，要求中共中央立即向苏联提出，由苏联方面将建议转达给盛世才。其建议的内容包括：（1）立即停止逮捕并将扣留的各族代表遣回；（2）重新改组审判委员会，彻底清查和清算所谓阴谋暴动案，揭露新疆肃反机关的反动阴谋；（3）彻底改造新疆公安管理处及其整个系统结构并改变工作方式；（4）切实执行民族平等政策，实际改善农牧民众的生活；（5）切实培养和提拔少数民族干部，开展六大政策、民众运动，建立基础①。苏联方面和中共代表的这种态度，无疑使深感其统治地位受到威胁的盛世才更加不满。盛世才一方面固执己见，严厉镇压所谓暴动首领，一方面又假意致函苏联政府，建议在新疆成立新疆苏维埃共和国，声称此事因第二次帝国主义战争爆发，帝国主义已经无干涉之可能，蒋介石也"无能干预新疆事"，因而"时机已成熟"，"苏维埃之新疆将推动全中国踏上苏维埃化之道路"②。此举既是为了向苏联表示其忠诚，同时也是为了给苏联方面造成一种虚假的"革命"印象，以遂其分裂割据的野心。实际上，这时盛世才已经清楚地感觉到苏联对他不信任了，只是迫于形势，才不得不在加紧排斥在新疆工作的中共人员与苏联顾问的同时，还在表面上装出一副对苏貌似恭顺的样子。

　　1941 年，先是前往苏联学习军事的盛世才之四弟盛世骐回国，盛视之为自己人，授予军事大权，不意很快发觉其与自己意见相左。这被盛世才怀疑为苏联人对之暗设的陷阱，意在夺己之权。而后，突然间苏德战争爆发，苏联一时陷于严重困难，自顾不暇，遂使盛世才得以重新权衡利弊，下决心转而依靠国民党政府，彻底清除新疆的共产党势力。据此，盛世才于 1942 年 3 月 19 日首先刺杀了其弟盛世骐，夺回军权。继而，盛世才一面将杀害其弟的责任转嫁给苏联军事顾问及苏联驻迪化总领事等人，写信向斯大林和莫洛托夫告状，一面秘密与重庆当局进行接洽，在兰州谈判达成初步谅解之后，即派其五弟盛世骥前往重庆，面见蒋介石，经过讨价还价，取得了蒋介石继续承认盛世才在新疆地位的保证。鉴于这种情况，苏联政府确信其与盛世才的关系已经完全破裂，于 7 月 3 日以莫洛托夫的名义致函盛世才，不仅拒绝其对苏联军事顾问及驻迪化总领事的诬告，而且暗示杀害其弟者实为盛世才自己。莫洛托夫的信严厉批评盛世才大批逮捕新疆行政及军事干部的行动已经使其成为帝国主义破坏中苏关系及新疆现状的工具，同时历数盛世才自 1934 年以来屡屡提议在新疆实行

---

① 参见《中共党史资料》，第 25 辑，第 29 页。
② 《盛世才致蒋介石函》，1942 年 7 月 7 日。

共产主义，建立苏维埃，乃至支持西安事变等对蒋不利的历史，要求盛世才对于已经发生的一切作出必要的解释①。

莫洛托夫的信明显地带有对盛世才施加威胁的意味。但由于此信是在苏方已经清楚了解盛世才准备投靠国民党中央政府的情况下形成的，其对继续争取盛世才已经不抱任何幻想，因此信中在列举盛世才以往反对蒋介石及中央政府，阴谋分裂新疆另立门户的种种事实时，格外注意强调苏联政府历来反对分裂新疆及支持中国中央政府之意。这一态度很显然不是做给盛世才看的，而是做给蒋介石看的。因此，盛世才刚一得到莫洛托夫的来信，就不得不急急忙忙致函蒋介石，首先主动交代自己过去加入联共党及极力亲苏亲共的种种情况，并对此详加辩白，强调自己亲苏亲共全因过去"学识与经验不足"和"对马克思主义凤具信仰"，相信苏联为马克思主义国家，必会援助落后国家与民族，协助新疆之建设，加强中国抗战实力，不想此种真诚全被苏联与中共利用来阴谋"推翻现政府，成立在苏联与中共卵翼下，脱离中国版图"的苏维埃政权。如今他已翻然醒悟，"誓以至诚，拥护钧座与国民党之领导，效忠党国"②。

要蒋介石相信盛世才的效忠，当然是不可能的。但苏联与新疆关系发生如此重大变动，对于国民党方面来说，却是再好没有的消息了。蒋介石一方面假意安抚盛世才，促其加紧驱逐苏方人员，逮捕中共干部，另一方面则明确告诫苏联方面今后不得继续与新疆保持特殊关系，一切交涉均应经过中央政府。与此同时，国民党当局积极策划了收复新疆主权的谋略，其要点在于：（1）暂时利用盛世才在新疆的地位与力量，逐渐通过改组新疆政府，加派军政及特务人员的方式，使之逐渐中央化；（2）利用现在时机，根本改变苏联与新疆直接交涉的历史，今后新疆与苏联之间一切问题归诸中央政府监督与处理，并应设法使英、美势力进入新疆，使苏联在新疆的行动多所瞻顾，稍加敛迹③。蒋介石随后更亲自飞往西北，为在军事方面加强对新疆的影响和控制作出具体的部署。

苏联这时在抵抗德国进攻以及准备防御日本进攻西伯利亚，避免背腹

---

　　①　《苏联外交人民委员莫洛托夫致新疆边防督办盛世才书》，1942 年 7 月 3 日，《战时外交》，二，第 435—437 页。

　　②　《盛世才致蒋介石函》，1942 年 7 月 7 日。

　　③　《战时外交》，二，第 438—440 页。

受敌方面，急需美、英以及中国的同情与可能的支持，因此，它在新疆问题上态度极为调和与妥协。鉴于国民党政府方面的政治军事人员陆续开始进入新疆，并占据各个重要军政部门，苏联顾问很快开始全面撤退。至1943 年 4 月，苏联方面在新疆哈密的驻军以及各种勘探、采矿、飞机装配人员和重要机械设备，也开始主动撤出。至 6 月 16 日，苏联大使才正式通知重庆政府称：因新疆当局对于苏联商业机关之活动百般作梗，苏联有关专家在新疆地位实在令人不能忍受，因此，苏联政府决定：（1）撤销迪化飞机厂，将新疆苏联工人、职员及技术人员以及苏联设备运回苏联；（2）停止独山子油矿及炼油工作，召回各专家，并将自有设备运回苏联；（3）缩减苏联驻新疆商业机关之活动；（4）召回在新疆之其他苏联专家①。相对而言，苏联这时从新疆的撤退是有步骤、有秩序的，盛世才虽多方制造麻烦，但碍于苏联军队之威胁，亦不能有十分过分的举动。然而当年应邀随苏联人大批进入新疆充任新疆各地行政管理重要职务的中共人员，就远没有苏联人那样幸运了。

中共在新疆工作人员这时的主要负责人是陈潭秋、毛泽民等。实际上，还在 1941 年，陈潭秋等就已经意识到盛世才有同苏联和中共翻脸的危险。1942 年上半年，陈潭秋已几次报告中共中央，提出盛世才反苏反共阴谋有迅速表面化的可能，中共方面必须及早做好撤退人员的准备。但在很长一段时间里，中共中央方面对新疆情况的危险性缺少足够的估计，一再表示："估计他（指盛世才）目前还不可能脱离苏联，完全倒到蒋的方面去。"至 5 月 27 日、6 月 8 日、6 月 11 日，陈潭秋又连续三次致电中共中央说明：盛世才反苏反共的阴谋已经十分明显，苏联及中共在新疆的地位必然要发生变化，积极挽救已为我们力所不及，务必加紧准备人员撤退，以应付可能发生的新的事变。然而，中共中央仍旧指示陈说："就各方面形势看，即或蒋盛妥协，盛要在新造成全面反苏反共的局势还是不会的，因此不要愤激慌张，对盛的态度也不要过于尖锐（如采取抗议方式），还应继续采取积极政策，缓和盛对我们的关系。"② 显而易见，尽管

---

① 《潘友新致蒋介石函》，1943 年 6 月 16 日，转见张大军著：《新疆风暴七十年》，台北兰溪出版社 1980 年版，第 5110—5111 页。

② 参见《中央书记处致陈潭秋电》，1942 年 5 月 8 日；《陈潭秋关于迪化近来两次审判案情形给中央的电报》，1942 年 5 月 27 日；《陈潭秋关于去夏以来新疆情况给中央的电报》，1942 年 6 月 3 日；《中央书记处致陈潭秋同志电》，1942 年 6 月 27 日。

中共中央已经按照新疆中共党组织的要求，开始向苏联方面提出撤退部分在新疆的干部的问题，但无论是思想上，还是工作上，都还没有引起高度紧迫的重视，整个撤退工作迟了一步。这一步迟疑的结果是灾难性的。7月初，盛世才电告中共中央，中共在新干部与部分苏联人卷入了暴动阴谋，除四人外，其余均不为新疆所欢迎，应即撤出。至此，中共中央才意识到问题之严重，当即决定照盛世才来电撤出绝大部分在新工作人员，并紧急与苏方电商。但迟至9月上旬，撤退计划才最后落实，可在此期间，盛世才在蒋介石所派国民党军政及特务人员的压力之下，已经逐渐开始改变要求中共人员撤出的态度，至9月中旬，即中共撤退计划尚未开始具体实行之际，就转而开始采取逮捕与镇压的步骤。因此，中共所有在新疆工作人员160人竟全部被扣押起来，陈潭秋、毛泽民等领导人并很快被杀害。

新疆地位的改变，是盛世才疑心苏联对其不利的结果。但转而依靠国民党后，盛世才很快发现他的日子比以前更加难过。国民党军政特务人员大量进入新疆，不仅不把盛世才放在眼里，而且渐渐把盛世才架空。另一方面，苏联因对德战争迅速转入反攻阶段，已不再担心来自东部边界的威胁，因而对新疆的态度也日趋强硬，开始秘密支持新疆少数民族武装力量反抗盛世才的统治，喀什地区和阿尔泰地区的少数民族反叛武装与盛世才军队冲突愈演愈烈。到1944年6—8月，盛世才见势不妙，又重施故伎，以部分国民党官员卷入了阴谋活动为名，先后逮捕了十几名国民党省党部人员以及省政府负责官员，试图重新夺回自己的权力，并希望能够借此向苏联方面表示亲近。但盛此时控制的军队只有大约两万人，而国民党中央军已经有三个师进驻新疆，因此，盛世才除非取得苏联的谅解，否则根本没有可能重新把新疆置于自己的控制之下。可苏联方面不仅毫不谅解，而且必欲把盛世才赶下台。蒋介石这时也借机进一步派军队进入新疆施加压力，并以缓和中苏关系为由，逼盛下台。迫不得已，在国民党方面的暗示下，盛世才最终不得不于8月19日向蒋介石提出辞呈，蒋自然不稍挽留，当即于26日予以认可，任命吴忠信为新疆省政府主席，派朱绍良暂代职权，仅给盛世才一个农林部长的虚职以敷衍之①。

但盛世才的下台也未能真正缓和中苏之间在新疆地区的矛盾。特别是

---

① 《蒋介石致盛世才函》，1944年8月26日，转见《传记文学》第53卷，第2期。

新疆与苏联的关系恶化以后,新疆与苏联前此十分兴旺的贸易交往严重减少甚至断绝,极大地影响了当地居民的日常生活,不仅促使新疆地区物价飞涨,人民生活水平大幅度下降,而且也使大批与边界另一边的居民有着密切的亲族和血缘关系的哈萨克族和吉尔吉斯族以及因宗教信仰关系更接近于苏联中亚地区民族的新疆主要少数民族维吾尔族等少数民族群众,都普遍地对新疆政府的政策深感不满。对此,国民政府曾简单地把这一切归结为盛世才统治的结果,相信盛世才下台即容易改善。实际上,国民政府同盛世才一样,对于新疆的统治并没有什么改变,不仅少数民族的地位和他们的生活并没有因盛世才的下台而得到任何改观,甚至以吴忠信为首的新疆当局在反苏反共方面表现得更为激烈。为了压制少数民族一些居民当中存在着的某些亲苏倾向,他们继续大规模地进行逮捕和镇压活动,这自然导致新疆少数民族的反抗不仅无法真正停止,而且有愈演愈烈的趋势。当然,新疆统治者与少数民族无休止的矛盾冲突中,苏联方面对新疆少数民族的反抗给予秘密支持也是重要的原因之一。有时,苏联(以及通过外蒙古给予)的这种支持简直就是公开的。根据新疆当局以及美国驻迪化总领事馆的一些报告,苏联方面始终没有放弃过要将新疆同外蒙古一道划入苏联势力范围的目的。围绕着 1944 年 11 月爆发的伊宁少数民族暴动所进行的中苏交涉过程,苏联尖锐地反对西方势力和影响进入新疆地区的态度表现得颇为明显。面对国民党政府必欲引进西方势力进入新疆,而苏联必欲反对西方势力进入新疆这种情况,特别是加上新疆国民党政权既不能改善当地少数民族的生活,也不愿意给予当地少数民族以应有的自治权利,继续着以往的大汉族统治方式,新疆的问题不能根本解决,就是势所必然的了。

第二节 《雅尔塔协定》与美苏妥协

苏联始终把自己的战略重点放在欧洲,因此它在远东始终是处于一种防御的态势。正是出于一种防御的目的,苏联始终不像它在欧洲对与它接壤的东欧国家那样,极力把这些国家整个地划入自己的势力范围,它对中国远没有那样大的抱负,尽管中国和它拥有着世界上最长的共同边界线之一。当然,苏联的这种态度,特别是 40 年代以后美国日益取得在中国的支配地位，并不意味着它对自己东部边界的安全毫不担心。苏联之所以早就坚持把外蒙古看成是自己的势力范围，并千方百计地要在新疆保持自己的特殊地位与影响力，说到底都是为了要在其东部边界以外建筑一道防波堤。为了建筑起这样一条规模宏大的防波堤，苏联需要沿着中苏边界线中国一侧，由西至东地在新疆、外蒙古和东北三省建立起自己的势力范围。但除了外蒙古轻而易举地落入到自己手里以外，苏联对新疆和东北的控制始终是心有余而力不足。对于新疆的控制和影响，虽然一度十分成功，毕竟又丧失了。但相对而言，新疆因为与中国内地相隔甚远，交通不便，西方势力要想真正在那里发挥作用，也远不那么容易。更何况新疆少数民族居民与苏联中亚地区居民大部分具有血缘亲族关系，保持自己在新疆的影响并不十分困难。对于苏联来说，问题最大的还是中国的东北地区。自沙皇时代以来，中国的东北地区就是俄国人必欲控制的地区之一。在1904—1905 年日俄战争中，俄国人屈辱地败在日本人手里，被迫让出了包括大连、旅顺这一太平洋重要出海口在内的整个南满地区之后，俄国人就始终念念不忘要从日本人手里夺回这一曾经为自己所控制的地区。但是，在此后长达 40 年的时间里，俄国人始终没有这样的机会。即使是在苏联形成之后，他们仍旧深深感受到来自日本的威胁。日本军队不仅曾经大举侵占过苏联的远东地区，而且大举入侵中国东北三省，把苏联人彻底地赶出了他们在东北的最后一块栖息地——北满地区，甚至迫使他们把沙皇时代由俄国人在东北出资修建的中东铁路，也卖给了日本人①。可以想见，即使不考虑在东部边界建立防波堤的计划，把中国东北置于自己的影响之下，对于苏联政府来说同样有着极大的吸引力。终于，随着苏联对德

---

①　中东铁路由沙俄出资于 1903 年建成，经满洲里—绥芬河—哈尔滨连接俄国西伯利亚铁路与中国东北大连港之间的一段铁路线。全长 2400 公里。1905 年日俄战争后，长春至大连一段被日本占据，改称南满铁路。1917 年俄国革命之后苏俄政府一度曾宣布放弃其对中东路的权利。此后中苏两国谈判中，苏联又提出对中东路拥有财产及经营权。1924 年签订的中苏协定规定铁路业务由两国共同经营，中国收回中东路必须出资赎买。此后，由长春以北的一段铁路由中苏两国合办，仍沿称中东铁路。1929 年，国民党政府企图以武力收复中东路，造成中东路事件，结果以国民党军事失利而告结束，但围绕中东路问题的谈判始终未能达成协议。至日本 1931 年 9 月占领中国东北之后，苏联政府进一步因中东路问题与日本及伪满洲国不断发生争执。为避免因中东路与日本发生冲突，苏联从 1933 年 5 月起开始与伪满洲国代表在日本举行让售中东路问题的谈判，至 1935 年 3 月 23 日谈判成功，苏联以 14 亿日元的价格最终将中东铁路售与日本及伪满洲国。

第十一章　中苏关系与苏联出兵　387

战争的胜利，这样的机会来临了。

1943 年秋天以后，苏德战场上苏军已经开始转入大规模反攻。这一年年底，在美、英、苏三国首脑举行的德黑兰会议上，美、英两国首脑最终确定了在欧洲开辟第二战场的时间表。鉴于欧洲战场的胜利已经指日可待，苏联人于 1944 年初即开始把美国租借物资中的一部分秘密转运到远东地区，为日后对日战争作准备。显然，日本是苏联长期以来做梦都想要教训的敌人。这次总算能够如愿以偿了。在德黑兰会议上，三国元首已经考虑到打败德国以后转过头来对付日本的问题。斯大林当时即表示，苏联届时定将参加对日作战，它并且需要在中国东北保持自己的利益，即要恢复俄国当年因日俄战争和日本占领东北而丧失的权利，使西伯利亚铁路能够重新经过东北的中东铁路与大连港连接起来，以确保苏联在太平洋沿岸能够获得一个不冻港①。美国方面考虑到以陆军通过登陆作战的方式进攻日本困难极大，如果没有苏联在亚洲大陆的进攻相配合，以牵制装备精良的数十万日本关东军，势必将使美军付出很大的牺牲，因此他们对苏联明确承诺对日作战问题也极为关切。更何况，罗斯福无论从战后继续保持大国合作主宰世界的角度，还是从战后太平洋地区及远东地区和平与安全的角度来考虑问题，都需要苏联方面的合作。特别在中国问题上，如果战争结束前美国不能与苏联就未来远东地区势力范围的划分达成一致，并说服中苏两方就相互间可能发生的问题达成妥协，那么，战后中苏之间必然会在新疆、外蒙、东北问题上，乃至中共问题上，发生严重的摩擦与冲突，最终破坏整个世界的和平。基于这一系列原因，1945 年 2 月，美、英、苏进一步在雅尔塔会议上就战后远东问题的安排达成了秘密的妥协与谅解。会议通过一项协定，规定苏联将在欧洲战争结束 2—3 个月之后参加对日作战，条件是：

1. 维持外蒙古（蒙古人民共和国）现状；

2. 恢复 1904 年日本背信弃义的进攻所破坏的原属俄国的各项权利，即

甲、将库页岛南部及其全部毗连岛屿归还苏联；

乙、大连商港国际化，并保证苏联在这个港口的优惠权益，恢复租借旅顺港为苏联海军基地；

① 《开罗会议与德黑兰会议》，第 567、869 页。

丙、设立中苏合营公司，对通往大连的中东铁路及南满铁路进行共管，并保证苏联的优惠权益，而中国保持在满洲的全部主权。

3. 千岛群岛交给苏联①。

由于罗斯福确信，告诉蒋介石及中国政府任何事情，不出二十四小时全世界都会知道，因此，三国首脑约定，雅尔塔协定在斯大林尚未最后决定对日宣战以前，暂不对外宣布。结果，对于这一直接涉及中国领土主权战后安排的国际协定，中国政府很长时间被蒙在鼓里。一个月之后，只是在中国政府的反复追问之下，罗斯福才十分扼要地在与中国大使魏道明的谈话中，提到了这一协定的某些内容。据魏当天给蒋介石的电报说：罗斯福告诉他，在雅尔塔会议上，斯大林已经基本上同意参加对日战争，条件大致三条：（1）维持外蒙古现状；（2）南满铁路所有权属中国，但业务管理宜有一种委托制度，由中苏或外加美方专家组织管理委员会管理；（3）苏联希望在海参崴以南获得一不冻军港如旅顺或其附近其他港口。罗斯福相信，由于外蒙古自20年代初就完全受苏联控制，并建立起独立于中国的政府，至今中国想要改变这一现状实无可能，但"维持现状"一语毕竟没有涉及主权归属问题，多少保全了中国政府的面子，因此中国人接受起来"似无问题"。而中东铁路以及南满铁路问题，因为它历史上即曾为俄国所有，1924年中苏条约也将其列为中苏共同管理，继续前此管理方式，也比较容易达成妥协。唯一不易为中国方面接受的只有租借旅顺港的问题，因为"此完全为一新问题"。考虑到这一问题较为敏感，罗斯福谈话到此吞吞吐吐，他并没有告诉魏道明美、苏两国在这些问题上已经达成协定，中国必须接受，而是含糊其词地说："此为将来之问题，无须太急"，他到时候会与蒋介石讨论这件事，相信不难获得解决云云②。

中国固然一向深受列强欺凌，被迫签订了大量不平等条约，但自抗战以来，中国的国际地位已相对提高，特别是太平洋战争爆发之后，中国成为美、英抵抗法西斯侵略国家的同盟国家，美、英等国又先后宣布放弃在华特权与租界，在这种情况下，一旦日本战败退出中国，恢复中国的行政主权，实现领土的基本完整，应当不难指望。然而，值得注意的是，这些进步的取得，至少在相当程度上还不是中国自身力量强大的结果。因此，

---

① 《德黑兰、雅尔塔、波茨坦会议文件集》，第258页。

② 谈话时间在3月12日。《战时外交》，二，第542页。

当蒋介石发现美苏之间可能会就战后中国的领土主权问题进行交易之际，只能寄希望于美国政府能坚持它一向所宣传的公正、平等的主张。蒋介石为此一再要求"美国必坚持其对远东一贯政策，使中国之领土、主权与行政完整不受损害，凡在华领土之内，不能再有任何特权之设置也"①。然而，对于美国政府来说，帮助中国实现主权与领土完整对它的战后世界战略考虑远不是什么重要的问题。

自第二次世界大战以来，美国政府奉行的始终是通过大国协商与合作来解决世界政治问题的政策。随着世界战争接近结束，联合国即将宣告成立，为避免新的世界大战发生，恢复和保持世界的稳定与和平，大国之间的合作更显得异常重要。而要由世界上少数几个大国来进行合作，每个大国又不可避免地要为各自的安全设置保障体系，在各大国之间划分明确的势力范围并因此侵犯某些弱小国家的利益，就成为一种很自然的现象。雅尔塔协定就比较典型地反映了这种情况。很明显，在中苏关系问题上，或者在远东和中国的问题上，中国的主权与领土完整问题只能被排在很次要的地位。在美国政府看来，最重要的是美苏政府能够在中国特别是远东地区就对日战争和战后相互合作问题达成一种妥协。既然是妥协，它当然只能是以部分地牺牲包括中国在内的部分远东国家的权利为代价来实现。而且，美国政府这时更关心的是，战后能否保持中国内部的和平和统一。

注意一下这一时期美国政府关于中国问题的各种文件，可以清楚地看出，他们这时最关心的是战后中国如何取得苏联的谅解，以便保持国内和平与避免分裂。无论是罗斯福总统，还是这时访问中国的其他重要的美国政府官员，包括美国副总统华莱士，都一再向蒋介石强调迅速改进中苏关系的重要性。蒋介石国民党过于明显的反苏反共倾向，和完全依赖于美国向苏联施加压力以解决中苏关系问题的做法，无疑是引起美国政府严重担心的重要问题之一。在这方面，尤其让罗斯福不安的就是国民党对共产党问题的态度。在雅尔塔会议召开之前，罗斯福甚至专门打电报给蒋介石，劝告蒋务必设法在与苏联人进行对话之前首先与中共达成具体的妥协。条约签订前两天，范宣德给国务卿的一份备忘录更清楚地说明了美国政府的担心所在。这就是：在美国人看来，中苏关系问题的症结，主要取决于"苏联对于国共问题的态度"。"如果俄国人决定支持中国共产党，毫无疑

① 《战时外交》，二，第547页。

问他们可以在中国造成分裂和动乱的局面。目前俄国人与中国有不干涉中国内政的协议，但是未来的发展可能使他们放弃这个政策。原因之一是反苏的中国政府对中国共产党采取军事行动使苏联改变态度。战后反苏的日本的迅速发展，同样可能使苏联在华北和东北地区扶植一个卫星的中国政权以寻求安全。这是围绕着中苏关系而存在的一些潜在的危险，它们不仅与中苏有关，也与我们和整个联合国有关"①。

1945 年 5 月，即在罗斯福总统逝世之后，继任总统杜鲁门仍旧指示赫尔利不要把雅尔塔协定的内容透露给蒋介石。美国新的领导人显然急于了解罗斯福逝世之后斯大林的态度是否有了新的变化。同样，他们也希望知道，在德国战败②之后，军方对继续履行雅尔塔协定究竟有什么样的意见。他们要求陆军部和海军部回答如下问题：（1）苏联参加太平洋作战对美国是否具有重大意义？（2）雅尔塔协定中关于苏联对远东的政治要求，应重新考虑，是部分修改，还是全部加以实现？军方的回答很明确：苏军参战能够极大地缩短战争的时间，减少美军的伤亡。而雅尔塔协定既然已经商定，现在重新讨论对美国不会有太多的益处。特别是如果不能同苏联就远东事务事先取得谅解，一旦苏联人进入到与中共接近的地区，中国的问题将变得更为复杂③。

考虑到这些情况，根据国务院已经确定的原则，美国代理国务卿格鲁这时专门向有关方面，特别是准备派赴苏联与斯大林会谈的前总统特别顾问霍普金斯以及驻苏联大使哈里曼，说明了国务院对中苏关系问题，特别是解决国共关系问题的设想。它包括政治方面应当解决长期以来国民党与共产党之间的争论。首先，国民党应当承认中共和其他中国政党，并和它们的代表按比例组织一个联合政府。其次，应当立即召集有国民党、共产党和其他党派以及无党派代表参加的协商会议，并即将召开的保证国民代表会议的代表是真正代表人民和各政治党派的，由这些代表共同商定并公布一部确保民主和自由的宪法。在军事方面，则应当建立统一的中国军队，这包括建立一个最高军事委员会，中共和其他非国民党军事集团在其

①　《美国外交文件》，1945 年第 7 卷，第 853—855 页。

②　4 月 30 日，德国法西斯头子希特勒自杀身亡，两天后德军宣布投降。5 月 7 日，德军正式宣告投降。同盟国对德国的战争就此结束。

③　《美国外交文件》，1945 年第 7 卷，第 866、868、869—870、876—877 页。

中有公正的代表权，共同制订并执行协调作战计划以及作战方针。在对日作战期间，应当设法将所有中国武装力量，包括国民党、共产党或其他军事集团的军队，交由一位美国司令官统一指挥，并由中国、苏联和英国军官组成的参谋机构加以协助。最后，应当保证由美国、苏联和英国对一个这样的统一的中国军队提供一切可能的军需品，并公平分配给各军事单位。

国务院认为，务必立即就此取得苏联政府的积极合作与支持，要求苏联政府"承诺说服中共"接受上述建议；"承诺在东北、华北和朝鲜对日采取军事行动时，只使用统一的中国军队的部队"；承诺在中国、日本和朝鲜的战争停止后3个月内，与美、英各国一道从中国的东北、华北等地撤出所有的武装力量，撤销一切战争期间成立的各种临时性的行政机构，将一切解放地区的行政权力完全交给国民政府①。

5月下旬，霍普金斯在与斯大林的会谈中，提出了关于苏联支持中国统一和尊重中国对东北、新疆以及其他地区的主权的问题。斯大林明确许诺，"他们并没有打算改变中国对东北地区或中国其他任何地区的主权"，"苏联对中国没有领土野心"，即使包括新疆在内。因此，在苏军进入的满洲和中国其他地区，蒋都可以建立起行政管理机构，蒋的代表甚至可以随着苏军一起前进。斯大林保证："苏联人民也不会以任何方式阻碍中国统一。"同时，他保证将支持蒋介石来完成这样的统一事业，因为他看不出中国其他的人，包括中国共产党的领导人在内，有统一中国的能力②。

值得注意的是，美国方面曾力主在中苏直接交涉解决中苏关系之前，中国政府应当首先就国共关系问题达成必要的妥协，美国国务院的上述文件很大程度上也包含有同样的目的。但是，长期以来，由于总统与国务院之间存在着矛盾，国务院的意见往往并不能够完全代表美国的外交政策。特别是在赫尔利调处国共关系刚刚失败的阴影下，杜鲁门也对国务院的建议是否带有太多的乌托邦色彩将信将疑。在这种情况下，霍普金斯自然也不会热心地去与斯大林具体讨论这样的问题。在得到斯大林关于支持中国统一的口头保证之后，霍普金斯甚至没有提出国务院的建议，他当然也就不能够就国务院所期望的中共的让步问题取得苏联方面的任何具体承诺。

---

①　《美国外交文件》，1945年第7卷，第878—882页。

②　同上书，第887—891页。

根据以上谈话结果，双方商定中国政府代理行政院长兼外交部长宋子文应于 7 月到达莫斯科，到那时，将由苏联政府和美国驻中国大使同时向中国政府说明雅尔塔协定的内容。杜鲁门 5 月 31 日电告霍普金斯，他对协商的结果十分满意，并愿意按照约定的时间表用美国飞机送宋子文到莫斯科去，同时使蒋介石知道雅尔塔协定的内容①。当然，由于赫尔利在霍普金斯赴莫斯科期间已私下将雅尔塔协定的内容透露给蒋介石，美国国务卿斯退丁纽斯得知这一情况后也力主在宋子文离美赴莫前告知雅尔塔协定的内容，因此，杜鲁门于 6 月 8 日在华盛顿召见了宋子文，把雅尔塔协定的内容和斯大林对霍普金斯所作的保证通知了宋子文。宋子文当即对协定的内容表露了某种程度的不满。在 6 月 14 日与杜鲁门的进一步的谈话当中，宋子文明确指出，1924 年苏联政府已经自愿放弃了在中国的一切特权和租借地，他难以理解雅尔塔协定中关于苏联在满洲享有 "优越权益" 的条款。必须了解，在经历了包括抗日战争在内的一系列苦难之后，中国政府和民众将坚持反对在中国恢复租借港口的制度。同样，在 6 月 15 日听取了赫尔利正式转述的雅尔塔协定的内容之后，蒋介石也明确提出，如果苏联坚持使用旅顺港，美国也应考虑参加使用，使之成为中苏美英四国共同使用的海军基地；如果必须讨论雅尔塔协定的条款，美国也应考虑参加谈判，并作为第三方加入中苏所达成的协定，以便使协定变得较为有利。但美国政府并不打算帮助国民政府去同苏联讨价还价②。

6 月 15 日，杜鲁门通知斯大林，宋子文将于 7 月 1 日到达莫斯科，就中苏协定问题进行具体讨论。雅尔塔协定的内容也于本日正式通知蒋介石，并尽可能获得蒋介石的同意。他特别告诉斯大林："赫尔利将告诉蒋介石，雅尔塔协定将得到美国政府的支持。"这等于通知苏联方面，美国政府将全力支持苏联政府按照雅尔塔协定的内容获取它所要求的 "优越权益"③。

眼看战争即将在自己的实力不受严重损失的情况下迅速取得胜利，蒋介石这时最关心的多半也是中苏关系和国共关系问题。但与美国人不同的是，蒋介石关心的并不是应当如何实现与共产党的妥协，反倒是在战争结

---

① 《美国外交文件》，1945 年第 7 卷，第 888—891 页。

② 同上书，第 896、898—899、901—902、903—904 页。

③ 同上书，第 904 页。

束之前，如何以最小的代价，尽快地与苏联取得妥协，以便在日本人退出中国之后，能够顺利地收复有着大批中共军队的华北和华中沦陷区。在美国政府已经正式表明不支持那些附和中共的外交官的主张，而赫尔利大使等也向他转述了苏联人赞同由他来统一中国的态度之后，他显然相信，只要借助美国的压力，做好争取苏联的工作，就不难解决中共问题。因此，从1944年下半年开始，国民政府就多次向美国政府表示，希望通过美国来促成中苏之间的谈判，并劝说美国居中调停，以便于向苏联施加压力。同时，他也多次向苏联政府表示，愿意派他的特别代表前往莫斯科，与苏联方面具体讨论解决中苏关系问题。

　　这时中国的形势很明显，如果不能取得苏联的支持，国民党军队几乎没有办法阻止中共军队在日军撤退时乘机夺取华北。甚至，由于苏军势将占领东北，如果不能诱使苏联真心支持自己，就连东北这一日本全力经营了十几年的工业基地，都可能落入中共军队的手中。而要争取苏联的支持，就必须给苏联一些甜头，诱使斯大林相信，支持蒋介石的中央政府所取得的利益远比支持中共所获得的利益要大得多。但蒋介石从一开始就在估计上犯了严重的错误。由于蒋这时对借机收复一切可能收复的主权抱有相当的信心，加上对苏联长期不信任，过分依赖美国，因而在解决中苏关系问题上采取了一边倒的态度，选择了依靠美国来抑制苏联和压迫苏联就范的做法，总是试图不做过多的让步，或拉上美国来遏制苏联。对苏联方面所要求的三条：外蒙保持现状，共同管理中东铁路和租借旅顺港为苏联海军基地等，蒋介石开始即向苏联大使暗示难以办到。蒋介石再三表示，苏联应当帮助中国恢复领土主权完整与行政独立，"若为东三省或其他一块小地方，使两国感情有所损失，那是最不值得的"。蒋强调外蒙古早经1924年中苏协定共同承认领土主权是中国的，目前最好不提。特别是关于租借旅顺港一项，蒋明确指示要"反对到底"，中国再不能接受耻辱的"租借地"协定，此点非坚持不可。中国至多可以做到：或将旅顺港交国际安全机构为国际海空军基地；或交给中美苏共同使用；或中苏共同使用①。

　　蒋介石的这种态度，反映到谈判桌上，就成了一种节节抵抗的姿态。尤其是他再三试图拉美国加入谈判，和不断地提议让美英等西方国家进入

---

① 《战时外交》，二，第550、554、557、558、571页。

东北，以遏制苏联在东北的影响的提议，更是不能不引起斯大林的反感与警惕。结果，蒋介石用美国来压苏联的策略几乎完全失败。

第三节　中苏谈判与苏联出兵东北

根据美苏两国约定的时间表，宋子文作为蒋介石的全权代表，率蒋经国等14人，于6月30日抵达莫斯科，开始就缔结中苏友好条约进行具体谈判。

7月2日，宋子文等与斯大林进行了第一次正式谈判。谈判刚一开始就在外蒙古问题上卡了壳，双方围绕着雅尔塔协定中关于"外蒙古的现状应予维持"一条里的"现状"两字展开了争论。宋根据蒋介石的指示，明确表示外蒙古问题的现状可以维持，但中国政府不能放弃对外蒙古的主权，这一问题只能暂时搁置。斯大林则坚决反对，认为外蒙古独立问题不解决，则一切谈判及条约均无法进行。斯大林明白表示：苏联目前处于被包围状态，必须在东西南北各方面防遏日本，"对旅顺、中东铁路、库页岛南部及外蒙之要求，均为加强吾人对抗日本之战略地位"。何况，"外蒙在地理上之地位，可使他人利用之，以推翻苏联在远东之地位，日人业已试过，如吾人在外蒙无自卫之法律权，苏联将失去整个远东"。且外蒙人民也不愿加入中国，彼等要求独立，否则必将号召所有蒙古人团结反抗中国，故"为中国计，割去外蒙，实较有利"。至于过去苏联承认外蒙古为中国领土，实因当时情形，战争已使苏联得到深刻教训，必须使外蒙古与中国分离，以确保苏联有驻军和进兵之权。为了换取中国方面的让步，斯大林明确表示可以考虑不用租借方式解决苏联驻军旅顺港的问题。同时斯大林还特别说明：他虽希望中国政府能够容纳包括共产党在内的其他党派的代表，但同意"中国只有一个政府，由国民党领导"。当宋子文强调国民党不能赞同所谓联合政府之类的主张时，斯大林对此亦表示充分理解①。

斯大林的态度迫使宋子文急于向美国方面寻求雅尔塔协定关于外蒙古"维持现状"一词的具体解释，但很显然，外蒙古处于苏联控制下的现状

---

① 《战时外交》，二，第576—590页。

早已成为既成事实，且外蒙古独立与否对美国也无关痛痒，美国自然不愿帮助中国说话。新任国务卿贝尔纳斯（James F. Byrnes）在给驻苏大使哈里曼（W. Averell Harriman）的电报中明确讲：我们知道，在法律上外蒙古的主权应属于中国，但这件事只能自己知道而已，不宜表态。美国国务院的文件则明确肯定：外蒙古独立"实质上不会对美国任何实际利益产生影响"。美国在得知谈判详情之后所关心的，只有两点，即第一，美国政府注意到，苏联片面地解释雅尔塔协定关于大连商港国际化的规定，它突出强调协定中关于"苏联在该港之优越权益须予确保"一句，据此要求与中国共管大连港，且关税平分；第二，美国政府注意到，苏联要求在对中东铁路和南满铁路拥有所有权的基础上，与中国实行共同管理，而雅尔塔协定并没有关于所有权归苏联独家所有的规定。贝尔纳斯在7月6日给驻苏联的大使哈里曼的电报中就此指示说："尽管美国不打算参加大连港的行政机构或管理，美国政府希望得到保证，苏联和中国政府间达成涉及大连和其他任何有特别安排的地区的协定时，应当遵守有关国际商业来往中的公平原则；这一原则也适用于各个爱好和平的国家和人民在大连港口设备和铁路运输方面的优惠权益，避免出现日本人控制时期出现过的实际上否定经济机遇均等的各种情况。"①

没有来自美国的支持，蒋介石实际上完全没有可能迫使苏联在外蒙古问题上作出让步。尽管，宋子文在第一次谈判的次日就打电报给蒋介石，主张在反对外蒙古独立的问题上应坚持强硬立场，任何变通办法都不应提及"独立"，否则应"中止交涉"，但权衡利弊之后，蒋介石决定，必须准备牺牲外蒙古来换取苏联在其他各项问题上的让步。他在7月6日打给宋子文的电报中称：外蒙古独立问题关系于我国成败，实等于我东三省无异，但若我国包括东北与新疆在内真能因此确实统一，所有主权领土和行政真能完整无缺时，"则外蒙独立或可考虑"。据此，蒋指示宋必须争取在下列条件基础上同意考虑外蒙古独立问题，即"一、东三省之领土、主权及行政必须完整。甲、旅顺军港之行政管理权必须归中国主管之下，乃与苏联共同使用而非共同管理。乙、大连为自由港，照各国自由港例，行政管理皆归我领土主权国主管。丙、铁路干线可与苏联共同经营，而绝非双方共管之谓，但苏应予中国租借物资或经费，以为报酬铁路之股款。

---

① 《美国外交文件》，1945年第7卷，第916—917页。

丁、其期限照苏英与苏法同盟条约为例。二、新疆之伊宁以及全疆各地被陷区域完全恢复，中苏边境双方匪患，应照前约互助协剿，阿尔泰区应仍属新疆范围。……三、中共对军令、政令必须完全归中央统一，即照各国政党对国家法令切实遵守，则政府将一视同仁，一俟正式国会召集时，政府改组时，当可容纳其在行政院之内，但绝不能称为联合政府"。蒋表示，在苏联同意上述各点之后，中国政府愿意自动提出外蒙古独立问题，交由外蒙古人民用投票方式加以解决①。蒋随后又再三叮嘱宋子文称："此次我国之所以允许外蒙战后独立者，实为作最大之牺牲，亦表示对苏最大之诚意。以外蒙为中苏关系最大之症结所在，如果此一症结既除，而我之要求目的仍不能达到，则不仅牺牲毫无价值，而且今后必增两国之恶果，东方更多纠纷矣。务望注意我之主要目的：一、东三省领土、主权及行政之完整。二、苏联今后不再支持中共与新疆之匪乱，此为我方要求之交换条件也。"②

可是，蒋介石对于自己所能取得的目标看来还是定得太高了。就连哈里曼也认为，在东北问题上蒋"不让给苏联更多的权利和利益是不切实际的，依我看在他建议的条件之下苏联人似乎完全不可能在旅顺港建立海军基地"。他强调认为，如果蒋介石真的愿意为苏联人在旅顺提供一个海军基地，那么，"就必须允许苏联人在行政和保卫港口方面拥有全部的特权，还要给他们足够的邻近的地区来建立机场和其他防卫设施"。甚至对大连港，他同样认为中国方面必须从蒋介石的条件上退下来，否则苏联就没有什么优越权益可言。当然，哈里曼同意宋子文关于必须拒绝苏联任何限制各国自由使用大连港和东北铁路运输设施的企图。他只是提醒宋子文：务必想办法在苏联进兵东北之前与苏联政府达成协议，否则将会引起严重后果③。

7月9日，宋子文再度与斯大林会谈，根据蒋介石的指示，表示："中国政府在战争结束后，不反对蒙古人民投票表决外蒙独立，其承认方式，容再洽商。"得知中国方面赞同外蒙古独立之后，斯大林也坦率表示愿意在蒋介石所要求的新疆与中共两个问题上做出让步。据宋子文报告

① 《战时外交》，二，第593—594 页。
② 同上书，第595—597 页。
③ 《美国外交文件》，1945 年第7 卷，第924—926 页。

称：斯大林的让步是："（一）关于新疆，允禁止私运军火，堵截边境，同意助我解决匪患……（二）关于中共，史认为中国政府要求军令、政令统一，极为允当，并表示此后援助中国一切武器及其他物资，均以中央政府为唯一对象，不供给武器于共党。"但关于东北三省，斯大林仍旧坚持在尊重东三省领土、主权及行政之完整的基础上，旅顺军港及大连商港均应属于军事区，由苏联人管理。中东铁路和南满铁路及其一切产业等，苏联仍要据有所有权，至少要求拥有所有权之半数，且帝俄时代经营铁路沿线小煤矿等亦包括在内①。

　　苏联方面就东北权益问题所提出的要求，特别是关于铁路产权以及与之相关的产业产权等方面的要求，或多或少地影响到了美国在处理中国东北问题上必须保持门户开放、利益均沾的既定原则。7月9日，当宋子文告诉哈里曼中苏双方在东北问题上距离太远时，哈里曼曾坦率地劝告宋子文应当在港口和铁路问题上稍作让步，因为美国准备永久占领日本及其附近海岛，无法拒绝苏联在旅顺港建立军事基地和对中东、南满铁路拥有特殊权益的要求。当然，美国政府对于苏联企图超出雅尔塔协定的规定，扩大其在东北的权益，颇有异议。在7月13日美国国务院的一份备忘录中，副国务卿格鲁明确提出："苏联承诺尊重中国的主权，但是又提议苏联实际控制东北地区的主要铁路，享有大连的主要行政权和独占旅顺的行政权，即或年头有限，无疑也是与前者相矛盾的。这意味着向帝国主义最恶劣的情况倒退。从美国的利益、政策和理想的观点来看，这无疑是一种挫折。因此，如果可能的话，美国政府应当单独地或与英国共同地对苏联政府施加影响，使其对于大连和铁路的条件进行修改，使之对中国（和其他国家）有利。"②哈里曼和史汀生等这时也分别上书杜鲁门，强调罗斯福允许苏联在铁路和港口问题上享有优越权益，"指的是交通运输，而不是苏联在东北地区有任何广泛的利益，所以苏联没有理由完全控制对于中国及其他国家都有利害关系的铁路"，因此，"不能让俄国人控制大连或禁止其他国家通过大连或任何其他东北地区的港口进行贸易"，"不能进

　　①　《战时外交》，二，第622页。
　　②　《美国外交文件》，1945年第7卷，第925—926、934—940页；《战时外交》，二，第608—609页。

一步容许俄国人在大连半岛或东北地区其他地方享有军事权利或实行控制"①。

7月16日，美国在新墨西哥州成功地爆炸了第一颗原子弹。此举标志着美国拥有了可以不用大量登陆作战就足以摧毁日本军事抵抗的重要手段，杜鲁门很快开始提出疑问：在太平洋战场上是否仍然需要苏联的帮助？只是，在这个时候再来谈论要不要苏联出兵的问题已经为时过晚了，苏联的军队和装备已经大批转移到远东方面来，不论美国需要与否，苏联出于其自身的利益需要，也必定要进兵中国东北。因此，尽管美国政府已经不再像前几个月那样重视苏联参加对日作战问题了。但在紧接着于7月17日开始举行的波茨坦会议上，美国与苏联之间也几乎很少再讨论到苏联出兵的问题，相反，在战争即将结束之际，美国在波兰问题、德国问题、日本问题、朝鲜问题等许多问题上都需要苏联的合作，它不能为了区区一个中国东北而搞坏了与苏联的关系。所以，当蒋介石致电杜鲁门，详述中苏谈判中种种分歧，企求杜鲁门总统给予帮助时，杜鲁门仍旧不置可否。

7月19日，蒋介石分别向斯大林和杜鲁门发去了一封重要的电报。这封电报具体说明了中苏谈判分歧之所在，指出：中国政府已经在外蒙古独立问题上做出了重大让步，其条件是苏联必须答应：（1）为了中国的行政与军事统一，苏联不得给予中共任何精神的或物质的援助；（2）必须支持中国平定新疆的叛乱；（3）必须绝对尊重中国在东北地区的领土完整和主权。他表示感谢斯大林就前两点做出的明确保证，但他坚持认为苏联在第三个问题上，即中东铁路、南满铁路、大连和旅顺港等问题上的要求，妨碍了中国恢复主权与行政统一的目标。他强调，他所能允许的让步只是：第一，两条铁路的董事长由中国人担任，南满铁路的经理也应当是中国人；第二，大连为自由港，必须由中国进行行政管理，只可以聘请苏联专家进行协助和租赁给苏联某些仓库以便利苏联运输；第三，旅顺港及其所属地区行政机构由中国组建，行政人员也由中国全权委任，旅顺港的地区范围止于大连以南的铁路线，大连和长春至大连的铁路线必须在军事区以外，在此基础上，可将旅顺港的防务交予苏联政府，但旅顺港的军事用途仍应组织一个中苏军事委员会来共同讨论与决定。蒋在电报中特别

———————————
① 《美国外交文件》，1945年第2卷，第1223—1224页；第7卷，第941、943—948页。

指出：我们对于您坚持中国应当承认外蒙古独立这一点是始料所不及的，尽管如此，我们还是竭尽全力来完成雅尔塔协定了，在外蒙古这件事上我们甚至超越了界限，因此我们希望您能立即行动起来，支持我们，使斯大林相信我们目前的态度是再合理不过的，以使其放弃不切实际的想法①。然而，在给蒋介石的复电中，杜鲁门却把美国的责任推卸得一干二净，声称："我曾要求您履行雅尔塔协定，但不曾要求您作出超过协定的让步，如果您和斯大林元帅在对协定的正确解释方面存在分歧，我希望您将安排宋子文返回莫斯科，继续您的努力以取得完全的谅解。"② 言外之意，中国方面在谈判中的"过分"让步，完全与美国无关，当然，电报也暗示中国方面今后可以不再继续让步了。

　　7月26日，波茨坦会议结束，由美英中三国签署的公告正式发表。它标志着欧洲战争结束后，世界反法西斯同盟各国决心合力击败最后一个法西斯国家——日本。7月29日，斯大林通过莫洛托夫正式向美国提出，应由美国及远东战争的其他盟国起草一份文件，要求苏联加入作战。31日，杜鲁门致信斯大林，附去拟就的邀请信，但明确表示此信必须在中苏协定签字后才能生效③。然而，考虑到美国即将攻占日本，中国长城以南实际上也在美国的势力范围以内，斯大林看来并不打算轻易放弃其最大限度控制满洲的努力。根据哈里曼7月底的电报，可知苏联方面又节外生枝地提出了新的要求。这时苏联的新建议是，不仅旅顺以南之大连以及长春至大连铁路线应当在旅顺港苏军控制的军事区之内，而且旅顺以南一百公里半径以内之岛屿，非得苏方同意中国不得设防。这一要求不仅进一步侵害了中国的主权，而且事实上封锁了整个渤海湾，威胁到进入平津华北的海上通道，这不能不使美国感到不安。哈里曼明确提出："宋的交涉已经达到了中国政府所能做到的一切"，"中国所处的地位不强，不能孤立无援地抗拒目前苏联扩大了的要求"，现在已经到了必须由美国出面的时候了。根据哈里曼的建议，美国国务卿于8月5日正式授权他通知斯大林："（1）虽然我们无意撤回我们对于雅尔塔协定的支持，但我们相信宋已满

---

①　《美国外交文件》，1945年第7卷，第948—949页。

②　同上书，第950页。

③　同上书，第476页；杜鲁门著，李石译：《杜鲁门回忆录》，第1卷，三联书店1974年版，第338—340页。

足了雅尔塔的要求，我们非常希望大元帅不再要求中国让步。（2）我们请求不要和中国签订要他们进一步让步的协议，（这样的协议）不利于我们的利益，特别是没有和我们商量就把大连港包括在苏联军事区之内……（3）我们进一步建议……立即缔结协议再次肯定斯大林口头保证在东北地区遵守'门户开放'政策，并同时公之于众。"电报同时提出，美国倾向于将大连港作为在中国管理之下的自由港，可将部分港区出租给苏联用于商业用途，必要的话，还可以向中苏双方提出，美国不反对成立一个中苏美英四方组成的委员会，作为管理大连自由港的最高机构①。

8月7日晚，宋子文再度与斯大林谈判，斯大林同意不把大连港及相连铁路划入苏联军事区，但不同意将大连置于中国行政管理之下和向苏方出租部分港区作商业用途的提议，坚持只能由双方共同建立一个委员会来管理大连港和大连市。与此同时，斯大林又别出心裁地提出了应将苏军占领区内某些日本资产视作苏军战利品的新要求。

在第二天上午，宋子文向哈里曼介绍了前一天晚上谈判的内容。哈里曼当即打电报给贝尔纳斯，指出斯大林关于战利品的要求是毫无道理的抬高要价，根据波茨坦会议上美国已经明确说明战利品只能限于物资的原则，不能把满洲的日本企业划入战利品的范畴。当天，哈里曼面见斯大林，向他正式通报了美国政府的态度。双方没有达成一致的看法，斯大林仍坚持大连港必须包括在旅顺港军事区之内，且大连港应由苏联人进行管理。他声称，苏联"对中国人够慷慨大方的了，铁路和港口都是由俄国出资、俄国人造的，他们还是同意共同使用和拥有它们。在沙皇时代用的是俄国铁路警卫，现在他们也放弃了这种权利……过去铁路管理方面没有中国人，现在他们在这方面也迁就了中国人"。他们不能再做让步了，因为他们不放心中国人，比如，"中国人怎么能管理港口呢？"何况中国政府明显地把苏联人看成是不受欢迎的人。当然，斯大林表示，苏联并不想违反门户开放原则，他也愿意就此原则公开表明苏方立场②。

8月6日，美国已经向日本投下了第一颗原子弹，其威力所及，不仅动摇了东京的抵抗决心，而且极大地影响了苏联继续坚持压迫中国让步的态度。8月8日，苏联迅速宣布对日宣战。9日，苏联红军开始进攻日本

---

① 《美国外交文件》，1945年第7卷，第955—956页。

② 同上书，第960—965页。

关东军。10 日，日本开始提出投降动议。事态的迅速发展使美、苏、中三方表现出完全不同的态度。美国的态度明显地变得更强硬起来，华盛顿在苏联宣战次日就急忙打电报给哈里曼，要求"特别坚定"地反对苏联把日本在东北地区的工业设备作为战利品搬到苏联去的企图，一旦苏方向他提出战利品问题，他就应当明确表示，美国政府反对苏方对战利品的解释，也反对在满洲日本赔偿问题上单方面的或双边（中苏）的决定，应当由积极投入对日作战的各国政府来共同达成有关日本赔偿的协定。哈里曼甚至建议美国军队尽快在辽东半岛和朝鲜登陆，而不必尊重任何苏联的军事行动区域。因此，美国方面明确反对中国人在东北问题上进一步向苏联作出重要让步①。反过来，中国的谈判代表虽因得到日本求降消息，决定"不作重要让步"，但是，鉴于苏军已经大举进入中国东北，斯大林又警告中国政府必须让步，否则"共产党就将进入东北地区"，负责第二阶段谈判的中方代表宋子文和新任外长王世杰明确认为："事势严急"，"中苏条约必须缔结，倘再迁延，极易立即引起意外变化"。蒋介石至此也颇感恐慌，担心苏联会突然间转而去支持共产党，因而不得不授权宋子文、王世杰等"权宜处置可也"②。

　　这时候，苏联方面的态度是最为矛盾的。一方面，美苏矛盾已经开始在各个方面显露出来，苏联必须考虑战后对美国的防范与牵制的问题，因此，苏联对恢复其在中国东北权益的需求，很大程度上已经由过去比较明确的遏制日本的战略考虑转向了对付美国。在这种情况下，美国人越来越明显地干预中苏谈判，不能不让斯大林对美国的企图深表怀疑，对国民党自然更难信任，其要价增高及态度上颇多威胁，均与此有关。而另一方面，斯大林又不能不顾虑到美国的干预，和美国军队迅速在日本、朝鲜和中国登陆的可能性，因而急于尽快求得协定的达成。因此，苏联最后放弃了中美双方坚决反对旅顺以南一百公里半径以内为苏方控制区，和大连港口设备苏联拥有所有权和行政控制权等项要求，最终与中国方面达成了协议。但与此同时，斯大林坚持不同意在协定上具体写上不支持中共的文字，也避而不提有关苏联准备接收日本在东北的战利品的问题，这些无疑为以后苏联在东北采取它所认为必要的行动，埋下了重要的伏笔。

---

① 《美国外交文件》，1945 年第 7 卷，第 965—966、967 页。
② 《战时外交》，二，第 649 页。

　　《中苏友好同盟条约》在经过长时间的反复磋商之后，终于在 8 月 14 日，即日本正式宣布投降的前夕在莫斯科签订了。条约有效期为三十年，苏联同意尊重包括中国新疆与东北在内的中国主权及领土完整，不干涉中国内政；同意一切道义上与军需品及其他物资的援助完全供给中国中央政府即国民政府。而中国政府则声明于日本战败后允许外蒙古通过公民投票方式实现独立；同意中苏联合组织长春铁路公司共同经营和管理中东铁路与南满铁路；同意以大连港为自由港和行政权属于中国的基础上，将所有港口工事及设备之一半，无偿租与苏方，港口主任为苏联人，战时大连港将受苏联旅顺海军基地的军事统治；同意旅顺港交由中苏两国共同使用，唯港口之防备均由苏联负责，中苏军事委员会也以苏联人为主，旅顺区域内之民事行政人员之委派，也须经由苏联军事指挥当局之认可[1]。但是，根据雅尔塔协定签订的这个条约，既没有能够像中苏两国政府最初所希望的那样，促进战后两国关系的正常发展；也没有像美国政府最初所设想的那样，为战后远东地区带来和平与稳定。美国与蒋介石政府之间的默契与配合，使苏联不得不竭力设法把中国东北变成自己在远东的战略防波堤。而苏联人在东北问题上不断提高要价，又不可避免地使中美两国政府对苏联的意图充满疑虑。但美国从幕后走到幕前，在对苏问题上公开支持蒋介石，反过来又愈益加重苏联的反感和警觉。最后，苏联为阻止美国人把他们的手伸到中国东北地区来，违背它所作过的只承认中国国民政府，和一切道义上的与军事上的援助只提供给国民政府的承诺，也是可想而知的。

---

① 《中外旧约章汇编》，第三册，第 1327—1340 页。

第十二章

受降问题上的交涉

第一节 美国支持国民党垄断受降权

1945 年 7 月 26 日，美、英、中三国发表《波茨坦公告》，敦促日本立即无条件投降。8 月 6 日和 9 日，美国接连在日本广岛、长崎投下原子弹。8 日，苏联对日宣战，次日，苏军出兵中国东北。10 日，日本政府发出求降照会，15 日宣布无条件投降。中国人民经过 8 年的浴血奋战，终于和盟国盟军一起，取得了抗击日本侵略的伟大胜利。

当时驻在中国的上百万日军以及数十万伪军由谁受降，日伪侵占的地区由谁接收，这是一个关系到战后中国命运和前途的大事。抗日战争结束前，重庆国民政府实际所能管辖的只是西南和西北的大部分地区以及其他一些省份的零星地区，国民政府大部队远离华东、华北和东北，加上本不发达的交通运输线遭到破坏，要去敌占区接收是极困难的。而中国共产党建立了大片敌后抗日根据地，发展了强大的抗日武装，日伪所占领的城市和地区有的与中共抗日根据地犬牙交错，有的简直处于抗日根据地的包围之中。中共领导的抗日武装所处的地位对于受降敌伪是极有利的。由于国共两党存在着尖锐矛盾，有关各方对于受降权的问题都十分关注。

7 月 31 日，蒋介石在与驻华美军司令魏德迈的商讨中，要求大批美军在中国沿海登陆，夺取并占领港口和航空设施，以便运送给养和调动部队；美军应控制这些地区和设施直至国民党军队到达，同时立即着手制订运送国民党军队的计划。他强调，美军应避免与中央政府敌对的势力合作。魏德迈在当日给马歇尔的报告中转达了蒋的上述要求，并称，由于中国缺少海上和地面的交通手段，必须准备通过大规模空运来运送国民政府军队，为此，除了使用"驼峰"空运的运输机外，还需要从太平洋战区调集飞机①。次日，魏德迈在给陆军部的报告中又说，沿海适宜美军占领的地点是：上海、釜山、大沽、广州和青岛。他接着指出，中央政府的军事力量应当占领中国那些至关重要的地区，但是，如果没有美国的军事援助，由于中共军队所处的地理位置有利，中央政府将会在为争夺这些关键地区的竞争中暂时失利，他于是建议驻华美军向中央政府军队提供一切可能的后勤支持和行政管理方面的指导，并把现有供应设施转交中央政府。他还要求陆军部就日本投降后驻华美军的使命和责任作出新的指示②。

8月10日，参谋长联席会议对魏德迈发出指示，其中强调，驻华日军将向蒋介石及其代表投降，驻华美军将支持"中央政府军队重新占领现今为日军所占的中国战区的一切地方"，魏德迈应"支持中国中央政府将其军队迅速运往中国关键地区"，美军将把他们在中国解放的地区转交给中国中央政府委派的机构和部队③。

8月11日，魏德迈再次与蒋介石会商。蒋要求美国派出五个师：两个师在大沽登陆，其中之一进驻京津地区；两个师在上海登陆，其中之一进驻南京；一个师在广州登陆。他特别希望美军能确保从大沽到北京、上海到南京的铁路的安全。他还打算在南京、北京和广州建立三个司令部，在每个司令部都有美国军官出任参谋长④。

魏德迈一方面与蒋介石策划调兵遣将，抢先占领战略要地，一方面企图监视和限制中国共产党。1945年7月30日，他致函毛泽东说，最近朱德和彭德怀将军发表致蒋介石的通电，对一周以来国民党军队制造军事摩擦，进攻陕甘宁边区提出抗议，他对形势表示关切，并向蒋提出了下列建议：（1）向密切接触的国共双方部队每个师各派7名美军人员（其中2名军官），随带电台等通信设施，这些人员将及时向他报告所在部队驻防

---

① 原件存美国国家档案馆，第165类，陆军部档案，美英加组织计划与作战行动档，第243匣（RG165, Records of War Department General and Special Staff, Plans and Operations Division, "ABC" Decimal File, Box243, NARS）。

② 同上档案。

③ 《美国外交文件》，1945年第7卷，第527—528页。

④ 《魏德迈致马歇尔》，1945年8月11日，原件存美国国家档案馆，第332类，二次大战美国战场档案，中缅印战场历史处档案，第1匣（RG332, US Theater of War, WWII, CBI Historical Section, Box1, NARS）。

位置；（2）国共双方的这些部队指挥官每天都要向美方代表提出报告，并使美方代表有机会去观察各部队的驻防地点、调动和部署情况；（3）他把从美国代表那里得到的情况反馈给蒋介石，并要驻延安美军观察组组长耶顿（Ivan Yeaton）把美方代表得到的关于中共军队的情况及时向他报告；（4）他把有关情况向美国政府报告。魏德迈称，通过上述途径，可以得到客观的、不带党派偏见的关于中国军事力量的报告，避免国共军队的冲突①。

8月2日，耶顿会见八路军参谋长叶剑英，递交了这封信。耶顿还说，他的首要使命是获取有关敌人在解放区活动的一切情报，由于缺少这一方面的准确完整的情报，盟军的计划和战略受到影响，他希望观察组能与中共代表一星期举行几次会议，以便及时地供给情报。叶剑英指出，赫尔利、魏德迈都表示不向中国共产党提供物质援助，我们向美方供给军事情报自然会受到总的政治形势的影响。他还说，过去一年中，美国的观察员和记者到前方去的不少，他们发了许多报告，但这些报告却遭到华盛顿官员的批评，有的报告人甚至受到了"惩罚"，如谢伟思。耶顿作了辩解，又说，他首先希望在解放区建立无线电网，以改善与各地的联系，分网可由中方人员管理，分网向总网报告，总网由美方人员管理。

魏德迈的信和耶顿的谈话，都是为了控制中共军队。在美军观察组来延安的初期，中共与观察组关系颇为融洽，虽然美国没有提供物质援助，中共却单方面地向观察组提供合作，尽可能为其活动提供各种便利。但时过不久，赫尔利、魏德迈扶蒋反共的立场暴露，中国共产党作出反应，停止对美军提供单方面合作，在美国与中共确定军事合作以前，不许他们派人到前方去，并拒绝了美方在各军分区建立通讯网的要求。此后，美军观察组获得的情报大大减少，魏德迈感到不满。现在，他试图借制止国共冲突之名向中共各部队派遣美军观察员，耶顿也要在各解放区建立电台网，果真这样，中共一举一动魏德迈都能了如指掌。魏德迈的如意算盘理所当然地遭到中国共产党的拒绝。

蒋介石忙着与美国策划垄断受降权，中共方面也在为争取受降权进行积极准备。8月10日24时至11日18时，朱德总司令发布关于受降和对

---

① 原件存美国国防部军事史研究中心，迪克西使团档案（Papers of Dixie Mission, Center for Military History, US Department of Defence）。

日军展开反攻等七道命令，要求各解放区抗日武装向其附近日伪军送出通牒，限定时间向人民军队缴械投降。11日，蒋介石发出了一道命令：中共军队"就原地驻防待命"，不得向敌伪"擅自行动"，同时命令日伪军"负责维持地方治安"，抵抗人民军队受降。中共自然予以拒绝。13日，朱德总司令彭德怀副总司令致电蒋介石予以批驳；新华社并播发了毛泽东亲自撰写的评论《蒋介石在挑动内战》。

赫尔利、魏德迈都密切注视着上述事态发展。8月11、12日，赫尔利接连致电国务卿贝尔纳斯（James Byrnes）称，朱德的声明是对国民政府的公开违抗，是与《波茨坦公告》相冲突的；他要求，应当在日军投降的条件中规定，日军只能向国民政府投降，对于企图武装任何与国民政府相对抗的力量的日军应予以惩罚①。12日，魏德迈致电马歇尔说，从远东的整个局势出发，应将受降在华日军放在整个受降工作的首位，原因之一是中共军队可能突然挑起内战。中共已向日军发出投降通牒，中共的目的首先是要取得日军的武器装备壮大自己，其次则是要占领参谋长联席会议认为至关重要的那些关键地区和战略要地。魏德迈还再次提出驻华日军必须只向中央政府投降，并要求将派遣五个师到中国沿海登陆作为"第一优先"的行动，如果实在派不出五个师，那么他认为"绝对必须至少立即派两个师到上海地区，一个师到大沽地区，一个团到广州地区"②。

8月15日，杜鲁门发出受降日本的第一号总命令，其中说，中国境内（东北除外，包括台湾地区）一切日本陆、海、空军都必须向蒋介石投降。命令只字不提中共武装的受降权。中共自然不能接受这种命令。同日，朱德总司令向美、英、苏三国驻华大使送出给三国政府的说帖一件，声明：中国解放区、中国沦陷区一切抗日的人民武装力量，在延安总部指挥下，有权根据《波茨坦公告》条款及同盟国规定之受降办法，接受日伪军的投降，蒋介石不能代表中国解放区、沦陷区广大人民和人民武装力量。魏德迈向参谋长联席会议转达了朱德的说帖。8月24日，参谋长联席会议把国务院拟的答复电达魏德迈。这个答复称，盟国关于受降日本的

① 《美国外交文件》，1945年第7卷，第529页；赫尔利致国务卿，原件存国会图书馆手稿部，赫尔利文件，中国第3册第85号（Hurley Papers, China Books3, Item85, Manuscript Division, Library of Congress）。

② 第332类，中缅印战场历史处档案，第1匣。

安排是经美、英、苏三国批准的，这个安排规定，"蒋介石委员长作为中国战区的盟军统帅，将根据《波茨坦公告》的条件接受在华日军的投降"①。这样，美国政府无视中国的现实，拒绝了中共的要求。

　　蒋介石和魏德迈要求派五个师的美军来华，但参谋长联席会议却派不出这么多部队。美国军队在太平洋、大西洋各个战场战线很长，能向中国投入的兵力是有限的，参谋长联席会议没有完全接受魏德迈的建议。马歇尔 8 月 14 日回电说，将中国的受降置于比日本、朝鲜更优先的地位这个建议不能接受，美国能派往中国并在中国留驻一段时间的军队顶多只是两个师。参谋长联席会议仍然认为，"占领日本本土是最重要的军事行动，也是太平洋战区司令使用其所能得到的人力物力时的首要责任"，这就是说，美军在中国登陆的数量和时间还得等待太平洋战区的统一调配。随后，由海军陆战队第三军团司令骆基（Keller R. Rockey）中将率领两个海军陆战队师来华，并在天津建立了司令部。所属各部分别于 9 月 30 日、10 月 1 日、10 月 10 日在塘沽、秦皇岛、青岛登陆②。

　　美国政府派军队来华的做法在美国政界也引起反对。国务院中国科科长范宣德 9 月 20 日致副国务卿艾奇逊（Dean Acheson）的备忘录中引用了几则《纽约时报》关于此事的报道和魏德迈的有关声明，如魏德迈说，"美国军队来华的目的是为了维持秩序和有助于中国中央政府控制日本占领的地区"。范宣德接着分析说，如果美军的目的是维持秩序，那么美军就要准备镇压骚乱，这种骚乱可能是民事性质的，也可能是由非国民政府的军队和中共军队引起的。由美军来对付民事骚乱就不是一件好差使，如果由美军用武力来防止非国民政府军队占领某一地区，问题就更严重了。总之，他反对由美国军队越俎代庖，替国民党军队"维持秩序"。他提议放弃派遣美国海军陆战队的计划③。不少国会议员也反对派遣美军赴华。众议员德莱西（De Lacy）1945 年 10 月 3 日致函艾奇逊，对派美军到华北表示忧虑。众议员曼斯菲尔德（Michael J. Mansfield）认为，"在华北使用美军则是极不明智的"，美军应尽早撤离，至迟不要超过 11 月底；

①　原件存美国国家档案馆，第 218 类，参谋长联席会议档案，李海档第 3 匣（RG218, Records of JCS, Leahy File, Box3, NARS）。

②　第 165 类，第 243 匣。

③　《美国外交文件》，1945 年第 7 卷，第 566—567、571 页。

他还在国会讲坛上公开抨击政府的这一政策。众议员卡尔·欣肖（Carl-Hinshaw）代表他的选民抗议派美军去中国，因为他们不可避免会卷入帮助蒋介石保持政权的中国内战。众议员埃利斯·帕特森（Ellis Patterson）11 月 14 日致函总统说："以任何方式使用美国军队和美国武器进行干涉或者支持一派是无论如何不可宽恕的，我们的海军陆战队必须尽快地从这一地区撤出。"① 但是，派遣美军来华是美国政府实行扶蒋的既定方针的一个步骤，这些意见当然不会被采纳。

派遣美军来华也是违反美国人民的意愿的。在第二次世界大战期间，美军离乡背井，远涉重洋，在异国他乡服役，这是美国人民可以理解的。现在战争结束了，却要把部队派往中国，这背乎天理，逆乎人情。欧战结束以后，美国在海外的部队就陆陆续续调回国内，并开始复员，到 10 月中旬已复员 200 万人。唯独在中国，美国却在增兵，这就显得更不可思议。在议会里和报刊上是一片"把我们的孩子送回来"的呼声，美国许多个人和民众团体，尤其是在海外服役士兵的亲人，纷纷写信、打电报给总统、国务院和国会中本州的议员，要求尽快撤回海外美军②。曼斯菲尔德在 4 月一个月中就收到了数万封在亚洲服役的士兵的来信，他们普遍感到不满。美国第七舰队的巴尔贝（Daniel E. Barbey）将军也承认，在中国服役的士兵中的不满情绪正在迅速滋长，他们的共同感觉是，战争既已结束，就该回家去了。魏德迈也收到了成千上万的军人的父母、妻子、情人的来信，要求让他们在中国服役的亲人回国。但是美国决策者对所有这些呼声置若罔闻，到 1945 年底，驻华美军人数竟增到 11.3 万人。

中共当然知道美军这一行动的严重性，并密切注视着美军在华北沿海登陆的动向。但当时重庆谈判正在进行，中共确定了"和平、民主、团结"的方针，因此对美军登陆采取了极谨慎的态度。9 月下旬美国宣布了在华北海口登陆的计划后，中共中央于 9 月 29 日指示有关各地，对于在天津及沿海各地登陆美军，"应取欢迎友好态度，避免与美军冲突，但照常执行职务。美军如有反我行动，向我开枪开炮或拘捕我之人员，占我地

---

① 原件存美国杜鲁门图书馆，总统公务档，第 632、633 匣（President Official File, Boxes 632, 633, Harry S. Truman Library）；并见《美国外交文件》，1945 年第 7 卷，第 577—578 页。

② 在杜鲁门图书馆总统秘书档中存有大量这类信件和电报。

区时，则系干涉中国内政，速将具体情形（时间、地点、人数、番号等）电告，并加公布，以便采取对策"①。但由于美军的根本目的是帮国民党抢占地盘，因此与中共的冲突是难以避免的。冲突主要发生在烟台、秦皇岛—山海关地区。在烟台，中共成功地拒绝了美军登陆；在秦皇岛—山海关地区，美军和国民党政府军队以优势兵力夺得这一战略要地。

美国战时通过的《租借法》规定，向盟国提供的租借物资是供战时打击共同敌人、巩固美国国防用的。原则上随着战争结束，对盟国的租借援助即应停止。8 月 23 日，美国对各国的租借物资运输一概停止，唯有中国例外。参谋长联席会议 8 月 10 日给魏德迈的指示称："你在日本投降后的行动的依据是，军事援助暂时将继续下去，目的是支持中国中央政府为收复现今日军所占的中国战区一切地方所必需的军事行动。"② 9 月 5 日，参谋长联席会议在向总统提出《日本无条件投降后军事租借援助政策》的报告中又提出，对中国的租借援助将照上述 8 月 10 日指示办理，当日，杜鲁门批准了这一报告③。9 月 18 日，参谋长联席会议又指示魏德迈和太平洋战区司令尼米兹（Chester Nimitz），"美国的政策是援助中国政府尽快地在被解放地区，尤其是在满洲，确立必要的中国军队"，催促向东北运兵④。

身处现场的魏德迈比参谋长联席会议更深切地感到尽快运送国民党军队的紧迫性。他在 8 月 15 日致马歇尔电中说，据报告，在青岛地区以及别处中央政府及中共军队之间的军事冲突正在发展，中共图谋占领所有东北的关键城镇，运兵每迟延一天"都使广泛的国内冲突的可能性增加一分，并危及保障中国关键地区安全这一我们的首要任务的实现"。魏德迈要求，中国—印度战场的飞机不要调往别处，因为除非使用所有现有的飞机实行空运，中央政府军队将不能及时到达那些关键地区，他还要求海军

---

① 《中共中央文件选集》，第 15 册，第 302—304 页。

② 《美国外交文件》，1945 年第 7 卷，第 528 页。

③ 同上书，第 558—559 页。

④ 同上书，第 565 页。中共意识到美国继续对国民政府的租借援助对战后中国局势的严重危害，一再要求立即停止这种援助。8 月 15 日朱德致美、英、苏三国的说帖中就包括了这一要求。22 日，周恩来、朱德和陈毅接见美军驻延安观察组组长耶顿，再次提出，美国应立即停止对国民党的军事租借援助，并称，美国运送国民党军队将构成对中国内政的干涉（见魏德迈致陆军部，1945 年 8 月 22 日，第 165 类，第 243 匣）。美国政府对中共的要求置之不理。

向南京和平津机场紧急空运航空汽油①。

根据参谋长联席会议的指示，魏德迈把第十四航空队、第十航空队的全部运输机和空运司令部所属的大部分运输机都统一组织起来，进行这次历史上最大规模的空运行动。新六军由芷江空运到南京，九十四军由柳州、靖远运到上海，再由上海到北平，七十四军由九江运到南京和上海，九十三军由武汉运到北平。据中国战区美国空军司令斯特拉特迈耶（George Stratemeyer）将军9月25日宣称，在日本投降后的一个多月中，美国已用飞机运送了国民政府军队四万多人到华北。

飞机运送虽然迅速，但毕竟数量有限。魏德迈早在8月15日就要求马歇尔调遣西太平洋舰队舰只运送国民政府军队，他要求第九十三特遣舰队与至少50艘步兵登陆艇投入运输。9月10日，宋子文往见代理国务卿艾奇逊，转达了蒋介石紧急请求美国派船把国民政府军队从广州运到大连的呼吁。宋子文解释说，如果这些军队能在本月到达大连，则国民政府在苏军撤走前即可占领阵地，否则，苏军撤走时中共军队就会开进这些地区。宋子文希望艾奇逊迅即向杜鲁门转告这一要求②。9月12日，宋子文致函杜鲁门，请求美国政府紧急供给8艘载重1500—3000吨的内河船只和22艘载重2000—4000吨的沿海航行船只。13日他又致函杜鲁门，重申向东北紧急运兵的必要性，并说蒋介石希望美国至少帮助把现在华南的12万军队运去东北。宋子文抱怨说，美国海军把向中国东北运兵只放在第四优先的地位，这就是说，在12月以前没有运输船只可以提供。宋子文要求总统鉴于满洲事态的"严重政治意义"，下令提前运输国民政府军队，在本月先把二三万人从上海运到大连作为先遣队，其余部队随后尽快运去③。

国民政府的一再紧急呼吁引起美方重视。9月14日，美军参谋长联席会议向总统报告说，可以告诉宋子文，不久即可有一些船只运送国民政府军队，但必须等到魏德迈提出详细建议和尼米兹司令提出西太平洋地区的占领计划后方能确定舰只的数量和运输的时间。

---

① 第218类，李海文件，第3匣。

② 艾奇逊致总统备忘录，1945年9月12日，原件存美国国家档案馆，第218类，第295匣。

③ 原件藏美国杜鲁门图书馆，总统秘书档，第173匣（President Secretary's File, Box173, Harry S. Truman Library）。

9月17日，魏德迈向马歇尔报告他和蒋介石商定的海运中国军队的计划。从10月中旬起第七舰队开始大规模地将国民政府军队从华南运到华北、东北。据美国方面的材料，第七舰队从1945年10月中旬到1946年5月中旬运送的国民政府军队有如下表①：

部队番号	人数	起讫地点	起讫时间
第七十军	16725	福州—基隆	1945.10.14—10.24
十三军	29000	九龙—秦皇岛	10.24—11.1
三十二军	26908	海防—秦皇岛	10.30—11.13
八军	23745	九龙—青岛	11.8—11.16
六十二军	20166	海防—大沽	11.15—12.6
六十二军	5700	海防—葫芦岛	12.8—12.22
六军	34352	上海—秦皇岛	1946.1.7—4.16
一军	35141	九龙—秦皇岛	2.11—4.5
七十一军	27347	上海—秦皇岛	3.7—4.4
六十军	16449	海防—葫芦岛	4.1—5.1
九十三军	16443	九龙—葫芦岛	4.28—5.13

以上十一项共海运国民党军队25万余人。

美国海军陆战队所能占据的地方有限，运送国民政府军队又需要时间，为了防止中共军队受降，美国和国民政府采取的第三种办法是以日伪军“作为卫戍部队”，抵抗八路军新四军受降。8月23日，何应钦在南京命令侵华日军总司令冈村宁次：“中国境内之非法武装组织，擅自向日军追求收缴武器，在蒋委员长或何总司令指定之国军接收前，应负责作有效之防卫”，公然要求日军对抗中共武装②。正因为如此，解除日军武装和

① 原件存美国海军部美国海军历史中心作战行动档案馆，白吉尔文件，第2匣（Papers of Oscar C. Badger, Box2, Operational Archives, US Naval Historical Center, US Department of Navy）。

② 《第三次国内革命战争概况》，第82页。

遣返日军的工作进展十分缓慢。据美国军方 11 月 18 日的统计，在日本投降后三个月中，从太平洋各地遣返的日本人共 40 万多人，其中军人 17.6 万，而从中国遣返的只有 6881 人，其中军人仅 397 人。而当时在中国（不包括东北）还有百万日本军人①。11 月 13 日，周恩来在与魏德迈谈话中问道，为什么解除日军武装和遣返日军的工作进展如此迟缓，魏德迈支支吾吾地说，这是照中央政府的意愿行事的②。

魏德迈说了实话，但他也只道出了一半真相，其实这也是他自己的主张。早在 8 月 13 日，当马歇尔要魏德迈就遣返日军提出建议时，魏德迈表示，由于中央政府军队及时驻日军撤出地区的能力极为有限，由于这种进驻可能受到中共军队的阻挠，因此他建议，在中央政府军队能够占领日军撤出的地区之前，不要让日军集中到那些遣返他们的港口③。可见，迟迟不解除日军武装是魏德迈和蒋介石共同商定的安排。魏德迈在 12 月 2 日给陆军参谋长艾森豪威尔（Dwight D. Eisenhower）的报告中说，当时有 1 万日军协助美国海军陆战队和国民党军队守卫着塘沽至秦皇岛铁路沿线的战略要地，青岛至济南的铁路也由日军守卫着④。

解决伪军的办法更简单。除了伪满和伪蒙军在日本投降时被苏军缴械或逃散外，其余伪军基本上均被国民党收编，他们摇身一变就成了"整编国军"，出现在进攻中国共产党军队的内战前线。目睹了华北受降日军状况的美国著名记者白修德辛辣地写道："美国海军陆战队、国民党、以前的伪军以及日军形成了一个非常罕见、极端奇怪的联盟，共同守卫这些铁路，以防共产党游击队的进攻。"⑤

---

① 《美国外交文件》，1945 年第 7 卷，第 674—675 页。

② 同上书，第 624 页。魏德迈说漏了嘴，回答周恩来的问题时露了馅。美驻华使馆参赞饶伯森（Walter Robertson）在记录魏德迈与周恩来谈话的备忘录上批道："我宁愿出一万元法币，但愿魏德迈没有这样说。"写这个备忘录的二秘梅尔比（John E. Melby）接着写道："我也如此。"

③ 魏德迈致马歇尔，1945 年 8 月 13 日，第 332 类，第 1 匣。

④ 《美国外交文件》，1945 年第 7 卷，第 752—753 页。

⑤ 白修德、贾安娜：《中国的惊雷》（Theodore H. White and Annalee Jacoby: *Thunder out of China*），纽约 1946 年版，第 289 页。

第二节 中英关于香港受降的交涉

中英两国在谈判新约时，曾就九龙租借地问题进行了一场严重的交涉。英国在拒绝中国要求时，曾经侈谈战后远东的重建与香港的安排的关系之类，其实，英国是根本无意放弃香港的。1944 年 10 月底，丘吉尔对他的内阁成员明确表示，"向俄国提供在远东的战争目标是绝对必要的"，其中包括旅顺、大连，道理很简单："俄国提出的任何牺牲中国利益的战争赔偿要求都将有利于我们解决香港问题。"① 1945 年 4 月，赫尔利在返回中国住所时途经伦敦，他遵罗斯福之嘱会见丘吉尔，与之讨论战后香港的归属。丘吉尔直截了当地表示，他将为香港斗争到底。他说："除非踩过我的尸体，否则休想把香港从大英帝国版图中除掉，"大英帝国将不要求什么，也不放弃什么，"我们决不会放弃大英帝国旗帜下的一寸领土"②。

英国非但不愿把香港或其中一部分交还中国，甚至连中国在香港受降日军也坚决不让。国民政府又面临着一场严重的斗争。

英国政府认为，英国代表在香港接受投降具有重要意义。他们担心的是，香港不在东南亚战区司令蒙巴顿的管辖范围之内，而在中国战区之内。因此日本投降时，香港很可能为中、美军队所接收。殖民地部设想了扩充英军服务团③的兵力，利用它在日本投降后迅速在香港建立英国行政机构的计划。但薛穆、英国驻华武官卡顿·戴维亚尔（Carton de Wiart）及驻华英军司令海斯（J. Hayes）均觉不妥。他们认为："我们现今在中国的军事地位如此困难和微妙，如要使任何这类计划有成功可能，则必须事先与中美最高层领导讲清。"④ 1945 年 7 月 23 日，外交部、殖民地部、陆军部与香港计划小组四方代表的会商意见大体也是这样。与会者认为，

---

① 吉尔伯特：《通向胜利之路：温斯顿·丘吉尔，1941—1945》（Manin Gilbert：Road to Victory：*Winston S. Churchill*，*1941—1945*），尹纳瓦 1946 年版，第 1093 页。

② 《美国外交文件》，1945 年第 7 卷，第 331 页。

③ British Army Aid Group（China），成立于 1942 年 5 月，活动于中国东南沿海一带，任务是搜集情报，掩护登陆和空降人员，营救被日军拘押的战俘和平民。

④ 《一定程度的盟友》，第 557 页。

　　既然香港在中国战区之内，必须事先征得蒋介石的同意，方能让一个英国的民政小组附属于参加接收香港的中国军队；而在向蒋提出之前，有必要先征得美国的同意。自然，英国政府完全意识到，"向蒋介石提出香港的民政问题可能把香港未来的整个问题提到显著地位"，因此迟迟疑疑，犹豫不决①。

　　战争形势迅速发展，8月10日，日本表示接受盟国《波茨坦公告》，准备无条件投降。在10日下午的内阁会议上，参谋总长汇报说，参谋总部已经拟订了在日军投降时向香港派遣舰队，受降日军，并在香港建立军政府的计划。这个计划分三个阶段：（1）英国太平洋舰队的一支小部队尽早到达香港实施占领；（2）此后数日内运送婆罗州的一旅澳大利亚军队抵达香港；（3）在马六甲海峡通航后从东南亚战区派遣一支部队及空军战术分队抵香港，取代澳大利亚军队②。新任首相艾德礼（C. R. Attlee）感到事关重大，准备亲自致电杜鲁门商量。但国防大臣伊斯梅（Hastings Ismay）认为，由首相亲自出面，会使美国人感到"我们不合时宜地把注意力集中在原封不动地保持我们的殖民帝国方面"，因此改由英国参谋总部向美国参谋长联席会议提出这个问题。美国参谋长联席会议8月14日回答说，"占领香港是该由中英两国政府安排的事"。既然这样，英国也就更胆大妄为了。与此同时，8月11日外交部致电薛穆，命他通过英军服务团团长赖濂仕（E. T. Ride）立即设法与被日本人囚禁在港岛的前香港辅政司詹逊（F. C. Gimson）取得联系，授权他在被日本释放后"立即恢复英国的主权与行政"，直到英国海军到达建立军政府为止。13日，外交部再次电令薛穆，"通过任何可能的方式"把外交部指示传达给詹逊。并称，香港计划小组负责人麦道高将作为香港首席文官率领文职人员尽快飞往香港，万一中、美军队比英国军队早到香港，那么赖濂仕和英军服务团应同这些部队一起进香港。14日，外交部要求薛穆通知中国政府，英

---

　　①　7月23日会议记录、远东司司长史班纳（J. C. Sterndale—Bennett）7月25日备忘录，见FO 371/46251。香港计划小组由殖民地部成立于1943年，1944年9月起由前港英政府华民政务司麦道高（D. M. MacDougall）出任组长，小组成员也由初时的9人增至28人。小组帮助殖民地部制订未来政策，筹备战后香港行政机构，研究如何提供足够供给等问题。

　　②　8月10日内阁会议记录、伊斯梅8月11日致艾德礼函、参谋总部8月13日报告均见PREM8/34。

国正在安排派遣必要的军队前往重新占领香港，并恢复那里的行政①。

　　蒋介石显然是估计到了在香港受降问题上会有麻烦，特地于 8 月 14 日下午召见薛穆，声明"中国政府承认英国在香港的权利"，只是希望最终能解决香港问题。这实际上是给英国吃定心丸，表示中国近期内不会提起香港问题②。

　　8 月 15 日，裕仁发表"终战诏书"，日本无条件投降。16 日，驻香港日军司令官将此消息告知詹逊。詹逊虽然尚未接到英国政府命令，但他自告奋勇，立即成立临时民政机构，当上了"事实上的代理港督"。23 日，他又通过重庆的秘密渠道接到殖民地部的如下命令：立即成立英国的行政管理机构，没有政府批准，不得将权力交给任何人③。

　　8 月 15 日，杜鲁门总统向驻日盟军最高统帅麦克阿瑟下达关于接受日军投降的第一号总命令，其中说："在中国境内（东北地区除外）和北纬 16 度以北的法属印度支那的日军由中国战区统帅蒋介石受降"。不言而喻，香港在中国受降范围之内。

　　英国不理会杜鲁门的一号命令。16 日，英国驻华大使向国民政府提出一项照会，其中说，英国政府正在安排派遣必要的英国军队去重新占领香港并恢复香港行政。同日，国民政府复照英方指出，香港不在东南亚战区范围。英国的要求与杜鲁门关于受降的命令不符。照会说："中国政府尊重英国一切合法利益，并准备给予充分的必要的保护，但是一项接受日本投降的协调一致的计划对于在亚洲重新恢复和平和秩序是至关重要的，兹建议英国政府按照联合国家的总规定对受降日军作出安排。"④ 国民政府外交次长吴国桢表示，这"仅仅是受降安排问题，旨在避免与杜鲁门对麦克阿瑟的指令发生任何矛盾"，"中国对香港没有领土要求"，香港问题最终将通过外交渠道予以解决⑤。

　　① FO 371/46251；并见赖濂仕《英军服务团：1942 至 1945 年香港的抵抗》（Edwin Ride, *British Army Aid Group* (*BAAG*), *Hong Kong Resistance, 1942—1945*），牛津大学出版社 1981 年版，第 285—290 页。

　　② 薛穆致外交部，8 月 15 日，FO 371/46212。

　　③ 多尼森：《英国在远东的军人政府》（F. S. V. Donnison：*British Military Administration in the Far East, 1943—1946*），伦敦 1956 年版，第 199—200 页。

　　④ 《美国外交文件》，1945 年第 7 卷，第 500—501 页。

　　⑤ 薛穆致外交部，8 月 16 日，FO 371/46252。

19 日，薛穆又交给吴国桢一份备忘录，英国在其中辩解说，"一号命令"规定中国将接受"在中国境内"的日军的投降，"英国政府认为这不能解释为包括香港"。又说，英国政府当初被迫弃守香港，如今英军接受日军投降，事关英国的荣誉。备忘录表示欢迎中国代表参加受降仪式①。

中国政府每接到英方照会，便立即将其副本送给美国大使赫尔利，并向驻华美军司令魏德迈通报情况，无疑是希望美国支持中国的立场。收到英国 19 日备忘录后，蒋介石亲自致电向杜鲁门求援。他在 21 日电报中写道，英国政府应当遵守"一号命令"而不能任意曲解，"现在对受降命令的一个改动都可能造成不良先例，从而在香港以外地区引起更加严重的后果"。他同时表示将邀请美、英代表参加受降仪式，"受降以后我将授权英国人将其部队登陆以重新占领香港岛"②。

国民政府在请求美国支持，英国也在向美国施加压力。8 月 18 日，艾德礼致电杜鲁门说："我们不能接受任何把第一号总命令解释为意味着香港包括在'中国境内'的说法，香港是英国领土。"并称英国军方已通知美参谋长联席会议，一支英国舰队已在赴香港途中。他要求杜鲁门改变对麦克阿瑟的命令，保证香港日军向英军投降③。20 日，外交大臣贝文（Ernest Bevin）在下院宣称，英国方面已为在香港受降采取了措施，但此事"可能还有困难"，中英两国军队正展开一场竞赛，看谁先到香港④。

接到艾德礼的电报后，杜鲁门立即与国务卿贝尔纳斯以及参谋长们进行商议，结果，美国在英国压力之下不惜修改"一号命令"，同意"在受降问题上明确把香港划出中国战区"。但杜鲁门在 21 日给蒋介石的电报中，却没有说得那么明白。他没有说香港是否包括在中国战区受降范围之内，而只是说美国"不反对由一位英国军官在香港受降"，并要求蒋介石"能毫无障碍地授权与英国进行军事合作，以便能向麦克阿瑟将军发出相应指示安排香港向一位英国司令官投降"。杜鲁门尽可能降低他改变态度的意义，说这"主要是具体操作性质的军事事务问题"，在"任何方面都不代表美国对于香港未来地位的观点"，他希望蒋介石"以合作与谅解的

①　《美国外交文件》，1945 年第 7 卷，第 506—507 页。
②　同上书，第 508 页。
③　同上书，第 504 页。
④　卢亚德：《英国与中国》（Evan Luard: *Britain and China*），伦敦 1962 年版，第 181 页。

精神看待此事"①。22 日,贝尔纳斯公开表示,香港问题将在即将举行的伦敦四大国外长会议上进行讨论。英国政府对此颇感惊愕。23 日,艾德礼针锋相对地宣称,英国已经拟妥在远东恢复行政的计划,并已做出由英国军官在香港接受日军投降的安排,它不准备对英国在远东的领土主权作任何修改②。

杜鲁门修改"一号命令",美国拒绝支持中国,国民政府处于孤立无助的地位。蒋介石无可奈何,于 23 日复电杜鲁门,表示"同意授权一位英国司令官去接受香港日军投降",并将派中、美军官各一人出席受降仪式。蒋介石这里所说的"授权一位英国司令官"云云,无非是作出实质性让步时一种保全面子的说法。杜鲁门自然明白,他立即回电,感谢蒋介石"体谅人的行动缓解了困难的局面"③。24 日,美国方面宣布,麦克阿瑟已经向日本大本营发出命令,香港日军向英国军官投降。同日,蒋介石对香港受降问题作公开表态。他在中常委、国防最高委员会的联席会议上的讲话中明白宣布:"中国决不藉招降的机会,忽视国际合作和盟邦主权","关于香港的地位,以前是以中英两国条约为根据,今后亦当以中英两国友好的关系协商而变更"④。从而明确表示,他无意在此时提出新界问题,他仅仅是要行使——即使是名义上行使作为中国战区统帅在香港受降的权力。

但英国政府却无视这种权力。27 日,薛穆奉命口头告诉蒋介石,英国不接受他的建议,"英国必须重新恢复香港的原状",并已指派海军少将夏悫(C. H. Harcourt)主持受降。蒋介石反驳说,他不反对英国恢复香港原状的愿望,他从一开始就保证中国政府无意派军队去占领香港,但作为中国战区统帅,受降香港日军属于他的职责范围;他接着顺水推舟地表示,既然英国政府已指派了夏悫少将,他从即日起就授权给夏悫。他还说:"如其不接受此委托而擅自受降,则破坏联合国协定之责任在英国,

① 《美国外交文件》,1945 年第 7 卷,第 505—509 页。
② 《英国与中国》,第 181 页。
③ 《美国外交文件》,1945 年第 7 卷,第 511—512 页。
④ 《先总统蒋公思想言论总集》,第 21 卷,第 174 页。

余决不能放弃应有之职权，且必反抗强权之行为。"① 同日，蒋介石还召见驻华武官卡顿·戴维亚尔，强调，作为战区统帅，"他当然有权决定在他辖区任何地方接受敌军投降的方法和方式"，他不理解为什么英国拒绝他授权受降。他还说，英国的态度严重损害了两国关系，特别是在他希望与新一届政府增进友好关系的时候。该武官随即向国防部长伊斯梅报告说，在过去两年中他多次见过蒋，有时是非常紧急的时刻，"从未见他像今天这样激动"，他认为"如果我们坚持现在的态度，我们将严重损害将来的对华关系"。他还说，魏德迈也不赞成英国坚持现在的态度，这与美国观点不符，因为杜鲁门总统已经同意蒋授权受降②。

英国外交部异想天开，于 28 日下午 2 时致电薛穆，表示希望蒋介石不要公开提出授权受降的要求，希望他"单方面地放弃这种权力以利于英军司令"。10 分钟后，外交部又追加一电，称蒋介石现在的态度与他 8 月 24 日关于香港的声明不一致，并挖空心思地提出一项新建议：由夏悫代表英国政府、蒋介石授权另一名英国军官作为代表联合受降③。

次日一早，薛穆往见吴国桢，要求安排拜会蒋介石，遭到回绝。吴国桢说，蒋介石绝不会同意英国的新建议。薛穆立即电告外交部说："鉴于蒋介石的态度，如继续讨论此事，除了徒增双方的敌意，不会有任何结果。"④

30 日下午，蒋介石接见英国大使和武官。他对英国"践踏他作为中国战区统帅的权力表示愤慨"。薛穆在当天给外交部的报告中说，他与武官共同认为，"最好的办法是接受授权"。他进而警告说："除非此事得到解决，这个争端将可能损害我们与中国人的关系，而且正是在对我们的利益至关重要的时刻——为了重建我们在上海等地的利益，我们应当得到中国合情合理的合作，如因香港问题而使蒋介石留下极为恼怒的感情，那么不但在现在这个紧要关头，而且在以后相当长的时期内我们都会遇到障碍

---

① 薛穆致外交部，1945 年 8 月 27 日，FO 371/46253；《美国外交文件》，1945 年第 7 卷，第 512、513 页；《蒋总统秘录》，第十四册，第 40 页。其实，连薛穆自己也认为，中国是不会接受"指派代表作为证人参加受降仪式"这样一种解决办法。见薛穆致外交部，8 月 26 日，FO 371/46253。

② FO 371/46253。

③ 外交部两份电报均见 FO 371/46253。

④ 薛穆致外交部，8 月 29 日，FO 371/46253。

和恶意。"①

　　薛穆的这一警告显然起了作用，蒋介石的坚持，美国的态度以及薛穆和戴维亚尔的警告结合在一起，促使英国政府从战后与中国的长远关系出发来考虑问题。外交部遂于31日下午致电薛穆，表示同意夏悫同时代表英国政府和中国战区统帅蒋介石受降，并欢迎中美两国务派一名军官出席受降仪式②。这样英国十分勉强地接受了委托受降的方式。蒋介石总算保住了一点面子，可以自我安慰了："这是公义必获胜利之又一明证。"③但十分明显，在受降权之争中，赢家仍然是英国。

　　8月30日，夏悫率领的英国舰队在香港登陆，恢复了对香港的占领。9月16日，夏悫以英国政府和中国战区统帅蒋介石的双重代表身份，在香港督宪府接受日军投降。夏悫在香港成立军政府，英国对香港的殖民统治正式恢复。

①　FO 371/46253。

②　同上。

③　《蒋总统秘录》，第十四册，第41页。

附 录 一

西汉译名对照表

Acheson, Dean　　艾奇逊

Adams, Walter A.　　亚当斯

Alsop, Joseph　　艾尔索普

Altenburg, Felix　　阿尔腾伯格

Arnold, Henry H.　　阿诺德

Atcheson, George, Jr.　　艾切森

Attlee, Clement　　艾德礼

Avenol, Joseph　　爱维诺

Azad, Maulana Abul Kalam　　阿柴德

Ballantin, Joseph W.　　巴兰坦

Barbey, Daniel E.　　巴尔贝

Barrett, David D.　　包瑞德

Bell, Edward　　贝尔

Berle, Adolf A.　　伯利

Bevin, Ernest　　贝文

Bidder　　毕德

Bingham, Robert　　宾厄姆

Blomberg, Werner Von　　白龙柏

Bloom, Solomon　　白鲁姆

Brenan, John　　布雷南

Brett, George H.　　布雷特

Bullitt, William　　蒲立德

Butler, R. A.　　巴特勒

Byrnes, James F.　　贝尔纳斯

Cadogan, Alexander　　贾德干

Carlson, Evans F.　　卡尔逊

Chennault, Claire Lee　　陈纳德

Ciano, Galeazzo　　齐亚诺

Clark, Ashley　　克拉克

Cora, Giuliano　　柯莱

Cowan　　郭万安

Craigie, Robert　　克莱琪

Cranbone, Salisbury　　克兰伯恩

Cripps, Stafford　　克利普斯

Cromley, Raymond A.　　克罗姆利，雷蒙德

Currie, Lauchlin　　居里

Davies, John, Jr.　　戴维斯，约翰

Davis, Joseph　　戴维斯，约瑟夫

Davis, Norman　　戴维斯，诺尔曼

De Lacy　　德莱西

Delaut, James　　德劳特

Delbos, Yvon　　德尔博斯

Dennys, L. E.　　丹尼斯

Dewiart, Carton　　戴维亚尔，卡顿

Dirksen, Herbertyon.　　狄克逊

Dodd, W.　　多德

Dodds, James　　道滋

Donald, William H.　　端纳

Eden, Anthony　　艾登

Elliot, Walter　　埃利奥特

Fairbank, John King　　费正清

Franco, F.　　佛朗哥

Funk, Walter　　芬克

Gandi, Mohandas K.　　甘地

Gauss, Clarence E.　　高思

Lattimore, Owen　拉铁摩尔，欧文

Law, Richard K.　劳

Lawford, L. H.　罗福德

Leger. Alexis　莱热

Lindsay, Ronald　林赛

Linlithgow　林里斯哥

Little, Charles　李特

Luce, Henry　卢斯，亨利

McClure, Robert B.　麦克卢尔

Magruder, John　马格鲁德

Mansfield, Michael J.　曼斯菲尔德

Maze, Frederick William　梅乐和

Miles, Milton　梅乐斯

Miles, Sherman　迈尔斯，谢尔曼

Montgomery, Bernard　蒙哥马利

Morgenthau, Henry, Jr.　摩根索

Naggiar, Paul Emile　那齐亚

Nehru, Jawaharlal　尼赫鲁

Neprud, C.　聂普鲁

Neurath, Constantin Frhr von　牛拉特

Nimitz, Chester　尼米兹

Orde, C. W.　奥德

Ott, Eugen　奥特

Patterson, Ellis　帕特森

Peck, Willys R.　裴克

Pittman, Key　毕特门

Pratt, John T.　普拉特

Ribbentrop, Joachim von　里宾特洛甫

Ride, E. T.　赖濂仕

Rommel, Erwin　隆美尔

Roosevelt, Elliott　罗斯福，埃辽特

Schacht, Hjalmar　沙赫特

Seckt, Hans von　　赛克特

Service, John S.　　谢伟思

Seymour, Horace James　　薛穆

Simon, John　　西蒙

Snow, Edgar　　斯诺

Sterndale—Bennett, J. C.　　史班纳

Stettinius, Edward R., Jr.　　斯退丁纽斯

Stilwell, Joseph W.　　史迪威

Stimson, Henry L.　　史汀生

Stratemeyer, George E.　　斯特拉特迈耶

Sultan, Daniel I.　　索尔登

Taussig, Charles W.　　陶西格

Teichman, Eric　　台克满

Thomas, George　　托马斯

Trautman, Oskar P.　　陶德曼

Vincent, John Carter　　范宣德

Wallace, Henry A.　　华莱士

Walsh, James　　沃尔什

Wavell, Archibald　　韦维尔

Wedemeyer, Albert C.　　魏德迈

Weizsacker, Ernst　　魏泽克

Welles, Sumner　　韦尔斯

White, Harry Dexter　　怀特，哈里

Winant, John G.　　怀南特

Woidt, Hellmuth　　佛德

Yarnell, Harry E.　　亚内尔

Yeaton, Ivan D.　　耶顿，伊凡

Young, Arthur　　杨格

附 录 二

参考书目

Ⅰ.中　文

董显光:《蒋"总统"传》,台北,1962年。

蔡德金:《汪精卫评传》,四川人民出版社1988年版。

程放:《使德回忆录》,台湾正中书局,1979年。

邓蜀生:《美国与移民》,重庆出版社1990年版。

复旦大学历史系编:《中国近代对外关系史资料选辑》,上海人民出版社1977年版。

复旦大学历史系编译:《日本帝国主义对华侵略史料选编,1931—1945》,上海人民出版社1975年版。

胡乔木:《胡乔木回忆毛泽东》,人民出版社1994年版。

黄美真、张云编:《汪精卫集团叛国投敌记》,河南人民出版社1987年版。

黄美真、张云编:《汪精卫集团投敌》,上海人民出版社1984年版。

《蒋中正先生与现代中国学术讨论集》编辑委员会:《蒋中正先生与现代中国学术讨论集》,台北,1986年。

梁敬錞:《史迪威事件》,台北,1971年。

梁敬錞:《开罗会议》,台北商务印书馆1973年版。

李巨廉、王斯德主编:《第二次世界大战起源历史文件资料集(1937.7—1939.8)》,华东师范大学出版社1985年版。

刘伯骥:《美国华侨史续编》,台北,1981年。

刘琦等编:《远征印缅抗战——原国民党将领抗日战争亲历记》,中国文史出版社1990年版。

《毛泽东选集》，第一、三卷，人民出版社1991年版。

南方局党史资料征集小组编：《南方局党史资料》，重庆出版社1990年版。

孟默闻编：《美蒋勾结史料》，新潮书店1951年版。

密勒氏评论报编印：《中国的抗战》第一集，1939年。

牛军：《从赫尔利到马歇尔——美国调处国共矛盾始末》，福建人民出版社1992年版。

人民出版社编：《毛泽东自述》，北京，1993年。

荣孟源主编：《中国国民党历次代表大会及中央全会资料》，光明日报出版社1985年版。

世界知识出版社编：《国际条约集》1917—1923卷，1934—1944卷，1945—1947卷，北京，1959年。

陶文钊：《中美关系史（1911—1950）》，重庆出版社1984年版。

田体仁等编：《全民抗战汇集》，上海民族书局1937年版。

吴相湘：《第二次中日战争史》，上、下册，台湾综合月刊社1973、1974年版。

外交学院编：《中国外交史资料选辑》，第三册，北京，1958年。

王铁崖编：《中外旧约章汇编》，三联书店1962年版。

王来钧、孙文成编：《朱家骅先生言论集》，台北，1977年。

王正华：《抗战期间外国对华军事援助》，台湾环球书局1987年版。

吴东之主编：《中国外交史——中华民国时期，1911—1949》，河南人民出版社1990年版。

吴俊才：《甘地与现代印度》，台北，1976年。

吴孟雪：《美国在华领事裁判权百年史》，社会科学文献出版社1992年版。

徐蓝：《英国与中日战争（1931—1941）》，北京师范学院出版社1991年版。

张大军：《新疆风暴七十年》，台北，兰溪出版社1980年版。

张其昀：《党史概要》，台北中央文物供应社1951年版。

张振鹍、沈予等：《日本侵华七十年史》，中国社会科学出版社1992年版。

"中华民国外交问题研究会"编：《卢沟桥事变前后的中日外交关

系》，台北，1964 年。

"中华民国外交问题研究会"编：《抗日战争时期的封锁与禁运》，台北，1964 年。

中共中央党校中共党史资料室：《卢沟桥事变和平津抗战（资料选编）》，北京，1986 年。

中共中央文献研究室编：《毛泽东年谱（1893—1949）》，中央文献出版社 1993 年版。

中共中央文献研究室编：《周恩来年谱（1898—1949）》，人民出版社、中央文献出版社 1989 年版。

中共中央文献研究室编、金冲及主编：《周恩来传（1898—1949）》，中央文献出版社、人民出版社 1989 年版。

中国第二历史档案馆编：《抗日战争正面战场》，江苏古籍出版社 1987 年版。

中国国民党中央委员会党史委员会编印：《先总统蒋公思想言论总集》，台北，1984 年。

中国国民党中央委员会党史委员会编印、秦孝仪主编：《中华民国重要史料初编——对日抗战时期》，第二编，《作战经过》，第三编，《战时外交》，第五编，《中共活动真相》，台北中央文物供应社 1981 年版。

中国近代经济史资料丛刊编辑委员会主编：《1938 年英日关于中国海关的非法协定》，中华书局 1983 年版。

中国社会科学院近代史研究所中华民国史室编：《胡适任驻美大使期间往来电稿（中华民国史资料丛稿·专题资料选辑第三辑）》，中华书局 1978 年版。

中央档案馆编：《中共中央文件选集》，第 8、10、13、14、15 卷，中共中央党校出版社 1991 年版。

中央统战部、中央档案馆合编：《中共抗日民族统一战线文件选编》，档案出版社 1986 年版。

中央档案馆编：《皖南事变（资料选辑）》，中共中央党校出版社 1982 年版。

周鲠生：《国际法》，商务印书馆 1976 年版。

《周恩来选集》，人民出版社 1984 年版。

《周恩来书信选集》，中央文献出版社 1988 年版。

周文琪等编:《特殊而复杂的课题（1919—1991）》,湖北人民出版社1992年版。

安东尼·艾登著: 《艾登回忆录》,武雄等译,商务印书馆1977年版。

安徽大学苏联问题研究所、四川省中共党史研究会编译:《苏联〈真理报〉有关中国革命的文献资料选编》,第三辑（1937.7—1949）,四川社科院出版社1988年版。

约瑟夫·埃谢里克编著:《在中国失掉的机会——美国前驻华外交官约翰·S.谢伟思第二次世界大战期间的报告》,罗清、赵仲强译,国际文化出版公司1989年版。

巴拉布舍维奇、季雅科夫主编:《印度现代史》,北京编译社译,生活·读书·新知三联书店1973年版。

包瑞德著,万高潮等译:《美军观察组在延安》,解放军出版社1984年版。

别列日柯夫著:《外交风云录》,李金田等译,世界知识出版社1981年版。

陈纳德著:《陈纳德将军与中国》,陈香梅译,台湾传记文学出版社1978年版。

罗伯特·达莱克著:《罗斯福与美国对外政策（1932—1943）》,伊伟等译,商务印书馆1984年版。

杜鲁门著:《杜鲁门回忆录》,李石译,生活·读书·新知三联书店1984年版。

菲斯著:《中国的纠葛》,林海等译,北京大学出版社1989年版。

费正清著:《美国与中国》,张理京译,马清槐校,商务印书馆1987年版。

菲斯著:《通向珍珠港之路》,周颖如、李家善译,商务印书馆1982年版。

服部征四郎著:《大东亚战争全史》,张玉祥等译,商务印书馆1984年版。

约瑟夫·格鲁著:《使日十年》,蒋相泽译,商务印书馆1983年版。

戈尼昂斯基主编:《外交史》,第4卷,武汉大学外语系译,生活·读书·新知三联书店1978年版。

顾维钧著：《顾维钧回忆录》，中国社会科学院近代史研究所译，第二、五分册，中华书局 1985 年、1987 年版。

古屋奎二著，中央日报社译印：《蒋总统秘录》，台北"中央"日报社 1977 年版。

关在汉编译：《罗斯福选集》，商务印书馆 1982 年版。

郭荣赵编译：《蒋委员长与罗斯福总统战时通讯》，台北幼狮文化事业公司 1978 年版。

哈里曼·伊贝尔合著：《特使——与丘吉尔、斯大林周旋记》，南京大学历史系英美对外关系史研究室译，生活·读书·新知三联书店 1978 年版。

今井武夫著：《今井武夫回忆录》，天津市政协编辑委员会译，中国文史出版社 1987 年版。

崛场一雄著：《日本对华战争指导史》，王培南等译，军事科学出版社 1988 年版。

伊·卡恩著：《中国通——美国一代外交官的悲剧》，陈亮等译，新华出版社 1980 年版。

克里洛夫著：《联合国史料》，第一卷，张瑞祥、马华、徐俊人、刘文宗译，中国人民大学出版社 1955 年版。

威廉·李海著：《我在现场》，马登阁译，华夏出版社 1988 年版。

麦克尼尔著：《美国、英国和俄国——它们的合作和冲突，1941—1946 年》，叶佐译，上海译文出版社 1978 年版。

丘吉尔著：《第二次世界大战回忆录》，北京编译社等译，商务印书馆 1975 年版。

犬养健著：《诱降汪精卫秘录》，任常毅译，江苏古籍出版社 1987 年版。

瞿同祖编译：《史迪威资料》，中华书局 1978 年版。

日本防卫厅战史室编：《日本军国主义侵华资料长编（"大本营陆军部"摘译)》，天津市政协编译委员会译，四川人民出版社 1983 年版。

日本防卫厅防卫研究所战史室著：《中国事变陆军作战史》第一卷，第一、二分册；第三卷，第一、二分册（中华民国史资料丛稿·译稿)，田琪之、齐福霖等译，中华书局 1977—1981 年版。

日本防卫厅防卫研究所战史室著：《缅甸作战》（中华民国史资料丛

稿·译稿），天津市政协编译委员会译，中华书局1987年版。

上海人民出版社编：《德黑兰、雅尔塔、波茨坦会议记录摘编》，上海，1974年。

萨纳柯耶夫、崔布列夫斯基编：《德黑兰、雅尔塔、波茨坦会议文件集》，北京外国语学院俄语专业、德语专业1971届工农兵学员译，生活·读书·新知三联书店1973年版。

迈克尔·沙勒著：《美国十字军在中国，1938—1945》，郭济祖译，商务印书馆1982年版。

舍伍德著：《罗斯福与霍普金斯——二次大战时期白宫实录》，福建师范大学外语系编译室译，商务印书馆1980年版。

世界知识出版社编：《反法西斯战争文献》，北京，1955年。

斯诺著：《斯诺文集》，董乐山译，新华出版社1984年版。

埃德加·斯诺著：《红色中华散记》，奚博铨译，江苏人民出版社1992年版。

苏联外交部编：《1941—1945年苏联伟大卫国战争期间苏联部长会议主席同美国总统和英国首相通信集》，第一卷，《斯大林同丘吉尔和艾德礼的通信》；第二卷，《斯大林同罗斯福和杜鲁门的通信》，宗伊译，世界知识出版社1961、1963年版。

巴巴拉·塔奇曼著：《史迪威与美国在华经验（1911—1945）》，陆增平译，王祖通校，商务印书馆1984年版。

吴黎平编译：《毛泽东1936年同斯诺的谈话》，人民出版社1979年版。

斯特林·西格雷夫著：《宋家王朝》，丁中译，吴东之校，中国文献出版公司1986年版。

谢伟思著：《美国对华政策（1944—1945）》，王益等译，中国社会科学出版社1989年版。

信夫清三郎主编：《日本外交史》，天津社科院日本问题研究所译，商务印书馆1980年版。

肯尼思·休梅克著：《美国人与中国共产党人》，郑志宁译，吉林文史出版社1988年版。

中国社会科学院近代史研究所翻译室编译：《共产国际有关中国革命的文献资料》，中国社会科学出版社1981年版。

Ⅱ. 英 文

A. Unpublished Official Documents

1. United States

Records of U. S. Joint Chiefs of Staff (RG218), National Archives (NARS);

Records of the Office of the Director of Plans and Operations, the War Department (RG 165), NARS;

Records of U. S. Theaters of War, World War Ⅱ (RG 332), NARS;

Map Room Files, Franklin D. Roosevelt Library;

Papers of Harry Hopkins, Franklin D. Roosevelt Library;

Headquaters U. S. Forces, China Theater: U. S. Army Observer Section, Center for Historical Studies, Department of Defence;

Yen'an Observer Group: Dixie Mission (Microfilm, NARS);

U. S. Army: Magruder Mission to China, 1941—1942 (Microfilm, NARS).

2. Great Britain

Records of the Foreign Office, Political from 1906 (FO 371), Pubilc Record Office (PRO);

Records of the Cabinet Office, War Cabinet (CAB 65);

Combined Chiefs of Staff (CAB 88); Committee on Overseas Matters (CAB 96), PRO;

Records of the Prime Minister's Private Office, Papers from 1940 to 1945 Concernining Defence (PREM 3); Concerning Civil and Political Matters (PREM 4), PRO.

B. Published Official Documents

The U. S. Department of State, ed. :

Foreign Relations of the United States. Diplomatic Papers. 1931—1941, Japan. in 2 volumes. Washington, D. C. : Government Printing Office (GPO), 1943.

—1937, Vols. 3 and 4, GPO, 1954.

—1938, Vols. 3 and 4, GPO, 1954, 1955.

—*1939*, Vol. 3, GPO, 1955.

—*1940*, Vol. 4, GPO, 1955.

—*1941*, Vol. 4, GPO, 1956.

—*1942*, Vol. 1, China, GPO, 1956.

—*1943*, Vol. 1, China, GPO, 1963.

—*1944*, Vol. 6, GPO, 1967.

—*1945*, Vol. 7, GPO, 1969.

The Conferences at Cairo and Tehran, 1943, *GPO*, 1961.

The Conferences at Malta and Yalta, 1945, *GPO*, 1955.

Peace and War, Unfited States Foreign Policy, 1931—1941. *GPO*, 1943.

United States Relations with China, With Special Reference to the Period 1944—1949, GPO, 1949.

W. N. Medlicott, E. L. Woodward & others, eds. :

Documents on British Foreign Policy, 1919—1939. Series 2, Vol. 21, Her Majesty's Stationery Office, 1984.

—Series 3, Vols. 8and9, Her Majesty's Stationery Office, 1985.

Raymond J. Sontag, J. Marshall – Cornwall, Paul R. Sweet, Howard M. Smyth&others, eds. :

Documents on German Foreign Policy, 1918—1945. Series D. Vols. 1, 4, 8, 13, Her Majesty's Stationery Office, 1949, 1951, 1954, 1964.

C. Works in English

Bishop, Jim: *FDR's Last Year.* New York: William Morrow and Inc. , 1974.

Blum, John M. , ed. : *From the Morgenthau Diaries. Years of Crisis, 1928—1938.* Boston: Houghton Mifflin Company, 1959.

Borg, Dorothy: *The United States and the Far Eastern Crisis of 1933—1938.* Cambridge: Harvard University Press, 1964.

Boyle, John Hunter: *China and Japan at War, 1937—1945, the Politics of Collaboration.* Stanford: Stanford University Press, 1972.

Buhite, Russell: *Partick Hurley and American Policy toward China.* Ithaca: Cornell Unicersity Press, 1973.

Chan Lau Kit – Chint: *China, Britain and Hong Kong, 1895—*

1945. Hong Kong: The Chinese University Press, 1990.

Clifford, Nicholas R. : *Retreat from China, British Policy in Far East, 1937—1941.* Seattle: University of Washington Press, 1967.

Cosgrove, Julia F. : *United States Economic Foreign Policy toward China, 1943—1946.* Ann Arbor: University Microfilms International, 1980.

Dennison, F. S. : *British Military Administration in the Far East, 1943—1946.* London, 1956.

Esherick, Joseph W. , eds. : *Lost Chance in China. The World War II Despatches of John S. Service.* New York: Vintage Book, 1974.

Fox, John P. : *Germany and the Far Eastern Crisis, 1931—1938.* New York: Clarendon Press, 1982.

Garver, John W. : *Chinese – Soviet Relations, 1937—1945.* New York: Oxford University Press, 1988.

Gilbert, Martin: *Road to Victory: Winston S. Churchill, 1941—1945.* Heinemann, Minerva, 1946.

Hayes, Grace P. : *The History of Joint Chiefs of Staff in World War II . The War Against Japan.* Annapolis: Naval Institute Press, 1982.

Hull, Cordell: *The Memoirs of Cordell Hull.* New York: Macmillan Company, 1948.

Jones, Shepard S. , ed. : *Documents on American Foreign Relations.* Boston: 1941.

Kesaris, Paul, eds. : *Franklin D. Roosevelt and Foreign Affairs.* Series 2, Vol. 6—12. New York: Clearwater Publishing Company, Inc. , 1969.

Kirby, William C. : *Germany and Republican China.* Stanford: Stanford University Press, 1984.

Kublin, Michael B. : *The Role of China in American Military Strategy from Pearl Harbor to the Fall of 1944.* Ann Arbor: University Microfilms International, 1984.

Lee, Bradford A. : *Britain and the Sino – Japanese War, 1937—1939.* Stanford: Stanford University Press, 1973.

Lohbeck, Don: *Patrick Hurley.* Chicago: Henry Regnery Company, 1956.

Louis, William R. : *British Strategy in Far East, 1919—1939.* London: Oxford University Press, 1971.

Louis, William. R. : *Imperialism at Bay. The United States and the Decolonization of the British Empire, 1941—1945.* Oxford at the Clarendon Press, 1977.

Luard, Evan: *Britain and China.* London: Chatto and Windus, 1962.

Ride, Edwin: *British Army Aid Group (BAAG), Hong Kong Re - sistance, 1942—1945.* Oxford University Press, 1981.

Romanus, Charles F. and Riley Sunderland: *Stilwell's Mission to China.* GPO, 1953.

——*Stilwell's Command Problem.* GPO, 1956.

——*Stilwell's Personal File. China, Burma, India, 1942—1945.* Wilmington: Scholarly Resources Inc. , 1976.

——*Time Runs out in CBI.* GPO, 1959.

Roosevelt, Elliott: *As He Saw It.* New York: Duell Sloan and Pearce, 1946.

Roosevelt, Elliott and James Brough: *A Rendezvous with Destiny: The Roosevets of the White House.* New York: G. P. Patman's Sons, 1975.

Rosenman, Samual I. , ed. : *The Public Papers and Addresses of Franklin D. Roosevelt*, Vol. 1943. New York, 1950.

Schewe, Donald B. eds. : *U. S. Military Intelligence Reports, China, 1911—1941.* Microfilm. American University Publishing Com - pany, Inc.

Thorne, Christopher: *Allies of A Kind. The United States, Britain, and the War Aginst Japan, 1941—1951.* New York: Oxford Uni - versity Press, 1978.

Toynbee, Arnold, J. : *Survey of International Affairs, 1938*, Vol. 1. London: Oxford University Press, 1941.

The US *Morgenthau Diary.* 89th Congress 1st Session, Senate Committee on Judiciary, ed. : New York: Da Capo Press, 1974.

Wedemeyer, Albert C: *Wedemeyer Reports!* New York: Henry Holt and Company, 1958.

Welles, Sumner: *Seven Decisions That Shaped History.* New York: Harpers and Brothers, 1951.

White, Theodore, ed.: *The Stilwell Papers.* New York: William Sloan Associates, Inc., 1948.

White, Theodore H. and Annalee Jacoby: *Thunder out of China.* New York: William Sloane Associates, Inc., 1946.

Young, Arthur N.: *China and the Helping Hand, 1937—1945.* Cambridge: Harvard University Press, 1963.

Ⅲ. 日 文

上村伸一:《日本外交史》,第 20 卷,東京鹿岛平和研究所出版會, 1973 年。

日本外務省:《日本外交年表竝主要文書,1840—1945》,东京原书房, 1955 年。

日本外務省编:《日本交涉资料》,第 1 卷,日本原书房, 1978 年。

日本防衛厅防衞研修所战史室编:《大本营陆军部》,朝雲新闻社 1967 年。

日本防衛厅防卫研修所戰史室编:《支那事变陆军作战》,第 3 卷, 东京, 1975 年。

日本国际政治学会太平洋战争原因研究部编:《太平洋战争战の道》, 第 6 卷,东京朝日新闻社, 1963 年。

原田熊雄:《西园寺公と政局》,东京,岩波书店, 1951 年。

秦郁彦:《日中战争史》,东京, 1961 年。

后　记

　　本书是国家社会科学基金项目，于 1991 年立项，1993 年完成。本书分工是：

　　王建朗　　引言、第一、二、三、四章

　　杨奎松　　第五、六、九、十一章，第十章第一、二节

　　陶文钊　　第七、八、十二章，第十章第三节

　　陶文钊通读了书稿，并在三人讨论基础上撰写了序言。由于各章分头执笔撰写，行文风格或略显不同，当无大碍。

　　从改革开放以来，我国出版界确实是繁荣了。但这些年来也存在着出版滥与出版难的情况。所谓出版滥，是指有些书的出版基本上是人力和物力的浪费，比如一些陈陈相因，了无新意的书，一些东拼西凑、粗制滥造，甚至错误百出的书，因为这些书没有为我们的文化宝库提供新的东西。至于那些格调低下，甚至贩卖黄毒的书那就远不只是人力物力的浪费了。严肃学术著作出版难的状况已经有好些年了，但笔者这回却是第一次尝到滋味。几个月来，笔者与北京的若干家出版社接洽。编辑同志看过简介或部分书稿，第一句话是：内容不错；第二句话是，这书要赔钱，你们有多少资助？我们的社会科学人文科学工作者现在的收入还不高，工资基本上还只能满足劳动力的再生产和扩大再生产的需要，要他们从自己兜里掏钱来补贴，对于绝大多数人来说，不但现在做不到，而且今后很长一个时期恐怕也难做到。而我们的商品经济又还不发达，除了少数例外，不管是国营的、集体的或私营的企业家都还没有能力或没有兴趣来资助社会科学人文科学书籍的出版。可是在商品经济的社会中，出版社要生存要发展是不能不考虑经济效益的。笔者咬咬牙，对出版社说，我们可以不要稿

费，把稿费作为补贴。出版社仍不为所动。鸣呼哀哉，笔者提溜着书稿，找了一家又一家出版社，一次又一次被客客气气地拒之门外。

也是天无绝人之路。难得中共党史出版社厚爱，毅然决定，不管有没有资助都出这本书，而且要给稿酬。尽管如此，友人章百家仍为联系赞助多方接洽，得到国际战略基金会慷慨解囊，给予赞助，这种古道热肠，实令人感动。正因有这些可贵的助力，本书才能赶在抗战胜利50周年之际与读者见面。

本书是得以出版了，但笔者想到，一定还有不少学者受着出版难的困扰。我们总得想个法子解决这个问题，不然，出版难一定会制约社会科学人文科学事业的发展，长此下去，对我们的社会主义事业显然不利。

本书作者之一陶文钊为搜集资料，受英国学术院王宽诚基金的赞助，去英国国家档案馆作了四个月的研究，在此谨致谢意。

我们还要感谢中国社会科学院近代史研究所图书馆的同志，他们不厌其烦地为我们提供资料，借阅书刊。李玉贞同志的《苏联外交文件》部分译文在公开发表之前即已提供笔者使用，在此一并致谢。

我们尽管尽了自己的努力，但由于种种客观和主观条件的限制，书中粗疏不当甚至错误之处在所难免，恳盼学界同人和读者不吝赐教。

作　者

1995 年 4 月 25 日

再版后记

　　本书第一版是1995年抗日战争胜利五十周年时由中共党史出版社出版的。时间已经过去了十几年，当时印刷的4000册书早已售罄。这些年来，国内对抗日战争史的研究取得了长足的进展，但近来还是不断有学者或者向笔者索书，或者询问何处可以买到书。在中国社会科学出版社曹宏举、张林等同志的热情支持下，本书今天得以再版。本书保持了原貌，作者只是做了一些技术上的订正，增加了一些图片。

作　者

2008 年 8 月 30 日